경희대학교 인문학연구원 여성문화총서

여성문화의 새로운 시각 8

김진영, 연점숙 편

월인

‖ 머리말 ‖

올해 2011년 3월 8일은 세계여성의 날 100주년이 되는 해이다. 100년전 미국과 유럽의 여성근로자들이 빵과 참정권을 요구하며 가두시위를 벌였을 때 이 땅의 여성들의 삶은 어떠했을까. 100여 년 전 한 시골교회 주보는 조선땅에 사는 여성의 현주소를 엿보게 하고 있다.

1. 여자는 삼일에 한번 안 때리면 여시가 되어 남자를 홀린다. 하지만 우리는 안 때리기로 한다.

2. 여자는 부엌에서 흙상에 밥을 먹어야 하지만 우리는 오늘부터 안방에서 겸상을 하기로 한다.

3. 여자에게는 말을 함부로 해도 되지만 우리는 오늘부터 존대하기로 한다.

4. 우리의 이 결정으로 이웃에서 놀림이 될 것이지만 우리는 결정대로 시행하기로 한다.

마치 '개그콘서트'의 '두분토론'에서 가부장제를 대표하는 '남하당' 대표의 '개그'를 연상시키는 이 조항들은 '한국초대교회사'에 실린 1901년 황해도 감바위골 교회 재직자들의 결의문이다. 이 결의문이 관객들의 폭소를 자아내게 하는 '개콘'과 다른 것은 당시로서 아주 의식있는 한국남성들의 결연한 의지를 반영하는 그 '비장함'이다. 여성에게 최소한의 인격을 부여하는 것이 남성의 체통을 깎는 것이던 20세기 초의 '구석기적 의식'시대를 산전수전 다 치르며 지나, 21세기 초반 바야흐로 한국여성들은 '여풍당당'의 시대를 맞은 듯하다. 성적우수자의 다수가 여성인 현상을 일컫는 '여고남저(女高男低)' 시대여서 각종 행시, 사시, 외무고시에서 여성합격률이 높을 뿐만 아니라 명문대의 수석합격자나 졸업자도 여성인 경우가 많다. 교원임용고시 합격자도 역시 여성이 압도적으로 많아 기회균등할당제로 이제는 남성의 몫을 배려해야 한다는 목소리도 나오기 시작했다.

여성에 대한 모든 제도적 차별이 철폐되었음으로 이제 페미니즘이란 한날 '루저'나 못생긴 늙은 여자들이나 붙들고 있는 매력없는 구닥다리 신세가 된 듯하다. 한국에 몇 안되는 여성학과가 어떤 대학에서는 지원자감소로 폐과되고 협동과정도 타인접학과로 흡수되는 경우가 있다는 소식이다. 실제로 80년대와 90년대에 인기를 누리던 여성관련 학과목들이 교양과정에서 조차 앞에 '여성'이라는 접두사가 들어가면 수강자가 줄어든다고 한다.

그러나 과연 한국 여성의 지위향상은 명실상부하게 이루어진 것일까. 잘나가는 알파걸이 많아 보여서 오히려 남성의 역차별을 운운하는 한국여성의 현실에, 세계는 아직 우리가 황해도 감바위골교회 주보에서 많이 진전한 것이 아니라고 진단한다. 여성의 정치, 경제활동참여율 등을 바탕으로 측정하는 세계경제포럼의 성 격차지수(Gender Gap Index)는 탄자니아와 같은 아프리카, 방글라데시와 같은 아시아의 여러 국가들 보다 한참 떨어지는 134개국 중 104위라고 발표했다. 경영학자 톰 피터스는 21세기를 3W시대-세계화(World), 웹(Web), 여성(Women)-라고 칭하며 여성의 주도적 역할을 국가경쟁력으로 강조한 바 있는데 104위의 성적은 지난한 앞날을 예고하고 있다. 그래서 언젠가는 폐기되어야 마땅할 페미니즘은 아직 그 효용가치를 가지고 있는 것이 아닐까.

신자유시대에 비정규직의 주종을 이루는 여성의 빈곤화는 골을 더해 갈 뿐만 아니라 맞벌이의 증가는 성차별적 가사노동의 전통으로 많은 여성의 일상을 피폐하게 하지는 않는지. 어쩌면 생활 속에서 진정한 포스트 페미니즘의 도래는 맞벌이 아내/여성파트너를 위해 남성/남편들이 설거지나 집안

일을 하며 전혀 생색을 내지 않을 그 때일지도 모른다. 그리고 감바위교회 재직자들처럼 남성들의 가사일이 주변의 조롱을 전혀 의식할 필요가 없는 그 때일지도 모른다. 미래학자이며 마케팅회사 창업자인 페이스 팝콘(Faith Popcorn)은 2011년을 '엔젠 시대'[(EN-GEN Era), 젠더의 종말시대(End of Gender)]가 되어야 한다고 주창하고 있지만 그녀의 주장은 우리 사회에서는 생소하다. 여성(female)도 남성(male)도 아닌 인간(human)의 시대가 (적어도 미국에서는) 가능하다는 것이 그녀의 주장이다. 그녀의 일찍이 주조해 낸 용어 이브올루션(EVE-olution), 이브(Eve)의 진화(evolution)가 생뚱스럽게 들려도 저출산과 노동력 부족이 문제가 되는 한국사회는 싫던 좋던 맞이해야 할 단계로 보인다.

세계여성 100주년인 올해 『여성문화의 새로운 시각 8집』을 내게 되어 그 의미가 더욱 새롭다. 좋은 원고를 주신 교수님들 중진, 소장 학자님들께 깊은 감사를 드린다. 이들의 비판적, 성찰적 연구는 이 땅에서 페미니즘의 외연을 넓혀 이주여성, 빈곤여성, 탈북여성들의 인권과 젠더문제와 맞닿아 진정한 양성평등의 조화로운 세계로 나아가는 데 작은 연못의 동심원의 의미가 될 것이다. 아무런 제도적, 물적 도움도 없는 토대에서 이 총서를 위해 수고하시는 서유석 선생님과 후원해 주시는 김진영 교수님 그리고 도서출판 월인에 감사를 드리는 바이다. (이러한 순수한 작업의 결과인지 작년에 『여성문화의 새로운 시각 7집』이 2010년도 문화관광부 우수학술도서로 선정된 것은 아주 많은 격려가 되었다.)

연점숙 (여성연구실장)

차례

제3부 여성의 새로운 자리매김

제1부

여성의 새로운 시선

파르마콘의 시학

강 정 구[*]

정숙의 시는, 좀 고전적으로 말하면 파르마콘(pharmakon)의 시학을 보여준다고 하겠다. 파르마콘이라는 그리스어는 원래 약물이자 독이라는 다소 모순된 어의를 가진 것인데, 그것은 소크라테스나 플라톤에 의하면 사람의 병을 고치는 의학의 탈을 썼으나 실제로는 무당의 사이비의학 즉 독과 같은 것으로, 그리고 데리다에 의하면 이것도 저것도 아닌 탈(脫)이항대립적인 것으로 해석되기도 한다.[1] 이러한 해석들은, 어떤 힘이 상황과 경우에 따라서 서로 상반되게 발현될 수 있음을 암시한다.

최근 계간 『시와시학』지(2009년 가을호)에 발표된 정숙의 시 다섯 편으로 그녀의 시세계를 논리화하는 것은 상당히 무리가 있는 논법이지만, 적어도 다섯 편의 시에서 일관되게 보이는 논리는 파르마콘처럼 하나의 힘이 때로는 독기로, 그리고 때로는 희생으로 드러난다는 사실이다. 그녀의 시는 스스로 살아야겠다는 독기와, 자신을 제물로 해서 세상을 조화롭고 이롭게 만들겠다는 희생의 이미지 사이를 왕복하는데, 그 속에는 독기와 희생이라는 에너지로 현현되기 이전의 미분화된 에너지라고 할 만한 어떤 힘이 존재한다. 이 글에서는 그것을 파르마콘으로 부르고자 한다.

못 삼키다니요

---

* 경희대학교 인문학연구원 학술연구 교수

1) 데리다, 김형효 역, 『데리다의 해체철학』, 민음사, 1993 참조.

집도 사람도 못이 박혀있어야
허세 유지하며
꽃을 붙잡고 제 하늘을 담아둘 수 있는데요
전 그 못을 삼키며 젖가슴 부풀리지요
속 할퀴는 말 한마디가
폐부를 찌르는 가시눈빛들이
살아야 할 힘을 불러일으키는
피눈물 밥이 되거든요
잘게 부수어 삼켜도
다시 삼켜도
언제나 팽팽 일어서는 못과
저 벽, 못을 삼키는
벽속에 핀 꽃들

—시 「못 삼키는 여자」 전문

위의 시에서 주목되는 것은 "못 삼키"는 독기인데, 그 독기란 앞에서 설명한 말로 풀어보자면 독이자 그 독으로 발현되는 파르마콘이다. 시인이 말하는 독기는 사악한 것, 부정한 것, 혹은 제거되어야 할 것으로 표현되지 않는다. 오히려 "집도 사람도 못이 박혀있어야" 때로는 "허세 유지하"고 또 때로는 "꽃을 붙잡고 제 하늘을 담아둘 수 있는" 것이다. 그것은 단적으로 말해서 "살아야 할 힘을 불러일으키는/피눈물 밥"이다. 쉽게 말해서 "못 삼키"는 독기는 이것이나 저것이 아니라 이것과 저것을 가로지르는 보다 근본적인 삶의 에너지이다. "못 삼키는 여자"는 바로 그러한 삶의 근원적인 에너지, 즉 파르마콘을 가진 자이다.

시적 화자는 그러한 에너지를 "잘게 부수어 삼"키고 "다시 삼"키는 자, 혹은 겉으로는 독기를 품지만 속으로는 충만하게 느끼는 자이다. 이것이 파르마콘이다. 그것은 독기로 드러나지만, 그 속에는 삶의 충만, 넘침, 끓어오름, 환희가 숨어 있는 것이다. 시인이 위의 시에서 겨냥하는 시적 소재로서의 독기란 바로 이러한 것이다. 파르마콘으로서의 독기를 이렇게 해석한다면,

그것은 다른 방향에서도 해석될 수 있음을 의미한다.

내 한 몸 불살라
겨울 나목들 암실숲에
얼어붙은 정담에 불붙일 수 있다면

그 불씨로
섬과 섬, 얼음벽 사이
푸성귀로 시장 난전을 연 할머니 굳은 어깨에
들불산불 일으켜
산경표 서 있는 길 태워버릴 수 있다면

해종일 제 발가락 촉수들 깨워 일으키느라
서산마루 땅거미 다가서는 소리 모르는
저, 느리게 피어나는
봄 햇살

—「번개탄, 저 봄 햇살」

"내 한 몸 불살라/겨울 나목들 암실숲에/얼어붙은 정담에 불붙"이고 싶다는 이 자기희생의 이미지는, 표면적으로 앞의 시에서 살펴본 독기와 정반대의 이미지로 보이나 실상은 그렇지 않다. "못 삼키"는 독기가 "살아야 할 힘"에서 비롯된 것처럼, 그 자기희생 역시 그 "살아야 할 힘"에서 오는 것이다. 번개탄이라는 사물은 원래 자기를 태워서 연탄불을 피워내는 것이다. 위의 시에서도 번개탄은 "내 한 몸 불"사르는 자기희생을 통해서 "얼어붙은 정담에 불붙"이고 "할머니 굳은 어깨"도 풀어낼 수 있는 것이다. 이 때 번개탄의 자기희생 이미지는 곧 자기 죽음을 통해 세계의 살림을 가능하게 한다는 점에서 "살아야 할 힘"과 그리 멀지 않은 것이 된다. 쉽게 말해서 번개탄 역시 파르마콘의 이미지를 구현한 것이다.

하나의 힘을 이처럼 요령 있으면서도 비교적 자유롭게 쓸 수 있다는 것은, 시인의 사유가 세상을 살아가는 원리를 깨닫고 있다는 말이 되고, 나아가서 현상에서 비(非)현상 혹은 본질을 보는 방법을 어느 정도 체득하고 있다는 뜻도 된다. 이러한 파르마콘의 시학은 시인이 부모를 바라보는 데에도 그대로 적용된다. 그녀의 어머니와 아버지는 파르마콘으로서 각각 독기와 자기희생으로 표현된다.

> 깊이도 넓이도 끝도 알 수 없는
> 세상 어둠산을 통 채로 이고지고
>
> 파도와 맞서 깨지고 자빠지느라
> 그래도 다시 일어서야 하느니
> 이 악물면서
>
> 당신 곪아터진 상처 돌아볼 겨를 없던
> 아흔 다섯 고사목 내 어머니
>
> —시 「세상에서 가장 큰 산을 지고 온 여자」 부분

> 그 누구신가요?
>
> 끝 모를 그리움을 찾아 나서거나
> 한 끼 가족의 풀칠을 위해
> 가파른 팔조령 호랑고갯길 무작정 달려야 하는
>
> 눈에 불을 켠 저 배고픈
> 치타들에게
> 막힌 생 몸뚱아리 뚫어 지름길 내어주는
> 당신은
> 지상의 청정법신이신가요
>
> —시 「터널 속에서」 부분

두 편의 시에서 어머니는 "세상에서 가장 큰 산을 지고 온" 독기를 지닌 여자로, 그리고 아버지는 "막힌 생 몸뚱아리 뚫어 지름길 내어주는" 자기희생을 보여주는 아버지로 표현된다. 다소 상반되게 생각되는 이 두 이미지는, 시인의 시적 논리인 파르마콘이 어떻게 현현되는지를 잘 나타낸다. 생의 근원적인 에너지는 두 방향으로 드러나는 것이다. 먼저, 첫 번째 시에서 어머니는 독기를 품은 여자로 표현된다. 어머니는 "깊이도 넓이도 끝도 알 수 없는/세상 어둠산을 통 채로 이고지고//파도 맞서 깨지고 자빠지느라/그래도 다시 일어서야 하"는 여자, 즉 "못 삼키는 여자"이다. 그리고, 두 번째 시에서 아버지는 "한 끼 가족의 풀칠을 위해/가파른 팔조령 호랑고갯길 무작정 달려야 하는//눈에 불을 켠 저 배고픈/치타들에게/막힌 생 몸뚱아리 뚫어 지름길 내어주는" 남자, 즉 "내 한 몸 불"사르는 번개탄인 것이다.

어머니와 아버지를 보는 방식은, 물론 거꾸로 표현될 수 있는 문제이다. 어머니는 독기를 품었지만 그 속에는 자기희생이, 그리고 아버지는 자기희생이 있지만 그 내면에는 독기를 품은 자일 것이다. 다만 시인은 때로는 이것으로 그리고 때로는 저것으로 표현하면서 생의 근원적인 에너지가 어떻게 자신의 시적 소재에서 드러나는가를 보여줄 뿐이다. 중요한 것은 이것과 저것의 현현을 가능하게 하는 근원적인 생의 에너지, 즉 파르마콘인 것이다.

찰칵!
찰칵! 색의 역사는 그 꽃잎 속 암실에서 시작된다
내 시어의 심장이 옷을 벗는다
꽃은 철저한 저 스토커 시간을 끌어안아
제 몸빛에 입힌다
빛살 한 점에서 찰칵!
드디어 타오르는 어둠을 살려낸다

—시 「색파라치 파파라치」 부분

이렇게 볼 때 위의 시는 생의 근원적인 에너지가 표면으로 드러나는 환희의 순간을 보여주는 비유로 읽을 수 있다. "꽃잎 속 암실"이라는 가상의 공간은 생의 근원적인 에너지, 즉 실체적인 생으로 미분화된 에너지의 상태일 것이다. 꽃이 핀다는 것은 그 생의 에너지가 겉으로 표출되는 것을 뜻한다. 다른 말로 하면 분화되는 것이다. 미정형의 에너지가 정형화되는 것, 그것이 바로 색이다. 시인에게 그것은 "시어의 심장이 옷을 벗"는 것, 즉 언어화되는 것이다. 시인은 "꽃은 철저한 저 스토커 시간을 끌어안아/제 몸빛에 입"히는 그 숨막히는 순간을 포착하고 있다. "드디어 타오르는 어둠을 살려"내는 것, 그것은 시인이 몰래 사진을 찍는 파파라치가 되는 것에 다름 아니다. 그것은 시인에게 환희요, 충만이요, 기쁨이요, 진실일 것이다.

여성시와 쥬이쌍쓰

최 종 환*

1. 여성시와 포스트담론

여성의 우주는 모호한 가스로 가득한 득한 말의 은하계다. 그 은하계는 어지러우며 황홀하다. 그 별자리엔 아침과 동시에 밤이 시작된다. 그 불가능성의 자리는 모호한 '진리'가 도래하는 자리이다. 그때 그 불가능성은 가능성이 된다.

정신분석에 따르면, 여성의 우주는 기괴한 아름다움이 자라는 자리이다. 그곳엔 우리가 늘상 보는 '자아'(ego)의 궤도가 희미하게 그려져 있다. 거기엔 베일에 가리어진 존재가 그 베일을 벗지 않고도 속의 얼굴을 드러내는 사태가 있다. 그 은하계의 이편과 저편엔 여기/저기, 선/악으로 판별될 수 없는 세계의 부면이 반짝인다. 눌리고 상한 여성의 몸뚱이가 주체(subject)로 일어나는 순간들이다. 거기선 매장당한 여성들이 그 최초 살해의 시간을 증거하는 재판정도 열린다. 가부장 문화를 들먹이지 않더라도, 우리 사회에서 살해당해 온 신체들의 거개가 여성이었음에 무슨 덧말이 필요할 것인가. 그 중엔 산 채로 매장당한 것들도 있었다. 또는 화장되거나 풍장된 것, 눈 뜬 채 묻힌 것, 그 송장들은 태고 적부터 밀레니엄 시대인 이곳까지 소장(訴狀)을 쓰면서 지금까지 걸어오고 있는 중이다.

---

* 경희대학교 강사

떼거리로 왔던 때는 아마도 90년대였을 것이다. 죽은 후 어떤 애도도 받지 못한 1990년대 발(發) 유령들은 매장자들의 집 지하실이나 벽장 속으로 몰려왔고, 아니면 유리창 앞에서 서성였다. 2000년대 발(發) 송장들 또한 그렇게 와서 잘린 팔로, 뽑힌 눈알들로 시위했다. 자신을 매장시킨 세상을 삼키려는 거대한 아가리들로 허공을 유영한 것이다. 그 아가리는 이른바 '이빨 달린 질'(Vagina Dentata)로 명명되는 적의로 가득차 있었다. 90년대 이후의 여성문학의 토포스는 그러한 충동(drive)의 자리에서 펼쳐졌다.

여성의 우주가 기괴해 보이는 이유는, 거기에 세계의 의미(sense)를 자기(je) 귀로 들으려(ouir) 하는 충동이 자리하기 때문이다. 거기서 '고통의 환락'이 일어난다. 우리는 그것을 쥬이쌍쓰(jouissance)라 불러왔다. 그것이 정치윤리학적 의미를 함의하는 이유는, 매장 당했을 때 튀겼던 핏물·똥오줌을, 매장시킨 자들의 얼굴에 쏟아 부으려 하는 반항성이 작용하기 때문이다. 그것은 잘리고 찢긴 몸을 통해 이전의 죽음을 반복하려는, 그렇게 죽음을 불사해서라도 자신을 하소연하려는 행위다. 이 죽음충동이 죽인 자들의 질서에 번역되지 않는, 그래서 그 상태로나마 자신의 목소리를 발화하는 환열의 사태를 불러오는 것이다. 얼마 전까지 우리 여성문학계는 '죽은 자의 귀환'으로 요약되는 상기의 정신분석 담론을 통해 '여성=진리주체'라는 연산식을 만들어내기에 여념이 없었다. 그러나 최근엔 '이 방정식은 얼마나 진짜인가'. 아니, '우리 여성시는 이 윤리학을 얼마나 수행해 왔는가' 반문하는 이들 또한 늘어나고 있는 것 같다. 이 글은 라캉(J. Lacan)의 분석담론[1)]에 입각하여서, 상기 문제들에 대한 성찰을 시도해 보려는 작은 시도이다.

2. 자기분석의 윤리

'여성시와 쥬이쌍쓰'의 주제와 관련하여 짚어 볼 게 있다. 다소 멀리 느껴지긴 하지만 80년대 '민중문학'의 화두다. 이렇게 말하는 것이 가능할진 모

1) 이 글은 主분석방법으로 쟈크 라캉의 『욕망이론』(문예출판사, 1998)을 활용하였다.

르겠지만, 90년 이후의 '여성문학'은 80년대의 '민중문학'과 일란성 쌍둥이 격이었다. '소수자담론'이 표방한 80년대 민중담론은」라캉적 의미에서-'대학담론'으로 기능했었다는 점에서 그렇다. 민중담론은 당시 많은 고급 지식인들이 거리에서 학교에서 술자리에서 회자시켰던 윤리학이었다. 그런데 그 담론이, 근원적으로 소수자를 억압하는 '주인담론'으로 돌변한 것은 90년대에 와서였다. 그 때에 이르러서, 우리는 지난 시절 믿고 따랐던 것은 '마르크스'가 아닌 '마르크스주의'였음을 깨닫게 된 것이다. 이 각성은 2000년대에 와 더욱 분명해진다. '이념의 시대'에서 '일상의 시대'까지 잰걸음으로 온 우리들은, 그러니까 의식적이었건 무의식적이었건 마르크스를 매장하는 일이 불가피했기 때문이었을 것이다. 그렇다면 매장됐던 마르크스는 좀 '유령다운 유령'으로 귀환했어야 하지 않았을까. 이 시기도 '제대로 된' 마르크스의 유령은 돌아오지 않았다. 그나마 실루엣으로 귀환한 마르크스주의 속에, 실재라고 불릴만한 어떤 현실은 없었다. 오히려 그런 방식으로 온 마르크스를 전유한 것은 자본가 지식인들이었다. 그것은 이미 민중을 위한, 민중에 의한 담론이 아니었다.

90년대에 호황을 누린 여성시 또한 2000년대로 들어와서야 그 자신 생태를 명분으로 한 '생태의 매트릭스'였음을 깨닫는 사태가 발생한다. 물론 일반론적 진단은 아니다. 그러나 가령, 김수이가-여성의 유목적 상상력을 기반으로 해 온-김선우의 「민둥산」 같은 작품을 실재의 타자성이 배제된 작품으로 지적한 경우는 그 각성의 분명한 예가 된다.[2)] 이 지적에 필자의 시선을 가미해 본다면, 90년대 이후의 여성시는 반(反)상징질서적 정치성이 그 이상의 정치성으로 이전되는 어떤 지점들을 은폐하고 있었던 것은 아니었던가 하는 점이다. 그 지점이 소수자담론을 업은 문화 권력에의 집착이었건, 문단 권력에 대한 편집증이었건, 그것은 그리 중요한 일이 아닐 것이다. 문제는 적어도 그것이 '실재 자체'가 아닌 '실재의 실루엣'을, '소수자'의 언어장 속에 작동시킨 것은 아닌가 하는 점이다. 상징질서를 교란하는 여성적 쥬이쌍쓰는, 그 반대적 입지를 상징질서를 구현하려는 동력으로 전유됐고, 결국 또

---

2) 김수이, 「자연의 매트릭스와 현실의 사막」, 『서정은 진화한다』, 창비, 2006, 33~40면.

다른 주인담론으로 화한 것은 아닌가 하는 점이다. 세계를 분석하는 그 자리에 자기 응시가 있었느냐는 점이 문제가 된다.

상기의 진단이 큰 억지만은 아니라면, 그들이 가고자 했던 곳이 실재의 부면들만은 아니었다는 추가적 진단도 가능하다. 나는 환상의 시장(市場)에서 끼워 팔았던 요설과 너덜너덜한 사지 등에 대해 새삼 질문해 본다. 그것은 '유령'이었던가. 2000년대 '미래파' 그룹의 몇 여성시인들이 보였던 행보는 이 질문의 맥락에서 자유로울 수 없을 것이다. 그들은 '잘린 사지'와 그것으로 '살수제비' 끓는 국솥을 시집 속으로 불러왔다. 그것은 실재였든 그 실루엣이었든 살해자의 집으로 도착한 유령적인 것인 것만큼은 분명했다, 문제는 그렇게 도달한 그 집이란 게 '경유지'였다는 데 있다. 그들은 죽음충동의 '죽음'을 또 다른(?) 정치학으로 전유시켰는데, 그 정치학이 반드시 윤리학과 결합되지만은 않은 것 같다. 때문에 이런 질문도 가능할 수 있겠다. 당시 그들의 환상 속에 전시하곤 했던 '절단 사지들' 내지 그 '기괴한 신체들'은 소수자(여성)의 상징계를 작동시키기 위한 소품은 혹시 아니었던가? 그 몸뚱이용 박스에 함께 담아 온 소녀들의 장난감 또한 그러한 정치 공간을 만들어내기 위한 토이(toy)는 혹시 아니었던가. 만일 그렇다면, 이는 민중담론이 대학담론으로 작동하다가 다시 주인담론으로 귀결되던 80년대 민중문학의 데칼코마니일 것이다. 그런 것이라면, 이는 '유령'의 귀환이 아닌 여성적 '상징질서'(文)의 귀환이며, 당시 유행했던 '유령-되기'의 윤리학과는 큰 관련이 없다.

우리 여성시의 어제·오늘을 문득 돌아본다. 죽음까지 불사하고 체제의 중력장을 교란시키는 여성적 의지, 그 쥬이쌍쓰의 능력이 왜 '실재'의 윤리학과 제대로 접속되지 않아 온 것인가. 추측컨대 두 가지 이유가 제시될 수 있을 것 같다. 하나는 여성시의 열락이-바르트의 어법을 빌려 말하면-체제 교란의 쥬이쌍쓰가 아닌 체제 대변의 쁠레지르(plaisir)였다는 점이다. 이 때 사막과 같은 세계의 실상의 대부분은 은폐되거나 한쪽만이 드러난다. 이는 세계를 미학적으로 봉합하는 작업으로서, 아마도 80년대 이전의 많은 여성시가 여기에 포함될 것이다. 이 자리에서 여성 담론은 의사(擬似)쥬이쌍쓰를 피워 보인다. 후자의 경우는 잘린 사지가 거대한 아가리로 귀환하는 경우로서, 90년대 이후의 주류시단에서 회자된 많은 여성시들의 계열이다. 여기선 상징계를 내파하는 여성적 충동이 극단화되면서 상징계 자체를 먹어버리는 사태가 있다. 때문에 그것은 상징계와의 '동거'에 실패한다. 그러나 상징질서가 폐기되는 순간, 귀환하는 여성의 유령도 함께 폐기된다. 여기서 여성적 충동은 모호한 은하계의 속성을 상실한다. 카오스모스로서의 충동은 카오스적 욕망으로 전이되고, 다시 그것은 이전 상징계의 역상 문자적 체제를 구성하는 에네르기가 된다. 이 때, 도래했던 유령은 그 존재방식이 취소됨으로써 다시 은폐된다. 쥬이쌍쓰의 골방을 '임차'하는 여성시들이 비단 90년대 이후에 등장한 것만은 아니다. 이 맥락과 관련된 '어제'와 '오늘'의 여성시 몇 편을 읽는다. 체제를 양육하거나, 삼키거나 그와 동거하는 자궁들이 있는.

3. 제제를 양육하는 자궁

쥬이쌍쓰는 대략 '카오스모스'적인 것이다. 거기엔 죽음을 불사하며 쾌락을 탐닉하려는 주체의 모호함이 있다. 그 모호성이 여성적 우주를 구성하는 질료가 된다. 그러나 그 신비함이, '코스모스'에 전유되는 경우가 있다. 여기서 코스모스란 상징질서의 봉합기제로서, 무덤 위를 덮는 '부드러운 흙'을 의미한다. 여성시는 모성의 언어로, 때로는 아름다운 소녀의 목소리로 남성들의 살인행위가 진행되는 곳에 '들밥'을 내오기도 했다. 기괴한(uncanny) 충동성이 거세된 세계, 이 목소리의 세계엔 여성의 수사나 요설, 잘린 팔다리가 자라날 수 없다. 대신, 세계의 상징질서를 양육하는 강박적인 충직함이 있다. 그 세계는 유령의 메이크업을 한 기운이 떠돌아다니는 유사-유령의 세계다. 환락과 고통이 버무려진 여성의 쥬이쌍쓰는, 죽음의 사실적 고통을 매끄럽게 덮어내기 위해 임대된다. 한 예를 아래 모윤숙의 시에서 발견한다.

내게는 어머니, 아버지, 귀여운 동생들도 있노라.
어여삐 사랑하는 소녀도 있었노라.
내 청춘은 봉오리지어 가까운 내 사람들과 함께

이 땅에 피어 살고 싶었었나니
아름다운 저 하늘에 무수히 날으는 내 나라의 새들과 함께
나는 자라고 노래하고 싶었어라.
나는 그래서 더 용감히 싸웠노라. 그러다가 죽었노라.
아무도 나의 주검을 아는 이는 없으리라.
그러나 나의 조국, 나의 사랑이여!
숨 지어 넘어진 내 얼굴의 땀방울을
지나가는 미풍이 이처럼 다정하게 씻어 주고
저 하늘의 푸른 별들이 밤새 내 외롬을 위안해 주지 않는가?

나는 조국의 군복을 입은 채
골짜기 풀숲에 유쾌히 쉬노라.
이제 나는 잠시 피곤한 몸을 쉬이고
저 하늘에 날으는 바람을 마시게 되었노라.
나는 자랑스런 내 어머니 조국을 위해 싸웠고
내 조국을 위해 또한 영광스리 숨 지었노니
여기 내 몸 누운 곳 이름 모를 골짜기에
밤이슬 나리는 풀숲에 나는 아무도 모르게 우는
나이팅게일*의 영원한 짝이 되었노라.

—모윤숙, 「국군은 죽어서 말한다」 부분

"국군"이 말하는 것 같이 보이지만, 실은 여성 화자가 말한다. 죽은 사람의 입은 철저히 봉합돼 있다. '체제'적 발화를 대변하는 여성 화자는 자기 몸에서 나온 눈물을 세계의 실재의 한 부면에만 댄다. '국가'(또는 대한민국)라고 불릴 수 있는 면일 것이다. 여기서 그녀의 눈물은 애국이데올로기의 윤활유가 된다. 이 시는 그 매끄러움의 공간이 펼쳐 보이는 화사한 판타지다. '페니스 파시즘'과 '자궁 파시즘'이 정교히 맞물려 돌아가는 재래적 여성시의 사태가 여기 있다. 그 점에서 이 시는 철저한 매트릭스(Matrix)로서의 음부다. 체제(또는 국가)의 폭력을 고양하면서 은폐시키기 때문이다. 그러므

로 "나는 자랑스런 내 어머니 조국을 위해 싸웠고 / 내 조국을 위해 또한 영광스리 숨 지었노니"로 나타나는 1인칭 여성의 목소리는, 끝내 개별화된 주체의 목소리로 발화되지 못한다. 체제에 포획된 여성 주체(subject)는 국가의 상징 질서 속에서 자아(ego)로 소환된다. 그렇게 초치(招致)된 여성 자아는 모호한 여성의 언어를 생산해 내지 못한다. 그것은 아버지의 폭력을 답습하면서 "여기 내 몸 누운 곳 이름 모를 골짜기에 / 밤이슬 나리는 풀숲에 나는 아무도 모르게 우는 / 나이팅게일*의 영원한 짝이 되었노라."라는 식의 에코파시즘적 담론을 가동시킨다. 그것은 매장자 아버지의 발화이자 체제의 발화다. 아울러 그 말을 발화시키는 자궁은 상징질서의 의미를 숭고화시키는 기계들을 착상시킨다. 거기엔 썩고 있는 국군 시체 앞에서 "바람"을 작동시키는 허공 기계, "풀숲"을 가동하는 식물기계, "나이팅게일"을 작동시키는 입술 기계가 자라난다. 그것은 "어머니", "아버지", "귀여운 동생들", "어여삐 사랑하는 소녀" 및 그들을 지키기 위해 더 용감히 싸우다가 죽어야만 하는 "국군"을 하나의 풍경으로 코스모스화해 내는 전체성의 언어다. 그것이 대타자의 결핍을 가리는 남성적 강박임은 두말할 것도 없다. 매장당해 본 본 적이 없었던 유령이기에, 그가 보는 것은 무덤 위의 푸른, 환한 풀일 뿐이다.

4. 체제를 삼키는 자궁

어떤 유령은 잘린 사지를 가지고서 귀환한다. '먹힌 자'가 '먹는 자'가 되려는, 또는 매장된 송장이 매장한 자를 매장하려 하는 이 욕망은 2000년대 여성시에서 많이 발견된다. '이빨달린 질'이, 여성을 달래며 협박해 온 체제의 랑그를 물어뜯는 경우다.

> 줄이 돌아간다 줄 돌리는 사람 없이 저 혼자 잘도 도는 줄이 허공을 휘가르며 양배추의 빽빽한 살결을 잘도 썰어댄다 나 혼자 폴짝 줄 넘고 있었는데 두 살 먹은 내가 개똥 주워 먹다 말고 폴짝 줄 넘고 있었는데 다섯 살 먹은 내가 아빠 밥그릇에다

보리차 같은 오줌 질질 싸다 말고 폴짝 줄 넘고 있었는데 아홉 살 먹은 내가 팬티 벗긴 손모가지 꽉 물어뜯다 말고 폴짝 줄 넘고 있었는데 열세 살 먹은 내가 빨아줘 빨아주라 제 자지를 꺼내 흔드는 복순이 할아버지한테 침 퉤 뱉다 말고 폴짝 줄 넘고 있었는데 열여섯 살 먹은 내가 본드 불고 토악질해대는 친구의 뜨끈뜨끈한 녹색 위액 교복 치마로 닦다 말고 폴짝 줄 넘고 있었는데 열아홉 살 먹은 내가 국어 선생이 두 주먹에 날려버린 금 씌운 어금니 두 대 찾다 말고 폴짝 줄 넘고 있었는데 스물두 살 먹은 내가 두 번째 애 떼러 간 동생 대신 산부인과에서 다리 벌리다 말고 폴짝 줄 넘고 있었는데 스물다섯 살 먹은 내가 나를 걷어찬 애인과 애인의 그 애인과 셋이서 나란히 엘리베이터 타 오르다 말고 폴짝 줄 넘고 있었는데 스물여덟 살 먹은 나 혼자 폴짝 줄 넘고 있었는데 줄 돌리는 사람 없이 저 혼자 잘도 도는 줄이 돌고 돌수록 썰면 썰수록 풍성해지는 양배추처럼 도마 위로 넘쳐나는 쭈글쭈글한 내 그림자들이 겹겹이 엉킨 발로 폴 짝 폴 짝 줄 넘어가며 입속의 혀 쭉쭉 뽑아 길고 더 길게 줄을 잇대 나간다

—김민정, 「나는야 폴짝」 전문

이 시는 미래파논쟁 초기에 회자된 시집, 김민정의 『날으는 고슴도치 아가씨』(2005)에 실린 작품이다. 이 시에선 여성의 내면이 반체제적 충동으로 활성화돼 있다. 이 가편(佳篇)에서 여성화자는, 전술한 모윤숙 시의 매트릭스와 정확히 반대 거점에 자리한다. 여성 화자는 자신을 썰리는 "양배추"로 상정하여 체제와의 화해를 거부한다. 때문에 시의 여기저기에 매장 당하던 순간의 기억들이 낭자하다. '벌려진 다리', '주먹으로 얻어터져 빠진 어금니', '썰린 사지' 등이 쌓여 있다. 그러니까 이 자리는 법정이다. 소녀의 신체는 원고의 자격으로 나와 당시 살해 현장의 풍경을 발랄하게 증거한다. 줄을 한 번씩 넘길 때마다 "아빠", "복순이 할아버지", "국어선생", "산부인과 의사" 등으로 드러나는 무덤가 인물들이 폭로된다. 그 인물들은 살인 사주인, 그 청부업자, 매장인부, 묘지기다. 「국군은 죽어서 말한다」가 살해도구를 지닌 체제의 실체를 은폐하거나 미화한 것과는 다르게 이 시는 그 실체를 처음부터 끝까지 들쑤시고 있다. 그러니 이 시의 유령은 갑작스런 폭로에 의해 '초과'(excess)되는 부면들이다.

이 시의 화자가, "복순이 할아버지"한테 뱉어대는 "침"은, 또 다른 시 「엄마, 학교다녀오겠습니다」에서, 남성 공범자들을 동일한 방식으로 공격하는 맞폭력의 쾌감으로 극단화된다. 죽음을 불사하는 쥬이쌍쓰의 가능성이 열리고 있는 것이다. 공포스런 살해자의 세계에서도, 그에 의미화되기는커녕 그 폭압성을 토설하는 쾌락을 동반하기에 이 목소리는 유령의 것이다. 쾌락이 솟는 시공은 "십삼월, 삼십이일, 팔요일마다 축제가 열리는 그곳"(「나의 '완전한' 나를 찾아서」)으로서, 이쪽과 저쪽이 동시에 접힌 존재의 문턱에 다름 아니다. 그러나 이 시인의 작품 거개는 이 여성의 에네르기를 '나의 완전한 나'를 찾는 행위로 발화시켜낸다. 유령과 함께 온 주체의 언어는, 그녀가 또 다시 건설한 곳, 그 자아에의 법정으로 불려간다.[3] 그 여정은 도달한 실재의 자리를 다시 떠나는 여정이다. 처음의 '죽음-충동'은 유령의 것이었다. 그러나 그것은 여성의 더 큰 영토를 확정하고, 한 완성태로 구축하기 위한 연료로 전유되고 만다. 거기서 유령은 기존의 상징계를 삼켜버리는 '아귀'(또는 '대마귀')로 변한다. 대상-'충동'이 다시 대상-'욕망'으로 변양된다. 이 때 환상은 전자가 아닌 후자 속에서 작동하면서 또 다른 체제를 구성하기 위한 것으로 기능한다. 이 시집은 유령을 불러들여서 남성 상징계의 마지막 부면까지 폭로했다. 그러나 스스로의 상징계를 구성하고자하는 욕망에 전유되면서, 끝내 이전의 상징계와의 동거를 포기하게 만들고 있다. 유령이 넘지 말아야 할 임계 선을 불행히도 넘어버림으로써, 여성적 쥬이쌍쓰는 다시 은폐된다. 체제의 이데올로기를 교란하는 일을 넘어, 그보다 더 강한 자신의 '랜드'(land)를 건설하기 위한 절규가 됨으로써, 상징계 속에 잉여로 고여 있던 유령을 추방해 버린 것이다.

상징질서에 순응하면서도, 고통의 열락을 노출시키는 그런 시란 있을까. 《시안》 2005년 여름호에 실린 어떤 시 한편을 읽는다.

---

3) 김민정 시에 나타난 '자아' 관련 분석은 고봉준의 「환상이라는 유령, 또는 환상의 리얼리티」, 『반대자의 윤리』, 실천문학사, 2006, 307~311면 참조.

5. 체제와 동거하는 자궁

달력의 칸마다 그림이 그려져 있다
만남과 헤어짐, 꽃 ,물음표와 마침표,
달나라 ,어머니, 영혼,물고기,나무....

어떤 칸에는 따스한 체온이 남아
새벽녘 별빛처럼 깜빡거린다
가슴을 데운 흔적이 남은
그 칸에는 아직 살얼음진 눈물이
가득 고여 있다

문을 닫은 칸
불을 끈 칸
검은 리본을 걸어 놓은 칸
그 중에는
돌아가신 어머니를 만난 칸도 있다

사는 일이란
물음표와 마침표 찍으면서
온기보다 냉기
웃음보다 울음인 저 칸들을
한번씩 껴안아 보는 것일까

살얼음진 가슴으로
만나고 헤어지며

새로이 삼백예순다섯개의 빈칸이
내게로 오고 있다.

—최금녀, 「삼백예순다섯개의 빈칸」 전문

어떤 여성시의 자궁은 체제를 양육하지도, 삼키지도 않는다. 시쳇말로 '아줌마시'라 불릴만한 시들이 그 예다. 그 시들은 통상 작고한 어머니에 대한 그리움을 주조로 하거나 자연을 완상하면서, 세계를 자아의 1인칭적 소실점 안으로 당겨내는 장력을 보여준다. 그러니 이 계열의 시엔 90년대 이후의 여성시의 위악이나 요설, 절단 신체 등은 찾아볼 수 없다. 자신을 불태우며 불 앞으로 돌진하는 부나방의 죽음 충동대신, 도처에 가부장적 언어로 도배된 시들이 많다. 그러나 그 중 어떤 시는 그 자리에서 모호한 우주를 작동시키거나, 유령을 도래시킨다.

인용시 「삼백예순다섯개의 빈칸」에서 여성 화자는 "웃음보다 울음"인 삶, 그렇게 "살얼음진 가슴"으로 살아왔고, 또 살아가야 할 시간 앞에 망연해 하고 있다. 그 태도는 스스로가 가부장적 상징질서에 복속됐고, 그것의 파괴가 결국 불가능하다는 무력한 독백일 것이다. 그러면서 그녀는 몸에서 흘러나오는 '눈물'을 연신 본다. 그런데 진물로서의 몸의 생즙이 가부장 체제의 꼭짓점에 포획된 스스로의 존재를 응시하는 '주체'의 시선을 가만가만 열어내고 있다. 화자는, 모성/가족/사랑/포용으로 이데올로기화되는 가족의 중력장에 끌려가지만, 그 분비물 앞에서 과부하 걸린 자기 신체가 고요히 정지하는 것을 본다. 그 정지 속에서 죽음을 열고 방문하는 어머니의 유령성과 삶의 공간에 편재한 여성 존재의 유령성이 고통의 희열로 솟아오른다. 시인은, 희생을 신비화하는 가부장세계의 폭력 앞에 어쩔 수 없이 끄덕이지만, 그 몸의 진물 앞에서 그것만으로는 여성의 시간이 생성될 수 없는 것임을 깨닫는 것이다. 여시서 '여성-자아'가 '여성-주체'로 되는 사태가 나타난다. 달력 빈칸에 가득 고인 눈물들은, 살해자들의 폭력 앞에서, 또는 그 변방에서 고인 그 여성성의 잉여들이다. 여성으로서의 화자는 그 잉여-분비물들이 "온기보다 냉기 / 웃음보다 울음인 칸"을 메우며 살다 세상을 뜬 어머니의 온기가 "문을 닫은 칸 / 불을 끈 칸 / 검은 리본을 걸어 놓은 칸" 속에서 아직도 고여 있음을 본다. 그리고 그렇게 고인 '유령스러운 것'을 발 붙인 상징계에 고요히 동거시킨다. 그러니 여기엔 화자가 세계를 자아화하는 행위가 있지만, 몸의 분비물이 체제를 완전히 삼켜버리지 않음으로써 역설적으로 그것을 넘어서려는 충동의 사태가 있다. 때문에 이 시는 체제 안에 착상되지도,

그렇다고 바깥으로 이탈하는 언어가 아니라, 체제의 여백에 고요히 고이는 언어다. 시인은 말한다. '이곳을 부정하는 것은 아니지만, 더 이상 이렇게 살기는 원치 않는다'고. 시인은 세계의 '의미'를 '스스로' '듣는' 자가 된다. 세계는 여성의 분비물을 통해 오염되다가 작동하고, 다시 중단된다. "물음표"와 "마침표"가 뫼비우스의 띠처럼 함께 맞물려 돌아가는 사태는 그것을 보여준다. 남성적 질서가 코스모스화해 낸 별자리들 속에서 다시 카오스모스로 일어나는 고요한 우주, 그 은하계엔 여성의 몸을 응시하는 쾌락이 번들거린다. "새로이 삼백예순다섯개의 빈칸이 / 내게로 오고 있다." 눈물과 웃음이 범벅된 쥬이쌍스의 말이 시인에게 오고 있다.

참고문헌

고봉준, 『반대자의 윤리』, 실천문학사, 2006.
김민정, 『날으는 고슴도치 아가씨』, 열림원, 2005.
김수이, 『서정은 진화한다』, 창비, 2006.
롤랑바르트, 김희영 역, 『텍스트의 즐거움』, 동문선, 1997.
모윤숙, 『풍랑』, 문성당, 1951.
슬라보예 지젝, 김서영 역, 『시차적 관점』, 마티, 2009.
쟈크 라캉, 권택영 外 역, 『욕망이론』, 문예출판사, 1998.
신형철, 『몰락의 에티카』, 문학동네, 2008.
이장욱, 『나의 우울한 모던보이』, 창비, 2005.
함돈균, 『얼굴없는 노래』, 문학과지성사, 2009.
《시안》 2005년 여름호.

라파엘 전파의 셰익스피어 작품 재현에 대한 여성론적 고찰

권 오 숙*

1. 서론

유럽에서 인상파 화가들이 한창 빛과 대기의 효과라는 모더니즘 회화 운동을 벌이고 있는 시기에 영국에서는 라파엘 전(前)파(The Pre-Raphaelite)[1]라는 독특한 예술 사조가 풍미하였다. 엄청난 물질적 진보와 그 이면에 정신적 피폐라는 이중적인 결과를 가져온 산업 혁명이 낳은 시대의 산물인 이 그룹은 산업화에 대항하는 독특한 미학주의를 주창하며 자연주의 화풍을 실천했다. 왕립 미술원(Royal Academy)[2] 출신인 헌트, 밀레이, 로제티는 라파엘 전파 형제회(The Pre-Raphaelite Brotherhood)를 결성하여 새로운 회화 활동을 하였다.

그들은 자연의 형태를 이상화하거나 전체적인 디자인 안에서 인위적으로 조합한 전성기 르네상스(High Renaissance) 양식을 모방하는 것만을 "예술"이라고 간주한 기존의 아카데믹한 화풍과 고전주의 미학에 반발한 미술운동을

---

* 한국외국어대학교 강사

1) 1848년에 윌리엄 홀먼 헌트(William Holman Hunt), 존 에버릿 밀레이(John Everett Millais), 단테 가브리엘 로제티(Dante Gabriel Rossetti)를 중심으로 처음 결성된 라파엘 전파는 빅토리아 시대의 예술을 상징한다. 그들은 자신들이 그린 작품에 P.R.B.라는 미스테리한 머리글자를 써넣었다.

2) 1768년에 설립되었으며 최초의 원장은 조슈아 레이놀즈(Joshua Reynolds)였다. 그가 쓴 『예술에 대한 강연록*Discourse on Art*』은 러스킨의 『근대 화가론*Modern Painters*』이 나올 때까지 가장 중요한 영국 예술 이론서였다.

펼쳤다. 그래서 전성기 르네상스의 대표 화가인 라파엘로(Raphaello Sanzio)[3] 이전의 예술이 지닌 진실하고 사실적이고 순수한 회화 양식으로 돌아갈 것을 주장하였다. 이런 라파엘 전파 화가들에게 중요한 이론적 배경을 제공한 사람은 사회주의자이자 빅토리아 시대의 가장 영향력있는 미술비평가였던 존 러스킨(John Ruskin)이었다.

러스킨은 『근대 화가론』에서 풍경화가인 조지프 윌리엄 터너(Joseph William Turner)를 중세 이래 자연을 가장 성실하게 따른 화가로 간주했다. 러스킨은 터너가 자연을 직접 탐구하고 밝고 강렬한 색채를 사용하여 그 자연을 담아냈다고 분석했다. 그런 분석과 함께 러스킨은 "자연으로 돌아가라. 아무 것도 거부하지 말고, 아무 것도 선택하지 말고, 아무 것도 경멸하지 말라……" (Ruskin III, 624)라고 주창했다. 라파엘 전파 화가들은 러스킨의 유명한 모토인 "자연에 대한 진실"(Truth to Nature)을 실천하였다. 그들은 옛 거장들의 틀에 박힌 양식을 모방하고 재창조하는 것을 중단하였다. 그리고 자연에 대한 면밀한 관찰을 한 뒤 그것을 마치 사진처럼 세밀하게 그렸다. 또한 색채면에서도 꽃의 밝고 순수한 색조와 나무와 풀의 녹색을 사실대로 담아내어 중세시대 이래 수세기 동안 유럽 화단에서 무시되어 왔던 청록색, 자주색, 보라색 등을 사용하였다. 이들의 밝고 다채로운 새로운 색채 사용은 과히 혁신적이었다.

러스킨은 예술이 단순한 볼거리 이상의 역할을 할 수 있다고 믿었다. 그는 예술이 도덕적 가르침을 줄 수 있는 강력한 도구라고 생각했다. 그는 「감정의 총합」("Unity of Feeling")이란 글에서 "미학적 감수성이 생의 윤리적이고 상상적인 근거를 고무시킨다"고 주장하였다(박연실, 246에서 재인용). 그의 그런 예술관은 라파엘 전파 화가들이 도덕을 위한 예술을 하도록 이끌었다. 특히 헌트는 유달리 도덕적 메시지에 매달렸다. 라파엘전파의 이런 경향은 당시 예술의 후원자들이 귀족 계급에서 새로운 부르주아 계급으로 이동했다는 사실과 무관하지 않다. 대부분 청교도인이었던 부르주아들은 도덕과 양식을 중요시했기 때문이다.

---

3) 라파엘로가 대상을 실제보다 아름답게 이상화해서 그린 것에 반발하여 라파엘 전파 화가들은 자연과 사물을 눈에 보이는 대로 그리려했다.

라파엘 전파는 당시 빅토리아 시대에 선거법 개정안과 차티스트 운동으로 진행중이던 영국의 민주주의를 미학적으로 표현한 그룹이다. 그동안 그림의 소재로 전경화되지 못했던 '일상 생활'을 그림의 소재로 채택함으로서 예술의 민주화를 추구한 것이다. 이렇게 전통적으로 비회화적인 주제를 표현한 그들의 그림은 관습적 인식을 넘어선 새로운 미학적 체험으로 생소하고 낯선 미술이었다. 라파엘 전파들이 나중에 시도하는 미술 공예운동 또한 예술을 일상 생활화한 대중적 예술 행위였다. 그래서 그들은 영국 회화사에서 근대적 미학의 선구자로 평가받는다.

하지만 처음 출현했을 때 라파엘 전파의 그림들은 거센 비판을 받았다.[4] 종교화를 비롯한 모든 그림에서 이상화와 신성을 걷어낸 그들의 스타일은 당대에 "라파엘 전파적인 불쾌함"이라는 신조어를 낳을 만큼 주류 미술계의 반발을 샀다.[5] 이렇게 시초에는 전위적인 예술가였던 라파엘전파가 빅토리

4) 비평가들은 대체로 그들의 혁신적 양식 중 두 가지를 크게 비난했다. 그 중 하나는 캔버스 전체를 균등하게 작업하는 것이었다. 그들은 종속적인 부분을 중요한 부분과 마찬가지로 크고 세세하게 묘사하였다. 그래서 오히려 전체 구도가 비현실적으로 보였다. 두 번째는 원근법을 무시하고 빛을 균등하게 사용한 것이다. 그들은 중심부분을 밝게 처리하고 가장자리를 어둡게 처리하는 전통적인 빛의 처리를 무시했다. 비평가들은 그들이 기술적인 능력이 부족할 뿐 아니라 예술에 대한 태도도 잘못 되었다고 비난했다. 하지만 라파엘 전파 화가들은 태양은 모든 것을 골고루 비추어주고 자신들은 눈에 보이는대로 그렸을 뿐이라고 주장했다.

존 에버릿 밀레이, 〈부모님의 집에 있는 그리스도〉, 테이트 미술관, 1849~50.

5) 특히 밀레이가 그린 <부모님 집에 있는 그리스도*Christ in the House of his Parents*>는 그리스도와 성모 마리아, 요셉을 신성하게 미화시키지 않고 평범한 사람들로 그림으로써 당대 사람들을 경악시켰다. 찰스 디킨스(Charles Dickens)는 『하우스홀드 워즈*Household Words*』라는

아 시대 후기에는 주류로 자리를 잡았다. 그들의 그림은 대중의 기호에 영합하게 되면서 빅토리아 시대 사람들을 사로잡았다. 그들은 또한 당대 부르주아의 가식적인 도덕성에 영합하면서도 한편으로는 다분히 관능적인 그림들을 대거 양산하였다. 빅토리아 후반기 영국은 그 전례를 찾아볼 수 없을 만큼 예술적이고 미적인 것에 대한 관심이 높아 '탐미주의에 대한 열광'(aesthetic craze)을 보였다. 라파엘 전파 화가들이 그린 아름다운 그림들은 이런 당대인들의 아름다움에 대한 탐닉을 충족시켜주었다.

라파엘 전파 화가들은 중세 문학과 셰익스피어, 낭만파 시인들의 시를 소재로 한 그림들을 많이 재현했다. 그래서 흔히 그들은 "문학적 화가"(literary painters)라고 불린다.[6] 그들은 "미적 감수성"과 "지적 섬세함"을 융합하여 중세 문학과 셰익스피어, 존 키츠(John Keats), 알프레드 테니슨 경(Lord Alfred Tennyson) 같은 작가들의 작품 속 장면들을 재현했다(권오숙, 11).[7] 당시 귀족들은 초상화와 승마와 같은 스포츠 그림들을 좋아한 반면 문학을 소재로 한 그림들은 중산층 후원자들에게 인기가 있었다. 본 글은 그런 라파엘 전파가 재현한 셰익스피어 그림들을 여성주의적 시각에서 분석해보고자 한다. 아울러 19세기 빅토리아 시대의 여성관과 사회적 배경 속에서 셰익스피어 재현 양상을 논하고자 한다.

저널에서 이 그림을 다음과 같이 혹평했다.

"목수의 가게 실내를 보라. 가게 앞쪽에는 목이 비뚤어지고 울어서 얼굴이 퉁퉁 부운 붉은 머리의 끔찍한 아이가 잠옷을 입고 서 있다. 부근에서 놀다가 손을 찔린 듯한 아이의 상처를 한 여인이 무릎을 꿇고서 바라보고 있다. 그 연인은 너무도 끔찍하게 추해서 마치 프랑스의 가장 천박한 카바레 또는 영국의 싸구려 술집의 괴물처럼 모든 인물 가운데 두드러지게 눈에 띈다."(힐턴 59~60)

6) 그들은 기성 작가들에 열광하기도 했지만 그들 스스로가 문학에 적극 참가하기도 하여 로제티와 모리스는 시인으로써도 왕성하게 활동했다.

7) 헌트를 비롯한 라파엘전파 화가들은 자신들이 외경했던 역사 속 인물을 불후의 인물(immortals)이라고 부르며 이들을 다섯 계층의 피라미드 구조로 분류하였다. 헌트는 그 정점에 예수를 두고, 그 바로 아래에 셰익스피어와 구약 성서 욥기의 저자를 두었으며, 세 번째 층에는 호메로스, 단테, 초서, 레오나르도, 괴테, 키츠, 셸리, 테니슨, 새커리, 랜더, 워싱턴, 브라우닝을 두었다(힐턴 39).

Ⅱ. 본론

1. 라파엘 전파의 여성 이미지

빅토리아 시대[8]의 영국 회화에서 가장 선호된 주제는 여성 이미지였다. 특히 라파엘 전파 형제회가 등장한 이후에는 그 어느 시대보다도 여성 이미지 재현이 풍부해졌다. 그 중에서도 여성이 홀로 화면 중심에 놓이는 구조는 빅토리아 시대 여성 재현 방식의 독특한 특징이 되었다. 매춘의 증가와 신여성 운동에 따른 여성에 대한 새로운 관심들은 당대에 여성에 대한 담론들을 양산했다. 그래서 문학, 예술, 정치, 사회 전반에 여성에 대한 담론이 끊이지 않았고 예술에 있어서는 이런 분위기의 중심에 라파엘 전파가 있었다.

최근에 와서 라파엘 전파에 대한 페미니즘 연구는 1984년에 테이트 갤러리(Tate Gallery)에서 <라파엘 전파 展>이 열리면서 본격화되었다. 이 전시는 라파엘 전파의 작품을 대중에게 알리는데 중요한 역할을 하였다. 그때 미술학자인 드보라 체리(Debora Cherry)와 그리젤다 폴락(Griselda Pollock)이 『아트 히스토리 *Art History*』라는 저널에 「가부장의 힘과 라파엘 전파」(Patriarchal Power and the Pre-Raphaelites)라는 비평을 실었다. 이 논문이 라파엘 전파의 작품에 재현된 성에 대한 페미니즘적 논의가 활발하게 일어나는 계기를 제공했다.

빅토리아 시대 여성관은 수동적이고 보조적이며 희생적인 '바람직한 여성성'과 주체적 성욕을 지닌 요부 이미지의 '타락한 여성성' 두 가지로 범주화되었다. 이 두 가지 여성상은 모두 가부장 체제를 유지하는 장치로 활용되었다. 수동성은 빅토리아 시대 여성 재현방식의 가장 큰 특징이었다. 폴락은 자신의 저서 『시각과 차이: 페미니즘, 여성, 그리고 미술의 역사 *Vision and*

8) 빅토리아 시대는 흔히 '여성화된 시대'라고 불린다. 1830년대 테니슨 경과 1850~60년대 알저논 스윈번(Algernon Charles Swinburne)의 시를 비롯한 문학과 회화에서 여성적 감수성이 지배적이었기 때문이다. 빅토리아 시대 비평가인 알프레드 오스틴(Alfred Austin)은 『이 시대의 시 *The Poetry of the Period*』라는 비평서에서 테니슨, 로버트 브라우닝(Robert Browning), 스윈번의 시에서 발견되는 여성적 감수성에 주목하면서 "오늘날 남성성은 장면에서 사라졌다"고 언급했다.

Difference: Feminism, Feminity, and the Histories of Arts』에서 체리와 함께 연구한 논문「라파엘전파 문학에 나타난 기호로서의 여성: 엘리자베스 시달의 표상」("Woman as sign in Pre-Raphaelite Literature: The Presentation of Elizabeth Siddal")이란 논문을 수록했다. 시달[9]은 로제티의 모델로서 수동적이고 의존적이며 무력하여 병약해 보이는 여성 이미지로 자주 재현되었다. 1854년에 그려진 <엘리자베스 시달>에서는 고개를 숙이고 아래로 향한 눈, 측면을 향하고 있는 머리와 길게 늘어진 머리카락으로 아주 연약하고 수동적인 모습으로 그려졌다. 그리고 그녀의 표정은 왠지 우울해 보인다. 우수에 찬 얼굴 표정과 텅 빈 시선 또한 라파엘 전파 여성 이미지의 전형적인 특징이다. 이렇게 남성의 시선으로부터 대상화된 수동적 아름다움을 지닌 여성 이미지가 바로 초기 라파엘전파에 의해 그려졌던 전형적인 여성 이미지였다. 그러나 로제티와 에드워드 번존스(Edward Burn-Johns), 윌리엄 모리스(William Morris)를 중심으로 한 1860년대의 후기 라파엘전파의 여성 그림에서는 매혹적인 성적 매력을 지닌 위험한 여성 이미지들이 주로 그려진다. 이들은 초기 라파엘전파 화가들이 그린 여성 이미지와는 완전히 다른 요부 이미지들이다.

단테 가브리엘 로제티, 〈엘리자베스 시달〉, 1854.

빅토리아 시대 사람들은 그 어떤 문화보다 도덕성이나 윤리성에 대한 강박증을 지녔다. 그들은 특히 성 도덕(sexual morality)에 관심을 많이 가졌고 그 시대 예술 작품에는 이와 관련하여 복잡한 내러티브가 존재하였다. 19세기 영국에 순결을 잃은 여성, 매춘부, 정부, 간음녀, 미혼모 등 '타락한 여성' 이미지가 문학이나 회화에서 만연한 것은 빅토리아 시대 여성에게 가장 중

9) 나중에 로제티와 결혼한 시달은 라파엘전파 화가들이 숭배한 모델이었다. 그녀는 본 논문에서 다루고 있는 밀레이의 <오필리아>와 헌트의 <프로테우스로부터 실비아를 구하는 발렌타인>의 모델로도 등장한다.

시되었던 덕목이 정절 혹은 정숙이었기 때문이다. 라파엘 전파의 작품에도 부르주아 계급에 의해 형성된 도덕적인 측면을 강조하는 성 이데올로기가 내재되어 있다. 특히 엄격한 도덕주의자로 유명했던 헌트의 그림들 속에서 여성의 순결을 찬미하거나 강조하는 내러티브를 발견할 수 있다. 이렇듯 라파엘 전파는 빅토리아 시대의 속물적 도덕주의에 영합하거나 그런 이데올로기를 유포시키는 기능을 은연중에 수행했다.

2. 초기 라파엘 전파의 셰익스피어 재현

라파엘전파 화가들에게 셰익스피어 작품들은 끊임없는 영감의 원천이었다. 헌트, 로제티, 밀레이 등 대부분의 라파엘 전파 화가들이 셰익스피어 장면들을 그렸다. 그들은 셰익스피어 장면들 가운데서 자신들의 자연주의 화풍을 과시할 수 있는 장면들[10]이나 빅토리아 시대 여성관, 혹은 도덕적 메시지를 전달할 수 있는 장면들을 주로 재현했다.

초기 라파엘 전파 화가들은 셰익스피어의 여주인공들을 회화에 많이 등

존 에버릿 밀레이 경, 〈에어리얼에게 이끌려오는 페리디난도〉, 매킨스 컬렉션, 1849~50.

10) 밀레이가 그린 <에어리얼에게 이끌려오는 페르디난드 *Ferdinand Lured by Ariel*>는 그 선명한 색채와 정밀한 묘사를 통해 한눈에 라파엘 전파의 그림임을 알 수 있는 작품이다. 이 그림은 밀레이가 엄격한 라파엘전파의 신조에 따라 그린 첫 번째 그림으로 풀잎, 나뭇잎, 초록 하나하나의 정교한 묘사와 나무 둥치에 자란 버섯들, 감촉이 느껴질 정도의 신발 묘사 등에서 라파엘 전파 특유의 세부 묘사를 느낄 수 있다.
이 그림은 셰익스피어의 후기 로맨스인 『태풍 Tempest』의 한 장면이다. 마법사 프로스페로(Prospero)가 일으킨 태풍으로 난파당한 나폴리 왕의 아들인 페르디난드(Ferdinand)가 요정 에어리얼(Ariel)의 노래에 이끌려 프로스페로의 동굴로 가고 있다. 이 그림은 앞에서 본 <부모님 집에 있는 그리스도>와 함께 1850년에 왕립미술원에서 전시되었다. 밀레이는 실제 풍광을 고스란히 옮기기 위해 상당히 노고를 기울인 것으로 알려졌다. 이 그림은 빅토리아 시대에 아주 유행하던 주제인 요정 그림이기는 하나 앞의 성 가족 그림과 마찬가지로 충격적인 그림이다. 에어리얼의 시종으로 나오는 요정들을 박쥐 모양의 초록 괴물로 형상화한 이 그림은 기존의 우아하고 아름다운 요정들의 도상에서 너무나 벗어나 있기 때문이다. 『아트 저널』(Art Journal)은 이 그림이 특히 에어리얼을 끔찍한 초록 땅신령으로 묘사한 점에서 괴상한 취향을 드러낸다고 비난했고 『타임스』지는 "변태적인 취향을 보여주는 최악의 예"라고 비난했다(Martineau 231).

장시켰는데 이들은 주로 『햄릿 *Hamlet*』의 오필리아(Ophelia), 『자에는 자로 *Measure for Measure*』의 마리아나 등 수동성과 희생적 측면들을 지닌 여성들이며 극 속 남성에 의해 고통 받거나 희생되는 여성들이다. 그리고 라파엘 전파 화가들이 재현한 이미지도 이들의 수동적이고 가련한 여성성을 강조한 도상들이다. 그들은 한결같이 정적인 포즈와 우수에 차고 텅 빈 듯한 시선으로 화면을 가득 채우고 있다.

빅토리아 시대에 가장 대중적인 인기를 누린 셰익스피어 여주인공은 오필리아였다. 사랑에 상처받고 아버지의 상실로 미쳐버린 오필리아가 꽃을 꺾거나 머리에 꽃을 꽂고 물가를 헤매거나 물속에서 죽음을 맞이하는 장면은 라파엘 전파 화가들의 영감을 자극하는 주제였다. 남녀간의 사랑에 있어 여성의 비극적 희생을 상징하는 오필리아는 빅토리아 시대 감수성에서는 햄릿보다 더 주목을 받는 인물이 되었다. 1832년에 『셰익스피어 여주인공들 *Characteristics of Women: Moral, Poetical and Historical*』이란 비평서를 출간하여 빅토리아인들에게 셰익스피어 여주인공들에 대한 관심을 불러일으킨 안나 제임슨(Anna Jameson)은 오필리아에 대해 “이 세속적인 세상의 장벽 속에 내던져지고, 인생의 차디찬 가시덤불에 찔려 피 흘리기에는 너무나 연약하고, 선량하고, 순수하다”고 표현했다(136). 이런 오필리아를 라파엘 전파 화가들은 여러 차례 재현하였다. 그 중 밀레이가 그린 <오필리아>가 가장 유명하다.

1852년에 왕립 미술원에서 전시된 이 그림에서 밀레이는 오필리아의 비극적 죽음 장면을 라파엘 전파의 전형적인 기법인 생생한 색채와 세밀한 세부 묘사, 그리고 상징주의[11]를 동원하여 재현하였다. 밀레이가 그린 그림은 『햄릿』 3막 7장에서 거트루드 왕비가 묘사하는 그녀의 죽음 장면을 재현한 것이다.

> 하얀 잎새가 거울 같은 물위에 비치고 있는
> 버드나무가 비스듬히 서 있는 시냇가.

---

11) 유재길은 『서양 미술사』에서 “라파엘 전파는 최초의 상징주의 운동으로 분류된다”(147)고 적고 있다.

그 애가 미나리아재비, 쐐기풀, 실국화,
연자주색 난초 따위를 엮어서 이상한 화환을 만들었다는구나.
이 자주색 난초를 음탕한 목동들은 상스런 이름으로 부르지만
청순한 처녀들은 죽은 사람의 손가락이라고 부르지.
아무튼 그 애가 그 화관을 늘어진 버들가지에 올라가 걸려고 했을 때
심술궂은 은빛 가지가 갑자기 부러져서 오필리아는
화관과 함께 흐느끼는 시냇물 속에 빠지고 말았다는구나.
그러자 옷자락이 물위에 활짝 펴져 인어처럼 잠시 수면에 떠서
오필리아는 마치 인어처럼 늘 부르던 찬송가를 부르더란다.
마치 자신의 불행을 모르는 사람처럼,
아니 물에서 나서 물에서 자란 사람처럼
절박한 불행 따위는 아랑곳하지 않고 말이야.
하지만 그것도 잠깐, 마침내 옷에 물이 스며들어
무거워지는 바람에 아름다운 노래도 끊어지고
그 가엾은 것이 시냇물 진흙바닥에 휘말려 들어가
죽고 말았다는구나. (4.7.165~182)

이 그림에서 오필리아는 왕비의 설명대로 노래를 부르고 있는 듯 입을 약간 벌리고 있다. 빛이 비추지 않는 밀실 같은 습지에서 세부적으로 묘사된 꽃과 초목들이 마치 관처럼 그녀를 에워싸고 있다. 그리고 상징주의적 경향을 지닌 라파엘 전파의 특징에 따라 배경에 그려진 꽃들은 저마다 상징성을 담고 있다. 우선 허리춤에 그려진 양귀비꽃은 '죽음'을 상징하는 꽃이고 치맛자락에 그려져 있는 제비꽃은 '헛된 사랑'을 상징한다. 그리고 강 너머에 흐드러지게 피어있는 흰 들장미는 오필리아를 '오월의 장미'라고 불렀던 그녀의 오라버니 래어티스(Laetes)의 대사를 떠올리게 한다. 이 그림에 등장하는 풍경은 앞의 <에어리얼에게 이끌려오는 페르디난드>처럼 마치 사진 같은 정밀 묘사의 극치를 보여준다. 이 그림의 배경은 설리(Surrey) 주의 톨워스(Tolworth) 주변에 있는 혹스밀(Hogsmill) 강이다. 주류 화풍을 장악하고 있던 아카데미 미술에서는 한 번도 등장한 적 없는 영국의 냇가, 즉 '일상적

존 에버릿 밀레이 경, 〈오필리아〉, 테이트 미술관, 1851~52.

배경'이다.

오필리아 다음으로 라파엘 전파의 주목을 받은 여성 인물은 셰익스피어의 문제극 『자에는 자로』에 등장하는 마리아나였다. 그녀는 셰익스피어 극 속에서는 비중이 적은 조역에 불과하나 빅토리아 감수성에서는 극의 주인공이라 할 수 있는 이사벨라(Isabella)보다 더 사랑을 받았다. 그러나 그들이 재현한 마리아나는 셰익스피어의 극 속 마리아나가 아니라 테니슨의 시 속 마리아나였다. 1850년에 계관 시인이 된 테니슨은 빅토리아 시대에 가장 사랑받은 시인으로 여성적 감수성으로 채워진 그의 시들은 빅토리아 시대의 감수성을 대변했다. 테니슨의 시에는 '샬롯 성의 아가씨'(The Lady of Shalott)나 '마리아나' 같이 사랑에 대한 병적인 감수성을 지닌 여성성을 대변하는 여주인공들이 많이 등장한다.

1830년에 테니슨이 쓴 「마리아나」는 『자에는 자로』에 등장하는 편협한 위정자 안젤로로부터 버림을 받고 실연의 아픔에 시달리며 연인을 그리워하는 마리아나를 묘사한 것이다. 고립된 개인의 고독과 절망에 집착한 시인답게 테니슨은 셰익스피어 극의 서사는 철저히 배제한 채 마리아나라는 여성의 고독과 외로움이라는 주관적 정서를 노래하고 있다. 그녀가 고립되어 있는 성의 황량한 풍광, 나른하고 몽환적인 실내 묘사, 그리움에 병든 마리아나의 내면세계의 묘사에 테니슨 특유의 여성스럽고 병적인 감수성이 드러난다.

> 화분들은 시커먼 이끼들로
> 두껍게 뒤덮여 있고
> 배를 벽에 걸어 놓은 매듭으로부터
> 녹슨 못이 떨어진다.
> 무너진 오두막은 슬프고 낯설어 보인다.
> 쩔렁거리는 걸쇠는 내려져 있고
> 도랑으로 둘러 쌓인 외로운 농가 위의
> 잡초들이 자란 낡은 초가지붕
> 그녀는 그저 말한다.
> '내 삶은 쓸쓸해. 그는 오지 않아.'
> 그녀는 말한다. '나는 지쳤어. 정말 지쳤어.
> 난 죽고 싶어.'

이런 테니슨의 시를 가장 먼저 시각적으로 재현한 것은 위의 <오필리아>를 그린 밀레이였다. 밀레이의 <마리아나>는 강렬하고 풍부한 색채와 뛰어난 세부 묘사로 테니슨의 시적 감수성을 재현했다. 화려한 스테인드글라스로 장식된 중세 분위기의 실내에서 여성적 미덕인 기다림을 실천하고 있는 마리아나를 밀레이는 아주 매혹적으로 그리고 있다. 오지 않는 연인을 기다리다 지친 마리아나의 지겨운 상황을 밀레이는 여주인공이 등을 펴는 자세로 효과적으로 표현했다. 라파엘 전파의 여성 그림에서 자주 목격되는 관능성이 바로 이런 그녀의 자세에서 배어나오고 있다. 여성 홀로 화면 중심에 놓이는 이 구도는 빅토리아 시대 여성 이미지 재현 방식의 독특한 구도가 되었다. 그리고 이 그림에는 그리움에 지친 마리아나의 우울함과 무기력함이 잘 드러나 있다.

빅토리아 시대 그림에서 '실내' 혹은 '집 안'이라는 공간은 전통적으로 여성들의 공간으로 수동성이나 정숙함과 같은 여성적 미덕을 은유하는 공간이다. 밀레이의 마리아나는 그런 실내에서 전통적으로 여성의 정숙함과 조신함을 상징하는 작업인 태피스트리를 짜고 있다. 린 피어스(Lynne Pearce)는 이 그림에서 마리아나를 둘러싼 세세한 사물들로 꽉 찬 실내묘사가 다분히 밀실공포증적이고 억압적인 공간이라고 주장했다. 또한 마리온 쇼(Marion Shaw)도 이 공간을 빅토리아 중산층 여성들의 닫혀 지고 막힌 삶을 대변하는 것으로 보았다(린 피어스, 64에서 재인용).

존 에버릿 밀레이 경, 〈마리아나〉, 1851년 경, 개인소장.

이렇게 수동적이고 병적인 감수성을 지닌 여성들을 재현한 그림들이 그려졌는가 하면 엄격한 도덕주의자인 헌트는 성 도덕과 관련된 작품을 많이 남겼다. 헌트는 셰익스피어 작품에서도 이 주제와 관련된 장면들을 주로 재현하였다. <프로테우스로부터 실비아를 구하는 발렌타인 *Valentine rescuing Silvia from Proteus*>, <고용된 양치기 *The Hireling Shepherd*>와 <클로디오와 이사벨라 *Claudio and Isabella*> 가 그 예이다. 이 그림들은 모두 성문제와 관련하여 강렬한 내적 갈등을 하고 있는 인물들을 담고 있다.

그 가운데 1851년에 왕립 미술원 전시회에 출품되었던 <프로테우스로부터 실비아를 구하는 발렌타인>[12]은 셰익스피어가 쓴 『베로나의 두 신사 *Two Gentlemen of Verona*』의 마지막 장면이다. 절친한 친구 발렌타인의 연인인 실비아를 겁탈하려한 프로테우스를 발렌타인이 용서해 주는 장면이다. 헌트는 바닥에 꺾여진 버섯들을 그려넣음으로써 방금 전에 있었을 실비아와 프로테우스의 실랑이를 암시하고 있다. 프로테우스가 버린 연인인 줄리아(Julia)가 남장을 하고 프로테우스의 시종으로 그의 곁에 있다가 원망스러운 듯 나무에 기대어 그를 내려다보고 있다.

이 장면은 두 가지 면에서 헌트의 관심을 불러 일으켰다. 하나는 이 사건이 밀라노 근교 숲에서 벌어진 사건이기 때문에 라파엘전파의 정교한 풍광묘사와 세심한 세부 묘사를 통한 자연주의를 구현할 수 있다는 것이었다. 그는 자연에 충실해야 한다는 러스킨의 주장에 따라 야외의 밝은 태양 아래서 볼 수 있는 모든 세부를 캔버스 위에 직접 그리는 옥외 작업을 했다. 이 그림은 발렌타인의 갑옷의 체인이나 벨벳조끼의 촉감을 고스란히 살린 정교함에서 화가가 들인 노고를 느낄 수 있다.

이 장면이 헌트의 관심을 사로잡은 또 다른 이유는 친구의 연인을 겁탈하려 한 사건에 담긴 본능적 유혹과 도덕심 사이의 갈등이라는 강렬한 내면의 갈등 때문이다. 이런 내면의 갈등을 화폭에 재현하는 것 또한 라파엘 전파가 내세운 신조 중 하나이다. 특히 헌트는 강렬한 갈등을 느끼는 장면을 즐겨 묘사했다. 헌트는 이 그림에 부끄러움, 죄책감, 후회(프로테우스), 관용(발

12) 이 그림도 "원근법과 명암법에 대한 절대적인 모욕, 모든 형태의 아름다움에 대한 혐오, 부수적인 것에 대한 헌신"(힐턴 74)이라는 비난을 받았다.

윌리엄 홀먼 헌트, 〈프로테우스로부터 실비아를 구하는 발렌타인〉, 버밍엄 미술관, 1851.

렌타인), 순수함(실비아), 보상받지 못한 사랑의 성적 질투심(줄리아) 등의 감정들을 담아내고 있다. 이때 시달이 모델을 한 실비아의 다소곳이 시선을 아래로 향한 조신한 모습에 빅토리아 시대의 전형적인 여성 이미지가 담겨 있다. 셰익스피어 텍스트에서 이때 발렌타인은 친구를 위해서라면 자신의 연인도 포기할 수 있다고 선언하는데 주목할 필요가 있다. 결국 이 장면은 남성들의 우정과 결정 앞에 무기력하게 자신들의 운명이 내맡겨진 두 여인의 수동성이 담겨져 있는 그림이다.

『리어 왕』 3막에서 에드가(Edgar)가 부르는 노래 한 소절[13]을 재현한 <고용된 양치기>도 강력한 도덕적 메시지를 담고 있다. 이 그림은 겉으로 볼 때

13) 에드가: 잠들어 있는가 깨어 있는가, 태평스런 목동아?
그대의 양떼가 밀밭에 들어가 있으니,
그대 어여쁜 입으로 한번만 피리를 불어주면,
그 양 떼 어떤 해도 입지 않을 것을. (3.6.41~44)

는 아름답고 평화로워 보이는 목가적 풍경인 것같지만 자세히 분석해 보면 이상적이고 낭만적인 전원을 그린 것이 결코 아니다. 붉은 얼굴의 양치기가 양치기 소녀와 성적 희롱을 하고 있다. 이들의 책임 소홀로 양 한 마리는 무리에서 벗어나 밀밭을 향하고 있고 새끼양 한 마리는 풋사과를 먹고 있다. 결국 이 그림은 여성의 유혹에 빠진 양치기의 태만이 부른 부정적 결과를 그린 것이다. 그래서 이 그림은 여성의 유혹의 위험과 사회적 임무 수행의 중요성을 강조하는 도덕적 메시지를 전달하기 위한 그림이 된다. 힐턴은 이 그림에 대해 "헌트의 작품에서 떼어 놓을 수 없는 도덕주의의 성가신 잔소리로 인해서 가치가 떨어졌다"(99)고 주장했다. 또한 "그의 그림은 아름답지 않다. 왜냐하면 헌트는 위대한 도덕적 화가가 되기 위해서 그림의 황홀함을 부정했고 보는 이에게 단순한 즐거움을 주는 일을 포기했기 때문이다"(104)라고 주장했다.

<클로디오와 이사벨라>는 앞의 <마리아나>처럼 『자에는 자로』에 등장하는 인물들을 그린 것이다. 클로디오(Claudio)는 엄격한 도덕주의자 안젤로(Angelo)가 대리 위정자 노릇을 하는 비엔나 공국에서 약혼녀 줄리아(Julia)를 혼전에 임신시킨 죄로 안젤로로부터 사형을 선고받은 자이다. 이사벨라는

윌리엄 홀먼 헌트, 〈고용된 양치기〉, 맨체스터 시립미술관, 1851.

그의 여동생으로 예비 수녀의 길을 걷고 있는 정숙한 여인이다. 그녀는 오라버니의 목숨을 구명하고자 안젤로에게 찾아가 자비를 구걸한다. 위선적인 도덕주의자 안젤로는 오라비의 목숨 대가로 그녀의 성삽납을 요구한다. 이에 정절을 목숨보다 소중히 여기는 예비 수녀 이사벨라가 오라버니에게 자신의 정절을 지킬 수 있도록 의연히 죽음을 맞이해 달라고 설득하는 장면이다. 결국 이 그림은 정절을 위협받은 이사벨라가 순결을 지켜야하는 도덕적인 측면과 오라비의 목숨을 구명하기 위한 유혹 사이에서 갈등하는 모습을 그린 것이다. 또한 살고 싶다는 욕망과 동생의 순결 사이에서 갈등하는 클로디오의 내면의 갈등도 드러나 있다.

이 그림에 재현된 이사벨라의 청순하고 가련한 모습에 남성들의 결정에 내맡겨진 여인의 무기력함이 담겨있다. 그러나 셰익스피어 텍스트에서는 이사벨라는 훨씬 더 강한 인물로 그려지고 있으며 냉정한 도덕주의로 인해 안젤로 만큼이나 비인간적인 캐릭터로 비난을 받아왔다. 다음 대사를 통해서도 알 수 있듯이 그녀는 안젤로 만큼이나 냉정한 도덕주의자이다.

클라우디오: 이사벨! 나를 좀 살려다오.
오라비의 목숨을 구하기 위해 저지르는 죄는
자연이 그 행실을 용서할 것이며
오히려 미덕이 될 것이다.
이사벨라: 오, 짐승같으니!
오 염치도 없는 비겁자 같으니! 파렴치한 악마같으니.
오라버니는 나한테 불미스런 짓을 시키고 살고 싶으세요?
자기 누이동생을 욕보이게 하고도 살겠다는 게
근친상간과 다를 게 뭐가 있어요?
……
죽어버려요. 죽어버리라구요. 내 굴욕으로 오라버니의
운명을 구제할 수 있다 하더라도 그렇게는 못하겠어요.
오라버니의 죽음을 위해선 천번 만번 기도하겠지만
오라버니를 살려 달라는 기도는 한 마디도 안 할 거예요.

(3막 1장 132~146)

이런 원전 속 성격과 전혀 다른 느낌으로 재현된 밀레이의 이사벨라는 셰익스피어의 이사벨라라기보다는 빅토리아 시대의 여성상일 뿐이다. 헌트는 그녀에게서 냉혹하고 강한 인상을 제거함으로써 자신의 도덕적 교훈을 효과적으로 전달하고 있다. 즉, 그는 여인의 오빠의 삶보다는 이사벨라의 순결을 더 중히 여기는 빅토리아 남성들의 순결에 대한 집착을 담아내고 있는 것이다. 밀레이의 그림 속 이사벨라가 얼마나 연약한 모습으로 재현되었는가는 이사벨라를 도덕적 영웅으로 재현한 윌리엄 해밀턴(William Hamilton)의 그림과 비교해보면 잘 알 수 있다. 해밀턴이 그린 이사벨라의 거대함과 당당함 앞에서는 서슬이 퍼런 법집행자 안젤로도 위축된 느낌이다.

3. 후기 라파엘 전파의 셰익스피어 재현

라파엘 전파 형제회는 각자의 예술 취향이 달라짐으로써 개별 양식들로 분열되어 초기의 밀접한 관계를 유지하지 못하게 되었다. 그리고 1856년 경 로제티와 그의 영향을 받은 모리스와 번-존스를 중심으로 후기 라파엘전파가 활동했다. 이때부터 로제티를 비롯한 후기라파엘 전파화가들은 러스킨의 미학관으로부터 극적으로 분열되었다. 헌트와 초기 밀레이의 하드에지(대상의 윤곽선을 명확히 표현하는 화법)와 달리 로제티와 번-존스는 소프트 에지(대상의 윤곽선을 명확하게 하지 않는 화법)를 시도했고, 세밀한 관찰 대신 직관에 의존했으며 자연에 대한 사실주의적 묘사에서 벗어나 비현실적이고 정신적인 면을 추구했다. 또한 도덕을 위한 예술 대신 예술을 위한 예술을 추구하기도 한다.

1860년대부터 유미주의를 추구한 후기 라파엘 전파 화가들의 글과 그림에는 초기 라파엘 전파 여성 이미지와는 완전히 다른 요부 이미지들이 등장하기 시작했다. 사회적으로 1860년대에는 매춘이 크게 증가하고 그와 함께 성병도 크게 증가했다. 그러면서 영국을 지탱하던 성윤리가 위협받기 시작할 뿐만 아니라 매춘과 성병이 주는 공포가 퍼져나갔다. 게다가 기존의 여성성

윌리엄 홀먼 헌트, 〈클라우디오와 이사벨라〉, 테이트 미술관, 1850.

윌리엄 해밀턴, 〈안젤로에게 호소하는 이사벨라〉, 폴저 셰익스피어 라이브러리, 1793.

과 여성의 전통적 역할에 극단적인 태도로 도전하는 신여성에 대한 공포도 남성들을 사로잡았다. 후기 라파엘 전파 화가들은 그런 시대적 배경에 영향을 받아 매력적이고 아름답지만 위험한 속성을 지닌 여성상에 관심을 쏟았고 육감적인 요부형의 여성 이미지를 창출해내었다.

그래서 후기 라파엘 전파의 그림은 도덕성의 기준에서 볼 때 '문제있는 여성'이 주역이 되고 있다. 당시 부르주아적 이상에 위협을 주는 아름다움에 초점이 맞춰지고 여성성의 부정적인 측

면을 상징하는 신화 속 여성들, 즉 사이렌, 메두사, 트로이의 헬레네, 키르케, 메데이아 등의 이미지들을 재현했다. 너무나 아름다우나 위험한 여성들이 홀로 있는 거대한 규모의 여성 이미지들이 반복적으로 재현되었다. 이들 여성의 이미지는 대체로 육중한 몸집과 겹겹의 드레이퍼리가 몸을 휘감고 있는 이미지로 재현되었다. 로마의 명장이자 삼두 정치의 우두머리 가운데 한 명이었던 안토니우스를 파멸로 이끈 클레오파트라도 그런 위험한 여성을 대표하는 기호 중 하나였다.

존 윌리엄 워터하우스, 〈클레오파트라〉, 1888, 개인 소장.

윌리엄 워터하우스(William Waterhouse)가 그린 <클레오파트라>는 이 시기의 여성 도상의 특징들을 잘 보여준다. 제3세대 라파엘 전파로 불리는 워터하우스는 라파엘 전파의 감수성과 아카데미의 형태를 융합시킨 화가로 평가받는다. 그는 평생 그리스 로마 신화와 문학 작품 속 여성 이미지만을 그렸다. 대체로 그의 여성 이미지들은 사랑과 성, 죽음이 내포된 팜므파탈적 이미지들이다. 그런 이미지들은 작가 개인의 취향을 넘어서 당대 영국 화단, 나아가 영국 문화 전체의 독특한 풍토와 밀접하게 연관된 것이다.

워터하우스가 그린 <클레오파트라>는 1888년에 『그래픽 *The Graphic*』지[14]가 주최한 <셰익스피어 여주인공전>에 출품한 작품이다. 그는 클레오파트라 도상에서 가장 흔한 주제인 자살 장면이 아니라 그녀가 안토니우스를 처음 만났을 때의 고혹적인 모습을 그렸다.[15]

캔버스 전면을 채운 커다란 몸집의 여왕이 다소 권태롭고 우울한 표정으로 화면 밖을 응시하고 있다. 그녀의 시선은 도발적이다. 속살이 비칠 듯 하늘거리는 흰 드레이퍼리, 화려하고 사치스러운 금관, 금팔찌, 금 허리띠, 금 머리끈, 의자 바닥에 깔려있는 호피 가죽 등으로 장식한 여왕의 관능미가 물씬 풍기는 전형적인 라파엘 전파의 팜므 파탈 도상인 것이다.[16]

---

14) 『그래픽』지는 1869년에 창설된 삽화가 있는 신문이다.

15) 이 그림은 셰익스피어의 텍스트 속에서 안토니우스의 신하 이노바버스(Enobarbus)가 그녀를 묘사하는 다음 대사를 재현한 것이다.

> 이노바버스: 여왕의 자태는 필설이 무색할 지경이었고,
> 금실을 엮어 짠 엷은 비단 차일 아래
> 비스듬히 옥좌에 누워 있는 모습은
> 비너스 그림을 능가하는 것이었지. (2막 2장 197~200)

워터하우스는 아주 전형적인 타입으로 여성들을 재현하였는데 그것은 흔히 흰 피부에 계란형의 얼굴, 붉은 입술, 길고 윤기나는 머릿결, 붉은 홍조를 띤 뺨, 둥근 어깨와 소녀같은 체구의 여성이었다. 육체적으로 덜 성숙한 모습을 통해 워터하우스는 흔히 빅토리아 식 미인으로 통하는 수동적이고 유순한 자태를 담아냈다. 팜므 파탈의 전형적인 기호인 클레오파트라를 위험스럽고 도발적인 모습으로 재현하는 시대적 흐름에 편승한 위 그림은 전형적인 워터하우스 풍 여성 그림이라고는 할 수 없다.

워터하우스가 자신의 특유의 방식으로 셰익스피어 여성 인물을 재현한 것은 <오필리아>이다. 여성, 물, 죽음을 연결하는 모티브의 그림들을 끊임없이 재현한 워터하우스에게 오필리아는 그런 그의 양식에 적합한 소재였다. 또한 아름다운 여성과 꽃의 결합이란 또다른 그의 양식에도 잘 어울리는 소재였다. 그래서 워터하우스는 오필리아 그림을 세 점이나 그렸다. 그 중 1854년에 그린 <오필리아>는 그녀를 영국의 습지에 위치시키고 주변의 자연과 동화시켜 마치 그녀도 자연의 일부인 듯 묘사했다. 밀레이의 <오필리아> 못지않게 이 그림 또한 라파엘 전파의 정교한 세부 묘사를 잘 보여주는 작품이다. 오필리아 주변을 둘러싼 배경인 물빛은 검은색으로 처리하고 그 위에 떠있는 초록색 수련잎들이 화면 전체를 뒤덮게 하였으며 하얀 꽃들이 듬

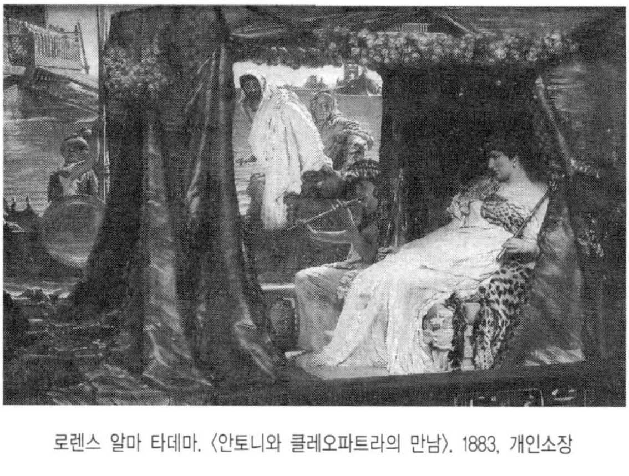

로렌스 알마 타데마. 〈안토니와 클레오파트라의 만남〉. 1883. 개인소장

16) 워터하우스는 이 장면을 1883년에 먼저 그린 로렌스 알마-타데마(Lawrence Alma-Tadema)의 그림을 참조하여 그렸다. 알마 타데마는 로마의 데카당트한 장면들을 많이 그린 것으로 유명한 화가이다.

성듬성 피어 있다. 흰 드레스에 황금 벨트와 테두리를 두른 드레스를 입은 그녀 또한 한 떨기 수련같다. 워터하우스가 주로 그린 여성 이미지는 관객 시선의 대상으로 재현된, 선이 곱고 수동적인 모습의 아름다운 소녀 이미지이다. 이 그림 속 오필리아에게서도 워터하우스 특유의 지극히 여성스럽고 유순함이 배어나온다.

존 윌리엄 워터하우스, 〈오필리아〉, 셰퍼 컬렉션, 1894.

하지만 스티븐스(F. G. Stephens)라는 비평가는 이 그림이 오필리아의 광기나 고뇌를 전달하지 못하고 그녀의 고통이나 슬픔도 그다지 전달하지 못한다고 비난했다(Martineau, 135에서 재인용). 실제로 그의 지적처럼 이 그림에서는 오필리아의 아름다운 자태와 여성스런 유순함만 두드러질 뿐 그녀의 극적인 내적 심리나 감정 따위는 읽어낼 수가 없다. 오필리아의 순수하고 청순한 모습과 의상의 화려함과 장식성을 통해 빅토리아 중산층 여성의 이상적인 여성상을 담아낸 것이다. 워터하우스의 여리고 아름다운 여인들은 하나같이 무기력하고 꿈꾸는 듯한 모습으로 그려졌다. 위 그림 속 오필리아도 예외가 아니다.

Ⅲ. 결론

빅토리아 후반기 미술은 프랑스 중심의 모더니즘 미술사의 맥락에서 부르주아 악취미로 평가받으며 오랫동안 미술사의 관심을 받지 못하였다. 그런데 아이러니하게도 이 시기에 영국은 역사상 미술 수요가 가장 많았다. 유럽 모더니즘 회화의 미술사관은 예술의 사회성이 아니라 예술의 자율성을 강조한데 반해 빅토리아 시대의 예술은 도덕적 메시지를 전파하는 역할을 담당했다. 러스킨의 영향을 받은 그들은 "예술이 사회적 필연성을 대변해야 한다"는 그의 주장에 따라 도덕적 메시지 전달에 매달린다. 그러면서도 동시에 탐미적인 모순을 보였다. 하우저(Arnold Hauser)는 "라파엘 전파는 대부분의 빅토리아인처럼 이상론자요 도덕가이며 위선적인 관능파"(140~141)라고 주장했다. 그의 주장처럼 우리는 라파엘 전파의 그림들이 모순에 가득차 있음을 알 수 있다. 그들의 탐미주의와 도덕주의에도 모순이 존재하며 낭만주의적 고풍스러움과 자연주의적 세부 묘사 사이에도 모순이 존재한다.

그리고 이들의 그림들에서는 당시 빅토리아 시대의 속물근성을 엿볼 수 있다. 초기 라파엘전파라 할 수 있는 밀레이나 헌트가 재현한 셰익스피어 그림들에는 빅토리아 시대에 보편적으로 받아들여졌던 연약하고 수동적인 여성성이 담겨져 있고 당시에 여성에게 요구된 최고의 덕목이었던 순결에 대한 도덕적 메시지가 담겨 있다. 한편, 후기 라파엘 전파의 셰익스피어 재현에서는 당대 대중의 기호에 맞춘 소장형 예쁜 여인 그림이나 위에서 살펴본 워터하우스의 <클레오파트라>처럼 도발적 시선을 지닌 자극적이고 관능적인 팜므파탈 이미지들이 많이 그려졌다.

라파엘 전파가 재현한 연약하고 수동적인 여성 이미지나 당대 부르주아 도덕적 메시지를 담고 있는 이미지들, 혹은 도발적인 시선으로 성적 욕망을 드러내는 듯한 팜므파탈 이미지에는 빅토리아 시대의 가부장 문화가 담겨있다. 결국 셰익스피어는 빅토리아 시대의 라파엘전파라는 새로운 화파의 실험적 양식과 그들이 추구한 이데올로기를 담아낼 수 있는 좋은 소재였던 것이다. 나아가 그 그림들은 현대의 관객들이 그들의 그림 저변에 깔려있는 부르주아적 도덕관과 가부장적 여성관을 읽어낼 수 있는 좋은 자료이기도 하다. 이렇게 셰익스피어는 시대마다 그 시대의 문화에 이식되고 전유되면서 그 시대를 담아내는 그릇으로서 사용되어 왔다.

참고문헌

권오숙, 「셰익스피어, 테니슨, 라파엘 전파의 '마리아나': 문화의 상호 텍스트성과 문화콘텐츠로서의 셰익스피어 연구」, 『외국문학연구』 제34호, 2009, 9～34.

박연실, 「라파엘 전파의 조형론 연구」, 『미학 예술학 연구』, 239～262.

유재길, 『서양 미술사』, 조형사, 1994.

아르놀트 하우저, 백낙청 · 염무웅 역, 『문학과 예술의 사회사 4』, 서울: 창비.

티모시 힐턴, 나희원 역, 『19세기 복고주의 운동: 라파엘 전파』, 서울: 시공사, 2006.

Christian, John, "Shakespeare in Victorian Art", *Shakespeare in Art*, Martineau, 217～245.

des Cars, Laurence, *The Pre-Raphaelites: Romance and Realism*, New York: Harry N. Abrams, 2000.

Jameson, Anna M., *Shakespeare's Heroines : Characteristics of Women: Moral, Poetical and Historical*, V. 1, New York: A. L. Burt Company, 1905.

Kestner, Joseph A., *Mythology and Misogyny: The Social Discourse of Nineteenth-Century British Classical-subject Painting*, Madison: U Wisconsin P, 1989.

Martineau, Jane. et al. eds., *Shakespeare in Art*, London: Merrel, 2003.

McCarthy, "The Pre-Raphaelites in England", *Galaxy*, V. 21:1876, 725～727.

Nead, Lynda, *Myth of Sexuality: Representation of Women in Victorian Britain*, Oxford: Blackwell, 1988.

Pearce, Lynne, *Woman/Image/Text: Readings in Pre-Raphaelite Art and Literature*, Toronto & Buffalo: U of Toronto P, 1991.

Psomiades, Kathy Alexis, *Beauty's Body: Feminity and Representation in British Aestheticism*, Stanford UP, 1997.

Tennyson, Lord Alfred, "Mariana", The Norton Anthology of English Literature. M. H. Abrams ed, New York & London: Norton, 1979, 1097～1099.

Trippi, Peter, *J. W. Waterhouse*, London: Phaidon, 2005.

Wood, Christophe., *The Pre-Raphaelites*, London: Weidenfeld and Nicolson, 1981.

토니 모리슨의『파라다이스』에 나타난 서사전략

안 외 정*

1. 모리슨과 노예서사 전통

한 문학 텍스트가 보편적인가 개별적인가의 문제를 명확하게 구분하기는 쉽지 않다. 인간은 인류 공통의 보편적 성향을 가지고 있는가 하면, 처한 상황과 환경에 따라 획일화할 수 없는 개별적 반응을 보이기 때문이다. 텍스트의 보편성과 개별성에 관한 논의는 1993년 아프리카계 미국인으로서 가장 먼저 노벨 문학상을 수상한 토니 모리슨(Toni Morrison)의 작품에 대한 평가에서도 발견된다. 폴 그레이(Paul Gray)는 모리슨의 작품에 흑인 여성의 쓰라린 경험이 담담한 어조로 구체화되어 나타났다고 평가하며 개별성에 주목한다. 랜덤 하우스의 편집 책임자로 활동하면서 많은 흑인 여성작가의 작품이 출판되도록 돕던 모리슨은 자신이 작가가 된 이유를 '아직까지 읽어보지 못한 소설을 읽어보고 싶어서'(재인용, 천승걸 294)라고 한 인터뷰에서 밝힌바 있다. 그러나 스웨덴 한림원은 모리슨의 작품 세계가 '흑인의 특수 경험을 통해 보편성을 획득'(김애주 9~10)했다고 수상이유를 밝히며 모리슨 작품이 지닌 보편성에 주목한다.

모리슨은 2010년 현재까지 9편의 장편소설과 1편의 단편소설, 그 외 다수의 동화와 비평문, 1편의 희곡, 1편의 오페라를 발표했다. 모리슨의 소설은

* 안양대학교 강사

아프리카계 미국인의 역사적 경험을 배경으로 하여 그 고통에서 벗어나려는 구체적인 경험을 소재로 삼는다는 특징이 있다. 그 중, '모리슨의 역사 삼부작 소설'이라고 불리는 『빌러비드*Beloved*』는 남북전쟁을 전후한 시기를 배경으로 하여 자녀를 죽일 수밖에 없는 어머니의 비극적인 사랑을 소재로 삼았고, 『재즈*Jazz*』는 1870년대 이후부터 1926년까지를 배경으로 하여 금지된 사랑으로 인한 살인사건을 소재로 삼고, 『파라다이스*Paradise*』는 재건시대부터 1976년까지를 배경으로 하여 이상적인 공동체를 형성하려는 노력을 소재로 삼았다. 이 점에서 모리슨의 작품이 노예서사(Slave Narrative) 전통을 잇는다고 판단할 수 있다.

아프리카계 미국인은 미합중국의 탄생 시기부터 정치, 사회, 문화, 경제적으로 결코 간과할 수 없는 역할을 수행해왔지만, 1865년 남북 전쟁에서 북부가 승리하고 제 13차 헌법 수정안이 통과되어 공식적으로는 노예제도가 폐지된 후에도 여전히 암묵적으로는 타자의 위치를 벗어나지 못하고 있는 실정이다. 이는 문학계도 예외가 아니어서 19세기 흑인 노예의 경험을 구체화한 기록으로서의 노예서사는 문학적 가치를 인정받지 못해왔다. 아프리카계 미국문학이 주류 비평가에 의해 예술 작품으로 인정받기 시작한 것은 리처드 라이트(Richard Wright)의 『토박이*Native Son*』와 랠프 앨리슨(Ralph Ellison)의 『보이지 않는 인간*Invisivle Man*』 등이 발표된 1940년대이며, 미국 대학의 정규 커리큘럼에 포함되기 시작한 것은 이쉬마엘 리드(Ishmael Reed)를 중심으로 한 풍자문학이 발표된 1960년대 즈음이다. 아프리카계 미국작가의 문학이 '아프리카계 미국문학'이라는 경계와 편견을 넘어 '미국문학'에 진입한 것은 모리슨에 이르러서라고 비평가들은 평가한다(이명호 introduction 7~9). 그러나 노예서사는 예레미아식 설교(the Jeremiads), 인디언 포로서사(Indian Captivity narrative)와 함께 초기 미국문학을 대표하는 주요 문학 장르로서 재평가 되어야 한다.

모리슨은 흑인 노예의 역사에 직접적인 관심을 표명한다. 그녀는 『정의의 인종화, 권력의 젠더화*Race-ing Justice, En-Gendering Power*』의 서문에서 '의례 무시되었거나 축소된, 혹은 알려져 있지 않은 역사'에 주목할 것을 강조한다(xi). 실제로 그녀의 작품에서는 개인이나 집단의 경험에 기억된 비공식 역사를 회복하여 공식 역사에서 지워지고 왜곡된 부분을 수정하려는 시도가 발견된다. 그러나 모리슨의 작품은 사회항변적 특징을 지닌 19세기의 노예서사와 차이가 있다. 우선, 모리슨의 작품은 현실에서 좀처럼 일어나기 어려운 실제 사건을 소재로 하되 그 사건이 일어날 수밖에 없는 사회적, 심리적 상황을 보여주기 위해 환상이나 유령과 같은 초현실적 요소를 사용한다는 점에서 개별성이 있다. 더불어, 모리슨의 작품은 인종주의의 갈등을 표면으로 내세우지는 않는다. 바바라 T. 크리스천(Barbara T. Christian)은 모리슨의 글쓰기를 '흑인공동체조차 잊기 시작했거나 기억하고 싶어 하지 않을 수 있는 역사를 다시 자리매김해주는 일'이라고 평가한다(31). 모리슨은 흑인의 단점과 부정적인 면까지 솔직하고 과감하게 묘사함으로써 인종의 문제를 넘어 자유를 향한 갈망, 권력을 향한 의지, 타자화 등 보편적인 인간에 대한 진실을 탐구한다.

특별히 이 글에서 논의할 『파라다이스』는 모리슨의 개별적이고 보편적인 특징을 잘 보여주는 작품이다. 『파라다이스』는 남북 전쟁 후 인종차별이 심한 남부사회를 벗어나 이상적인 사회를 건설하기 위해 서부로 이주하는 해방노예 공동체에 대한 서사라는 점에서 노예서사에 편입된다. 재건시대에 법적으로 정치적, 문화적, 재정적 권리를 보장받고 주요 직위에 선출되었던 흑인은 1875년을 기점으로 백인에게 재산을 몰수당하고 공직에서 쫓겨난다. 이에 인종주의가 심한 남부 주에 거주하던 해방노예 2만여 명이 고향을 떠나 캔사스 등 서남부 지역으로 옮겨간다. 모리슨은 수많은 해방노예들이 이주한 역사적 사실이 '백인중심의 미국 역사에서 간과되어 왔다'(Kearly 12)는 점에 착안하여 잊혀진 해방노예의 역사를 『파라다이스』에서 복원한다. 나아가 모리슨은 흑인 남성 중심의 역사를 흑인 여성의 기억을 통해 다층적으로 제시하는 독특한 서사구조를 사용하여 한 번 더 전복함으로써 인종의 문제를 넘어 권력의 지배구조에 얽힌 인간의 진실을 보여준다.

2. 『파라다이스』의 외적 서사

『파라다이스』는 엑소더스트 운동의 광고지를 보고 평등과 기회를 찾아 미개척지로 떠난 열다섯 가구의 흑인 가족이 설립한 공동체에 관한 이야기이다. 첫 번째 장(chapter)인 「루비」("Ruby")는 제한적 전지적 작가 시점으로 수녀원을 습격하는 중인 남성들의 생각을 보여주며 공식적인 마을 역사를 설명한다. 순수한 혈통을 지닌 마을의 개척자들은 주인이 없는 땅을 찾아 헤이븐(Haven) 마을을 세웠다. 사람들은 공동체의 생존을 위해 새로운 마을로 이주하고, 병원의 인종 차별적 치료 거부로 사망한 루비(Ruby)의 이름을 마을 이름으로 차용했다. 이제 마을의 아홉 남성들은 조상들이 힘들게 세운 마을의 안정을 위협하는 금지된 행위가 이루어지는 수녀원을 습격하여 자신들과 혈통이 다른 여인들을 모두 살해한다.

이어지는 장에서는 재건시대 끝 무렵부터 수녀원 습격이 일어나기까지의 약 100년간 일어난 사건들이 여러 인물의 관점을 오가는 제한적 전지적 작가 시점으로 제시되며 첫 장에서 제시된 마을의 역사가 전복된다. 「메이비스」("Mavis")에서는 메이비스가 집을 떠나 수녀원에 도착하게 된 경위가 비교적 전통적인 서사 방식으로 전개된다. 「그레이스」("Grace")는 K.D.의 관점으로 이야기를 진행하다가 갑자기 미즈너(Misner) 목사의 관점으로 전환되었다가 마이키(Mikey)에 대한 이야기로 바뀐다. 마이키에 대한 서사는 그가 하는 말을 인상 깊게 들은 지지(Gigi)의 이야기로 전환된다. 「세네카」("Seneca")에는 도비(Dovey)와 스튜어드(Steward), 소앤(Soanne), 디컨(Deacon)의 의식을 오가며 마을의 역사와 현재의 갈등상황에 대하여 서술되다가 끝부분에 마을 밖의 인물인 세네카(Seneca)의 관점이 약간 등장한다. 마을 사람들의 이야기와 세네카 이야기의 접점은 아직 나타나지 않는다. 「디바인」("Divine")에서는 K.D.와 아넷의 결혼식을 중심으로 한 여러 인물들의 사연과 관점이 중첩되어 서술되고, 「패트리시아」("Patricia")에서는 패트리시아의 관점과 마을에 대한 그녀의 조사 결과가 제시되며 그동안 숨겨진 역사와 진실이 드러난다. 「콘솔레이타」("Consolata")에는 콘솔레이타의 사연이 파편적으로 서술되고, 이 서술시간은 「루비」의 시간에 근접하게 된다. 「론」("Lone")에서는 수녀원 습격의 배후와 과정이 독심술이 있는 론의 관점에서 묘사된다.

가장 마지막 장인 「세이브-마리」("Save-Marie")는 크게 세 부분으로 나뉜다. 첫 부분에서는 세이브-마리의 장례식과 함께 습격 사건 이후 마을 사람들의 다양한 생각이 인물 별로 나타난다. 두 번째 부분은 수녀원에서 공격을 받고 죽은 줄 알았으나 시신이 사라져버린 메이비스, 그레이스, 세네카, 디바인이 등장하여 각기 자신에게 상흔을 남긴 사람들을 만나 대화를 나누고 어디론가 떠나는 장면이 서술된다. 세 번째 부분은 수녀원에서 살해된 콘솔레이타를 대신하여 노래하는 검은 여인 파이어데드(Piedade)의 이미지가 담담하게 묘사되며 서사가 끝난다.

제한적 전지적 작가 시점으로 여러 인물의 관점과 사연, 서술 시간이 얽혀있고 결말 역시 명료하지 않은 『파라다이스』의 서사는 '발단, 전개, 절정, 위기, 결말' 또는 '상실, 추구, 발견, 낙원의 건설'의 순서로 이어지는 아리스토텔레스식의 잘 짜인 서사(well-made plot)를 따르지 않는다. 시모어 채트먼(Seymour Charman)과 롤랑 바르뜨(Roland Barthes), 웨인 부스(Wayne Booth), 피터 브룩스(Peter Brooks) 등의 전통적 서사 연구가들은 서사를 일관성에 대한 욕망의 출구로 여기며 단선적이고 목적 지향적인 내러티브일수록 잘 된 서사라고 평가해왔다. 그러나 이봉지는 '문학작품에 나타난 여러 가지 이데올로기가 실제로는 교묘한 조작에 의한 것이며 진리처럼 보이던 것은 실제로는 조작에 의해 그렇게 보이도록 구성된 것에 불과하다'(이봉지 142)고 분석하며 전통적인 서사연구의 문제점을 지적한다. 잘 짜여진 서사일수록 서술자의 개입이 많이 이루어졌다는 의미이기 때문에 서사의 신뢰도가 높지 않다. 전지적이긴 하지만 한 번에 한 인물에 제한된 시점을 택한 『파라다이스』의 서사는 등장인물에게 독립적인 시간과 공간을 제공한다는 점에서 비교적 믿을만한 서사이다. 여러 등장인물에게 동등한 서술의 기회를 제공하는 민주적 방법인 동시에 텍스트의 의미 생성 과정에서 독자의 참여를 유도하기 때문이다. 『파라다이스』의 다층적 서사를 연결하여 의미를 창출하는 과정에서 믿을 수 있는 서술자(reliable narrator)로 여겨지던 「루비」의 서술이 사실은 믿지 못할 서술자(unreliable narrator)에 의한 것이라는 점이 드러난다.

연대기적 서술을 지양하고 자유롭게 시점을 전환하는 모리슨의 서술 방식에 대하여 해롤드 블룸(Harold Bloom)은 윌리엄 포크너(William Faulkner)와 버지니아 울프(Virginia Woolf)의 서술기법에서 유래한 것으로 판단한다(2~3). 포크너는 『고함과 분노 *The Sound And The Fury*』에서 미국 남부의 역사와 현실을 복수화자를 통해 다층적으로 표현한 바 있고, 울프는 의식의 흐름(stream of consciousness)기법의 선구자이다. 포크너와 울프로 학위 논문을 썼던 모리슨은 이들의 서술기법을 한층 심화시켜, 들루즈(Deleuze)와 가타리(Guattari) 식의 용어인 리좀(rhizome)처럼, 중심 이야기와 주변적인 이야기 사이의 구별이 없는 탈중심화된 서사를 만들어낸다. 『파라다이스』에는 각기 다른 배경과 다른 상흔을 지닌 등장인물들이 특정 순간과 장소에서 마주치는 지점이 있을 뿐 전체적인 기승전결의 서사구조를 찾아보기 힘들다. 서사가 직선적으로 완성되지 못하고 중단되었다가 후에 더 많은 정보를 보여주거나 다른 관점에서 서술됨으로써 과거의 사건을 변형시키고 새로운 의미를 첨가하는 서사를 린든 피치(Linden Peach)는 '나선형 서사구조'(23)라고 명명하고, 신진범은 '차이를 둔 반복서술'(270)이라고 명명한다. 페미니즘 비평가 미셸 한(Micheal Hanne)은 이와 같이 '여러 가닥으로 된 서사의 실이 매듭에서 만났다가 벌어졌다가 다시 만났다가 벌어지는' 서사구조를 '여성적 서사'라고 부른다(21).

페미니즘과 서사를 결합하려는 시도는 1986년 발표된 수잔 랜서(Susan Lanser)의 논문 「페미니스트 서사를 향하여」(“Toward a Feminist Narratology”)에게로 거슬러 올라간다. 이 글에서 랜서는 여성작가의 서사 전략을 남성중심 사회의 규율을 따르지 않으려는 노력의 결과로 해석한다. 랜서의 연구는 엘런 식수(Hélèn Cixous)나 뤼스 이리가레이(Luce Irigaray)를 중심으로 하여 남근이성중심주의(phallogocentrism)를 비판적으로 평가하는 페미니스트 서사이론과 입장을 같이 한다. 물론, 남성 작가가 구축한 전통적인 서사구조에서 벗어나기 위하여 여성 작가들이 다양한 서사 전략을 시도했다고 분석한 레이첼 블라우 뒤 플레시스(Rachel Blau Du Plesis)의 견해처럼 작가의 성별과 글쓰기 사이에 연관성이 있다는 점은 부인할 수 없다. 그러나 '여성적 서사'와 '남성적 서사'로 구분할 때에는 두 서사방식에 차이가 있다는 의미일 뿐 작가의 성별이 구분 기준이 되는 것은 아니다. 전통적인 텍스트의 서사가 특정 등장인물에 의해 한 가지 목적을 달성하는 것에 집중되어있다는 점을 남성의 성적 특질에 비교하여 '남성적 서사'라 부르고, 이에 비해 여러 인물이 모두 비중 있게 다루어지고 인물이 이루어야 하는 단일한 목표가 부재하는 텍스트의 서사를 '여성적 서사'라고 부른다. 인간의 성이 둘이듯 스토리텔링도 '남성적 이야기'와 '여성적 이야기'로 나뉜다고 주장한 제인 마커스(Jane Marcus)역시, 전자는 모험과 추구의 단선적인 '피 흘리는 서사'(blood narratives)를 의미하고, 후자는 엄마의 경험이 딸에게 살면서 조금씩 전해지는 것과 같은 '우유 서사'(milk narratives)를 의미한다고 분석한다(21).

『파라다이스』의 '여성적 서사'는 전통 서사에 비해 정신없고 산만하다는 인상을 주게 되어 몇몇 비평가에게서 혹평을 받는다. 한국어판 『파라다이스』의 서평을 쓴 유명숙은 '일일이 기억하기 힘들 정도로 많은 이름이 나오지만 대다수가 인물로 살아나지 않는다'는 점을 이유로 작품이 '출판 되던 해에 읽고 실망'했고, 서평을 쓰기 위해 다시 읽었을 때에도 '실망을 확인'했다고 평가한다(277). 비슷하게 L. R. 리비스(L. R. Leavis)도 이 책을 '쓸데없이 변화하는 서술이 소설을 어렵게 만든다'고 평가한다(재인용, 신진범 263). 시간과 시점이 뒤엉킨 서사는 독자에게 혼란을 야기하기 때문에 배제되어야 한다고 보는 비판적인 시각이 있음에도 불구하고 이를 즐겨 사용하는 작가는 비단 모리슨만이 아니다. 랜서는 『권위의 소설 *Fiction of Authority*』에서 모리슨과 제인 오스틴(Jane Austen), 조지 엘리엇(George Eliot), 버지니아 울프, 모니크 위티그(Monique Wittig)의 작품에는 여러 화자가 등장한다는 공통점이 있다고 지적한다.

다수의 페미니즘 연구에 의하면, 이중적이고 모순되고 혼란스러운 서사방식은 17세기 영국 여성들의 자서전에서 여성주체의 목소리를 전달할 때 시작된 것으로 여겨진다. 일레인 쇼왈터(Elaine Showalter)에 따르면, 이러한 현상은 '여성의 글쓰기가 본질적으로 지배와 침묵이 한 공간에서 공유하는 이중적인 담론'(266)이기 때문이다. 지배구조의 산물인 지배자의 언어와 이데올로기로는 피지배자의 음성을 담아내는 데 적합하지 못할 뿐만 아니라 미처 담아내지도 못한다. 실제로 모리슨 작품의 여러 등장인물들이 자신의 기억을 일관성 있는 이야기로 한 번에 표현하지 못한다. 과거를 이야기 하는 것은 고통스러운 기억, 잊을 수는 없지만 소리 내어 말하고 싶지 않은 기억을 되살리는 작업이기 때문이다. 따라서 여러 등장인물의 파편적인 기억이 서사의 대부분을 차지하는 『파라다이스』의 서사가 전통적일 수 없다. 그러나 매끄러운 남성적 서사를 만들지 못한다고 하여 주체가 침묵하고 만다면 그 주체는 벨 훅(bell hooks)의 주장처럼 타자에 의해 규명되고 해석되는 삶을 영위할 것이다. 이러한 관점에서 볼 때 여성적 서사는 억압된 인물을 효과적으로 표현하고 타인의 의해 만들어진 정체성을 벗어나 진정한 자아를 찾아가는 주체의 여정을 표현하는 데 적절한 방식이다.

3. 「루비」의 남성적 서사

모리슨이 작품 제목으로 선택한 '낙원'(Paradise)은 존 번연(John Bunyan)의 『천로역정 *The Pilgrim's Progress from This World to the Next*』, 단테(Dante)의 『신곡 *The Divine Comedy*』 중 「파라다이스」("Paradise"), 필립 시드니 경(Sir. Philip Sidney)의 『아카디아 *Arcadia*』, 그리스 신화의 엘리시움(Elysium)을 연상하게 한다. 명칭은 다양하지만 모든 낙원은 달콤하고 산뜻한 분위기, 노래하는 새, 밝은 꽃들, 풍성한 과실수가 있는 곳이며 거룩함과 기쁨, 평화, 조화가 있고, 두려움이나 노동, 필요, 질병, 죽음이 없는 곳으로 묘사된다. 낙원을 소재로 한 전통 서사에서 남성 주인공은 낙원을 얻거나 회복하기 위해 모험을 하고, 낙원은 천천히 자신을 남성 주인공에게 허락한다. 낙원은 때로는 아름다운 여성과의 결혼, 명예의 획득, 성공 등의 모습으로 치환되기도 한다. 케이트 릴리(Kate Lilley)에 따르면, 낙원을 주제로 삼은 문학은 '공적인 영역에서 남성 지식인들이 행복의 가능성을 탐구하고 논의하는 것으로서 여성을 배제된 채 정의되었다.'(103~4) 이러한 남성중심의 이분법적 낙원 서사는 흑인 문학에서도 크게 다르지 않아서, 트루디어 해리스(Trudier Harris)에 따르면 '흑인 민속 전통에서도 여성은 남성의 목표달성을 위해 존재'한다(187).

『파라다이스』에서 루비 마을의 공식 역사는 마을을 묘사할 때 자주 등장한 단어를 빌어 표현하자면 '흠 없게'(flawlessly) 만들어진 전통적인 낙원 서사이다. 인종차별의 불합리한 사회를 벗어나 이상적인 공동체를 세우기 위한 움직임의 중심에는 쟈카라이어 모건(Zechariah Morgan)이 있다. 쟈카라이어를 중심으로 한 이주민들은 외부의 '갖가지 위험과 사악한 자연의 힘을 물리치고'(6) 마침내 안정된 마을을 세움으로서 남성적 낙원 서사의 목적을 이룬다. 마을은 술, 절도, 마약, 살인 등 세상의 악에서 고립된 안전한 장소이며, 비록 한두 명의 여성들이 마을에서 문제를 일으켰지만 모두 '깨끗이 잘 처리'(8)된 낙원으로 가꾸어진다. 마을 사람들은 남성적 서사의 영웅 쟈카라이어를 '빅 파파'(Big Papa), '빅 대디'(Big Daddy), '옛 아버지'(Old Father)라고 부르며 존경한다. 쟈카라이어는 '흠 없게 만들어진 화덕'(6)을 마을의 중앙에 만들고 글귀를 새겨 넣어 마을 사람들의 결속을 다진다. 따라서 화덕은 마을을 중심으로 한 낙원서사의 증거물이다. 이제 후손들은 조상들의 서사를 크리스마스 연극 행사마다 상징적으로 반복하며 기념한다. 연극에는 마을의 시조가 되는 가정의 수와 동일한 수의 마리아와 요셉 부부들이 등장하여 가면을 쓴 여관주인에게 거부당하는 장면을 반복 재현하여 이주 과정에서 거부당한 경험을 각인시킨다. 연극을 관람한 마을 주민들은 자신들의 마을이 낙원이라는 사실을 재확인하며 안도한다.

「루비」에서 남성 서술자의 눈에 비친 마을은 '밤중에 여인이 깨어나 평화롭게 달빛을 바라볼 수도 있고 두려움 없이 밖으로 나갈 수도 있는'(8) 낙원이다. 반면 루비의 경계를 넘어선 곳은 '악행이 빈번하게 일어나는 피폐한 땅이고 어느 집 대문 뒤에서나 불쑥불쑥 악이 튀어나오는 곳'(16)으로 인식된다. 이렇게 루비 마을의 지정학적 경계선은 자아와 타자를 구분하는 심리적 경계선으로 작용한다. 그런데 루비처럼 동질성에 근거한 낙원은 이질적인 타자에게 배타적일 수밖에 없다는 지점에서 문제가 발생한다. 동질성에 근거한 공동체에서 이질적인 타자는 필연적으로 소멸된다. 예를 들면 마을 사람들은 낙원 서사를 유지하기 위해 공식 서사를 벗어나는 일들에는 침묵해왔다. 이러한 사실은 구전되는 마을의 역사를 모아 기록물을 만들려던 패트리샤의 행적을 통해 드러난다. 그녀는 역사를 조사하는 과정에서 자신의 어머니가 마을사람보다 피부색이 밝다는 이유로 수모를 당했던 사실을 발견한다. 또한 독자는 패트리샤의 조사 기록물을 살펴보면서 성경에서 특정인의 이름이 지워져 있다는 사실에서 루비의 공식 서사를 벗어난 사람의 이름이 지워졌다는 점을, 부부들이 결혼증명서를 제시하지 못한다는 사실에서 혈통의 순수성을 유지한다는 명목 하게 근친혼이 이루어졌다는 점을 짐작할 수 있다. 또한, 마을 여성들이 회상하는 마을의 역사도 마을 남성들이 주장하는 공식 역사와 일치하지 않는다. 공식 역사에는 선조들이 페어리 마을에서 자신들의 자존감을 지키기 위해 밝은 피부색의 사람들로부터 도움을 받지 않은 것으로 전해지지만, 여성의 입으로 전해지는 역사에 의하면 아이들의 배고픔을 달래기 위해 약간의 음식을 가지고 나왔다. 루비로 이사할 때 화덕을 가지고 온 일에 대해서도 마을 남성들은 이를 자랑스럽게 여기지만 소앤은 당시에 화덕보다는 종자 몇 포대나 새끼 돼지나 아기 침대를 가져오는 게 낫다고 생각하고 있었다고 회상한다.

낙원 서사의 목적지로서의 루비 마을은 타자성을 인정할 줄 모르고 침묵하거나 왜곡시킴으로써 마을의 존립을 위협하는 두 가지 추가적인 문제에 봉착한다. 첫째, 루비 마을 내부에는 선조들이 그토록 배제하려했던 폭력이 존재한다. 물론 민족국가의 생성에 폭력이 개입되어 있다고 지적하는 호미 바바(Homi Bhabha)의 견해처럼 공동체의 생성과 유지에 폭력이 개입되지 않을 수는 없다. 그러나 현재의 루비 마을의 경우 폭력이 마을을 유지하는 힘으로 작용한다는 점이 문제이다. 이는 마을 어른 스튜어드가 K.D.의 손찌검 사건으로 소집된 회의를 폭력적 언사로 겨우 합의를 이끌어낸다는 점과 화덕 글귀에 대한 논쟁이 벌어졌을 때에도 '더 이상 논쟁하는 사람은 총으로 머리를 날리겠다'(87)고 위협함으로써 평화가 유지된다는 점에서 발견된다. 둘째, 루비를 이끌어가야 할 다음 세대가 부재한다. 마을에 남아있는 소수의 젊은이들은 미즈너 목사를 중심으로 하여 루비의 서사에 저항한다. 화덕 뒷면에서 과격한 흑인 운동단체를 상징하는 그림이 발견되었을 때 어른들은 그림을 지우라고 젊은이들에게 명하지만 화덕이 대변하는 마을의 고립 정책이 시대를 역행한다고 여긴 젊은이들은 명령을 따르지 않는다. 이렇게 마을의 남성적 낙원 서사는 성별간, 세대간의 단절을 가져오는 원인이 된다.

에드워드 사이드(Edward Said)에 따르면 어떤 정체성도 반대항, 부정항, 대립항 없이 존재할 수 없다(52). 『문화와 제국주의 *Culture and Imperialism*』에서 사이드는 미국적 정체성에 대하여 논하면서 타자가 없는 공동체는 존립이 가능하지 않기 때문에 타자성을 인정해야 한다고 주장한다. '미국적 정체성은 통일적이거나 동질한 것이 되기에 너무 다양'(American Identity is too varied to be a unity and homogeneous thing. xxv)하며 '모든 문화는 다른 문화와 관련되어있고, 어떤 문화도 단일하거나 순수하지 않다. 모든 문화는 혼종적이고, 이질적이고, 매우 차별화되어있고, 비단선적이다'(all cultures are involved in one another, none is single and pure, all are hybrid, heterogenous, extraordinary differentiated, and unmonolithic. xxv). 동질적 문화가 형성되기에 미국은 이미 너무나 다양한 개체들로 이루어져 있기도 하지만, 타자성은 이미 자신의 정체성을 구성하는 내적 요소이다. 자아라는 정체성이 있으려면 자아의 경계가 되는 지점이 있어야 하기 때문이다. 자아의 권력이 통용되지 않는 공간인 타자는 자아가 존재하기 위해 필수 불가결한 요소이다.

아이러니하게도, 마을 사람들이 수녀원의 타자성을 혐오하는 동시에 상당부분 의존해왔다는 사실이 세밀한 독서과정에서 드러난다. 예컨대, 전쟁으로 잃어버린 스튜어드의 입맛을 만족시킬 수 있는 유일한 고추가 수녀원에서 생산되고, 디컨과 K.D.는 이곳의 여성과의 관계에서 만족을 추구했으며, 메누스(Menus)는 실연의 아픔으로 정상적인 생활을 하지 못할 때 수 주간 수녀원에서 보살핌을 받았다. 마을의 여성들에게는 수녀원의 타자성이 갖는 의미가 더 크다. 여성들은 문제가 있을 때 마을 밖의 수녀원을 조용히 찾는다. 임신 중인 소앤은 가정에 충실하지 못한 남편에게 낙태로써 복수를 하기 위해 수녀원을 방문하고, 그 후에도 두 자녀를 잃은 상실감을 달래줄 안정제를 얻으려 종종 수녀원을 방문한다. 아넷도 혼전 성관계에서 생긴 아이 문제를 해결하기 위해 수녀원을 방문하고, 4명의 기형 자녀를 돌보느라 6년 동안 외출을 하지 못한 스위티는 넋이 나간 채로 마을 밖의 수녀원을 찾아가 앓아눕는다. 빌리(Billie)도 자신의 행실을 믿어주지 않는 엄마와 다툰 후 수녀원에서 15일간 숨어 지낸다. 따라서 루비의 타자인 수녀원은 마을의 낙원 서사가 미처 해결하지 못한 문제를 완화해왔다는 점에서 안전밸브와 같은 역할을 해왔다.

점차 루비 마을이 유지하고 있는 단일한 남성적 서사가 허구였음이 드러나며 내부의 타자성이 가시화되자 이질성의 위협으로부터 낙원을 지키기 위해 철저한 분리주의를 고수해온 주민들은 마을과 외부의 경계지점에 있으면서 자신들과는 삶의 방식과 피부색이 다른 수녀원 여성들을 위기의 원인으로 지목한다. 마을의 현상유지를 위한다는 명분을 내세운 수녀원 습격은 폭력의 절정을 보여준다. 이 사건은 17세기 세일럼에서 공동체를 유지하려는 기득권층이 사회적 약자를 마녀로 간주하여 희생시킨 사건과 동일선상에 있다. 루비 마을 사람들은 공동체가 겪고 있는 실패와 상처의 원인을 사회적 약자인 수녀원의 여성들에게 전가하여 그들을 타도해야 할 마녀집단으로 여긴 셈이다. 이상사회를 지향하던 마을 사람들은 선민의식에 사로잡혀 고립된 마을을 만들고, 고립된 사회는 오래 유지되지 못한다는 통념을 인정하지 않은 채 마을의 정체성을 유지하기 위해 그토록 피하고 싶어하던 폭력을 행사하는 모순을 범한다.

마을 사람들은 공식 서사를 유지하기 위해 마을의 대표적 타자인 수녀원을 습격함으로써 배타적인 남성적 서사를 진행시키지만, 타자를 제거한 결과는 자아의 존재 위기로 연결된다. 곧, 그동안 표면화되지 않았던 마을 남성들의 이기주의와 두려움이 독심술을 가진 론의 서술을 통해 적나라하게 드러나고, 마을 어른 디컨의 고해성사를 통해 그동안 마을을 유지해온 공식 역사가 상당부분 허구였음이 드러난다. 특별히 자카라이어는 영웅이 아니라 공적인 권력을 잘못을 사용하여 백인과 흑인 모두에게 손가락질 당하고 가족의 생계를 어렵게 만들었던 문제적 인물이었음이 드러나며 루비의 낙원 서사는 뿌리부터 흔들린다. 이렇게 모리슨은 공식 서사의 이면을 보여줌으로써 전통적인 남성적 낙원 서사를 전복한다.

4. 포용과 이해의 여성적 서사

루비 마을의 공식 서사가 직선적이고 단일하게 제시된 것과 달리 수녀원을 중심으로 한 타자들의 서사는 복잡하고 다양한 방법으로 제시된다. 마을과 외부의 경계에 자리한 수녀원 건물의 지정학적 위치는 수녀원의 타자성을 상징한다. 수녀원 건물 자체의 역사도 다층적이다. 이 건물은 한 주류 상인이 육체적 쾌락의 장소로 사용하기 위해 건축했기 때문에 건물의 곳곳에는 성적인 장식물들이 있다. 후에 이 건물을 매입한 수녀들은 성적 장식물들을 페인트로 덮고 인디언 소녀를 위한 학교로 운영하였고, 수녀원의 재정이 기운 지금은 정처 없이 오가는 사람들에게 '사랑과 평화와 자유를 제공'(Daemmrich 225)하는 휴식처가 되었다. 야만성, 혼돈, 폭력, 문명, 사랑이 얼룩진 수녀원 건물의 복잡한 역사처럼 이곳에 오가는 사람들의 사연도 다층적이다. 수녀원의 서사는 수녀원을 운영하는 콘솔레이타를 중심으로 함께 살아가는 여러 사람들의 이야기가 그물망처럼 얽힌 다양성의 여성적 서사이다. 수녀원의 서사에는 쟈카라이어 같은 영웅도 없고 도달해야 할 단일 목적도 없다. 다양한 이유로 수녀원에 도착한 다양한 피부색의 사람들은 자신의 과거를 정돈된 전통서사로 재현해내지 못한다. 자신에 대한 이야기를 한다는 것은 과거를 바라보는 작업이라는 점에서 이들에게는 자신의 과거를 한 숨에 떠올려 일관성 있는 서사로 재현할 수 없는 깊은 상흔이 있음을 짐작할 수 있다. 수녀원을 멀리서 지켜보던 론은 수녀원을 오가는 사람들이 '루비 마을과 수녀원 사이에 난 길을 자신들의 서러움을 질질 끌면서 오갔다'고 표현한다(270).

루비마을이 '전체주의적이고 절대주의적인 획일성이 지배'하는 곳인 반면, 수녀원은 '상호 소통적이고 자기 창조적이며 자율적인 행동양식이 지배'하는 곳이다(이영철 233). 백인으로부터의 인종 차별과 경제적 착취에서 해방되기 위해 세워진 루비 마을은 내부에 있는 이질성을 인정하지 않고 제거하려 하려 한 공동체인 반면, 다양한 개인적인 이유에서 사람들이 모여든 수녀원은 다양성을 인정하면서 형성된 공동체이다. 수녀원에 모여든 사람들은 상대방의 차이와 다름을 때로는 감싸주고 때로는 도전하며 관계를 형성한다. 길에서 생활하던 자신을 거두어준 수녀가 사망한 뒤로 우울증을 겪던 콘솔레이타는 메이비스의 위로를 받고 회복되며, 오해와 공포 속에 살던 메이비스는 그레이스와 주먹다짐을 하며 자신감을 회복한다. 인권운동을 하다가 충격적인 장면을 목격하고 도피처를 찾던 그레이스는 자신이 겪는 문제의 원인을 깨닫는다. 어머니와 애인에게 버림받은 팔라스는 세네카에게 안겨 위안을 얻고, 양오빠에게 성추행을 당하고 자해하는 습관이 생긴 세네카는 팔라스를 위로해주면서 자신감을 회복한다. 소앤, 스위티, 아넷, 빌리, 메누스 같은 마을 사람들 역시 수녀원 공동체의 도움으로 삶의 위기를 극복한다. 이런 점에서 마니 고시어(Marni Gauthier)가 수녀원에서 '상처를 고백하고, 서로의 관계를 인식하며, 사랑을 나누는 방법을 습득해가는 과정'(재인용, 이영철 233)이 이루어진다고 분석한 것은 타당하다. 「루비」에서 악의 전형으로 묘사되던 수녀원은 이야기의 시간(story time)이 진행될수록 타인들과의 관계를 맺음으로써 점차 자아를 확인하고 타자를 인정하는 치유의 공간으로 나타난다.

루비마을의 남성적 서사는 모험과 성취를 강조하는 독단적이고 가부장적인 특징을 보이는 반면 수녀원의 여성적인 서사는 상호간의 사회적 관계에 관심을 두고 이질성을 포용한다. 이러한 차이는 문제의 원인을 찾는 방식이 상이하기 때문이다. 루비 마을 사람들은 외부 사회와 격리된 것을 다행으로 여기고, 마을의 단일서사가 도전을 받자 문제의 원인을 수녀원에 모인 외부인들에게 전가한다. 이들은 수녀원의 이질성을 '배설물'(mess 275)로 간주하기 때문에 배설물을 제거하는 데에도 죄책감을 느끼지 않는다. 마을 사람들은 마을을 지키기 위해 '하나님 편에 서서' '성모 마리아의 구원을 거부한 대담무쌍한 검은 이브들'에게 총을 겨눈다(18). 반면 수녀원의 여성들은 문제의 원인을 자기 스스로에게서 발견한다. 대표적으로, 수녀원에 도착한 메이비스가 콘솔레이타에게 외딴 곳에 사는 것이 무섭지 않냐고 질문하자 콘솔레이타는 '무서운 것이 밖에만 있지는 않아요. 가장 무서운 건 내부에 있지요'(Scary thins not always outside. Most scary things is inside. 39)라고 답한다. 수녀원에서 이루어지는 근본적인 치유는 자신의 내면에 있는 이질적인 두려움과 맞서는 과정을 통해 시작된다.

주체 내외의 이질성과 타자성을 이해하고 포용하는 수녀원의 서사를 대표하는 것은 '시끄러운 꿈'(loud dreaming)이다. 수녀원에 머무는 여자들은 지하실 바닥에 자기 몸을 그린 후, 그 안에 잊거나 무시하고 싶은 과거의 순간을 그려 넣고는 그 순간에 대한 기억을 서로에게 이야기하며 바닥에 그려진 자기 몸의 그림 밖으로 나온다. '반쪽짜리 이야기들과 한 번도 꿈꾸어보지 못한 것들이 [그녀들의] 입술을 탈출'한다(264). 이들의 이야기는 두서없이 이어지는 대표적인 여성적 서사이다. 패트리샤 맥키(Particia McKee)는 시끄러운 꿈을 '지금껏 말하지 않았던 과거를 말하는 법'이라고 평가한다(210). 한 주체가 자기 안의 타자성을 마주하고 인정하며 이야기하는 동안, 이야기를 듣는 다른 주체는 말하는 주체의 상처를 자신의 몸으로 느끼며 자신의 이야기와 공유한다. 시끄러운 꿈이 만들어낸 여성적 서사를 통해 여성들은 자기 내면의 타자성을 수용하는 동시에 다른 주체로 존재하는 타자를 인정하고 이해한다. 맥키는 시끄러운 꿈이 이루어지는 순간에 대하여 수녀원 여성들이 '다른 사람이 자신의 과거 속으로 들어올 수 있게 허용했다'(211)고 분석하고, 게타 레세르(Geta Leseur)는 '서로의 경계가 무너지고 인성이 혼합되면서 새로운 존재로 바뀌는 순간'(17)이라고 분석한다.

피치는 '소설에서 서로 다른 이야기가 통합되는 것은 소설이 보여주는 치유'(113)라고 분석한 바 있다. 수녀원에 머무는 사람들은 시끄러운 꿈을 통해 '되새기고 싶지 않은 과거'가 '극복해야하는 경험'으로 변모하는 과정을 경험한다. 상흔을 자신의 일부로 받아들이고 다른 사람과 공유하며 위로를 얻은 여성들은 과거의 '악몽'(266)에서 치유된다. 비슷하게, 『빌러비드』의 시스(Sethe)도 폴 D.(Paul D.)에게 이해받고 위로받는 과정에서 '말로 할 수 없을 만큼 고통스러운 기억'(199)을 조금씩 고백해가며 가혹한 대우로 인해 상처받은 자아를 조금씩 회복하고 삶을 긍정하게 된다. 이렇게 여성적 서사를 통해 인물들은 외면하고 싶은 과거를 현재로 끌어들여 자신과 화해함으로써 과거의 상흔을 극복하고 현재의 자아는 자신감을 회복한다. 따라서 지우고 싶은 상처로 존재해온 과거의 기억이 '현재를 지배할 힘'(Kubitschek 125)을 잃는다는 점에서 타자성을 인정하는 여성적 서사는 현재를 위한 서사라고 할 수 있다. 야만과 혼돈의 장소/서사처럼 여겨진 수녀원은 실제로는 서로의 차이를 인식하고 이해하는 소통적 공간/서사이며 남근이성 중심주의의 경직성과 분노를 해체하는 호미 바바식의 전복적 공간이다.

맥키의 주장에 따르면, 모리슨은 다양한 주체와 객체, 과거와 현재가 인정되는 장소를 '가정'(home)으로 제시한다(199). 모리슨은 『파라다이스』를 집필

하던 중에 다인종 국가인 미국이 나아가야 할 길에 대한 비유로 읽을 수 있는 에세이 「가정」("Home")을 발표한다. 이 글에서 모리슨은 미국이라는 '인종의 집'(racial house)이 '진정한 가정'(real home)으로 변화되기를 원한다고 말한다(4).

> I want to imagine not the treat of freedom, or its tentative panting fragility, but the concrete thrill of borderlessness-a kind of our of doors safety where "a sleepless woman could always rise from her bed, wrap a shawl around her shoulders and sit on the steps in the moonlight. And if she felt like if she could walk out the yard and on down the road. No lamp and no fear. ... Nothing for miles around thought she was prey." ... social space that is psychically and physically safe. ... free of racial hierarchy ... is usually imagined or described as cream scape. ... (9～10)

위 인용문을 『파라다이스』와 연결지어 생각하면 세 가지의 공간을 상정할 수 있다. 첫째, '인종의 집'으로 표현된 마을 밖의 세계이다. 이곳은 백인 중심의 가치관으로 가득한 세상이다. 둘째, 이에 대한 대안으로 세워진 루비 마을이 있다. 마을 사람들은 편견과 차별이 없는 세계를 만들기 위한 인위적인 노력을 쏟아왔다. '밤중에 일어난 여인이 안전하게 걸어 다닐 수 있는 곳'으로 표현된 이상적 공간은 「루비」에서 마을 남성들이 수녀원을 습격하면서 자신의 마을을 떠올리던 장면(9)의 묘사와 일치한다. 그러나 아이러니하게도 마을 사람들이 추구한 낙원은 백인 중심의 바깥세상의 가치관을 형태를 바꾸어 답습할 뿐이었다. 셋째, 이질적인 요소들이 의식되면서도 무력해지는 수녀원이 있다. 서로의 다양성과 이질성을 이해하며 공존하는 공간은 동질성을 지향하는 전자에 비해 실현될 가능성이 높다. 수녀원은 인종과 성을 초월하여 심리적, 물리적으로 안정감을 누릴 수 있는 사회라는 점에서 모리슨이 추구하는 '진정한 가정'에 대응되는 일종의 대안 낙원이다.

5. 결론

모리슨은 『파라다이스』에서 무의식적 인종주의와 남성중심주의의 위험성을 표현하기 위해 미국의 실제 역사를 배경으로 삼고 루비 마을과 수녀원의 공동체를 제시한다. 두 공동체는 각기 다른 방식으로 서술되며 이 서술 방식은 공동체의 성격과도 연결됨으로써 내용과 형식이 조화를 이룬다. 단선적이고 정리된 듯 보이던 루비 마을의 남성적 공식 서사는 결국 백인들의 영웅 서사를 되풀이하는 자의적이고 허구적인 서사였다는 점이 점차 드러난다. 루비 마을 사람들은 백인 중심의 공식 역사에서 왜곡되고 잊혀진 흑인 중심의 역사를 새롭게 쓰려던 처음 의도와는 달리 백인 사회의 부정적인 모습을 답습하게 된다. 공동체 유지를 명목으로 수녀원을 습격하면서 그동안 감추어진 조상들의 치부가 점차 드러나 낙원 건설의 신화는 뿌리부터 흔들린다. 결국 이질성과 변화를 거부해온 마을은 수녀원 습격 사건 이후 어쩔 수 없이 이질성을 받아들이게 된다. 마을 어른 디컨은 '선조들이 저주했던 사람'(302)의 모습이 되어버린 자신에 대해 후회한다. 미즈너 목사는 루비 마을이 사실은 백인 사회를 모방하고 있다는 사실을 알고 있으며 외부 사회와 소통할 것을 주장하고, 마을 안에 이미 외부 세계와의 통로가 되는 주유소, 철로, TV가 들어오기로 결정되었다. 비록 수녀원 습격 사건을 기존의 낙원 서사로 끌어들이려는 시도가 있긴 하지만 이러한 사실들은 마을의 서사가 더는 유지되기 어렵다는 점을 시사한다.

루비 마을의 서사와 반대로 이질적이고 파편적으로 보이던 수녀원 중심의 여성적 비공식 서사는 개개인이 주체가 되어 자발적으로 참여하는 서사를 생산해왔다. 수녀원을 중심으로 이루어지는 『파라다이스』의 서사는 '연대기적이지 않으며 여러 층으로 되어있고, 아이러니와 패러디가 자주 사용되어 다양한 목소리와 다양한 방향성을 제시하고, 관계의 가능성을 열어둔 채로 끝맺는다'(218)고 20세기의 여성적 서사의 특징을 지적한 잉그리드 댐리치(Ingrid Daemmrich)의 견해와 상당부분 일치한다(218). 타자의 공간인 수녀원 공동체는 마을 남자들의 습격으로 유지되지 못하고 공격당한 여성들의 시체는 흔적도 없이 사라지지만, 모리슨은 에필로그에서 희망을 제시한다.

자신이 원래 속해있던 공동체로 돌아가 상흔을 준 사람들을 자신 있게 마주하고 어디론가 떠나는 여성들의 모습에서 이들이 가는 곳마다 '시끄러운 꿈'이 퍼져나갈 것이라고 짐작해볼 수 있다. 론과 빌리, 살아남은 것으로 추정되는 수녀원 여자들에 의해 타자를 인정하는 대안 낙원의 서사는 어디에선가 계속될 것이다.

참고문헌

김애주, 『토니모리슨 연구』, 서울: 한국문화사, 1999.

신진범, 「토니 모리슨의 『파라다이스』에 나타난 다층적인 서술전략」, 『토니모리슨』 서울: 동인, 2009, 262~83.

유명숙, 「서평: 파라다이스-실패한 성공」, 『파라다이스』, 서울: 들녘, 1999.

이명호 외, 『토니모리슨』, 서울: 동인, 2009.

이봉지, 「페미니스트서사학과 여성적 글쓰기」, 『미국학논집』 31.1 (1999), 141~62.

이영철, 「토니모리슨의 여성: 『낙원』에서 혼종과 이교적인 여성에 관련하여」, 『현대영어영문학』 53.2 (2009), 223~42.

천승걸, 『미국 흑인문학과 그 전통』, 서울: 서울대학교출판부, 2006.

Bloom, Harold. "Introduction." *Toni Morrison* New York: Chelsea House, 1990, 1~6.

Christian, Barbara T. "Layered Rhythms: Virginia Woolf and Toni Morrison." *Toni Morrison: Critical and Theoretical Approaches* Baltimore: Johns Hopkins UP, 1997. 19~36.

Daemmrich, Ingrid. "Paradise and Story Telling: Interconnecting Gender, Motif, and Narrative Structure." *Narrative* 11.2 (2003): 213~33.

Hanne, Michael. "Getting to Know the Neighbours: When Plot Meets Knot." *Canadian Review of Comparative Literature* 26.1 (1999): 35~50.

Harris, Trudier. *Fiction And Folklore: the Novels of Toni Morrison.* Knoxville: the U of Tennessee P. 1991.

Kearly, Peter R. "Toni Morrison's *Paradise* and the Politics of Community." *Journal of American & Comparative Cultures* 23.2 (2000): 9~16.

Kubitschek, Missy Dehn. *Toni Morrison: A Critical Companion.* Westport: Greenwood, 1998.

Lanser, Susan. "Toward a Feminist Narratology." *Style* 20 (1986): 341~63.

Leseur, Geta. "Moving Beyond the Boundaries of Self, Community, and the Other in Toni Morrison's *Sula* and *Paradise*." *CLA Journal* 46.1 (2002):1～20.

Lilley, Kate. "Blazing Worlds: Seventeenth Century Women's Utopian Writing." *Women, Text And Histories 1575～1760* London: Routledge, 1992. 102～33.

Marcus, Jane. *Feminist Critical Negotiations.* Amsterdam: John Benjamin, 1992.

McKee, Particia. "Geographies of Paradise." *The New Centennial Review* 3.1 (2003): 197 ～223.

Morrison, Toni. *Paradise*. New York: Plume, 1997.

____________. "Home." *The House That Race Built: Black Americans* New York: Pantheon, 1997. 3～10.

____________. *Beloved.* New York: Plume, 1987.

____________. *Racing-Justice, En-Gendering Power.* London: Chatto & Windus, 1993.

Peach, Linden. *Toni Morrison*. New York: St. Martin's P, 2000.

Said, Edward. *Culture and Imperialism*. New York: Vintage Books, 1994.

Showalter, Elaine. "Feminist Criticism in the Wilderness." *The new Feminist Criticism* New York: Pantheon, 1985. 243～70.

김혜순 시에 나타나는 여성적 언어구사의 이미지화에 대한 분석

-초기시를 중심으로-

강 선 화*

1. 서론

김혜순은 등단 초기부터 기발한 상상력과 풍부한 언어적 감수성 그리고 경쾌하고 발랄한 어조를 바탕으로 한 다양한 시작 기법을 선보인다. 현대 사회의 부조리한 일상과 어두운 측면들을 시화함으로써 주목을 받아 온 김혜순 시의 특성은 한 마디로 정의하기는 어렵다. 이는 그녀가 작품 안에서 구사하는 시작 기법이 시 장르의 해체를 의도하고 있는 연극, 영화의 극적 기법이나 몽타주 기법에서부터 시인만의 세계 바라보기의 방식이라 할 수 있는 언어적 왜곡 기법까지 다층적일 뿐만 아니라 때로는 그것들이 상호 결합함으로써 매우 독특한 울림의 세계를 낳고 있기 때문이다. 게다가 그녀의 시적 사유의 기저(基底)에는 현대 사회의 부정성에 대한 비판 의식 외에도 여성으로서의 성적 정체성과 개인의 실존적 허무의식 그리고 시인으로서의 자의식 등이 자리 잡고 있어서 김혜순의 시세계를 어느 하나로 규정하기는 쉽지 않다. 더욱이 시인이 보여주는 기법적 다양성이 그녀의 시적 사유의 깊이와도 연관되어 있다는 점에서 더욱 그러하다.

따라서 김혜순 시에 접근해 가기 위해서는 그녀가 초기시부터 일관되게 보여주고 있는 기법에의 도입 혹은 집착이 어떤 방법적 의도에서 선택되었

* 경희대학교 국어국문학과 대학원 박사과정

는가를 살펴보아야 한다. 그녀의 초기 작품세계를 특징짓는 것은 발랄한 언어 구사를 통해 드러나는 언어적 재치이다. 이는 그녀의 시를 읽는 이들로 하여금 독법상의 재미와 어떤 긴장감을 느끼게 하는데, 이러한 독자들이 감지할 수 있는 긴장감은 시어들의 구사가 대상을 지시하기보다 대상을 왜곡하는 데 더 많이 할애되고 있다는 점에 기인한다.

우리나라에서는 1990년대 이후 여성 시학이 대두되기 시작했다. 그 중 페미니즘 시인의 대표 격인 김혜순에 대하여는 '여성으로서 글쓰기', '몸으로 글쓰기' 등의 담론이 제기되었다. 시인 자신도 "시는 여성적 장르이고 모름지기 시인이라면 그, 그녀는 귀신에 들리 듯 여성에 들린다" 라는 핵심적인 결론을 도출해내고 있다. 등단 이후 김혜순은 독자적인 시 세계를 전개해오고 있으며 20여년에 이르는 시력(詩歷)에 비추어 볼 때 다양한 관점의 연구가 기대되는 시인이다. 하지만 김혜순이 꾸준한 시작(詩作)활동을 전개하고 있기 때문에 현재까지의 연구는 단면적, 평론 형태 등에 국한된 미흡한 수준이며 김혜순 시 전반을 통찰한 연구는 부족한 셈이다.

김혜순 시에 관한 기존의 논의들은 크게 다음과 같은 두 가지 형태로 나눠 볼 수 있다. 그 하나는 여성성과 관련한 논의이며 다른 하나는 몸에 관한 논의이다. 김혜순 시의 여성성에 관한 논의는 김현, 김정란, 김영옥, 백지연 등에 의해 조명되었다. 김현은 김혜순의 시세계를 "행복한 여성"의 세계로, "순환하는 딸"들의 조화롭고 아름다운 세계로 파악하였다. 그러나 이와 같은 김현의 논의는 김혜순 시에 나타난 여성성의 긍정적 양태만을 주목한 것이라는 한계를 지닌다. 김정란[1]과 김영옥[2]은 '여성적 글쓰기'[3]와 관련하여 김혜순 시에 나타난 여성성에 주목하였다. 그러나 페미니즘의 입장에서 김혜순 시에 나타난 여성성을 해석하고 있는 이들의 입장은 작품보다는 여성

1) 김정란, 『한국현대여성시인』, 나남, 2001, 201면.
2) 김영옥, 『여성시 숲으로의 여행-김혜순의 시읽기』, 한국문연, 1996, 35~47면.
3) 남성적 글쓰기에 대항하는 여성적 글쓰기는 "새로운 언어를 창조하다기보다는 언어구조의 껍질 벗기기 같은 해석적 진술이라는 표현 전략, 혹은 일상어체의 수용, 은유적 원리 안에서 프로페셔널한 언어 구사를 하는 남성 언어 앞에 환유적 언어 구사라는 아마추어적 대응, 모성 세계를 통한 언어의 새로운 덧칠, 그로테스크한 이미지를 통한 억압적 남성 세계의 극화, 여성적 통과의례에 대한 제의적 대결, 자신의 육체를 해체하는 언어 구사 같은 전략을 모두 포함"하는 글쓰기이다. 김혜순, 『페미니즘과 여성시』, 219면.

성의 일반적인 의미 규명에 주목하는 오류를 보이기도 한다. 백지연[4]은 여성성의 변모 과정을 중심으로 김혜순 시 전반을 고찰하였다.

둘째, 김혜순 시의 몸에 관한 연구는 몸 담론의 부상과 함께 1990년대 이후 활발히 논의되고 있는데 이에는 오생근, 이경호, 이광호, 이재복 등의 논의가 있다. 오생근[5]은 김혜순 시에 나타난 육체의 공간적 구조에 주목하였다. 그에 의하면 김혜순에게서 육체의 공간화가 지향하는 것은 "자아의 개방성 혹은 삶과 세계를 긍정적으로 수용하려는 시인의 열린 세계관"이다. 이경호는 김혜순 시에 나타난 몸에 대한 상상력에서 "여성성의 세계와 삶과 죽음의 문제를, 그리고 현대 문명의 타락한 속성을 철저하게 포함시켜놓으려는 의지"를 발견하였다. 이광호[6]는 김혜순 시에 나타난 시적 자아의 몸이 세상의 몸이자 우주의 몸이라는 측면에서 "만다라적인 몸의 상상력과 연관된다"고 하였으며 이재복은 자신의 연구에서 몸과 언어적 기법의 연관 하에 김혜순 시를 고찰하고 김혜순 시에 나타난 "몸의 언어화"에 주목하였다. 그것은 "다언어 전략"으로 남성 위주의 언어가 가진 중심성을 해체하여 "환유적인 붕성을 가진 여성의 몸"을 획득하려는 것이다.

김혜순은 등단 초기부터 개성적인 시적 언어로 문단의 주목을 받아왔으며 20여 년에 이르는 시작 활동 속에서 다양한 언어적 실험을 통해서 자신의 시적 기법을 연마해왔다. 또한 그녀는 초기시부터 몸에 관한 시적 성찰을 지속적으로 전개시키고 있다. 이렇게 볼 때 김혜순 시에 나타난 몸 이미지와 언어적 특성에 관한 연구는 그녀의 시를 전체적으로 조망하는 데 있어서 중요한 의미를 갖는다. 본 논의에서는 김혜순의 시적 언어와 시적 기법에 대해 논해보고자 한다.

---

4) 백지연에 의하면 김혜순 시는 제 5시집에서부터 "자신이 부정해왔던 세계에 대한 은밀한 화해 방식"을 취하고 있는데 김혜순 시의 이와 같은 변모가 "자아의 확장"에 기인한다고 보았다. 이와 같은 백지연의 견해는 김혜순 시의 변모 과정, 특히 몸 이미지의 변모 과정과 모성성의 변모 과정을 밝혀냄에 있어서 많은 시사점을 제공한다(백지연, 『불온한 시 어머니의 노래』, 문학과 사회, 1997, 731~743면).

5) 오생근, 『육체의 시대와 육체의 시학』, 동서문학, 1998, 278면.

6) 이광호는 김혜순에게서 나타나는 몸의 상상력의 독특함은 "생태학적 논리에 기대지 않은 채, 경험 세계의 구체적인 시간과 공간 안에서 몸의 현실을 묘사하는 데 있다"고 보았다(이광호, 『몸살의 시 배설의 생태학』, 민음사, 1995, 123면).

2. 복합성을 띤 몸의 시학

시인은 정신과 육체로 이루어진 총체적 실체로서의 몸을 세계와 관계 맺을 수 있는 통로요 수단이라고 인식하고, 시속에서 개인이 감당해야 하는 사회 구조들의 모순을 몸의 언어를 통하여 은유적으로 드러내고자 하였다. 그의 시에서 몸은 세계의 폭력성과 권력의 장, 자아의 욕망, 그리고 이를 통한 자아와 사회의 이중적 구조 등을 끌어안고 고통스러워하다가, 결국 복잡한 세계 속에서 자아를 인식하며 타협점을 찾아가는 희망적인 모습으로 변화한다. 시인은 사회의 부조리한 모순의 구조를 직설적인 어법으로 표현하지 않고, 모두 '몸'으로 껴안으며 고통을 감수하고 있다.

시인은 몸으로 세계를 읽어내고 해석하며 반응한다. 세계의 고통은 곧 화자의 고통이며 세계의 행복을 화자의 행복이다. 화자는 자신의 몸에서 동일한 모습으로 눈물을 흘리고, 때로는 기뻐하는 수많은 자아의 모습들을 발견한다. 몸의 순환을 통해 무수하게 겹쳐지는 자기 문제들을 내부로 불러들임으로써 자기 연관성과 자기 인식을 체현하려는 몸짓을 드러낸다. 이는 지배 이데올로기에 대한 하나의 저항, 그리고 극복의 방편의 하나로서 비로소 자아를 인식해 가는 화자들, 즉 우리들의 모습이다. 이러한 시인의 '몸'을 통한 세상은 그의 쉼 없는 거친 언어의 구사, 그리고 그로테스크한 이미지 등을 통해서 이루어진다.

> 드문드문 세상을 끊어내어
> 한 며칠 눌렀다가
> 벽에 걸어 놓고 바라본다.
> 흰 하늘과 쭈그린 아낙네 둘이
> 벽 위에 납작하게 뻗어 있다.
> 가끔 심심하면
> 여편네와 아이들도
> 한 며칠 눌렀다가 벽에 붙여 놓고
> 하나님 보시기 어떻습니까?

조심스럽게 물어 본다.

발바닥도 없이 서성서성.
입술도 없이 슬그머니.
표정도 없이 슬그머니.
그렇게 웃고 나서
피도 눈물도 없이 바짝 마르기.
그리곤 드디어 납작해진
천지 만물을 한 줄에 꿰어 놓고
가이없이 한없이 펄렁 펄렁.
하나님, 보시니 마땅합니까?

—시 「납작납작-박수근 화법을 위하여」 전문

이 시는 시로 쓴 화가 박수근론이 아니라 박수근의 회화적 수법으로 쓴 시이다. 이 시에서 읽을 수 있는 것은 박수근적 방법으로, 화강석에 조각된 고대화 같은 기법을 써서 토속적인 대상을 건삽한 구도와 평면적으로 단순화시킨 박수근의 그림을 언어화하여 시로 표현한 것이다. 드믄드믄 세상을 끊어내어/ 한 며칠 눌렀다가/ 벽에 걸어 놓고 바라본다/ 이 부분은 박수근 그림의 아주 단순화된 그림 구도와 색채를 시로 묘사한 것이다. 이렇게 화가의 그림의 특징을 드러내는 시어들은 계속 이어진다. 입술도 없이 슬그머니/ 표정도 없이 슬그머니/ 그렇게 웃고 나서/ 피도 눈물도 없이 바짝 마르기/는 박수근이 의도적으로 생략해버린 그림 부분에 대한 시인의 해석이고, 끝부분의 질문은 중의적 수법으로 박수근이 하는 말인지, 시적 화자가 우리에게 물어보는 혹은 자신에게 물어보는 것인지, 여러 의미를 담고 있다. 이렇게 묘사된 일관된 그녀의 시는 매우 신선한 회화적 공간으로 일관해 있다. 그러면서 리듬을 살리려는 서술적인 수법이 간간히 스며있다.

사랑방 장지문을 여니 날 선 장도가 나는 듯
이 발 앞에 떨어집니다. 안방 보료 위엔 나

리꽃 수 천 송이가 허빅지를 내놓고 흐드러
지게 우습디다.(중략)
헛간 짚더미 속엔 쉰 마리 독사가 한 마리
개구리를 놓고 독을 품고 있습니다.

에라잇. 땅이나 파고 들어가 토끼뜀을 뛸
까? 당달봉사 춤이나 출까? 내 심장 각 심실
속에 손 넣고 봉사들이나 끌어내 볼까? 당달
봉사 앉은 줄 모르고 곱사봉사 들어오는군.
곱사봉사 넘어진 줄 모르고 섭섭이봉사 들
어오는군. 덕쿵덕쿵 얼싸얼싸 춤이나 실컷
추다가 복어국이나 마실가? 에라잇, 모두 함
께 눈이나 번쩍 떠볼까?

—시 「황성맹인 잔칫날 공옥진의 장탄식」 부분

우리 전통의 춤과 판소리로 유명한 공옥진의 연희를 눈앞에 생생히 재현하는 여러 장면의 시적 묘사가 드러난다. 시인의 관찰력과 이를 언어화한 세세한 묘사는 대상을 드러내는 일관된 노력의 소산으로 경탄을 자아내게 한다. 그의 관심은 연극이나 가면극, 판소리 등 다양한 시선으로 애정을 가지고 관찰한 것을 표현했다고 할 수 있다. 아울러 80년대의 시대상이며 사회적 모순에 대한 분노, 가난 등 인간을 비인간화하는 요인들에 대한 관찰과 묘사도 삽입되어 있다. 『또 다른 별에서』, 이 첫 시집에 발표된 위 두 편의 시와 시집에 실려있는 다른 시들을 통해서 김혜순 시인의 특별한 시선으로 조명된 시어들이 생경함을 엿볼 수 있다.

-죽은 어머니는 돌아오시대 「또 다른 별에서」
-주먹이 빠지지 않는 걸, 가슴에 박혀있어. 「돌」
-나는 언제나 새는 중이야. 「가난」
-오늘 밤 우리는 하릴 없이/ 이를 잡는다. 「시」

이런 시들은 김혜순 시인의 시선에서 오래 벗어나지 못하고 잠재한 의식 속에 항상 꿈틀거려, 자기 고유의 시를 씀으로써 스스로의 실존을 확인하는 자세에서 생긴 고질병 같은 것이다. 특히 병신춤으로 대가를 이룬 공옥진의 춤에 드러난 불합리한 사회에 대한 질타와 풍자, 행복하게 살고 싶은 인간의 비원을 시인의 시선에 담아 그려내고 있는 것이다.

초승달의 눈썹이 깜빡깜빡
열렸다 닫히면서
애무에 젖는다
보이지 않는 구름의 손이
보이지 않는 달의 몸을 만지는 듯
달은 칠흑의 허랑방천으로
천천히 떠밀리면서
깜빡깜빡 죽었다 깨어난다.

은은히 숲속의 나무들이
달의 발가락처럼 흔들리는 가운데
어두운 밤의 난간에 기댄
죽은 나무가 아직도 눕지 않고 서서
문큼으로 깜빡거리는
눈썹을 보며
밤새도록 흐르는 달의
살을 훔친다.

—시 「아직도 서 있는 죽은 나무」 전문

죽은 나무는 눈썹을 깜빡거리며 달의 살을 훔침으로써 완전한 에로스에의 동경을 표현한다. 그 동경이 죽은 나무를 아직도 서 있게 하는 것이다. 그 에로스의 물질적 상상력은 몸에 맞닿아 있다.[7] '깜빡이는 눈썹', '손', '몸을 만지듯', '죽었다 깨어 난다', '발가락', '살을 훔친다' 등 관능적인 시어들은 시적 화자를 죽은 나무로 대치하여 어떤 그리움과 사랑의 오뇌를 눈으로 보는 것 같이 펼치고 있다. 시인은 불의 에로스, 물의 에로스가 몸속을 굴러 다니는 악몽 같은 과정을 거치며 "90년대에는 불과 물의 상호작용으로 역동적인 생성을 몸으로 드러내는 이러한 시를 얻게 되었다."[8]는 술회를 한 일도 있어, 쓰지 않고는 견딜 수 없었던 자기 실존의 몸부림으로 해석할 수 있다.

겨울 나무는,
저렇게 팔!
뚝 부러지고
척추!
탁 분질러진
겨울 나무는
그러나 겨울 나무는
모두 빼앗긴 게 아니다
눈 내리고 바람 부는 겨울 산에
올라보라.
저기 저
수천 수만 개 시퍼런
눈동자들이

---

7) 플라톤의 《심포지움》은 아가톤의 집에서 소크라테스를 비롯한 여러 현자들이 모여 서로 주고받는 에로스의 탄생 설화를 담고 있다. 에로스의 탄생 설화는 대략 7가지 정도가 된다. 이 중에서 가장 그럴듯한 것은 2가지 정도로 보인다. 먼저, 카오스가 만든 사랑의 정령설이다. 그리스 최초의 신으로서 모든 생성의 에너지원에 해당하는 카오스는 먼저 에로스를 창조한다. 이때 에로스는 실체가 아니라 정령이고 에너지이다. 사랑의 작용 없이는 우주 만물의 자기 조직화 운동은 불가능하기 때문이다. 카오스는 에로스를 먼저 만든 이후에 에레보스(erebos: 밤의 남신)와 닉스(nyx: 밤의 여신)를 탄생시킨다. 에레보스와 닉스가 결합하여 헤메라와 아이테르를 낳을 수 있었던 배경은 에로스의 정령이 스며들었기 때문이다. 에로스는 구체적인 실체는 없으나 모든 생명체들이 서로 결합하여 자기 조직화 운동을 하는 힘을 발휘하고 있는 것이다. 에로스의 탄생이 없었다면 결합, 보존, 번식, 창조로 이어지는 인류사의 모든 과정은 불가능하다. 플라톤, 박희영 역, 『향연』, 문학과 지성사, 2003, 102면.

8) 김혜순, 『여성이 글을 쓴다는 것은』, 문학동네, 2002, 136면.

보이지 않는
겨울 나무 이마빡 아래
푸른 불!
환히 켠 거 보리라

―시 「눈동자」 전문

김혜순의 시에서 시각의 의미는 첫째, 있는 사실을 그대로 보는 시각과 둘째, 보이지 않는 것을 보고 그 본 것을 시를 통해 보여주는 식의 시각, 이 두 가지가 있다. 침묵하고 참고 기다리는 겨울나무의 눈동자는 후자의 시각이라고 할 수 있다. 암울했던 80년대의 사회상을 지나 90년대는 어둠 속에서나마 조금씩 비쳐오는 밝은 빛이 보여 계속 주시하면서 눈에 보이지 않는 것을 보는 일을 통하여 보이는 것의 뒤에서 작동하는 힘을 포착하는 역할을 한다. 우리의 신체나 우리가 겪은 사건 속에 힘은 실재하지만 그것이 드러날 때는 시각이나, 청각, 촉각 등 감각을 통해 나타나는 것이다. 우리 몸은 힘이 다른 감각으로 나타나는 장소이기 때문에 김혜순 시인은 보이지 않는 것을 보기 위하여 몸을 주시하고 몸으로 드러낸다. 즉 몸에서 감지되는 힘을 파악하기 위하여 내면을 주시하는 것이다. 몸의 외부와 내면은 대립된 것아니라 서로 구별되기 어려울 정도로 하나의 통합 상태로 되어 있다. 그의 시가 시각적이라는 것은 보여지지 않는 지점에서도 보이는 시간이 작동하는 것을 두고 하는 말이다. 위 시는 이러한 시인의 시선이 보이지 않는 세계를 겨울나무의 눈동자를 통해 의미 있게 드러내고 있는 것이다.

3. 풍경의 순환과 에로스의 주술성

에로티시즘 미학에는 어떤 형태로든 그 시대의 정신적인 특징이 투사되어 있기 마련이다. 조르쥬 바타이유는 이에 대해 인간의 에로티시즘이 동물의 성행위와 다른 것은 내적인 삶을 문제 삼는다는 점이라고 말한다. 그에 따르면 “인간이 생계를 위해 연장을 제조하고 노동을 하면서 수 만년이 흘렸다. 노동과 죽음을 의식하면서 부끄럼 없이 행하던 성행위를 부끄럽게 여기게 되면서 인간은 동물성에서 벗어난 것이다. 에로티시즘이 인간의 고유한 생식행위라고한다면 그것은 에로티시즘에 대한 객관적 정의이다. 에로티시즘에는 인간의 내적 삶, 즉 종교적 양상이 숨어 있다. 그리하여 과학을 거부하는 내적 체험만이 에로티시즘의 전체적인 모습을 볼 수 있게 해주며 내적 체험만이 그것을 정당화"[9]시켜 준다는 것이다

백 마리 여치가 한꺼번에 우는 소리
내 자전거 바퀴가 치르르치르르 도는 소리
보랏빛 가을 찬바람이 정미소에 실려온 나락들처럼
바퀴살 아래에서 자꾸만 빻아지는 소리
처녀 엄마의 눈물만 받아먹고 살다가
유모차에 실려 먼 나라로 입양 가는
아가의 뺨보다 더 차가운 한 송이 구름이
하늘에서 내려와 내 손등을 덮어주고 가네요
그 작은 구름에게선 천 년 동안 아직도
아가인 그 사람의 냄새가 나네요
내 자전거 바퀴는 골목의 모퉁이를 만날 때마다
둥글게 둥글게 길을 깎아내고 있어요
그럴 때마다 나 돌아온 고향 마을만큼
큰 사과가 소리없이 깎이고 있네요
구멍가게 노망든 할머니가 평상에 앉아
그렇게 큰 사과를 숟가락으로 파내서
잇몸으로 오물오물 잘도 잡수시네요

—시 「잘 익은 사과」 전문

여치 소리와 자전거 바퀴 소리 거기에 정미소 나락이 빻아지는 소리 등

9) 조르쥬 바타이유, 『에로티시즘』, 민음사, 2008, 31~40면.

자연과 인공의 동질성 속에 슬프고 고독한 운명적 연대가 있다. 비극적인 운명 아래 '엄마의 품을 떠나 먼 나라로 입양 가는 아가의 차가운 뺨보다 더 차가운 한 송이 구름이 내 손등을 덮어주고 간다'는 차가움과 따스함, 비정함 속의 한 송이의 온기를 느끼게 한다. 이 시에서는 대립되는 두 대상이 교차하며 유사점과 공통점으로 연관되고, 복합적인 상황의 묘사로 이중적 주체의 울음과 웃음에 시인 자신도 동조하고 있는 것이다. 제목처럼 쓴 잘 읽은 사과의 작의는 무엇일까 하는 의문을 낳는다.

김혜순의 시에 등장하는 여성은 대부분 불우하다. 신체적 불구이거나 고통을 수반하는 분만, 이별, 가난, 죽음 등에 근접하고 있다. 이 시에서도 '구멍가게 노망든 할머니'인 여성의 존재가 클로즈업 된다. 그렇게 큰 사과를 숟가락으로 파내서/ 잇몸으로 오믈오믈 잘도 잡수시네요/의 시적 정경은 결코 단순하지 않는 강한 메시지를 남겨주고 있는 것이다. 여기에 이르기까지 많은 과정은 시각과 청각의 회화적 수법과 연상을 통하여 시인의 관심이나 의식의 흐름이 여러 복선을 거쳐 도달한 것이다. 여기에 여성은 이미 '한'이라는 전통적 정서 속에 갇혀 있는 여자가 아니다. 불완전하나마 정신 장애의 몸으로 잘 익은 사과를 불편한 잇몸으로 잘도 먹으며 내일을 위하여 노력하는 의지의 여인인 것이다.

시인이 고향으로 돌아와 겪는 것은 아름다운 추억과 그리움 대신 먼 나라에 입양 가는 비극의 아기와 노망든 할머니가 비쳐주는 사물의 풍경이다. 여기서 시인이 시도한 것은 묘사 자체의 목적이 아니라 풍경을 해석하고 그 바깥을 응시한다. 아기의 뺨에서 떠오른 사과 이미지는 노망든 할머니의 사과와 연관되고 자전거가 깎는 길은 할머니가 깎는 큰 사과 이미지와 겹치면서 '천년 동안 아직도 아가인 사람의 마음 냄새'와 닿아 자연스럽게 삶과 죽음을 진지하게 사유하게 된다는 것이다.

화장을 지우고 나자 구멍이 걸어 들어왔다
나는 소파에 앉아 팬티스타킹을 벗으며
그 구멍을 바라보았다
일 미터 육십 센티 정도 되는 구멍이었다

구멍은 밥도 잘 짓는다 하고
구멍에서 아기가 튀어나온 날도 있다 했다
그러나 구멍은 속에다 침을 치익 갈겨도 잘 모른다 하고
몇십 년째 검은 구름 한 마리가 넓적다리에 걸터앉아
있어도
아랑곳하지 않는다 했다
멍청한 것 같으니라구, 걸어 다니는 연옥 같으니라구
나는 구멍 속에다 먹다 남은 미역국을 확 쏟아 부었다
정말 구멍은 아무것도 아니다 바보다 그러나 깊다
사랑니를 뽑고 나니 그 자리에 일 미터 육십 센티짜리
구멍이 파였다
그러나 문제는 조금만 틈이 보이면 구멍이 구멍 속으로
한없이 빠진다는 데 있다
구멍의 끝은 어디인가요?
세상은 모든 연못물을 다 들이부어도 여전히 구멍인
구멍

—시 「구멍」 부분

김혜순 시인이 즐겨 쓰는 이미지는 색채나 형태의 회화적 표현을 청각과 시각을 자유롭게 넘나들며 온 몸으로 드러내지만 이 시 「구멍」에서는 구체적으로 비유와 상징의 수법을 써서 자아의 정체를 응시한다. '걸어 들어온 구멍, 밥도 잘 짓고 아기가 튀어 나온 날도 있다'는 표현으로 대개 알 수 있는 구멍이라고 환유된 시적 화자는 생략된 끝부분에 '소리반죽을 할 줄 안다'는 것으로 시인 자신을 표현한 것이라 할 수 있다. 평범한 하나의 구멍이라는 자화상, 그렇지만 끝을 모르는 탐구정신과 개척하는 의지의 여인의 자화상이다. 거울을 보며 '너는 무어냐?' 하고 자문해보고 '별게 아닌 하나의 구멍일 뿐이다'라는 답을 얻었다. 그는 또 다른 시에서 자신을 '까만 쓰레기 봉지'라 하기도 하고 이 시에는 '걸어다니는 연옥'이라도 매도하기도 하였다. 냉혹하고 가차 없는 자아비판은 섬뜩할 정도이다.

내가 풍경을 바라보는 줄 알았는데
풍경이 날 째려보고 있었다는 걸 안 순간 질겁했습니다
내가 성의 계단을 오를 때
내 시선의 높이가 변하면서 풍경이 다르게 보이는줄 알았는데
줄곧 풍경이 눈빛을 바꿔서 날 바라보고 있었다는 걸 안 순간
뺨을 한 대 얻어맞은 듯했습니다

나에게 성을 안내해주겠다고 내 팔목을 잡아끌며
계단을 오르던 소녀가 갑자기 소리쳤습니다
낮잠 자다 깨어나니 수억만 남자들이
둘러싸고 한꺼번에 내려다보는 듯
우리는 갑자기 통해서 자지러지게 소리쳤습니다

—시 「풍경의 눈빛」 부분

김혜순의 시에서 시선과 풍경의 관계는 일반적인 서정시의 시선체계를 뛰어넘는다. 시적 주체의 일인칭 내가 풍경을 보는 것이 아니라 풍경이 나를 '째려본다.' 나의 시선의 대상이어야 할 풍경이 내가 풍경의 시선의 대상이 되어 있다. 풍경이 나를 보는 것은 '째려본다'는 표현처럼 어떤 억압적인 상황으로 설정되어 있다. 여기에 '질겁'하고, '뺨을 한 대 얻어맞은 듯'한 느낌은 풍경의 시선이 나에게 공포 분위기로 다가온다는 것을 뜻한다. 이 공포의 분위기란 마치 어두운 공간에서 실체를 드러내지 않고 정체를 알 수 없는 거대한 시선의 무력 앞에 무력한 자아의 모습 같은 것이다. 이 때 구체적인 장면이 개입된다. 성을 안내해주는 소녀가 있는데 그 소녀에게도 또 다른 공포가 있다. 그 공포는 '수억 만의 남자들이 둘러싸고 한꺼번에 내려다보는 듯한' 두려움의 감각이다. 소녀에 대한 수억만 남자들의 시선에 대한 압박감은 여성 또는 소녀에 대한 남성의 우월감을 바탕에 깔고 지배하려는 사회적 관행의 압박이라 할 수 있다. 이러한 남성 지배적인 상징에서 여성 정체성에 대한 불안과 부자유의 발견을 의미한다고 볼 수 있는 이 시는 '질겁'과 '소리치는' 반응으로 나타나고, 나와 소녀는 풍경의 시선을 의식하고

공포의 감각으로 연대된다는 것을 강력하게 제시하고 있다.

모래 속에서 여자를 들어 올렸다
여자는 머리털 하나 상한 데가 없었다

여자는 그가 떠난 후 자지도 먹지도 않았다고 전해졌다
여자는 눈을 감고 있었지만
숨을 쉬지도 않았지만
죽지는 않았다

사람들이 와서 여자를 데려갔다
옷을 벗기고 소금물에 담그고 가랑이를 벌리고
머리털을 자르고 가슴을 열었다고 했다

여자의 그가 전장에서 죽고
나라마저 멀리멀리 떠나버렸다고 했건만
여자는 목숨을 삼킨 채
세상에다 제 숨을 풀어놓진 않았다
몸속으로 칼날이 들락거려도 감은 눈 뜨지 않았다

사람들은 여자를 다시 꿰매 유리관 속에 뉘었다
기다리는 그는 오지 않고 사방에서 손가락들이 몰려왔다

모래 속에 숨은 여자를 끌어올려
종이 위에 부려놓은 두 손을 날마다
물끄러미 내려다보았다
낙타를 타고 이곳을 떠나 멀리 도망가고 싶었다
꿈마다 여자가 따라와서
감은 눈 번쩍 떴다

여자의 눈꺼풀 속이 사막의 밤하늘보다 깊고 넓었다

—시 「모래 여자」 부분

오랜 시간 지하 공간에 묻혀 있던 미라 상태의 유물로 발굴된 여자에 하나의 비원인 서사가 담겼다. 남자를 영원히 기다린다는 전형적인 여성의 이미지를 띠고 있다. 사람들은 그 신화를 보존하기 위하여 그녀의 몸을 미라로 만든다. 그런 과정에서 여자의 신체에 가해지는 훼손은 여성 육체에 가해지는 상징적인 폭력이다. 사람들은 다시 그 여인을 유리관 속에 뉘고 이런 방식으로 훼손, 보존, 전시된다. 이렇게 여인은 시선의 대상이 된다. 죽음을 넘어 남자를 기다린다는 그 여인에게 기다리는 그는 오지 않고 사방에서 자기 훼손과 가학의 손가락들이 몰려왔다. 이 시의 뒷부분에는 두 손을 날마다 물끄러미 내려다보고/ 꿈마다 여자가 따라와서/ 감은 눈 번쩍 떴다/ 여자의 눈꺼풀 속이 사막의 밤하늘보다 깊고 넓었다/는 표현으로 시적자아 '나'의 꿈속에 다시 되살아남을 형상화하고 있다. 길고 긴 기다림과 시선의 폭력을 넘어 시간을 초월하여 죽지 않고 빛나고 있는 여인상을 그리면서 남성우월적인 현실 모습을 고발하고 다. W. B. 예이츠는 가면을 쓴 시인이 다른 남성 혹은 여성인 시적 화자로 변신하여 바라던 "남성과 여성의 마음의 통합"을 실현하고자 남성으로서 여성의 몸이 되어 여성의 생각과 입장을 대변하는 가운데 남성 시인인 자신과 변형한 여성의 마음을 이해하고 헤아리면서 마음으로 합일된 몸을 시도하였다. 『자기만의 방』에서도 버지니아 울프는 "우리 각자에게는 두 힘 즉 남성과 여성이 존재한다. 남성의 뇌에서 나온 남성은 여성에 대해 지배력을 갖고 있고 여성의 뇌에서 나온 여성은 남성에 대해 지배력을 갖고 있다."고 하였다. 그러나 김혜순의 위의 시에서 작가에게 일어나는 매커니즘은 남성과 여성의 통합적 결합이 불가능하다. 이것은 그녀가 소위 현대 여성 페미니즘 작가로 분류되는 이유일 것이다.

4. 결론

여성의 몸/말은 언제나 진실과 다르게 표상 혹은 재현된 어떤 것이다. 여성에게만 배타적으로 사용되는 기술 형식은 없다. 여성은 언제나 자신의 마음의 진실을 폭로하느냐 은닉하느냐 하는 두 가지 상반된 충동 속에서 갈등한다. 이때 여성의 몸/말은 진실과 은폐 사이에서 남성적 언술을 뚫고 나오려는 해방에 대한 의지 속에서 분열적이고 그로테스크한 발화를 준비한다. 그 간격들은 사실 고통스럽다. 그러나 고통의 간격을 유쾌한 상상력으로 전환한 것이 김혜순의 불온한 상상력이다. 즉 김혜순의 낯설고 돌연한 상상력은 신체/언어를 파괴하면서 발생하는 텍스트의 상처이며 파열인 것이다. 김혜순 시 읽기의 즐거움은 이와 같은 상상력의 돌연함, 비약, 허위에 대한 생소하고 격렬한 저항을 통한 하드보일드식 글쓰기, 언어주의에 있다. 김경란, 김경옥의 관점에서 해석된 김혜순의 문학 세계는 남성이 지배하는 현실과 언어 속에서 여성으로서의 예민한 자의식을 여성적 언어로 어떻게 빚어낼 것인가를 탐구해온 것으로 요약될 수 있는데 본 논의에서는 「납작납작-박수근 화법을 위하여」, 「황성맹인 잔칫날 공옥진의 장탄식」, 「아직도 서 있는 죽은 나무」, 「눈동자」, 「잘 익은 사과」 「구멍」, 「풍경의 눈빛」, 「모래 여자」 등의 작품을 통해서 그의 언어적인 측면에 주목해서 고찰이 이루어졌다.

김혜순은 상상력과 함께 시적 리듬을 거친 활력으로 구사할 수 있는 시인이며, 이것은 여성 몸 속의 활력과 교란을 유쾌한 타락의 방식으로 드러내는 한 표지라 할 수 있다. 「납작납작-박수근 화법을 위하여」에서 박수근 그림의 아주 단순화된 그림 구도와 색채를 시로 묘사하여 회화적 공간으로 장식했으며 「황성맹인 잔칫날 공옥진의 장탄식」에서는 공옥진의 연희를 뛰어난 관찰력으로 세세히 언어화하였으며 「아직도 서 있는 죽은 나무」에서는 '죽었다 깨어 난다' '살을 훔친다' 등의 관능적인 시어들을 통해 에로스를 동경하고 있다. 또 「눈동자」에서는 보이지 않는 것을 묘사하여 보이는 세계에 대한 빛을 제시해 주었고 「잘 익은 사과」에서는 섬세한 언어적, 서정적 감성을 살려 원석한 시의 경지를 보여주었다. 「구멍」에서는 자아의 정체를 구멍에 응시한 비유와 상징의 수법을 제시하였고, 「풍경의 눈빛」을 통해 공포를 느끼는 무력한 자아의 모습을 보여주었고, 「모래 여자」에는 남자를 영원히 기다린 전형적인 여성의 이미지가 아닌 시간을 넘어서 죽지 않는 여인을 이미지화하였다.

이상과 같은 고찰을 통해 김혜순의 시적 언어와 시적 기법들은 극적 긴장으로 가득 차 있다는 결론에 도달하게 된다. 김혜순의 작품은 팽팽하게 당겨진 활처럼 힘찬 호흡으로 읽히며 시위를 떠난 살처럼 거침없이 날아가듯 속도감 있게 언어를 운용하며 본질의 과녁에 단호하게 꽂히는 힘을 느낄 수 있는 시이다. 또 주저함 없이 도도하고 힘찬 언어의 율동은 독자를 압도할 만큼 강렬하다. 그 속에 삶과 세계에 대한 존재론적 물음이 있으며 그 물음에 대해 고뇌하는 자의 존재의 떨림이 있다.

참고문헌

1. 기본자료

김혜순, 『또 다른 별에서』, 문학과 지성사, 1981.
_____, 『아버지가 세운 허수아비』, 문학과지성사, 1985.
_____, 『어느 별의 지옥』, 문학과 지성사, 1988.
_____, 『우리들의 陰畵』, 문학과 지성사, 1990.
_____, 『나의 우파니샤드, 서울』, 문학과 지성사, 1994.
_____, 『불쌍한 사랑 기계』, 문학과 지성사, 1997.
_____, 『달력 공장 공장장님 보세요』, 문학과 지성사, 2000.
_____, 『한 잔의 붉은 거울』, 문학과 지성사, 2004.
_____, 『당신의 첫』, 문학과 지성사, 2008.

2. 단행본

김준오, 『시론』, 삼지원, 1990.
김영옥, 『여성시 숲으로의 여행-김혜순의 시읽기』, 한국문연, 1996.7.
김정란, 『한국현대여성시인』, 나남, 2001.
김정란, 『거품 아래로 깊이』, 생각의 나무, 1998.
김혜순, 『페미니즘과 여성시』, 동향자료, 1992.
백지연, 『불온한 시 어머니의 노래』, 문학과 사회, 1997.

오생근, 『육체의 시대와 육체의 시학』, 동서문학, 1998.
이광호, 『몸살의 시 배설의 생태학』, 믿음사, 1995.
이경호, 『돌연한 상상력의 두 가지 특징』, 문학과 사회, 1997.5.
송지현, 『다시 쓰는 여성과 문학』, 평민사, 1995.
박희영, 『플라톤의 향연』, 문학과 지성사, 2003.

3. 논문 및 평론

권오만, 「김혜순 시의 시법 읽기」, 『전농어문연구』 제10집, 서울시립대학교, 1998.2.
김향라, 「한국 현대 페미니즘시 연구: 고정희 최승자 김혜순 시를 중심으로」, 경상대학교 박사학위논문, 2010.
남 미, 「한국 현대 여성시의 모성 이데올로기 극복양상」, 건국대학교 교육대학원 석사학위논문, 2010.
윤혜옥, 「에코페미니즘과 시적 상상력」, 조선대학교 석사학위논문논문, 2010.
박경혜, 「몸 읽기의 시학과 대화적 담론양식」, 『현대문학의 연구』 11집, 한국문학연구학회, 1998.
염혜원, 「W. B. 예이츠의 시에 나타난 존재의 통합으로서의 몸」, 건국대학교 박사학위논문, 2009.
이송희, 「김혜순 시의 몸 상상력과 의미구조」, 『호남문화연구』 36집, 전남대학교 호남학연구원 2005.
이주영, 「김혜순 시의 몸 이미지에 대한 고찰」, 중앙대학교 석사학위논문, 2000.
홍윤희, 「현대 여성시에 나타난 여성의 몸, 그 은유와 환유」, 『국어국문학』 34, 국어국문학회, 1998.

신경숙 소설 속에 나타난 어머니의 이미지

-「엄마를 부탁해」를 중심으로-

권 현 숙*

1. 머리말

문학작품 속에 등장하는 여성의 유형은 매우 다양하다. 특히 90년대에 접어들면서부터 여성작가들에 의해 그려진 여성의 모습은 이전의 모습과는 많은 변화를 보이고 있다. 남성중심사회의 한 구성원으로서 예속적이고 소극적인 존재가 아니라 하나의 인격체로서 그 존재가 그려지기 시작했다. 이 가운데 '어머니'라는 이름을 가진 여성의 존재와 그 역할을 그리면서 새로운 여성성을 표현하는 작품들이 강세를 보이고 있는 것이 요즘 문단의 경향이다.1)

'가정'이라는 작은 사회를 형성하는데 없어서는 안될 존재이자 가족공동체의 삶을 주도하는 인물로 '어머니'는 매우 중요하다. 이에 근래에 출간되어 독자들로부터 큰 호응을 얻은 신경숙의 '엄마를 부탁해'와 같은 어머니의 존재와 의미, 그리고 모성애를 주제로 한 작품들이 다양한 독자층을 형성하면서 주목을 받고 있다. 그렇다면 과연 우리가 알고 있는'어머니'란 존재의 참모습은 어떤 것일까? 기존에 작품을 통해 알고 있는 그 이상의 무엇

* 경희대학교 국어국문학과 대학원 박사과정

1) 신경숙,『엄마를 부탁해』, 창비, 2008.
전경린,『엄마의 집』, 열림원, 2007.
전이현,『너는 모른다』, 문학동네, 2009.

이 또 있는 것일까? 급변하는 시대의 흐름에 따라 분명'어머니'의 모습에도 큰 변화가 있을 것이다.

이에 본고에서는 최근에 베스트셀러가 되어 많은 독자들에게 우리네 어머니들의 삶을 다시 한번 되돌아보게 하고 그 존재를 새로운 시각으로 바라보게 한 '엄마를 부탁해'라는 소설을 살펴보고자 한다.

신경숙의 작품 속에 등장하는 어머니 이미지의 배경은 다분히 모성적이다. 또한 작품에 자주 등장하는 어머니의 품은 불행한 운명의'그녀들'이 돌아가고 싶어하는 곳이기도 하다. 「밤길」에서는 별을 가슴에 품듯 아기를 따뜻하게 품고 있는 기차 안 객실의 여자로, 「저쪽 언덕」에서는 딸에게 고향을 떠나라고 명하는 피폐한 대종가의 어머니로, 「모여 있는 불빛」에서는 집안의 궂은 일을 광고했다고 소설가에게 호통 치는 고모의 모습으로 형상화되어 있다.[2] 그러나 어머니의 존재가 차지하는 우위는 늘 아버지의 그것보다 낮다. 개별적이고 독립적인 이름으로 존재한다기 보다는 가부장제가 여성들을 호명하는 이름으로만 존재할 뿐이다.

하지만 '엄마를 부탁해'는 기존의 작가가 형상화한 어머니의 우위가 다른 관점으로 표출되고 있는 특징을 보인다. 여기에서는 가족공동체의 삶을 중시하는 작가의 의식이 절절하게 작품 전체에 흐르고 있다. 즉 작가가 서술자가 되어 관점을 바꾸어 이야기를 펼칠 때마다 가족들을 위해 평생을 헌신해온 엄마의 모습이 생생하게 되살아난다. 기존의 부수적 존재로서 표현된 어머니가 아닌 어머니 자신의 시선이 개입되어 그 내면을 섬세하게 그려내고 있다.

특히, 「엄마를 부탁해」라는 소설 작품에서 우리의 어머니 아니 엄마는 여자로서, 아내로서, 어머니로서 어떤 인생을 살고, 그 속에서 어떤 이미지를 표출시키는지 살펴보고자 한다.

---

2) 이지혜, 「1990년대 여성 소설의 인물구현 양상-신경숙과 은희경의 소설을 중심으로」, 경기대 교육대학원 석사학위논문, 2007 참조.

2. 작품 소개

신경숙 소설 「엄마를 부탁해」는 작가가 2007년 겨울부터 2008년 여름까지 '창작과 비평'에 연재되어 뜨거운 호응을 얻은 것으로 작가가 펴낸 여섯 번째 장편소설이다.

소설의 이야기는 시골에서 올라온 엄마가 서울의 지하철역에서 실종되면서 시작된다. 가족들이 사라진 엄마의 흔적을 추적하며 기억을 복원해나가는 과정은 추리소설 같은 팽팽한 긴장감을 유지하면서 전개된다. 늘 곁에서 무한한 사랑을 줄 것 같은 존재였던 엄마가 실종됨으로써 가족들에게 더욱 소중한 존재로 느껴진다.

이 소설은 제3자의 시선으로 사건이 전개되는 것이 아니고, 그렇다고 나'를 주인공으로 전개되는 것도 아니다. 엄마를 잃어버린 시점으로부터 엄마를 찾아 헤매는 자식들과 남편 그리고 다시 엄마의 시선으로 펼쳐진다. 즉, 딸, 아들, 남편으로 관점이 바뀌면서 이야기가 전개되고 있다. 총 4장으로 나뉘는데, 제1장은 '엄마'의 큰딸, 제2장은 '엄마'의 큰아들, 제3장은 '엄마'의 남편이, 제4장은 '잃어버린 엄마'가 화자로 나온다.

가족들의 내면에 자리잡은 엄마의 모습은'어머니는 과연 우리에게 어떤 존재일까?'라는 질문을 던지게 한다. 곳곳에서 만날 수 있는 엄마의 슬프고도 아름다운 에피소드들은 우리 모두의 엄마를 떠올리게 한다. 이 소설은'어머니'라는 보편적인 소재를 중심에 두고 있지만, 작가 특유의 섬세한 문체와 묘사로 자연스럽게 이야기의 흐름을 이끌어간다. 늘 남편과 자식의 배경으로 뒤에 물러나 있는 엄마의 삶을 누군가의 아내나 어머니이기 전에 한 여자로서의 삶의 무게와 색깔까지 잔잔하게 펼쳐 보이고 있다.

3. 어머니가 갖고 있는 다양한 이미지

3.1. 여성으로서의 이미지

'진뫼'라는 시골 동네에서 태어나 교육도 받지 못하고 여자가 되는 것이 무엇인지도 모른 채 결혼이라는 사회적 제도에 갇혀 오남매를 낳고 자식들만 바라보며 살아온 이 땅 어디에서나 볼 수 있는 아주 평범한 엄마에게도 가슴 깊숙이 묻어둔 당신만의 애틋한 사랑이 있다. 이것은 어머니이기 이전에 한 여자로서 표출되지 못하고 묻혀버린 애잔한 사랑으로 어머니를 여자로 존재하게 하는 이미지인 것이다. 또한 주인공인 엄마의 이름은 '박소녀'이다. 이름처럼 소녀같은 이미지를 가졌을 어머니는 자신의 이름과 함께 여자로서의 삶도 그렇게 봄바람에 날리는 꽃잎처럼 잊고 아니 묻어두고 살면서도 그 본질은 간직하고 싶어 한다.

> "내가 당신에게 어떤 사람인지는 모르겠으나 당신은 내 인생의 동무였네. 내 자식들에게 먹일 밀가루가 담긴 함지를 훔쳐가 눈앞을 캄캄하게 하던 이가 이리 오랜 동무가 될 줄이야. 우리 자식들은 우리를 이해 못할 거요. (중략) 아이를 내려놓고 돌아서려는데 그때 당신이 내게 물었소. 이름이 무엇이냐고. 결혼하고 그때까지 내 이름을 물어 본 사람은 당신이 처음이었네. 갑자기 수줍어져서 고개를 반쯤 숙였소.
> -박소녀
> 그때 당신이 웃었네. 왜 그런 마음이 들었는지 모르겠소. 나는 당신을 한번 더 웃게 해주고 싶었네. 그래, 당신이 묻지도 않았는데 언니 이름은 대녀라고 알려주었네. 그러더니 자신의 이름은 은규, 형 이름은 금규라고 했소."(231~232면)

그랬다. 어머니는 자신의 가족들을 먹일 식량(밀가루)를 훔쳐간 사람의 뒤를 쫓아갔다가 자신의 눈앞에 펼쳐진 딱한 상황에 마리아와 같은 초월적 모성애를 발휘한다. 출산하는 그 남자의 아내를 도와주고 사망한 산모 대신 자신의 젖을 아이에게 물려주며 그렇게 그 남자와 인연을 맺게 된다. 그런 가운데 자신도 잊고 살던 자신의 이름을 묻는 남자를 웃게 하고픈 순수한 여자의 본능을 표출하면서 여자로서의 이미지를 찾게 된다. 후에도 자신의 삶이 고달플 때마다 그를 찾고 위로를 받으며, 아내로서, 어머니로서의 힘겨운 삶을 버티고 꾸려나간다.

이전의 신경숙 소설에서의 어머니는 여성으로서의 자의식을 갖기 보다는 자신을 기습하는 불운들에 허둥지둥할 뿐이었다. 이러한 설정을 「풍금이 있던 자리」에서는 배제되고 있는 어머니의 모습으로 그려내고 있다. 아버지의 불륜으로 새어머니가 들어오고 친어머니가 집을 나간다. 여기에 '나'는 자신의 인생이 없이 헌신하고 희생만 해 온 어머니와 달리, 당당하고 멋진 여성으로 비춰지는 아버지의 새여자를 동경하기까지 한다. 하지만 이번 소설에서는 엄마의 부재 뒤에 알게 된 엄마의 과거에 보이는 시선은 놀람과 함께 조금은 너그럽다.

1995년에 상영된 영화 "매디슨카운티의 다리"를 떠올리게 하는 어머니 박소녀의 모성애적 발동이 동기가 된 무한의 사랑과 그리움이 뒤늦게 알게 된 가족에게 예전의 가부장적인 가정에서 볼 수 있는 그런 부정적인 반응의 형태로 나타나지만은 않는다는 것이다. 세상의 모든 어머니들은 다 그래도 우리 어머니만은 그래서는 안된다는 이기적이고 고지식한 사고가, 급상하는 여권 신장과 사회의 변화에 부응하고 있다. 그래서 이젠 어머니이기 전에 '한 여자로서'의 존재감과 인생을 존중까지는 아니어도 이해하는 의식의 확대가 이루어지고 있는 것이다. 이것을 작가도 인정하고 자신도 그걸 좀 더 여유롭게 받아들일 수 있게 된 나이와 마음의 진보를 반영한 결과물이 바로 이 작품인 것이다.

어머니는 치매에 걸려 정신이 오락가락 하는 가운데도 마음 속 깊은 곳에 고이고이 숨겨놓은 자신의 정신적 동무로, 가끔은 여자라는 본능에 충실 하고픈 욕구의 분출구였던 그에게 마지막 인사를 하면서 그 시간과 사연을'추억'이라는 이름으로 가슴에 품으며, 자신의 삶을 정리하려 한다.

> "이젠 당신을 놔줄 테요? 당신은 내 비밀이었네. 누구라도 나를 생각할 때 짐작조차 못할 당신이 내 인생에 있었네. 아무도 당신이 내 인생에 있었다고 알지 못해도 당신은 금물살 때마다 뗏목을 가져와 내가 그 물을 무사히 건너게 해주는 이였재. 나는 당신이 있어 좋았고, 행복할 때보다 불안할 때 당신을 찾아갈 수 있어서 나는 내 인생을 건너올 수 있었다는 그 말을 하려고 왔소. (중략) 나는 이제 갈라요."(236~237면)

어머니도 알고 있다. 혹여 그가 자신에게 진 빚의 무게를 벗어버리지 못해 박소녀라는 여인을 거부하지 못한 것은 아닌지? 그래서 그가 '곰소'로 이사를 간건 아닌지? 그러면서도 그 곰소에서 그와 함께한 시간들이 소중하다고 그래서 감사하다고 한다. 또 자신이 힘들 때 찾았다가 자신의 삶의 무게가 가벼워지면 잊고 지내다 또 그렇게 찾고 잊고를 반복하면서 이어온 그와의 인연에 미안함도 느낀다. 그래서 더욱 그에게 특별 인사를 하고 싶어 한 것이다.

여자로서의 어머니 역시 그 근원에는 모성 이데올로기가 짙게 깔려 있음을 알 수 있다. 모성적 사랑이 어머니에게 여자로서의 삶의 시간을 내어 줌으로써 관계지향적인 여성성을 극복하려고 하였다. 그리고 그 안에서 여자로서의 정체성을 찾고 그것을 긍정적인 시각으로 바라볼 자세가 되었다는 것을 알려주고 있다.

3.2. 아내로서의 이미지

신경숙 소설에서의 아내는 항상 가부장적 구조에 순응하면서 그렇게 자신의 목소리를 낮추며 자신에게 주어진 삶의 무게를 희생과 헌신이라는 이름으로 짊어지고 가는 존재로 그려져 왔다. 이것은 「엄마를 부탁해」에서도 크게 달라지지는 않았다.

> "아내를 잃어버리기 전에 당신은 아내를 거의 잊고 지냈다. 잊고 지내지 않을 때는 대부분 무엇을 청하거나 탓하거나 방치했다. 습관이란 무서운 것이었다. 다른 사람들 앞에서는 공손한 말씨를 쓰다가도 아내에게만 오면 말투가 퉁명스럽게 변했다. 가끔은 이 지방 사람들만이 쓰는 욕설이 튀어나오기도 했다. 당신은 공손한 말투는 아내에게 써서는 안된다고 어디 책에 나와 있는 것처럼 굴었다. 그랬다."(147~148면)

우리네 아버지들이 대부분 그러하듯이 이 소설 속 아버지(남편)도 아내는 가정을 돌보고 남편과 자식의 뒷바라지를 묵묵히 해야 하는 그런 당연한 존재로 생각했다. 그래서 평상시에는 그 존재의 여부조차 관심이 없이 지내다 그 존재감을 인식할 때는 무언가가 필요할 때뿐이다. 그것을 요구하고 청하기 위해서 말을 걸고 아는 척을 하는 것이다. 거기에 표현되는 적당한 폭언과 큰소리는 아무 문제가 되지 않는다. 그러다 노후에 조금씩 찾아드는 막연한 미안함과 귀찮음에 아내의 존재를 받아주기 시작한다.

> "서울의 자식들이 얼마씩 걷어서 매달 아내 앞으로 보내는 돈이 육십만원이었다, 그 돈을 아내는 처음엔 당신과 나눠 쓰더니 어느날부턴가 이 돈은 자신이 다 쓰겠다고 했다. 왜 갑자기 돈 욕심이 생겼는지 의아했지만. (…) 자식들 다 키워냈으니 그 돈을 쓸 자격은 있다고 생각한다고 했다. 오래 생각해 둔 말 같았다.
>
> 언젠가 아내가 논 세 마지기를 자기 명의로 해달라고 한 때가 있었다. 왜 그러느냐 물으니 인생이 허망해서 그런다고 했다. 자식들 다 제 갈 길을 가고 나니 쓸모없는 인간이 된 것 같다고 했다."(142～143면)

아내로서 순종과 희생만 해 오던 어머니도 젊었을 때 몰랐던 삶의 기쁨과 보람에 대해 조금씩 되돌아보게 된다. 그리고 그때 드는 그 억울함이 물질의 집착과 문서상에 등재되는 이름으로 존재를 확인받고 싶어 한다. 하지만 그것을 끝까지 관철시키려고 핏대를 세우지는 않는다. 그건 뒤늦은 투정의 표현 정도로 전달된다. 이전의 작품에서처럼 자식들 앞에서 목놓아 울거나 악다구니를 쓰면서 자신의 희생과 억울함을 하소연하지 않는다. 그것이 이제까지의 시간을 스스로 무존재. 무가치로 만든다는 것을 이 작품 속 어머니는 잘 알고 있는 듯하다.

> "아내가 딸애의 소설이 읽고 싶었구나. 당신에겐 한번도 그런 얘길 한 적이 없었다. 당신은 아내에게 딸애가 쓴 글을 읽어줄 생각을 하지 못했다. 다른 식구들은 아내가 글을 읽을 줄 모른다는 것을 알기나 할까. 당신이 아내가 글을 읽을 줄 모른다는 것을 알았을 때 아내는 모욕을 당한 얼굴이었다. 아내는 당신이 젊은날 집 바깥을 떠돈 일, 당신 이따금 버럭 소리를 지르는 일, 당신이 아내에게 당신은 알 것 없어!라고 언성을 높이는 일들을 죄다 자신이 글을 몰라 무시하기 때문이라고 여겼다.

당신은 이제야 아내의 말처럼 사실은 은연중에 딸의 소설을 읽어주고 있을 줄은 전혀 생각하지 못했다."(146~147면)

아내는 작가가 된 딸의 소설을 너무 읽고 싶어했다. 하지만 자신이 문맹이라는 것을 알리고 싶어하지 않았고, 다른 가족들도 관심을 갖지 않았다. 그래서 그는 남편이 아닌 자신이 후원하는 고아원에서 일하는 사람에게 부탁하여 딸의 소설을 읽는다. 이것은 열등감을 감추고 싶은 아내의 마지막 자존심이다. 그렇게 아내로서의 어머니는 그러 했지만 자식을 둔 어머니로서의 기대와 보람을 포기할 수는 없었다. 이것이 기존의 작품에서 볼 수 없는 아내로서의 이미지의 변화이다. 억압당하고 인내하는 그런 아내의 모습 속에서도 뒤늦게 자신의 목소리를 내고 싶어 하고 그것을 행동으로 옮기는 작은 반란의 흔적들이 3장 곳곳에서 그려지고 있다. 자식들에게 받는 돈을 자신이 계획한 일에 쓰기 위해 당당히 요구하고, 자신이 하고 싶은 일을 어떤 방식으로든 찾아서 해결해 보려고 하는 것은 아내로서의 어머니가 스스로 찾은 존재 찾기의 방식 중 하나로 해석할 수 있다.

여기에 남편은 아내의 부재 속에서 그 존재감에 대한 소중함을 깨닫고 후회와 미안함의 눈물까지 흘리며, 딸에게 아내를 부탁한다는 말을 건넨다.

"아내를 지하철 서울역에서 잃어버리기 전까지 당신에게 아내는 형철 엄마였다. 아내를 다시 만나지 못하게 될지도 모르는 상황에 처하기 전까지는 당신에게 형철 엄마는 언제나 그 자리에 있는 나무였다. 베어지거나 뽑히기 전에는 어딘가로 떠날 줄 모르는 나무, 형철 엄마를 잃어버리고 당신은 형철 어마가 아니라 아내를 실감하기 시작했다. 오십년 전부터 지금까지 대체로 잊고 지낸 아내가 당신의 마음에서 생생하게 떠올랐다. 사라지고 난 뒤에야 손으로 만질 수 있을 거처럼 육감적으로 다가왔다. (중략) 아버지는 딸과의 통화중에 아내가 있을 적에는 차마 입 밖에 내지 못했던 말을 담는다.

-니 엄마를 부탁한다-"(149면)

이제 어머니는 남편에게 직접 듣지는 못하지만 미안한 마음이 절절히 배어나오는 "니 엄마를 부탁한다"는 말을 듣는 아내로서의 존재로 그 이미지가 상승한다. 기존 작품에서는'나'의 시각으로 본 어머니의 '아내로서의 이미지'만 주로 그려졌는데, 모처럼'남편'의 시선에서 바라본 아내의 모습과 삶을 귀납적으로 그리면서 현실감이 느껴지는 그런 이미지를 창출해가고 있다는 것이 작가의 새로운 문체상의 특징으로 나타나고 있다.

3.3. 어머니로서의 이미지

세상의 모든 어머니들이 그러하듯 신경숙의 작품에 등장하는 어머니들은 여러 명의 자식을 한결같은 사랑으로 돌보고, 농사일을 거들며, 언제나 헌신할 뿐 자신의 목소리가 없다. 자신의 목소리 대신 화자를 통해 말해지고 있는 어머니는 힘겹고 각박한 일상을 견뎌야하는 사람, 남편과 자식들을 위해 끊임없이 희생하고 인내해야 하는 사람, 가정의 평온을 위해 침묵할 줄도 아는 사람 등 억압적인 삶을 사는 사람이다. 하지만 이번 작품에서는'어머니의 시선'으로 그것을 담담하게 그리고 솔직하게 담아내고 있다.

> "너는 내가 낳은 첫애 아니냐. 니가 나한테 처음 해보게 한 것이 어디 이뿐인가? 너의 모든 게 나한티는 새세상인디 너는 내게 뭐든 처음 해보게 했잖아. 배가 그리 부른 것도 처음이었구 젖도 처음 물려봤구. 너를 낳았을 때 내 나이가 꼭 지금 너였다. 눈도 안 뜨고 땀에 젖은 붉은 네 얼굴을 첨 봤을 적에 넘들은 첫애 낳구선 다들 놀랍구 기뻤다던디 난 슬펐던 것 같어. 이 갓난애를 내가 낳았나…… 이제 어째야 하나. (중략) 고단할 때 면방으로 들어가서 누워 있는 니 작은 손가락을 펼쳐보군 했어. 발가락도 맨져보고, 그러구나면 힘이 나곤 했어. 신발을 처음 신길 때 정말 신바람이 났었다. 니가 아장아장 걸어서 나한티 올 땐 어찌나 웃음이 터지는지 금은보화를 내 앞에 쏟아놔도 그같이 웃진 않았을게다. 학교 보낼 때는 또 어땠게? 네 이름표를 손수건과 함께 니 가슴에 달아주는데 왜 내가 의젓해지는 기분이었는지, 니 종아리 굵어지는 거 보는 재미를 어디다 비교하겄니. (중략) 봐라, 너 아니믄 이 서울에 내가 언제 와보겄냐."(93～94면)

이것은 큰아들의 졸업증명서를 직접 들고 기차를 타고 난생 처음 서울에 올라온 어머니가 아들의 숙소인 동사무소 숙직실에서 잠들면서 들려주는 이야기이다. 그 동사무소가 자신의 첫 직장이었다는 사실 조차 잊은 채 바쁘게 살다가 어머니를 잃어버린 뒤에 큰아들이 떠올리는 어머니에 대한 기억의 일부인 것이다.

이렇듯 어머니는 산고의 고통도 잊을만큼 출산으로 여자로서의 층위에서 어머니의 층위로 옮겨가는 것을 기쁨으로 생각하고 그저 감사할 뿐이다. 살아오면서 삶이 고달플때도 자식이 커가는 모습에 기운을 내고 다시 삶의 현장에 거침없이 뛰어들어 어머니로서의 삶의 무게를 기꺼이 감뇌한다. 하지만 자식은 그런 어머니의 마음 속에 있는 그 사연조차 기억 못하는 무심함을 보인다. 그래도 어머니에게는 귀한 자식이라 그저 소중할 뿐이다. 이런 변함없는 어머니의 이미지는 이 작품에서도 계속된다.

> "너를 도시에 데려다주고 다시 시골집으로 돌아가는 밤기차를 탔던 그때의 엄마의 나이가 지금의 네 나이와 같다는 것을 너는 아프게 깨달았다. 한 여자. 태어난 기쁨도 어린 시절도 소녀시절도 꿈도 잊은 채 초경이 시작되기도 전에 결혼을 해 다섯 아이를 낳고 그 자식들이 성장하는 동안 점점 사라진 여인, 자식을 위해서는 그 무엇에 놀라지도 흔들리지도 않은 여인. 일생이 희생으로 점철되다 실종당한 여인. 너는 엄마와 너를 견주어 보았다. 그럼에도 불구하고 엄마는 한 세계 자체였다. 엄마라면 지금의 너처럼 두려움을 피해 이렇게 달아나고 있지 않을 것이다."(275면)

세상의 어머니, 특히 우리네 어머니들은 모두 그렇게 자식을 향한 조건없는 사랑과 희생을 스스로 강요하는 삶을 마다하지 않고 살아온 것이다. 정작 자신의 행복은 아랑곳하지 않은 채, 그래서 우리의 딸들은 누구보다 엄마와 가장 가까우면서도 가장 먼 사이가 되기도 하는 것 같다. 아마 그 저변엔 '나는 엄마처럼 살지 않으리라'는 다짐이 깔려 있어서이다. 그래서 힘들게 살아 온 엄마의 모습이 대단해보이기도 하고, 한편으로는 그저 묵묵히 참으며 살아온 엄마의 모습이 안쓰럽고 미안하기도 하다. 그러면서도 딸로서의 '속 터지는 마음'이 엄마에 대한 속절없는 원망으로 남기도 하는 것인지 모른다.

어머니는 이런 딸에게 서운함도 잠시 그저 안타깝고 걱정이 앞선다, 그래서 이 작품에서'어머니로서의 이미지'를 가장 잘 표현한 것은 딸이 엄마를 생각하는 부분이 아니라 엄마가 딸을 생각하며 내뱉은 대목일 것이다. 한 마리의 새가 되어 둘째 딸을 향한 엄마의 독백이 바로 그것이다.

또 엄마는 10년째 가족들 모르게 생활비 중 일부를 떼어(45만원) 매달 '소망원'이라는 고아원에 보내고 있었던 것이다. 그리고 고아원에서 근무하는 여자에게 종종 작가인 큰딸의 책을 1시간씩만 읽어달라고 했다. 작가로서 자신의 꿈을 키워나가는 딸이 쓴 작품이 너무 궁금하고 읽고 싶었지만 어느 누구에게도 자신이 문맹이라고 밝힐 수 없어서 그저 내적 갈등만 빚다가 드디어 그 소망을 이루게 된 것이다. 하지만 그 소설을 쓴 작가가 자신의 딸이라는 것은 끝까지 밝히지 않으므로써 혹 자식의 명성에 누가 될 것을 염려하여 속내를 감추는 소심함과 배려심을 잘 보여주고 있다.

아들과 딸들은 실종된 엄마가 남긴 빈 곳을 다시 읽고 쓰는 과정을 통해 엄마가 지나간 자리는 서서히 드러난다. 엄마의 자리는 '전위의 후위'였다. 엄마는 가족들을 위해 누구보다 앞장서서 세상과 싸웠다. "엄마는 엄마가 할 수 없는 일까지도 다 해내며"(P.260) 가족들의 방패가 되었다. 그러는 와중에 가족들이 세상을 향해 앞으로 나아가면 엄마는 후위에서 가족들을 뒤따르며 지원하였다. 그래서 엄마는 "손에 아무것도 들지 않고, 머리에 아무것도 이지 않고, 등에 아무것도 업지 않고, 그렇게 홀로 되어 길을 걸어본"(228면) 적이 없었다. 하지만 가족들은 엄마를 방패 삼아 앞으로만 질주했다. 서울역에서 엄마를 잃어버리는 장면은 전위에 있기 위해 누구보다 힘이 셌고, 후위에 있기 위해 누구보다 가족을 사랑했다. 전위에 있으면서 동시에 후위에 있기 위해 엄마는 한 장소에 머무르지 않았고 누구보다 분주했다. 전위의 후위, 그것은 전위나 후위 가운데 하나를 선택하고 안착하는 장소가 아니다."세속의 한 국가이면서도 신의 나라"(276면)인 바티칸 시국처럼 엄마의 자리는 세상과 싸운 세속의 흔적과 가족들을 사랑한 성스런 흔적이 겹쳐 있다. 전위의 후위, 장소 아닌 장소, '문자의 세계'밖의 장소, 다시 말해 세상의 질서 너머의 아토포스(atopos)에 엄마의 흔적이 남아 있다. 가족들이 엄마의 흔적을 절실히 따라갈 때, 엄마가 일군 “천지창조”(263면)와 그것을 위해 몸을 소진한 엄마를 기억할 수 있을 것이다.[3)] 소설에서 가족들이 작가인 큰 딸에게 엄마를 부탁한다고 말하듯이 어머니의 이미지는 헌신과 사랑, 강인함과 인내의 소산이자 천지를 창조한 위대한 어머니를 그리고 있다. 그리고 그런 존재의 부재에서 오는 깊은 상념과 반성의 눈물을 흘리며, 이제 자신들의 곁을 떠난 어머니를 간절한 목소리로 부탁한다. 또 다른 절대자에게. 그렇게 어머니로서의 이미지는 신과 동격으로 그려지고 있다.

4. 맺음말

신경숙의 소설 「엄마를 부탁해」에 나오는 어머니는 우리 모두의 어머니이다. ‘어머니들의 인생이 어느 만큼이라도 사회적인 의미를 갖기를 바라는 것’이 ‘소박한 희망’이라고 작가는 말하지만 이 소설의 사회적 의미와 파장력은 엄청나게 크다 할 수 있다. 그 이유는 산업화가 빠르게 진행되고 최첨단 기술 문명을 사는 오늘에 이르기까지 어머니의 삶이 크게 달라지지 않은 현실에서 「엄마를 부탁해」를 통해 작가의 낮고 깊은 목소리는 우리 모두에게 뜨거운 반성과 눈물을 선사하고 있기 때문이다.

이 작품이 일깨우는 것은 단지 가족간의 정이나 어머니의 희생에만 머물지 않는다. 사람으로 태어난 여자가 자기 생의 근원과 존재에 대한 깊은 사유로 이끌어가는 이야기이다.

우리 사회의 늘 배경으로 묻혀 사라진 엄마이기 이전에 한 여자로서의 삶을 전면에 내세우면서 외면하지 말아달라고 주문하는 작가의 간곡함을 통해 그것은 삽시간에 우리 모두의 소망으로 바뀌게 된다.

「엄마를 부탁해」에서는 기존에 작가가 그려낸 어머니의 이미지가 확대되어 나타나고 있다. 먼저 ‘여자로서의 이미지’는 거의 그려지고 있지 않았다. 그저 아내로서 엄마로서의 이미지만 그려져 있을 뿐이었다. 아버지의 외도

3) 김남혁, 「아토포스, 엄마의 자리」, 『문학공간』, 2009 봄호 참조.

를 통한 여자로서의 소외와 멸시의 측면만 보여준 것이 대부분이었다. 그런데 처음으로 어머니의 '여자로서'의 삶에 관심을 보인 것이다. 그래서 그 이미지를 조금은 너그럽게 그리고 잔잔하게 그려내고 있다. 하지만 그것의 시발이 '모성애적인 사랑'에서 나온 것이라 가부장적인 사회제도 아래에 여성의 이미지가 주체적으로 완전히 독립하지 못한 아쉬움이 남는다.

다음 '아내로서의 이미지'는 항상 가부장적 구조에 순응하면서 그렇게 자신의 목소리를 낮추며 자신에게 주어진 삶의 무게를 희생과 헌신이라는 이름으로 짊어지고 가는 존재로 그려져 왔다. 이것은 「엄마를 부탁해」에서도 크게 달라지지 않았다. 여전히 남편의 존재에 눌려 눈치보고 마음 졸이고, 남편은 아내의 존재를 자주 잊고 지낸다. 그러다 아내의 실종을 통해 아내의 자리와 존재에 대해 자신도 잊고 있었던 감정과 가치를 느낀다. 그리고 그것을 인정하고 받아들이며, 깊이 반성하는 눈물까지 보인다. 그리고 딸에게 자신의 아내를 부탁한다는 말을 전한다. 이 세상을 떠나면서 아내는 자신의 존재를 인정받고 소중함을 깨닫게 해준다. 모처럼'남편'의 시선에서 바라본 아내의 모습과 삶을 귀납적으로 그리면서 현실감이 느껴지는 그런 이미지를 창출해가고 있다는 것이 이 작품에서 신경숙이 보여주는 새로운 문체상의 특징이다.

마지막으로 '어머니로서의 이미지'는 세상의 모든 어머니들이 그러하듯 신경숙의 작품에 등장하는 어머니들은 여러 명의 자식을 한결같은 사랑으로 돌보고, 농사일을 거들며,언제나 헌신할 뿐 자신의 목소리가 없다. 자신의 목소리 대신 화자를 통해 말해지고 있는 어머니는 힘겹고 각박한 일상을 견뎌야하는 사람, 남편과 자식들을 위해 끊임없이 희생하고 인내해야 하는 사람, 가정의 평온을 위해 침묵할 줄도 아는 사람 등 억압적인 삶을 사는 사람이다. 하지만 이번 작품에서는 '어머니의 시선'으로 그것을 담담하게 그리고 솔직하게 담아내고 있다. 또한 자식들이 어머니의 입장에서 자신들의 무심함과 과오를 진지하게 생각하고 표현함으로써 '어머니로서의 이미지'는 평가되는 것이 아니라 존중되는 것으로 상승되는 변화를 보인다.

TV 광고 속에도 나오듯 여자는 바퀴벌레를 무서워하지만 어머니는 자식을 물려는 셰퍼드에게 덤빈다. 또 여자는 버스 한 정거장도 택시를 타지만 어머니는 열이 펄펄 끓는 아이를 업고 맨발로 30리를 달린다. 미스코리아는 세수하면 안 예쁘지만 어머니는 주름진 얼굴도 예쁜 이미지를 갖고 있다. 거기에 우리는 누구의 엄마가 아닌 자신의 이름을 물어봐주고 불러주는 이에게 여자로서의 수줍음과 설렘과 관심을 보이는 여성의 모습에도 여유를 보이고 이해를 하려는 자세를 준비하고 있다. 그리고 어머니의 무한 사랑에 감사와 존중을 받치고, 잊고 지낸 것에 대한 반성의 눈물을 흘릴 줄도 알고, 온 마음을 담아 어머니의 안부를 부탁하는 자식으로서의 겸허한 자세도 갖추게 된다.

이와 같이 우리네 어머니의 이미지가 점점 다양하게 변하고 인식되고 있음을 신경숙의 소설을 통해 확인할 수 있다. 이제는 이것의 범위가 더 넓어지고 깊이가 더해지길 기대한다. 그리고 우리도 그런 변화에 잘 적응할 수 있도록 준비해야 한다.

참고문헌

권명아, 「나는 당신의 속내 이야기를 들어주는 사람-신경숙 작품에 나타난 나와 타자, 혹은 작가와 독자의 관계-」, 주제비평.

박은영, 「신경숙 소설의 인물 연구」, 인하대 교육대학원 석사학위논문, 2003.

박철화, 「공지영 · 은희경 · 신경숙의 위험한 상업성」, 베스트셀러 여성작가 비평, 월간말, 2008.

신경숙, 『엄마를 부탁해』, 창비, 2008.

송지현, 「여성 소설로서의 신경숙 소설 읽기」, 『여성성문학연구』 4권, 단일호, 한국여성문학회 학술논문.

이윤정, 「여성의 언어로 외딴방에서 걸어나오기-신경숙 소설의 문체적 특성」, 『여성학 연구』 제16권 제1호, 2006.

이지혜, 「1990년대 여성 소설의 인물구현 양상-신경숙과 은희경의 소설을 중심으로-」, 경기대 교육대학원 석사학위논문, 2007.

백수진, 「1990년대 이후 등단한 여성작가들의 소설연구: 여성, 아내, 어머니의 층위에서 본 여성의 삶과 의식」, 신라대 사회복지대학원 석사학위논문, 2005.

제2부

♥

여성의 새로운 목소리

여성의 언어 사용 성향과 여성동시통역사의 발화

이 미 경*

1. 서론

통역은 연사와 청중 사이에서 한 언어에서 다른 언어로의 의사소통의 과정을 중개하는 행위이다. 이때 충실한 통역이란 단지 원문의 정보 뿐 아니라 연사가 발화한 스타일 그리고 감성적인 부분까지 포함해야 한다고 여러 학자들이 강조하고 있다(Seleskovitch & Lederer, 1989; Jones, 1998). 콥친스키(Kopczynski, 1994)에서는 “통역사의 발화는 의사소통의 참여자인 연사와 청중이 자연스럽다고 인정할 수 있는 수준으로 표현이 매끄럽고 유창해야 할 뿐 아니라 연사 발화의 빠르기(tempo)와 강렬함(intensity)까지도 동일하게 전달해야 한다”라고 설명하고 있다. 콥친스키가 실시한 설문조사에 따르면 동시통역이용자인 연사와 청중 모두가 동일하게 통역의 품질에 가장 많은 영향을 미치는 요소는 정보의 충실성, 용어의 정확한 사용 다음으로 유창함과 스타일을 꼽았다. 또한 대부분의 청중은 통역사가 마치 “그림자”같이 연사의 발화내용과 전달방식을 동일하게 전달해주는 것이 중요하다고 답변했다(Kopczynski, 1994). 이를 통해 볼 때, 동시통역의 과정은 무엇을 전달하느냐의 문제만큼 어떻게 전달하느냐의 문제도 통역의 품질을 결정짓는 중요한 기준이 되고 있음을 알 수 있다.

---

* 경희대학교 영어학부 교수

이에 본 연구는 동시통역의 과정에서 어떻게 전달하느냐의 문제와 관련하여 간과되고 있는 한 가지 점을 주목하고자 한다. 통역의 과정에서 의사소통을 중개하는 통역사의 언어 사용 성향과 연사의 스타일간 차이가 있을 경우 이로 인해서 연사의 스타일을 충실하게 전달하는데 어떤 영향을 미칠 수 있는지에 대해서 특히 성언어 또는 성차이어라는 측면을 중심으로 알아보고자 하는 것이다.

국내는 물론이고 많은 나라의 통번역계에서 두드러지게 나타나고 있는 현상 중 하나는 여성통역사가 남성통역사에 비해 그 수가 압도적으로 많다는 점이다. 여초현상의 구체적인 원인이 무엇인지 규명된 바는 없지만 현재 통번역사로 활동하고 있는 국내 통역대학원 졸업생 중 여성이 90%를 넘고 있으며 이러한 현상은 수치상의 다소 차이는 있으나 해외에서도 비슷한 수준이다. 이에 세튼(Setton, 1999)에서는 회의통역사를 지칭하는 대명사로 여성형인 “she”를 사용할 것을 제안한 바 있다. 이와 대조적으로 회의장에서 연설을 하는 연사의 과반수 이상이 남성이다. 90년대 이후 여성의 사회진출이 증가하면서 여성연사의 수도 많이 늘었지만 남성연사가 단연 다수를 차지한다. 뿐만 아니라 연사는 대부분 중년의 남성이며 기업이나 기관의 중책을 맡은 고위급 사회인사인데 비해 여성통역사는 20~30대의 비교적 젊은 여성으로 전문교육기관에서 훈련을 받기는 하였으나 비교적 한정된 사회경험을 가지고 있는 경우가 많다. 이러한 점을 고려할 때, 연사와 통역사의 억양, 어휘 선택 등 언어 사용 성향이 유사하기 보다는 차이가 존재할 수밖에 없다. 이러한 격차로 인해서 회의장에서 연사와 통역사는 언어 사용 성향이 차이가 있으리라 생각해 볼 수 있으며, 그렇다면 여성통역사의 발화성향은 통역의 품질에 영향을 미칠 수 있는 잠재적 요소이다.

여성은 사회적 문화적 영향으로 남성과 다르게 발화하는 것으로 말하고 있다(Labov, Lakoff, Coates.) 트러드길(Trudgill, 1977)에서는 “남자들은 남자 특유의 표현이 많으며, 여자들은 그것을 이해는 하지만 결코 말하지 않는다. 한편, 여자들도 남자들이 사용하지 않는 단어와 구절을 갖고 있고 만약에 남자들이 여자들의 표현을 사용하면 조소의 대상이 된다. 그래서 남녀가 대화하고 있는 것을 들으면 남자와 여자의 말이 다른 언어처럼 들린다”고 말했다.

발화 스타일은 몇 개의 단어로 정의내리기 힘든 다양한 측면을 포함할 수 있는데 세레스코비치(Seleskovitch, 1968)에서는 동시통역의 과정에서 스타일은 연사 개인의 독특한 발화특성(idiosyncrasies)이라기보다는 연사가 선택하여 사용하는 단어를 통해서 반영이 된다고 설명했다. 예를 들어 희귀한 표현과 일성적 표현 중에서 어떤 것을 선택하는가에 따라 달라지게 되고 여러 표현 가운데 어느 하나를 선택하느냐에 따라 고상한 스타일과 일상회화적 스타일 가운데 차이가 나타난다고 설명했다. 따라서 통역사는 연설의 전반적인 톤을 감지하고 통역사 역시 어휘의 선택을 통해서 연사에게 맞추어가야 한다고 말했다. 포세커(Pochhacker, 1994)에서는 스타일을 결정짓는 요소로서 "시간적인 측면으로 속도, 휴지, 리듬적인 흐름이 있으며 이들 요소는 구어텍스트의 전반적인 느낌을 결정짓는데 영향을 미친다"고 설명했다.

본 연구에서는 통역사의 언어 사용 성향으로 특히 여성과 남성의 발화특성이 통역의 과정에서 어떻게 표출이 되는지 알아보고 이로 이해 통역에 대한 평가에 미치는 영향이 무엇인지 알아보고자 한다. 실험을 통해 동일한 텍스트에 대한 남성통역사 2명과 여성통역사 6명의 순차통역한 내용을 분석하여 음성적, 어휘적, 통사적 측면에서 실질적으로 어떤 차이가 나타나고 있는지 알아보고자 했다. 또한 청중의 입장에서 통역을 듣고 동일텍스트를 남성통역사와 여성통역사가 각각 통역했을 때 어떻게 평가하는지 설문지를 통해 청중의 피드백을 들었다.

2장의 문헌연구에서는 사회언어학적 측면에서 여성의 언어사용 특징에 대해서 고려해보고, 3장에서 실질적으로 남성 그리고 여성통역사가 선택한 표현에서 성차이적 특성이 나타나는지 남성과 여성이 언어행위의 관점에서 살피고, 구체적으로 이러한 차이가 국제회의에서 회의통역을 하는 여성통역사와 남성통역사의 발화를 통해 어떻게 나타나고 있는지 분석해보고자 한다. 4장에서는 설문지를 이용하여 통역서비스를 이용하는 청취자가 남성과 여성통역사의 통역에 대해 어떻게 평가하는지 알아보았다. 마지막으로 실험 분석내용에 대한 논의에 대한 토론으로 결론을 맺고자 한다.

2. 사회언어학적 측면에서 본 여성언어의 특징

언어는 지역, 사회계급, 인종, 성 이외에 나이, 직업, 교육정도, 성격과 같은 사회적인 변항과 관련되면서 끊임없이 분화(differentiation)하는 속성을 갖는다. 이러한 맥락에서 우리가 흔히 모국어라고 부르는 추상적인 언어는 관련되는 변항에 따라 그 모습을 달리한다. 예를 들어 동일한 영어일지라도 지역이라는 변항과 결부될 때 미국영어 그리고 영국영어와 같이 지역에 따라 나누어지고 또 다시 미국영어는 북부방언, 중부방언과 남부방언으로 나누어진다. 또한 사회계급과 관련되면서 사회방언이, 인종적인 차이로 인해 인종방언 그리고 성별에 따라 성방언이 생겨나는 것이다.

더불어, 한 언어공동체의 구성원이 사용하는 언어는 그들의 사회적 또는 문화적 상황이나 배경을 반영한다고 할 수 있다. 따라서 같은 한 언어 속에 나타나는 언어의 다양성 및 언어적 차이는 그 사회의 사회, 문화적 차이를 대변하고 기록한다고 볼 수 있다. 거의 모든 사회는 남성과 여성을 다양하고도 아주 두드러진 방법으로 차이를 두고 있다. 이러한 사회적 차이는 아주 어렸을 때부터 인간의 사회화 과정을 통해 습득되고 학습된다. 따라서 여성들이 쓰는 특정한 단어 선택이나 문장구조 어법 또는 독특한 언어적 표현을 포함하는 여성의 언어는 사회구조 속에 나타나는 여성과 남성의 불평등을 설명해 주고 있다. 사회언어학자들은 사회적인 요소를 가지고 여러 다른 언어사회에서의 언어변이를 설명하는데 공통적인 경향을 찾아 언어와 사회와의 관계를 일반화하려고 시도한다. 이를 가리켜 사회언어학적 보편소라 부른다.

언어에서 성(gender) 문제는 전통적으로 문법 범주의 성범주가 주된 관심사였다. 그런데 20세기 들어 인종, 지역, 계층, 성별, 연령 등을 언어변화의 중요 요인을 연구하는 사회언어학이 발달하면서 성방언에 대한 관심의 폭도 넓어져 갔다. 성방언은 성별방언 또는 성별어(genderlect)로도 부르는데 주로 남녀 언어의 음운, 어휘, 통사, 대화상의 차이, 즉 성차이어[1])를 다룬다.

---

1) 성별언어 연구는 여성해방운동 사조의 영향으로 확산된 성차별어 연구(gender discriminative language)와 성차이어(gender-different language)로 나뉜다. 본 연구에서는 성차이어의 관점에

1. 성차이어(gender different language)와 사회언어학적 보편소 (sociolinguistic universals)

언어 영역에 있어 남성과 여성 사이에 나타나는 차이에 대해 널리 받아들여지는 증거가 많이 있다. 그리고 남성과 여성은 언어를 다르게 사용한다는 것 또한 널리 용인되는 사실이다. 예를 들어 레이코프는 여성은 사회적 역할이 불리하게 고정되어 능력이 결여된 존재로 비치는 언어생활을 한다고 한다. 레이코프는 남성어가 단정적이고 노숙하고 직설적인 성격을 띤다면 여성어는 비단정적이고 미숙하고 지나치게 공손한 성격을 띤다고 했다. 또한 여성은 애매어법, 의문문이나 부가의문문 여성 특유의 감탄사, 부사, 형용사를 잘 쓰며 평서문에서도 여성은 상승 억양을 쓴다고 했다.

홈스(Holmes, 2000)에서는 남성과 여성의 언어적 차이를 사회언어학적 보편소로 포착하고 이를 다음과 같이 4가지 측면에서 분석하였다.

> 기능 (Function): What is the purpose of the talk?
>
> 친근감 (Solidarity): How well do the participants relate to each other?
>
> 힘 (Power): Who is in charge?
>
> 사회적 지위 (Status): How hoes speech indicate social status?

이 4가지 특성은 남성과 여성의 언어 사용 방식에서 다음과 같이 보다 구체적으로 나타나는 것으로 홈스는 설명하고 있다.

(1) 기능

언어는 대화가 이루어지는 목적에 있어 객관적인 정보를 전달하기도 하고 동시에 화자의 기분이나 감정을 표현하기도 한다. 전자를 지시적인 (referential) 기능이라 하며 후자를 정의적(affective) 기능이라 부른다. 그런데 여성은 다른 사람과 이야기할 때 정의적인 의미를 더 많이 기울이는 반면에

서 남녀 언어의 차이를 조명하고자 한다.

남성은 지시적인 의미에 더 기꺼이 초점을 맞추는 경향이 있다고 한다. 다시 말하면 여성은 말을 할 때 지시적인 의미는 물론 이야기 속에 묻어 있는 감정에도 민감한 경향을 띠는 반면 남성은 정보전달에 그 초점을 맞추고 대화의 감정적 기능에는 부수적인 주의를 기울이는 것으로 일반화하고 있다.

(2) 친근감

여성은 격식을 요구하지 않는 허물없는 절친한 사이의 대화에서 친근함을 표현하는 방법으로 상대방의 감정에 맞추어 대화한다는 것이다. 이러한 여성의 언어적 특성과 관련 여성은 비격식 대화에서 남성보다 대화 상대방의 대화 내용을 격려하고 편들어 주는 feedback이나 최소 긍정 응답어를 더 많이 제공한다는 것을 뜻한다. 이와 같이 친근감을 중히 여기는 여성의 태도가 그들의 언어행위에 그대로 반영된다. 여성이 상대방을 배려하는 또 다른 방법은 대화 상대방이 대화에 편안하게 참여하도록 부가의문문과 sort of, you know와 같은 구절 등의 언어적 방편을 여성이 남성보다 더 많이 사용한다는 것이다.

레이코프에서는 여성이 부가의문문을 많이 사용하는 것은 불확실성을 표현하는 것이라고 지적한 바 있으나 반드시 그런 것이 아니라 때로는 대화를 용이하게 하는 수단으로 쓰이기도 하고 비판적인 비평을 부드럽게 해주는 기능을 수행하기도 한다. 마찬가지로 you know, sort of와 같은 어투는 불확실성은 물론 다정함과 비격식성을 전달하는 데 사용된다. 특히 you know는 여성이 대화 상대방과 동일한 태도와 가치를 공유하고 있다는 화자의 자신감을 표현해 준다는 주장이 있다. 이와는 대조적으로 남성은 주도 또는 힘을 나타내려는 경향이 여성에 비해 강해 대화 상대방과의 관계 속에서 화자의 사회적인 지위에 대화의 무게가 실리는 경향이 있다.

(3) 힘

일반적으로 여성은 말이 많아 대화시간을 주도하고 남자보다 빈번히 남의 말에 끼어들기를 잘하여 여자가 이야기 할 때 남자는 좀처럼 말할 기회를 잡지 못한다는 것이 널리 통하는 믿음이다. 그러나 홈스에서는 여성이 남성의 말에 끼어드는 빈도보다 남성이 여성의 말에 끼어드는 빈도가 높다는 증거를 제시한 바 있다. 더 흥미로운 점은 남성은 여성보다 더 빈번히 다른 사람의 말을 가로채고 특히 여성이 남성의 말을 가로채는 것보다 여성의 말을 더 많이 가로챈다는 증거가 있다.

(4) 사회적인 지위

여성은 동일 사회집단의 남자들보다 표준어형을 더 많이 사용한다는 사실이다(Labov, 1972). 이러한 일반적인 사실은 많은 영어 사용사회에 대한 연구에서 뒷받침된다. 이는 여성이 남성에 비해 시회적인 지위에 더 민감해 표준형을 더 많이 사용하기 때문이라는 설명이다. 여성이 격식을 요구하는 맥락에서 표준형을 더 많이 사용한다는 사실과 관련해서 여성들의 언어사용 패턴은 그들은 상황에 적합한 스타일을 알고 있으며 이러한 상황에 적합하게 언어를 사용할 수 있는 능력을 갖추고 있음을 말해주는 것이라는 주장도 있다. 다시 말하면 여성들은 남성에 비해 넓은 범위의 언어 스타일을 통제하는 경향이 있다는 것이다.

2) 성에 따른 언어 변이

영어를 대상으로 성과 언어의 관계를 조직적으로 연구 조사한 최초의 논문은 1973년 레이코프(Lakoff)에 의해 이루어졌다. 이 연구에서는 여성 언어의 대표적인 특성을 다음과 같이 정리했다.

1) 색깔에 대한 자세하고 섬세하게 구별하며 묘사한다.
2) 자신의 감정을 일정한 의미가 없는 어구나 약한 감탄사 및 감정 표현을 써서 나타내다.
3) 형용사의 남성이나 여성 모두가 쓸 수 있는 중성적 표현보다는 여성만이 사용하는 특정 표현의 빈번한 사용한다.
4) 여성에게서 남성보다 빈번한 부가의문문의 사용한다.
5) 일상어 형태의 언어를 쓰는 남성에 비해 표준 영문법에 맞는 정확한 언어사용

에 더 민감함 등을 설명했다.

테넨(Tannen)에서도 여성어의 특징을 아홉 가지로 제시한 바 있는데 여성은 여성 특유의 어휘를 많이 사용하고 내용이 없는 형용사를 많이 사용하거나 강조어를 많이 사용한다고 설명했다. 또한 부가의무문을 많이 사용해서 자신의 발언 내용을 약화시키기도 하고 지나친 친절어법을 사용한다고 한다. 과도한 문법을 사용하며 농담을 거의 하지 않는 반면 다양한 억양을 사용한다고 설명한다.

좀 더 구체적으로 음운적, 어휘적, 통사적 차이를 설명한 연구도 있다. 일반적으로 미국영어의 발음에서 여성의 모음은 남성의 모음보다 더 주변적(peripheral)이여서 여성 모음의 소리 값은 남성의 그것보다 더 전설적(front)이거나 더 후설적(back)이거나 더 높거나(high) 더 낮다는 것이다.

어휘적인 변이를 보면 남성과 여성의 언어에서 의미가 없는 것으로 인식되는 감탄사의 선택에 있어서도 차이점이 발견된다. 예를 들어 여성은 oh dear(어머나)와 같은 약한 감탄사를 사용하는 반면 남성은 shit(제기랄) 강한 감탄사를 사용한다고 하며, 이 경우 여성이 남성의 언어를 사용하는 것은 허용되나 남성이 여성 감탄사를 사용하는 것은 용납되지 않는다. 어휘선택에 있어서 나타나는 변이는 감탄사에 국한되지 않고 형용사의 경우에도 나타나 이들 형용사들은 본래의 의미 이외에 또 다른 의미를 전달하는 경우도 있다. 동일한 단어가 남성에게 쓰일 때와 여성에게 쓰일 때 각기 의미를 달리하는 경우가 있다. 예로 "He is in business"와 "She is in business"가 한 예인데 남성에 대한 설명으로 사용될 때는 이 남자는 사업 중이라는 정상적인 의미로 통하나 여성에게 사용될 때는 성적인 행실을 뜻할 수 있다.

형태적인 변이를 보면 가령 일본어를 비롯한 많은 언어에서 남성형태는 여성의 그것보다 긴 경우가 많다. 왜냐하면 명사의 여성형태에는 높임체의 표지로 접미사가 부착되는 예가 흔히 있기 때문이다. 통사론적인 측면에서 여성만이 사용하는 문법규칙은 없으나 대부분의 대화 상황에서 여성이 즐겨 쓰는 한 가지 문법규칙이 있다면 그것은 부가의문문(tag question)형성 규칙이다. 부가의문문은 극단적인 단언보다는 확신의 정도가 덜 하지만 단순한 의문문보다는 확신이 있는 어법이다. 이 외에도 여성은 제안을 하는 경우도 단호한 명령보다 훨씬 예절바른 어법을 사용한다고 말한다.

3. 여성과 남성 통역사의 발화에 나타난 언어 사용 성향

1) 데이터 수집 및 분석 방법

여성통역사와 남성통역사의 언어 사용 성향에 성별에 따른 차이가 나타나고 있는지를 알아보기 위해 남성통역사 2명과 여성통역사 6명에게 동일한 텍스트를 통역하도록 한 후 이들의 통역내용을 전사하여 분석했다. 분석은 레이코프가 설명한 여성언어에서 나타나는 특성 5가지 항목을 기준으로 비교해 보았다.

본 실험에서 사용한 연설문은 주한 미국대사 만찬사와 외교통상부장관 연설문 2개이다. 총 연설문의 길이는 각각 8분, 5분이었으며 통역은 순차통역방식으로 실시했다. 연설문은 내용은 비교적 평이하고 주제에 대한 사전 준비 없이도 이해하기 쉬운 연설문이었다.

피험자는 전원 통역대학원 졸업생으로 현재 정부부처 또는 기업소속 전문통역사로 근무하거나 프리랜서 통역사로 일하고 있는 경력 3년 미만 또는 통역경력 100회 미만의 신참 통역사이다. 각 피험자의 한국어 능력은 별도의 시험을 통하여 측정하지 않았으나 피험자는 전원 모국어가 한국어이며 통역언어인 영어 역시 모국어수준으로 구사한다. 또한 통역대학원에서 동시통역을 전공했다는 공통점을 가지고 있다.

실험 결과, 통역은 중대한 누락이나 의미의 오류, 논리의 비약이 없이 전반적으로 충실했다. 전달하는 정보의 충실성(coverage)은 통역사 별 다소 차이가 있었으나 적게는 70%에서 높게는 90% 이상이었다. 올바른 분석에 영향을 미칠 수 있으므로 분석에서 제외시켜야 할 통역은 없었다.

2) 음성적 특성

2장에서 설명했듯이 여성 언어 사용에서 나타난 사회언어학적 특성 중 하나는 여성이 남성에 비해 억양의 변화가 많다는 점과 일부 발음의 차이이다. 단순한 발음의 차이를 떠나서 국제회의장에서 통역하는 남녀통역사는 음성의 높고 낮음, 억양 등에서도 차이가 나고 이는 콥친스키의 설문조사에서 나타났듯이 장시간 통역에 의존하여 의사소통해야 하는 청중의 통역에 대한 평가에 영향을 미칠 수 있는 요소이다. 이에 원문텍스트의 문장 중 일부를 선택하여 동일한 문장의 발화에 대한 남녀통역사의 음성파일을 비교했다. 남성통역사 2명과 여성통역사 6명의 파일을 비교했으며 그 중 4명의 파일이 아래 도표 1이다. 음성파일의 분석은 Celemony Melodyne3 프로그램을 이용했다.

분석 결과, 여성통역사의 발화 음역은 남성보다 약 7음계정도 높은 음역대의 목소리로 발화하는 것으로 나타났다. 여성통역사는 주로 높은 A음에서 2옥타브에 걸쳐 낮은 A까지의 소리를 넘나들며 발화했고 반면에 남성통역사는 A음에서 G음까지의 1 옥타브 조금 넘는 범위에서 발화했다. 이를 통해 볼 때 중저음을 많이 사용하는 남성통역사의 통역이 청중에게 더 편하게 느껴질 수 있는 장점이라고 생각할 수 있다.

통역 내용의 전달력을 높이기 위해서는 그러나 자연스러우면서도 강조할 부분을 강조하는 억양이 중요한 의미를 가질 수 있다. 억양 측면에서는 발화의 진행과정에서의 음의 변화를 보고자 했는데 여성통역사와 남성통역사 중 여성통역사의 발화가 좀 더 빈번한 변화를 나타냈다. 특이 사항으로는 남성통역사 2명 중 한 명은 여성통역사 못지않은 다양한 높낮이를 오가며 발화하는 것으로 나타나 소리의 음역대가 여성보다 낮은 중저음이면서 다양한 억양의 변화를 주면서 발화를 하는 것으로 나타났다.

도표 1. 여성통역사와 남성통역사의 음성파일 비교. Celemony Melodyne3 프로그램 사용

여성통역사1

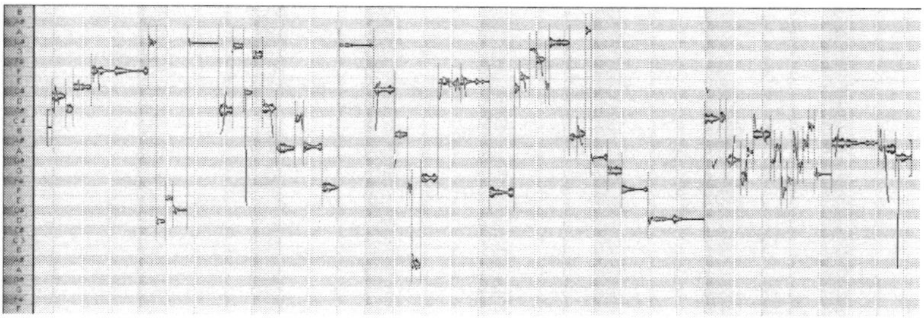

남성통역사1

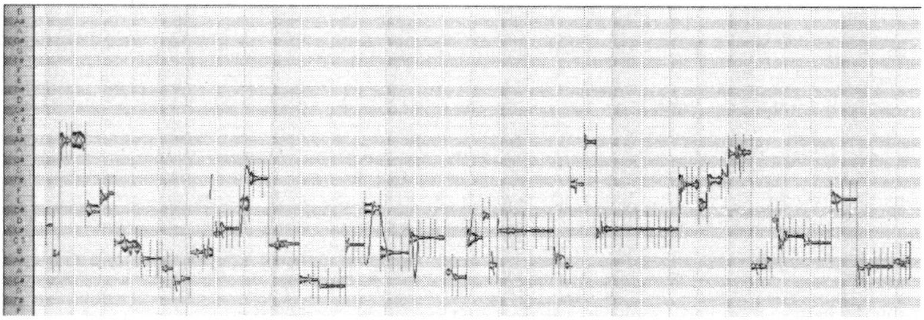

여성통역사2

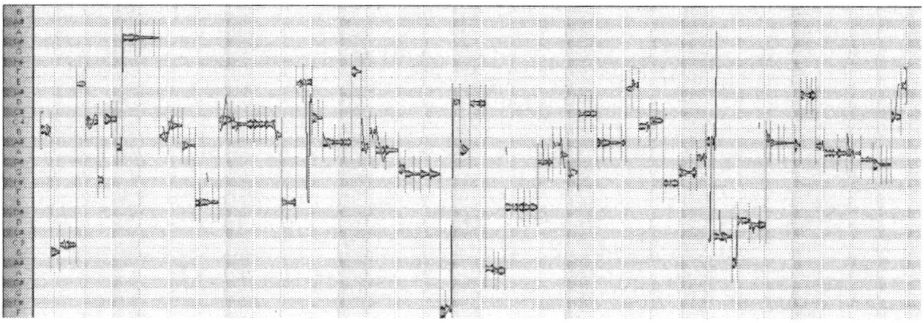

남성통역사2

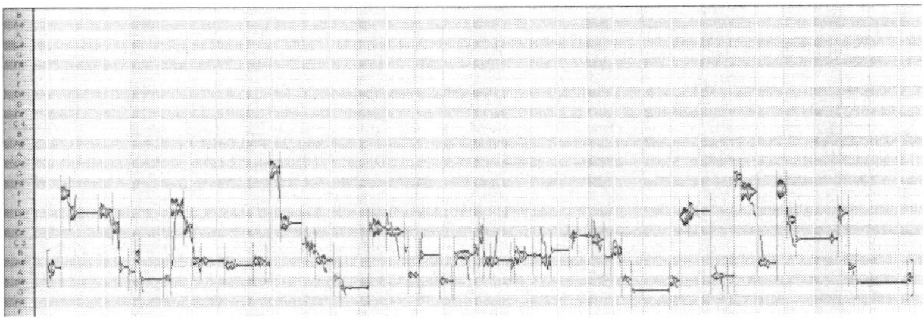

3) 발화 길이

여성이 남성보다 말이 많으며 더 빠르게 발화한다는 생각이 일반적이라는 주장을 2장에서 언급한 바 있다. 여성통역사와 남성통역사의 발화의 양은 다양한 측면을 시사를 해 줄 수 있다. 특히 동일한 길이의 시간동안 발화의 양이 차이가 나는 것은 표현이나 단어의 선택에서 차이를 의미할 뿐 아니라 말의 빠르기 그리고 전달력에 있어서의 차이를 의미할 수 있다.

총 8명의 남성 그리고 여성통역사의 발화를 비교한 결과는 아래와 같다(도표 2 참조). 발화단어 수는 남성과 여성통역사 간 큰 차이가 없는 것으로 나타났다. 다만 남성통역사2와 여성통역사5의 발화단어 수는 다른 통역사와 비교할 때 100~150단어 정도 차이가 나타났다. 분석 결과, 이는 개인적인 특성으로 동일한 의미를 전달함에 있어서 길고 중복적이며 복잡한 표현보다는 간결한 표현을 선택하는 것을 알 수 있었고 또한 내용면에서도 전체적인 의미의 전달에는 영향을 주지 않고 있으나 약간의 누락이 있었던 것에 기인했다.

도표 2. 통역사의 발화 단어 비교

통역사	발화 단어 수
남 1	984
남 2	638
여 1	947
여 2	880

여 3	924
여 4	948
여 5	794
여 6	951

특이사항으로는 남성통역사 2명간에 나타난 차이이다. 남성통역사1은 남성통역사2보다 거의 30% 이상 발화단어 수가 많을 뿐 아니라 여성통역사보다도 많이 발화했다. 이 동일한 남성통역사는 앞의 2.2에서 음역, 억양의 측면을 조사했을 때도 다른 남성통역사과 차이를 나타내서 여성통역사 만큼은 아니지만 상당히 넓은 범위의 높낮이를 오가는 억양으로 발화하는 점을 알 수 있었다. 발화단어 수를 볼 때 여성과 남성통역사의 발화양의 차이는 없다는 점을 알 수 있었으며 발화양의 차이는 성별의 차이 보다는 개인적인 발화 성향에 기인하는 것으로 생각할 수 있다. 그러나 여성통역사가 발화한 문장이 길이가 남성통역사의 문장보다 길고 의미관계가 복잡한 경우가 빈번했다.

4) 어휘적 특성

먼저, 여성통역사가 여성 특유의 어휘를 많이 사용하거나 내용이 없는 형용사를 많이 사용하는지 알아보고자 했다. 또한 여성과 남성통역사가 선택한 표현이 차이가 나타나는지 알아보고자 했다. 이는 먼저 문장을 비교하여 각 통역사들이 사용한 표현을 비교해 보는 방식으로 진행했다.

여성통역사 발화:

> 30년 전 한미관계와 *맞*비교해 볼 때 양국관계와 마찬가지로 한국사회 *자체가 다양해지고 좀 더 풍요로워졌다고* 생각합니다.
>
> … 한미양국의 이해의 폭이 *점점 더* 깊어졌다는 것입니다. 서로 *잘 알고 익숙해지고 또 이해하는* 과정은 …

여념이 없는 많은 노력을 기울이고

새로운 기회와 *새로운* 평화협력의 구도

더욱 많은 한국민들이 미국 여행 시 *보다 많은* 편의를 누릴 것이라

양국 간의 *탄탄하고 유구한 파트너쉽과 동맹관계의* 지속성이라는 것도 *아울러 함께* 추진할 것입니다.

남성통역사 발화:

진심으로 감사의 말씀을 드립니다.

심심한 사의를 표하는 바입니다.

상해벽전과 같은 *큰* 변화가 있었습니다.

한미 양국이 파트너로서 함께 해도오록 한 *굳건한* 토대가 되었습니다.

여러 각료들도 상호간의 협력을 *긴밀히* 유지하고 있습니다.

표현의 선택에 있어서는 남성과 여성통역사 간 사용한 표현에 있어서의 차이는 크지 않았으나 수식어를 사용하는 빈도 수는 여성통역사가 남성통역사보다 다양하고 많았다. 두 개의 텍스트를 통역한 것이었고 실험에 참여한 통역사의 수도 적었기 때문에 분석의 결과를 일반화시키는데 문제가 있을 수 있다. 그러나 전반적으로 여성통역사의 발화에서는 강조를 위한 반복적인 표현이 더 빈도가 높았고 다양한 형용사나 꾸미는 말이 사용되고 있는 것으로 분석했다. 반면 남성통역사의 경우는 대부분의 경우 원문텍스트에서 언급되는 텍스트의 대응어를 표현하는 수준에서 표현이 이루어졌다. 이에

대해서는 청중의 통역에 대한 설문에서도 언급하고 있다. 여성통역사의 표현이 다양하고 빈번한 성향이 그러나 청중의 이해에 항상 도움이 되지는 않는다고 평가한 점은 여성통역사가 고려해야할 의미있는 지적이다.

5) 통사적 특성

여러 학자들이 여성은 남성에 비해 부가의무문을 많이 사용하여 자신의 발언 내용을 약화시키거나 상대방의 동조를 끌어내려고 한다고 설명하고 있다. 이는 통역을 하는 상황에서는 의미전달에 차이를 초래할 수 있는 심각한 부분이다. 이에 여성통역사와 남성통역사가 자신의 발화를 약화시키는 부가의문문이나 어미의 표현을 바꾸는 경우가 얼마나 빈번하게 나타나는지를 알아보았다. 발화를 약화시킨 예는 아래와 같다.

통역사:

> 제가 이러한 이야기를 하는 이유는 … 나중에 설명을 해 *드릴텐데요* 한국에서 … 제가 직접 겪은 제 이야기는 *아니고요* 당시에 저보다 앞서서 …
>
> 사실 전 기회만 주어진다면 밤새 이야기할 수 있겠*습니다만* 오늘은 자리가 한정되어 있는 관계로 …
>
> 워싱턴에 새 정부가 들어왔*는데요* 1월에 취임을 하는데 2009년에는 새로운 에너지, 새로운 사람들과 새로운 아이디어가 워싱턴에 넘쳐날 것이라고 *생각합니다.*

흥미로운 점은 전체 연설문에서 위의 예와 같이 발화를 약화시키는 표현을 가장 많이 사용한 통역사는 여성이 아니라 남성통역사였다. 통역사 8명의 발화에서 이런 예는 16회 발생했는데 그 중 남성통역사1이 10번을 표현했고 남성통역사2가 1회, 여성통역사 6명이 총 5회 표현했다. 또한 여성통역사의 발화에서 자신감 없이 확신을 가지고 표현하기를 기피하는 표현 (-듯

합니다, -라고 생각합니다) 등은 많이 나타나지 않았다.

오히려, 여성통역사의 경우 과도한 문법을 사용하거나 표준어를 사용하는 성향이 있다는 주장을 2장에서 언급한 바 있는데 그러한 성향이 어미에서 두드러지게 나타나는 모습이었다. 여성통역사는 모든 문장을 -습니다, -합니다로 맺으려고 하는 경향이 있었고 때로 이러한 표현은 어색하다는 느낌이 든다고 청중이 설문지에서 평가했다. 부가의문문은 통역사의 표현에서 나타나지 않았다.

4. 여성통역사 통역에 대한 통역이용자의 평가

통역의 목적은 국제회의 상황에서 참여자간 의사소통이라는 목적을 달성하는 것이 그 목적이다. 이를 고려할 때 무엇보다도 통역서비스의 이용자인 청중에 의한 통역의 평가가 중요하다. 이에 남성통역사 2명과 여성통역사 2명이 통역한 내용을 전사하여 전사한 내용을 통역을 직접 듣고 의존해야 하는 청중으로 하여금 평가하도록 설문지를 작성하여 평가를 부탁했다. 물론 통역에 대한 평가는 실제상황에서 이루어지는 통역에 대한 평가와는 다소 차이가 있으나 이 설문은 남성통역사와 여성통역사의 통역이 청중에게 어떻게 평가되는지를 알아보기 위한 의견을 수집하는데 그 목적이 있으므로 간략하게 실험상황에서 이루어졌다.

먼저 평가를 위한 텍스트는 휴지 와 억양 및 반복 등 통역사의 발화 전체를 표기하여 전사했으며 설문지의 응답자에게 통역사의 성별을 알리지 않은 상태에서 전사한 통역내용을 읽고 설문지에 답하도록 부탁했다. 통역 평가는 학부과정의 통번역학과 학생 11명에게 의뢰했으며 모두 영어와 한국어에 대한 언어지식이 있고 통역수업을 들은 경험이 있는 학생들이었다. 설문지의 질문은 전사된 내용을 읽고 통역의 충실성, 신뢰도, 이해의 용이성 등에 대해 느낀 점을 간략하게 적도록 했으며 그 이유를 또한 설명하도록 했다.

결과적으로 통역을 평가한 청중은 남성의 통역이 이해에 도움이 되었다는 평이 11명 중 7명으로 지배적이었다. 주된 이유는 문장길이가 짧았고 사자성어 등 표현이 명료한 부분이 많아서 이해하기 쉬웠다는 점이다. 반면 여성통역사의 통역은 문장이 길고 수식어가 많았다는 평이다. 설명이 길고 자세해서 정보의 충실성 측면에서는 누락이 별로 없어 보였지만 이는 이해와는 별개라고 평가했다. 또 한 평가자는 남성통역사의 통역이 신뢰가 간다고 평가했다. 그 이유로 단어선택이 적절하고 사자성어 등 고급스런 어휘선택이 탁월했다고 평가했다. 다음은 청중이 각각 여성통역사와 남성통역사의 통역내용에 대한 평가이다.

남성통역사	
선호하는 이유	선호하지 않는 이유
문장이 더 짧고 이해하기 쉬웠다. 단어선택이 좋았다. 한자어와 사자성어를 적절히 사용하여 고급스럽게 들렸다. 상대적으로 남성통역사가 문장이 짧고 여러 번 의미가 같은 말을 반복해서 이해에 도움이 됐다. 대화구를 인용할 때 좀 더 자연스러웠던 것 같다. 쉬운 단어 선택이 좋았다. 자신감 있게 느껴졌다. 더 단호하게 이야기하고 명료함. 자세한 설명이 더 많았다. 통역 속도가 일정했다 실질적이고 사실을 간단히 언급함으로 청자가 요점을 쉽게 파악할 수 있게 도와주는 느낌이다 간단하게 이야기하고 쉬운 단어 사용	문장사이 내용연결이 매끄럽지 않은 부분이 있다. 통역내용이 조금씩 끊어진 듯한 느낌이 들었다. 단조로운 톤 집중하지 않으면 이해하기 힘들었다.

여성통역사	
선호하는 이유	선호하지 않는 이유
설명이 길고 자세해서 정보의 누락이 없어 보인다 좀 더 논리가 잘 맞았었다. 앞, 뒤 관계가 좀 더 명확했다 문장이 비교적 간결하고 앞뒤 관계가 더 명확했다. 말투가 훨씬 침착하고 자신감 있어 보인다. 이해가 잘 돼서 더 정확하게 전달한다는 느낌이다. 내용의 흐름을 더 따라가지 쉬웠다 세세한 부분과 내용까지 누락없이 전달하는 느낌이다 이해시키기 위해 좀 더 쉬운 표현을 사용한 것 같습니다 음성의 높낮이 표현이 자연스러움	문장이 길고 수식어구가 많았다. 한국어 어순이 부자연스럽게 드린다. 특정한 말투를 반복해서 사용(예, - 말입니다) 해서 듣기 불편했다. '생각합니다' 표현이 많아 때로는 부적절하다고 느껴졌으나 원문에는 더 충실한 듯 했다. 중간중간에 더듬거나 휴지가 있었다. 정보의 누락이 있었다. 정확하지 않은 듯 들리는 표현이 종종 있었다. 휴지가 많고 앞뒤 관계가 긴밀하지 않은 것 같다. 자신없는 목소리 중간중간에 휴지가 있다. 어미처리 (-습니다, 입니다)가 반복되어서 거슬린다. 톤이 이상하고 자신없게 들린다.

	자주 끊기고 문장의 마지막 톤이 이상함. 문장의 마지막이 똑 같아서 단조롭고 중요한 부분이 어딘지 모르겠음 설명이 너무 장황하고 이야기의 핵심을 놓치게 만들 수 있다 간단한 이야기에도 미사여구가 많아 화자가 전달하고자 하는 바를 뚜렷이 알기 어렵다

5. 나가기

통역사의 발화를 검토해 본 결과 통역사의 여성과 남성의 언어 사용 성향이 특정 부분에서는 나타나고 있다는 결론을 내릴 수 있었다. 즉, 동일한 의미를 표현할 때 여성이 남성보다 더욱 자세하게 많은 수식어를 사용하여 설명하려는 경향이 있으며 이는 통역의 과정에서 의사소통을 달성하고자 하는 욕구에 기인한다고 생각할 수 있었다. 여성통역사의 발화에는 여성의 사용 성향이 나타나기 보다는 연사가 의도한 메시지 전달을 충실하게 하기 위해 정보를 꼼꼼하게 표현하면서 연사의 스타일까지 따라가고자 하는 의지가 표출되고 있다는 결론을 내릴 수 있었다. 그 외의 측면에서는 남성과 여성통역사의 목소리, 억양이 성차이로 인해 다른 것 외에는 특별한 성 차이에 의한 차이를 발견할 수 없었다. 여성통역사와 남성통역사 모두 발화의 성향에서 성차이어에 의한 영향을 받고 있지 않으며 발화에서의 차이가 있다면 이는 개인적인 성향이나 연사의 발화에 대한 이해력 그리고 자신감에 의해 차이가 발생했다. 다시 말해서 남성통역사도 충실한 통역을 위해 때로는 발화를 길게 하면서 부연설명을 하기도 하고 때로는 자신의 표현을 약화시키는 표현을 사용하고 있었다. 판현, 통역서비스의 이용자인 청중의 입장에서 볼 때, 신뢰가 가는 통역이란 과도하게 수식어가 많거나 원문의 내용을 정확하게 표현하기 위해 문장의 구성이 길어지거나 이해하기 어려워지는 발화가 아니라 편안하고 쉽게 이해할 수 있는 표현이라는 점을 청중의 평가를 통해 알 수 있었다. 이런 점을 고려하여 통역교육과정에서 표현에 대한 교육이 이루어진다면 국제회의 상황에서 통역이 순조로운 의사소통이라는 목적을 달성하는데 더욱 기여할 수 있을 것이다.

참고문헌

민현식, 「국어 남녀 언어의 사회언어학적 특성연구」, 『사회언어학』 5권 2호, 1996.

우윤식, 「남성과 여성의 언어행위에 관한 사회언어학적 고찰」, 『외대논총』 제24권, 2002.

이화연, 「연어에 나타난 여성의 언어의 특성에 대한 연구」, 『예체능논집』 25호, 명지대학교 예체능연구소, 2003.

최기호 · 김미형, 『언어와 사회 5장, 언어로 본 여성과 남성』, 한국문화사, 2000.

Coates, J. (ed.) 1998. *Language and Gender: A Reader*. Blackwell Publishers.

Holmes, J., *Introduction to Sociolinguistics*. London: Longman, 1992.

_________, Woman's Talk: Sociolinguistic Universals. In J. Coates (eds.). *Language and Gender: A Reader*. Blackwell, 2000.

Jones, R., *Conference Interpreting Explained*. Manchester, St. Jerome Publishing, 1998.

Kopczinski, A., "Quality in Conference Interpreting: Some Pragmatic Problems", in Sylvie Lambert & Barbara Moser-mercer, (eds.), *Bridging the Gap: Empirical Research in Simultaneous interpretation*, Amsterdam/Philadelphia, John Benjamins, 1994, pp.87~100.

Lakoff, R., *Language and Woman's Place*. New York: Hareper and Row, 1975.

Lee, Woo Jyung, *English Language Usage of Men and Women*, 『인문학연구』 18권 1호, 중앙대학교 인문과학연구소, 1991.

Seleskovitch, D. Interpreting for International Conferences. Pen & Booth.

Tennen, D., *You just don't understand. Women and men in Conversation*. New York: William Morrow, 1990.

Trudgill, P., *Sociolinguistics: An Introduction*, Penguin Books Ltd, 1977.

국어 여성어의 정의와 범주 유형*

서 진 숙**

1. 연구의 목적

여성어란 여성의 모습을 묘사하고 여성의 동작이나 행동을 규정하거나 표현하는 어휘를 말한다. 여성을 표현하는 동사, 형용사, 명사가 중심이 되지만, 여성에 대한 속담이나 관용어, 여성에 대한 통념을 표현하는 문장 단위의 서술어도 여성어에 포함한다.

(1) 가. <u>어머</u>, 난 그건 몰랐<u>잖니</u>.
   나. <u>착하고 예뻐</u>.
   다. <u>여성운동</u>이 난관에 봉착했다.
   라. 한 시간이고, 두 시간이고 <u>모이기만 하면 안 일어나고 떠들어</u>.

(1)은 여성이 직접 발화한 말, 여성의 성격이나 얼굴을 묘사한 말, 여성과 관련된 일이나 사람을 지칭하는 말, 여성의 행동을 설명하는 말의 예를 보여 준다. (1가)는 여성의 특징적인 발화를 보여 주며 여성과 남성의 차별적인 발화 양상, 대화 방식 등의 영역에서 연구되어 왔다. (1나~라)는 여성의

---

* 이 글은 본인의 박사학위논문 「국어 여성어 변천 연구」의 일부를 발췌 · 수정한 내용임.
** 경희대학교 국제교육원 객원교수

성격, 얼굴, 관련 내용, 행동을 묘사하는 내용으로 여성을 지칭하는 말, 대상화하는 말 등의 연구 영역에서 연구되어 왔다. 이 글은 (1나~라)를 연구 대상으로 삼는다. 특히 (1라)는 '여성은 수다쟁이'라는 통념에 속하는 문장으로서 '여성어'에 포함한다. '모이면 떠들다'는 행위는 여성과 남성이 모두 가능하지만, (1라)의 발화행위에는 '여성의 행위'에 대한 의도적 시선이 존재한다는 점에서 즉 성차별적이라는 점에서 '여성어'가 된다.

언어는 사회, 문화와 밀접한 관련을 맺고 있다. 한국어에서 다양한 여성상을 표현하는 말의 변화를 고찰해 보면 한국 사회에서 여성이 처한 위치와 여성관을 간접적으로 읽어 낼 수 있다. 그러나 기록된 역사는 '여성'을 전면적으로 다뤄오지 않았다. 따라서 여성어를 고찰할 때는 당대의 윤리관, 도덕관, 정부의 정책 방향과 의지에 대한 배경지식을 고려할 필요가 있다. 이는 현대 한국인의 의식 기저에 남아 있는 여성에 대한 인식을 이해하는 데 도움이 되기 때문이다.

이 글에서는 언어가 사회와 밀접한 관련을 맺고 있다는 입장에서 국어 여성어의 범주를 분류하는 기준을 고찰하고, 여성어의 범주 특성을 역대 문헌을 통해 살펴보고자 한다.

2. 국어 여성어의 정의

여성이 남성과 다른 언어를 사용하고 있다는 이야기는 '민족지학'으로서의 문화인류학적 기술에서 나타나기 시작하여, 사회언어학, 페미니즘 언어학 등에서 논의되었다. 특히 언어 사용 면에서 한쪽 성에 의해서만 사용되는 성별 배타적인 언어 사용과 한쪽 성이 우세하게 사용하는 언어 사용 형태를 구별하여 기술하기도 한다.[1)]

최근에는 특정 언어를 '남성 언어'와 '여성 언어'로 나누는 것보다는 동일 언어에서 '남성'과 '여성'이 어떻게 분화되어 나타나는가에 더욱 주목하고

---

1) Hellinger, Marlis(1990)(『페미니즘 언어학과 성차별 메커니즘』(2006:17) 참조).

있다. 즉, 모든 언어에는 힘이 있는 언어와 힘이 없는 언어가 존재하고 있으며, 힘이 있는 언어가 '남성형'을 가지고 있고, 힘이 없는 언어가 '여성형'을 가지고 있다는 보는 것이 더욱 일반화되어 있다. 다만 그 정도성에는 차이가 있을 수 있기 때문에 성별 배타적 언어인지, 성별 선호적인지에 대한 분류 기준이 논의되고 있다.

국내에서도 역시 '여성어'에 대한 정의와 기준이 연구자마다 달라 통일된 '여성어'의 개념을 설정하기는 어렵다고 할 수 있다. 국어 여성어의 정의는 '여성에 대한 말, 여성이 발화하는 말'로 크게 구분할 수 있다. 그러나 '여성에 대한 말'도 '여성에게만 쓰는 것, 여성과 남성이 같이 쓰는 것'으로 구분할 수 있고, '여성이 발화하는 말'도 '여성만이 발화하는 것, 여성이 주로 발화하는 것, 여성과 남성이 같이 발화하는 것' 등으로 나눌 수 있다. 이렇게 '여성어'는 연구자마다 한정하는 대상과 개념이 다르게 나타난다. 이를 정리하여 제시하면 다음과 같다.

【표 1】 여성어 정의의 구분

기본 대상	연구 내용 및 대상
여성을 대상으로 하여 지칭, 서술하는 말	여성 지칭어, 여성 묘사어
성차별적인 요소가 나타나는 말	성차별적인 지칭어, 표현, 속담 등
여성이 직접 발화하는 말	어조, 부가의문문, 감탄사 사용 담화분석, 대화분석
성별배타적 기준에 의해 여성이 쓰거나 여성에 대한 말	절대여성어, 상대여성어

위와 같이 여성어의 정의를 재분류하여 보면 여성을 대상으로 보는지, 여성이 발화하는 주체인지에 따라 구분할 수도 있고, 여성과 남성이 배타적으로 사용하는 개념(절대여성어, 절대남성어)인지에 따라 나눌 수도 있다. 또한 남성과 여성이 선호하는 정도(상대여성어, 상대남성어, 통성어), 성차별적 특징 등에 따라 여성어를 구분할 수 있다. 이러한 정의의 구분은 연구 대상의 차이를 가져오기도 한다. 성차별적 연구는 공시적으로 광고 · 드라마 등 대중매체를 대상으로 하며, 여성의 발화에 대한 연구는 과거에는 문헌의 대화를 통해 연구했지만, 최근에는 드라마, 영화, 라디오 등 실제 녹음된 음성 자료를 기반으로 한다.

이 글에서는 우선 '여성이 대상이 되는 언어'를 여성어로 규정한다. 여성을 대상으로 하는 말에는 지칭, 묘사, 행동 서술 등의 범주가 모두 속할 수 있으나 이를 세부적으로 나누지 않고 '여성어'로 규정한다. 또한 여성어는 '어휘 단위'로만 나타나지 않고, '연어', '속담' 때로는 여성을 규정하는 사회적 담론까지 포함할 수 있다.

'배타적인 측면'에서 논의한다면 여성만을 기술하는 것이나 여성과 남성을 동시에 기술하는 것도 모두 여성어에 포함한다. 중성적인 혹은 통성적인 어휘라 하더라도 여성과 남성에게 사용되었을 때 다른 의미나 어감을 갖게 되는 경우가 많고, 사용 빈도나 범주에서 차이를 나타낼 수 있기 때문이다. Suzanne Romaine은 '연어'의 패턴에 의해 단어의 의미가 구성되고 유지되는지를, aggressive를 통해 설명한 바 있다. aggressive가 남성과 결합할 때는 '어떤 일에 무척 적극적이고 공격적인'을 의미하고, 여성과 결합할 때는 '성적 행위에서 적극적인'을 의미하여 동일한 단어가 성별(性別)에 따라 다른 의미를 갖는다는 것이다(『언어와 사회』(2009:156) 참조). 이는 중성적 단어가 여성어 연구의 대상이 될 수 있으며 더 나아가 중성적 단어가 어떤 맥락에서 차별적 의미를 갖게 되는지를 연구할 필요가 있다는 것을 보여 준다.2)

(2) 가. Man is an <u>aggressive creature</u>, and needs forceful conquests to find peace in the world.

나. Men happily pay for sexually <u>aggressive women</u>.

(2가)의 aggressive와 (2나)의 aggressive는 남성과 여성의 역할뿐만 아니라 세상을 대하는 진취적인 사고에도 많은 영향을 미친다. 이는 유교에서 남성

---

2) USENET에서에서 'aggressive'를 검색하여 선정한 예문이다. 이 외에도 'Rebecca Solnit(2000)의 글도 동일한 단어가 남성과 여성에 따라 어떻게 해석되고 맥락을 만들어가 가는지를 잘 보여 준다. "거리라는 단어는 거리에 거칠고 더러운 마법을 걸어서, 비천하고 범속하고 위험하고 성애적이고 혁명적인 것들을 불러온다. <u>거리의 남자</u>는 대중주의자일 뿐이지만, <u>거리의 여자</u>는 창녀처럼 섹슈얼리티를 파는 사람이다. 거리의 아이들은 부랑자나 거지나 도망자이며, 노숙자(street person)라는 신조어는 거리 말고는 집이 없는 사람을 말한다."(『걷기의 역사』(2003:277)).

에게는 수신제가치국평천하(修身齊家治國平天下)를 가르치지만, 여성에게는 '수신제가(修身齊家)' 특히 '수신(修身)'을 집중적으로 가르치는 것과도 일맥상통한다. 따라서 동일한 단어라도 그 맥락이 바뀌면 여성과 결합한 단어의 의미가 바뀔 수 있다고 가정할 수 있다.

이 글에서는 여성을 지칭하고 묘사·기술하는 어휘를 '여성어'로 사용한다. 사용 면에서는 여성과 남성을 구분하지 않으나 대상 면에서 여성을 표현하고 묘사하고 기술하는 어휘이다.[3)]

3. 여성어 범주의 유형 분류

언어는 세상의 현상들을 범주화해서 표현하는 데 있어 각기 다른 양상을 보이고 있으며, 이 특성은 그 언어 사용자들의 사회적, 문화적 특성과 밀접하게 연관되어 있다. 한국의 여성어 역시 한국의 사회·문화적 특성과 밀접한 관련을 맺고 있다.

앞선 연구에 따르면[4)] 여성의 태도나 성품과 관련된 여성어는 '나긋나긋하다, 독살스럽다, 후덕하다' 등으로, 여성의 움직임이나 행동과 관련된 여성어는 '교태·아양·애교·수다'와 '꼬리를 치다' 등이 속함을 알 수 있다. 이 외에 여성의 외모 묘사에는 '예쁘다, 귀엽다'와 여성이 외모를 위해 사용하는 '화장품, 거울'과 같은 것들이 포함된다.

이 글에서는 임홍빈(1995)과 민현식(1995) 등이 논의한 여성어의 분류 기준을 받아들여 이를 '성격, 외모, 언행'으로 분류한다. 그러나 여성의 '성격,

3) 이 글에서 논의하는 '여성어'는 여성이 표현 대상이 되는 것을 기준으로 한 것이며, 발화자가 남성, 여성이든 간에 여성을 대상으로 한 언어가 '여성어'가 된다. 그러나 여성어 혹은 성차(性差)에 대한 연구는 남성과 여성을 둘러싼 세계의 구조와 지배 원리에 의해 영향을 받는다. 이러한 점 때문에 국어의 여성어 연구는 한국 사회의 가부장성을 논의하지 않을 수 없다.

4) 한국 여성어의 특징을 살펴보기 위하여 임홍빈(1995)과 민현식(1995)은 여성 대상어를 종합적으로 정리한 바 있다. 임홍빈(1995)은 여성 대상 표현을 '신체부분을 가리키는 말, 태도나 성품과 관련된 말, 몸의 움직임이나 상태, 행동 특징과 관련된 말, 여성이 하는 일과 관련된 말' 등으로 분류하였고, 민현식(1995)에서는 '외모 묘사어, 목소리 묘사어, 성품 묘사어, 행동 묘사어'로 분류하였다.

외모, 언행'에 대한 고찰은 당대 여성의 사회적 위치나 사회 변화와 관련된 여성어의 변화를 긴밀하게 고찰하는 데 한계가 있다는 점에서, 여성의 '사회적 지위'를 표현하는 말도 함께 고찰하도록 한다.

여성어의 범주를 고찰하기 위하여 이 연구에서는 다음과 같은 방법으로 조사 대상을 정리하고, 어휘를 선정·기술하고자 한다.

첫째, 여성을 교육하기 위한 여훈서와 소설, 속담 등에서 여성어를 추출한다. 문장의 주어가 '여성이/부인이'로 나타나거나 대화 상황에서 화자가 '첩이/제가'로 이야기할 경우, 주어가 생략되었지만 청자가 여성을 대상으로 '네가/부인이'로 말하는 경우, 해당 문장의 '형용사, 형용사구, 동사, 동사구' 등을 여성어로 목록화하여 어휘를 선정·제시한다. 다음과 같은 예문에서 밑줄 친 부분을 여성어로 추출할 수 있다.

(3) 가. ᄂᆡ의 어질고 아니홈과 훼담ᄒᆞ고 칭찬홈이 다 시슉 시ᄆᆡ로 말ᄆᆡ암으니 (여계, 17a)

나. 맛당이 얌전ᄒᆞ고 씩씩ᄒᆞ며 단뎡ᄒᆞ게 ᄒᆞ되 (여소,1)

다. 구고 셤기ᄂᆞᆫ 법이 잇스니 ᄆᆡᄉᆞ를 반드시 뜻을 굽혀 곡죵ᄒᆞ라 (초여, 25a)

(3가)에서 '어질다, 훼담하다, 칭찬하다'를, (3나)에서 '얌전하다, 씩씩하다, 단정하다'를, (3다)에서 '뜻을 굽히다, 곡종(曲從)하다'를 여성어로 보아 추출한다.

둘째, 추출된 어휘를 일정한 기준에 따라 분류한다. 연구 대상 문헌에서 여성어를 추출한 결과 여성어는 '성격, 행동, 태도, 말하기, 외모' 등의 주제에 따라 분류가 가능하였다. 이 연구에서는 이를 '성격, 언행, 외모, 사회적 지위'의 네 요소로 분류하여 제시한다.

(4) 가. 녀ᄌᆞ의 귀ᄒᆞᆫ 바ᄂᆞᆫ 그 마음을 젼일이 ᄒᆞ며 그 모양을 단졍이 ᄒᆞ야 (초여, 8)

나. 장군이 그 ᄒᆡᆼ동을 살피고 그 언어 규작홈을 본즉 단졍ᄒᆞᆫ 녀ᄌᆞ요 (애국, 13)

다. 쳥년 녀ᄌᆞ 학ᄉᆡᆼ들아 마음을 쌔긋이 ᄒᆞ고 몸을 단졍이 가져 (여소, 41)

라. 몸을 단졍히 ᄒᆞ여 ᄃᆡ답을 졍셩스러이ᄒᆞ며 (여소, 50)

그러나 개화기 여훈서에서 '단정하다'를 추출한 (4)에서 보는 바와 같이, '성격, 언행, 외모'가 겹치는 경우들이 발생한다. 이 연구에서는 문맥의 의미를 최대한 반영하여 (4가)의 '단정하다'는 '외모'로, (4나, 라)는 '태도'로, (4다)는 행동으로 분석한다. 또한 '태도'와 '행동'을 모두 '언행' 분야에서 논의하기로 한다.5) 이러한 논의를 종합하여 여성어의 분류 체계를 정리하면 다음과 같다.6)

【표 2】 여성어의 분류

특징	여성어 목록	
	긍정(권장)	부정(금지)
성격	어질다 온순하다 현명하다 등	악하다 교만하다 좁다 등
언행	부지런하다 순종하다 효도하다, 봉양하다 검소하다 절개가 있다 작게 말하다 집안일 예의 등	교만하다 성내다 밖으로 나가다 투기하다 음란하다 아양/교태를 부리다 게으르다 사치하다 등
외모	예쁘다 날씬하다 등	못생기다 뚱뚱하다 등
사회적지위	종속	음란한 직업

5) 어휘 목록의 선정과 관련하여 몇 가지 문제가 남아 있다. 같은 문헌을 대상으로 하더라도 어휘 추출과 분류의 기준이 동일하지 않을 수 있기 때문이다. 또한 여성어를 '성격, 언행, 외모, 사회적 지위'의 네 가지로 분류하는 기준 역시 확고한 것은 아니다. 특히 언행을 언어 행위와 일반 행위로 나눌 것인지 말 것인지와 같은 분류 기준에 대한 문제가 남아 있다. 이 외에도 성격에 들어가는 어휘를 어떻게 한정할 것인지, 성격과 언행에 들어가는 어휘들이 명확하게 구분되는지 등의 문제도 남아있다. 무엇보다도 여성어에 적합한 언어적 단위에 대한 문제가 남아 있다. 여성을 표현하고 평가하는 말이므로, 형용사가 가장 적합할 것인지, 아니면 여성을 지칭하는 명사인지, 여성의 행동을 의미하는 동사인지, 그 단위로서는 어휘인지, 절인지 등의 문제가 존재한다. 그럼에도 불구하고, 어휘를 네 가지 기준으로 선정하고, 성격, 언행, 외모와 층위가 다른 사회적 지위를 여성어에 포함하는 이유는 한국 사회에서 여성의 지위와 여성에 대한 언어를 사회 구조와 맞물려 살펴보고자 하는 목적에서이다. 상태용어 외에 사회적 평가, 사회적 지위 등에 대한 분류 기준은 이러한 맥락에서 분류되었다.

6) 여성어를 분류하기 위해 설정한 네 기준은 논의 과정에서 명확하지 않은 경우들이 있다. '단정하다'는 모양, 행동, 성품(성격)으로, '교만하다'는 '교만하게 말하는 행위'와 '교만한 성격' 등으로 나타나는 일이 많기 때문이다. 이 연구가 어휘를 분류하여 어휘장 형성을 살펴보는 데 초점을 두는 연구가 아니므로, 어휘의 분류가 모호할 경우 여성어와 결합하는 후행 명사와 문맥에 따라 성격, 언행, 외모로 분류를 하였다.

	내외구별 요조숙녀 등	시집살이 첩살이 등

(표 2)에서 보는 것처럼, 여성어를 추출하여 '성격, 언행, 외모, 사회적 지위'에 속하는 여성어로 분류한 후 유의미한 연관성(순종하다, 교만하다 류 등)을 보이는 어휘들을 귀납적으로 각 어휘장으로 분류, 제시하여 그 분포의 특성을 살펴보고자 한다.

3.1. 성격

'성격'은 특정한 개인이 생각하고 느끼고 행동하는 독특한 방식으로 사람의 기분·태도·의견을 포괄하며, 다른 사람들과 상호작용에서 가장 뚜렷이 드러난다. 또한 성격은 각 개인의 특징을 나타내는 선천적·후천적 행동특성으로서, 그 사람의 주위환경과 사회집단의 관계 속에서 관찰할 수 있다.[7] 먼저 성격, 성품 어휘를 추출하기 전에 다음 용례를 살펴보자.

(5) 가. 셩품대로 공연이 심술내며 셩내지 말고 (여소, 1)
나. 게른 것은 사람의 셩픔을 독ᄒᆞᆫ 약으로 먹여 (여소, 56).
다. 지아비ᄂᆞᆫ 화ᄒᆞ고 지어미ᄂᆞᆫ 슌ᄒᆞ며 음양이 셩품이 다르고 (초여, 2a)
라. 셩픔이 근검ᄒᆞ야 ᄆᆡ양 문회ᄒᆞᆯᄉᆡ (녀독, 24과 리부인, 43.)
마. ᄆᆞᆰ고 한가ᄒᆞ고 곱고 고요ᄒᆞᆫ 거슨 셩품에 덕이오 효도ᄒᆞ고 공경ᄒᆞ고 부드럽고 슌ᄒᆞᆫ 거슨 힝실에 덕이니 (초여, 6b)
바. 넷 사ᄅᆞᆷ이 말삼호ᄃᆡ 어진 도ㅣ 머냐 ᄂᆡ 어질고쟈 ᄒᆞ면 어진 도ㅣ 이예 이른다 ᄒᆞ시니 이를 이름이니라 (여계, 11b-12a).
사. 가쟝은 강ᄒᆞ고 아ᄂᆡᄂᆞᆫ 유ᄒᆞ야 은혜와 사랑으로 셔로 의지ᄒᆞ라. (여논어, 17a-17b).

(5가~마)와 같이 성격에 해당하는 단어가 '성품'으로 나타나는 경우에는

7) 표준국어대사전 정의 참조.

'성품'을 통해 여성어를 추출하고, '성품, 성격'이 나타나지 않을 경우 앞뒤의 문맥에 따라 성격 여성어를 분류한다. 성격 여성어로 '유순하다, 나약하다, 어질다, 부드럽다' 등의 단어를 추출할 수 있다. (5가)의 경우 '심술내다, 성내다', (5나)의 '독하다', (5다)의 '순하다', (5라)의 '근검하다', (1마)의 '맑다, 한가하다, 곱다, 고요하다', (5바)의 '어질다,, (5사)의 '유하다'를 성격과 관련 있는 어휘로 추출한다.

성격이 여성어 분류의 한 기준이 되는 까닭은 여훈서와 소설에서 여성의 성격에 대한 지적이 공통적으로 나타나고 있으며, 특히 여성의 성격 중에서도 '순종, 온순, 현명, 인자' 등과 같은 단어들이 반복 출현하고 있기 때문이다.

여성의 공통 성격으로 보이는 이러한 유형은 당대 사회와 문화의 영향을 직접적으로 받았을 가능성이 크다. 더 나아가 가부장성이라는 인식 기제의 영향을 받았을 가능성이 있다. 성격 분야에서 나타나는 여성어 역시 당대 한국 사회에 만연해 있던 여성에 대한 부정적 성격 인식 혹은 종속적 성격 인식을 보여줄 것이다.

기존의 여성 성격 연구는 남성을 중심에 두고 그 차이점을 밝히는 데 초점을 두었다. 이에 따라 남성과 다른 여성의 성격은 부정적이거나 잘못 해석되는 경우가 많았다. 그러나 강문희(2000:12~16)에서는 남성과 여성이 성별에 따라 특정한 성격을 가질 수도 있지만, 양성(兩性)의 특성을 모두 가질 수도 있음을 소개한다. 특히 이렇게 양성적(陽性的) 성격을 가진 사람이 더 진취적이고 긍정적으로 발달해 감을 보이고 있어 주목된다. 여성 성격어의 분류를 통해 우리는 당대 사회가 여성을 어떻게 바라보았는지를 알아볼 수 있을 것이다.

최태진(2000)은 자연언어의 어휘로 인간의 성격을 밝히고자 하는 성격심리학 분야 중 어휘가설(lexical hypothesis)을 소개한 바 있다. 어휘가설에 의한 성격 연구는 사람들이 성격을 포함하고 있는 언어를 어떤 방식으로 사용하는지를 밝혀줄 수 있을 뿐만 아니라 어떤 종류의 개인 간의 차이점들이 가장 중요한 것으로 간주되는 것인지에 대해서도 체계적인 설명을 제공해 줄 것이라고 가정한다. 이러한 관점에서 어휘에 기초한 성격 연구는 성격특성의 문화 간 보편성 및 문화특수성을 평가하는 중요한 역할을 할 수 있다고 본다. 특히 최태진(2000:56)에서는 성격과 관련된 단어를 사전에서 추출하여 5개 분야로 나누어 제시하였는데, 본고는 그의 언행과 어조를 나타내는 형용사, 동사는 '성격'에서 제외하고, 심리, 감정, 생각, 정신 상태, 성격, 인품 등의 범주를 '성격'에서 살펴보고자 한다.[8)]

3.2. 언행

언행은 말하는 행위와 몸을 움직이는 행위를 이른다. 유교적 가치관에서 언행은 크게 효도, 공경, 순종, 얌전, 정절, 인내(참기), 부지런 등으로, 언어 행위에서는 '말 적음, 작은 목소리' 등으로 제한된다.

(6) 가. 늣게 자고 일즉 이러나 쥬야를 쩌리지 아니ᄒᆞ야 셰쇄ᄒᆞᆫ 일을 심써 잡어 어렵고 쉬 일을 ᄉᆞ양치 아니ᄒᆞ야 (여계, 5a-5b)

나. 셜만이 이므 나면 말이 교만ᄒᆞ고 말이 이므 교만ᄒᆞ면 방ᄌᆞ홈이 반다시 나고 방ᄌᆞ가 이므 나면 가장 업시녀기ᄂᆞᆫ 마음이 나ᄂᆞ니 (녀계, 9b)

다. 집을 경영ᄒᆞᄂᆞᆫ 녀인은 오직 검소ᄒᆞ고 오직 부지런ᄒᆞ니 부지런ᄒᆞᆫ즉 가산이 일고 게우른즉 가산이 지우러지며 (여론어, 22a)

라. 녀ᄌᆞㅣ 집의 잇시ᄆᆡ 규문과 마당의 나지 말며 손님이 문의 잇심ᄋᆡ 소ᄅᆡ를 드러ᄂᆡ지 말며 ᄉᆞᄉᆞ 말을 일으지 말며 음탕ᄒᆞᆫ 소ᄅᆡ를 듯지 말며 황혼의 ᄂᆡ왕홈이 촉불을 잡으라. 어둔 ᄃᆡ 츌입은 녀ᄌᆞ의 법이 아니니 한 힝실만 잘못ᄒᆞ면 일ᄇᆡᆨ 힝실이 일위지 못ᄒᆞᄂᆞ니라. (녀론어, 27b-28a)

마. 츙신은 두 나라를 셤기지 아니ᄒᆞ고 렬녀ᄂᆞᆫ 두 가장을 곳치지 아니ᄒᆞᄂᆞᆫ지라. 고로 한번 더부러 초례ᄒᆞ면 죵신토록 옴기지 아니ᄒᆞᄂᆞ니 남자ᄂᆞᆫ 가히

8) 위의 책. 새우리말갈래사전을 이용하여 사람의 성품과 관련된 낱말을 추려 친숙한 용어로 생각되는 784개의 어휘를 추출하였으며, 이를 5개 분야로 분류하였다.
(1) 가. 언행과 어조를 나타내는 형용사
나. 심리, 감정, 생각, 정신상태를 나타내는 형용사
다. 성격, 인격, 인품, 능력, 버릇 따위를 나타내는 형용사
라. 언행과 어조를 나타내는 동사
마. 심리, 감정, 생각, 정신, 인품의 동사

거듭 혼인ᄒᆞ려니와 녀ᄌᆞ는 두번 감이 업ᄂᆞ니라. (여범, 17b)

바. 아버지와 어머니와 형과 누의를 공경ᄒᆞ는 마ᄋᆞᆷ을 미루어 남의 부형도 공경ᄒᆞ여 섬길 것이니 어룬을 ᄃᆡᄒᆞ거든 몬저 절ᄒᆞ고 몸을 단졍히 ᄒᆞ여 ᄃᆡ답을 졍셩스러이 ᄒᆞ며 음식을 몬저 먹지 말며 길을 몬저 가지 말며 말을 가변게 말 것이요. (여소, 50)

사. 대뎌 녀ᄌᆞ의 ᄒᆡᆼᄒᆞ는 것과 안는 것과 눕는 것과 일어나는 것은 남ᄌᆞ와 다름이 만으니 맛당이 얌전ᄒᆞ고 씩씩ᄒᆞ며 단뎡ᄒᆞ게 ᄒᆞ되 (여소, 1)

(6)은 '언행' 여성어가 나타나는 예문이다. 그러나 언행 분야의 여성어 분류에서, '공손하다, 얌전하다'와 같은 단어들은 성격과 언행이 겹치는 부분들이라고 할 수 있다. 예컨대 '공손하게 말하다, 얌전히 대답하다' 등의 표현으로 볼 때 이는 언어 행위에 속하지만 '천성이 얌전하다' 등의 경우 성격으로 해석할 수 있기 때문이다. 따라서 이 연구에서는 여성어가 출현하는 앞뒤 맥락에 따라 성격과 언행의 여성어를 분류하였다.[9)]

유교사회에서 언어 행위에 대한 규제는 여성뿐 아니라 남성에게도 적용되었다. 예가 아닌 것은 보지도 듣지도 말하지도 말라는 가르침을 통해 유교 사회의 남성들 역시 자기 수양에서 말하는 것과 행동하는 것을 극히 제한해야 했다. 그러나 유교 사회가 여성과 남성의 말하기를 제한하는 범주는 달랐는데, 남성이 인의 실현을 위하여 예가 아닌 것을 말하지 않는다는 점에 치중했다면,[10)] 여성의 말하기 제한에는 이러한 궁극적 목적과 이상이 나

9) 사전 정의나 최태진(2000)의 논의에 따르면 성격은 정적인 것이 아니라 동적인 것이다. 즉 성격은 움직임이나 특정 행동방식을 포함하고 있기 때문에 이 연구에서 분류한 '언행' 분야를 포함하게 된다. 그러나 여성에 관련된 속담이나 여성과 관련된 담론에서 여성의 언어 행위와 성격에 대한 부분이 강조되고 앞선 연구들에서 이러한 부분에 대한 논의가 많았던 점을 고려하여 여성의 언행과 성격은 분리해서 고찰하는 것이 여성어에 대하여 더 많은 면면을 살펴볼 수 있을 것이다. 이에 본고는 최태진(2000)의 성격 분야를 성격과 언행으로 나누어 살펴보고자 한다.

10) 논어 안연편에는 다음과 같은 구절이 나온다. "안연이 인을 묻자 공자가 말하기를, 자기를 극복하고 예에 돌아감이 곧 인(仁) 이 되는 것이니 어느 날 자기를 극복하여 예에 돌아가게 된다면 온 천하가 다. 인(仁)에 따르게 될 것이니라. 인(仁)이 되는 것은 자기로 말미암은 것이지 어찌 남으로 말미암은 것이겠느냐? 안연이 그 방법을 묻자, 예가 아닌 것은 보지도 말고, 예가 아닌 것은 듣지도 말고, 예가 아닌 것은 말하지도 말고, 예가 아닌 것은 움직이지도 말라. 또한 유교에는 신독(愼獨)의 원리가 있다. 신독은 홀로 있을 때에도 도리에 어그러짐이 없

타나지 않았다. 여성의 말하기 제약은 일상생활에서 분란을 일으키지 않도록 하는 침묵, 자신의 의견을 내세우지 않도록 하는 순종적 침묵의 형태로 나타난다.11) 따라서 '행동'과 '말하기'의 규제 변화는 여성상의 변화와 밀접한 관련 하에 진행될 것이다.

3.3. 외모

'외모'는 대인관계에서 사람을 판단하는 가장 일차적인 요소이다. 이런 까닭에 아름다운 외모 혹은 성격이 좋아 보이는 외모는 대인관계 혹은 면접 등에서 좋은 평가를 받아 왔다. 특히 외모에 대한 평가에서 여성의 아름다운 외모는 남성보다 더욱 필수적인 것으로 인식된다.12)

그러나 '아름다움', '미적 가치'는 절대적인 것이 아니라 해당 사회와 문화의 가치 평가 혹은 이데올로기에 따라 달라진다.13) 한국 사회에서 여성에게

도록 몸가짐을 바로 하고 언행을 삼가는 것으로 중용에 나타난다. 정약용은 不睹不聞과 莫見乎隱 莫顯乎微는 天地鬼神이 항상 강림하여 낱낱이 굽어보고 있으며, 날마다 옥루에까지 임하여 굽어 살피고 있음을 의미하는 것으로, 군자는 이 사실을 명확하게 인식하여 항상 戒愼恐懼와 愼獨해야 함을 강조한 것이라고 보았다. 김유곤(2008:127~128) 참조.

11) 말하기에 대한 제약은 여훈서 전반에 걸쳐 나타난다. 『계녀서』는 말솜을 조심ᄒᆞᄂᆞᆫ 도리가 따로 편제되어 있으며, "샹담의 일오ᄃᆡ 신부가 싀가의 가셔 눈머러 솜년이요, 귀먹어 솜년이요, 말 못ᄒᆞ야 솜년이라 ᄒᆞ니 눈머단 말은 보고도 말ᄒᆞ지 말난 말이요, 귀먹단 말은 듯고도 드른쳬 말난 말이요, 말못ᄒᆞᆫ단 말은 불긴ᄒᆞᆫ 말ᄒᆞ지 말난 말이니 말을 솜가홈이 읏듬 힝실이라"고 밝히고 있다. 이와 관련하여 김세은(2002:85)에서 지적한 것과 같이 예전에 아내를 내쫓을 수 있는 이유가 되었던 칠거지악에 '말이 지나치게 많은 것'이 들어간다는 점을 주목할 수 있다. 또한 말하기 외에도 여성은 편지쓰기도 제한되었다. 개화기의 『여자소학수신서』 44과에는 "우리나라에서는 남ᄌᆞ의 편지 ᄉᆞ연과 녀ᄌᆞ의 편지가 조곰 달라서 녀ᄌᆞ의 편지는 알아보기가 좀 어려으니 아조 녀ᄌᆞ들은 편지 쓰는ᄃᆡ 매우 삼갈지니라."와 같은 구절이 나온다. 즉 여성의 경우 말하기, 쓰기와 같은 표현 분야에서 의사표현을 제한당했다고 볼 수 있다.
정효진(2005:133)은 피지 인도 여성에 대한 남편의 폭력 사유가 모르는 남성들과 어울리거나, 공간적인 거리 유지를 위배하는 것과 같은 부적절한 행동으로 자신과 가족원의 명예를 더럽혔거나 남편과 시어머니에게 순종하지 않는 태도, 간통혐의, 말이 너무 많다는 등 여러 가지임을 지적하고 있다. 이를 통해 볼 때 여성의 말하기 제약과 순종적인 태도 강요는 한국만의 문제가 아니라 가부장성이 갖는 공통 특성임을 알 수 있다.

12) 이관이 · 이경희(2003:66), 한설아(1997:42) 참조.

13) 한설아(1997:12)는 사회가 요구한 이상적인 이상적 몸을 갖기 위해 여성들이 코르셋이나 전족과 같은 도구를 통해 기형적인 몸을 만들기도 했다고 밝힌다. 특히 이러한 기형적 몸의 형성 배경에는 여성의 아름다움에 대한 기준이 그 사회의 이상적 여성성을 시각적으로 재현하는 방식으로 형성되기 때문이라고 보았다.

요구된 외모는 시대와 계층에 따라 변화하여 왔다. '외모'가 여성의 평가 및 여성의 삶과 밀접한 관련을 맺고 있기 때문에 이러한 양상은 어휘로 나타날 것이라고 가정할 수 있다. 따라서 '외모'는 여성어의 한 분류기준으로 삼을 수 있다.

(7) 가. 현쳘ᄒᆞᆫ 부인은 매일 일즉 이러나셔 낫 씻고 머리 빗고 담장을 잠간ᄒᆞ고 부억에 드러가 솟슬 씻스며 (초여, 22b)
나. 머리 빗고 셰슈ᄒᆞ고 몸 씻기를 싀부모 병환 계실 졔 밧긔ᄂᆞᆫ ᄭᅴ라도 ᄲᅡᆯ기를 폐치 마라. (계녀서, 314)
다. 그 아리따운 태도는 서왕모가 요지연에 임함이 아니면, 월궁항아가 낙포에 나림이러라. (옥낭자전, 123)
라. 그런 추비한 인물을 무슨 연고로 들어가 보라시는고 (박씨부인전, 44)
마. 월궁선녀 왕모를 이별하고 은하 위로 내리는 듯, 아미를 반만 들어 수태를 못 이기며 앉았으니, 만고절색이요 규중신선 같더라. (유문성전, 140)
바. 그집 안방에 ᄭᅩᆺ갓치 졀문 부인이 옥 ᄀᆞᆺᄒᆞᆫ 흰 손길로 턱을 괴히고 뒤ᄯᅳᆯ로 난 동창문을 향ᄒᆞ고 안져(빈상셜, 7)

(7)은 '외모'를 표현한 예문이다. (7가)에서 '낯 씻고 머리 빗다', '담장(淡粧)하다', (7나)에서 '머리 빗고 세수하다', '몸 씻다', (7다)에서 '아리땁다, 서왕모, 월궁항아'를, (7라)에서는 '추비하다', (7마)에서 '월궁선녀, 왕모, 아미, 수태를 못 이기다', (7바)에서 '꽃 같다', '옥 같은 흰 손길'을 외모 관련 여성어로 추출할 수 있다. 여기에서 주목할 수 있는 것은 (7가~나)와 같은 여훈서에서는 '씻는 것' 중심의 여성어가 나타난 반면, (7다~바)는 '외모'가 '예쁘고 안 예쁜 것'에 대해 묘사하고 있는 것이다. 여훈서가 소설과 다른 양상을 보일 것이라는 점을 가정할 수 있다.

이 외에도 외모에 대한 평가는 '얼굴'뿐만 아니라 '몸매'에서도 나타나는데, 이 연구에서 다루는 외모는 얼굴과 몸매뿐만 아니라 '덕(德)'이 드러나는 비가시적 외모를 포함한다. 중 · 근세의 외모에 대한 평가는 가시적으로 드러나는 얼굴과 몸매에 대한 평가와 비가시적으로 드러나는 婦德에 대한 평가로 나타난다. 이는 계층에 따라 달리 나타나는데 양반 사대부가 여성을 교육하기 위하여 나타난 여훈서류에서는 가시적인 용모 및 외모를[14] 중요하게 여기지 말라는 내용이 나타나지만 양반을 위시해 중인 계층까지 향유했던 고소설류에서는 당시의 미인에 대한 묘사가 자세하게 나타난다.[15]

여성이 외모와 관련되어 평가받고 외모를 통해 안정적인 사회적 지위를 누리거나 여성으로서의 특별한 권리를 쟁취할 수 있었다면 혹은 가부장적 사회에서의 이익을 얻을 수 있었다면 '외모' 분야의 여성어는 한국 여성의 변화를 잘 보여주는 지표가 된다고 하겠다.[16]

---

14) 장은영(2003:8)은 South(1991)의 다음과 같은 조사를 인용하고 있다. "미국의 미혼 남녀들의 배우자 선택 선호도를 조사 분석한 결과 여성은 사회 · 경제적 지위, 확고한 직업, 높은 수입, 높은 학력과 같은 사회 · 경제적 요소들을 가진 남성을 가장 선호하였고, 남성은 여성의 매력이나 낮은 연령과 같은 비경제적 요소를 희망한다." 즉, 외모에는 '어림', '젊음'과 같은 요소들도 포함되는 것이다.

15) 이관이 · 이경희(2002:363)에서는 이상적인 여성미'가 연령 별로 다르게 나타남을 보이고 있다. 10대와 20대는 날씬한, 발랄한, 청순한 등, 즉흥적으로 겉으로 드러나 보이는 외면의 아름다움을 추구하고 있고, 30대 이후 40대, 50대에서는 자신감 있는, 최선을 다하는, 능력 있는 등과 같은, 생활의 지혜에 따른 완숙함과 열심히 노력하는 모습으로 표현되는 내면의 아름다움을 중요하게 생각하는 것으로 조사되었다. 마지막으로 60대에서는 여유있는, 남을 배려하는, 인자한 등의 삶의 경륜에서 품어져 나오는 여유와 너그러움의 내연의 미도 추구하고 있지만, 건강한, 편안한, 매력적인 등 쇠약해지는 신체에 대한 염려로 건강을 중요시하면서 추하지 않고 품위 있게 살기를 소망하는 마음에서 표현된 외면의 아름다움도 나타났다고 분석하였다.
이와 같이 '외모' 혹은 '미적 가치'에 대한 것은 상대적이고 연령이나 계층에 따라 달리 나타날 수 있다. 여훈서와 고전 소설 역시 그러한 입장을 반영하는 것으로 보이며, 여성에 대한 다양한 인식 내용을 알기 위한 목적에서 다양한 연령대, 계층에 대한 조사는 필수적이라고 하겠다.

16) 한설아(1997:2)는 여성의 아름다운 외모는 전통적으로 이상적 여성성을 구성하는 핵심적 요소가 되어 왔으며, 엄격한 남녀 불평등의 신분사회 속에서도 시대적 기준에 맞는 외모를 타고난 여성들은 다른 여성들에 비해 비교적 많은 삶의 기회를 누릴 수 있었다고 보았다. 그러나 전통사회에서도 중요했던 외모가 현대 사회에서는 두 가지 면에서 다른 양상을 보인다고 보았다. 첫째, 여성들이 외모라는 자본에 전적으로 의지하지 않아도 될 만큼 사회적 권력에 접근할 수 있는 가능성이 현실화되고 여성의 자아실현의 자원이 점차 다양해지고 있는 상황에서 외모의 권력화가 더욱 더 강화되고 있다는 점, 둘째, '타고난 미모'라는 과거의 개념과는 달리 오늘날 여성의 외모는 명백히 '만들어지고 관리되는 것'이라는 사회적 관념과 그를 뒷받침하는 제도들이 형성되며 여성의 외모 관리에 대한 요구와 기대가 점차 증대되고 있다는 점이다.

3.4. 사회적 지위

여성어 연구를 위하여 사회적 지위를 고찰하는 까닭은 여성의 삶이 사회에서 낮은 지위로 인해 영향을 받았고, 그에 따른 여성어만의 특징을 보여 주었기 때문이다. 여성을 침묵하게 하거나 여성의 발화를 인정하지 않거나 묻는 사회구조의 속성 등은 다른 어떤 분야보다도 사회적 지위, 사회구조 등의 이데올로기적인 입장에서 나타날 수밖에 없다.[17]

(8) 가. <u>녀ᄌᆞ의 ᄇᆡᆨ년 앙망이 오직 지아비</u>라, 지아비 셤기기ᄂᆞᆫ ᄠᅳᆺ을 어긔오지 말밧귀 업ᄉᆞ니 지아비 ᄃᆡ단 그른 일ᄒᆞ야 셰상 용납지 못ᄒᆞᆯ 일 밧긔ᄂᆞᆫ 그 ᄠᅳᆺ을 만분 미진ᄒᆞᆫ 일이 업게 ᄒᆞ야 하ᄂᆞᆫ ᄃᆡ로 하고 한 말과 한 일을 어긔지 마라. (계녀서, 2)

나. 넷제 ᄯᆞᆯ 나은 삼일에 평상 아ᄅᆡ 뉘여 지와로 희롱ᄒᆞ고 ᄌᆡ계ᄒᆞ야 고묘ᄒᆞ니 평상 아ᄅᆡ 뉘믄 <u>그 비손ᄒᆞ고 유약ᄒᆞ야 사ᄅᆞᆷ의게 ᄂᆡ리기 젼쥬홈을 발킴</u>이오 지와로 희롱홈은 <u>슈고롬을 이키여 근고잡기 젼쥬홈을 발킴</u>이오 ᄌᆡ계ᄒᆞ야 션군의게 고홈은 맛당이 <u>졔ᄉᆞ이음 젼쥬홈을 발킴</u>이니 이 셰가지ᄂᆞᆫ 녀인의 덧덧ᄒᆞᆫ 도오 례법의 덧덧ᄒᆞᆫ 가라침이라. (녀계, 비약데일, 4b-5a).

다. <u>녀ᄌᆞᄂᆞᆫ 나라 ᄇᆡᆨ셩된 쟈의 어머니 될 사ᄅᆞᆷ</u>이라. (여독, 1)

라. 아셔라. 이후에 다시ᄂᆞᆫ <u>남의 말 엿드르러 당기지 마라. 계집아희가 그리ᄒᆞ면 사ᄅᆞᆷ 못 되ᄂᆞ니라</u>. (치악산, 10)

마. 다만 <u>가장의 비위만 맛쳐 안지라면 안고 셔라면 셔니</u> 진소위 <u>밥 먹ᄂᆞᆫ 안셕</u>이오 <u>옷 입은 퇴침</u>이라. 엇지 인류라 칭ᄒᆞ릿가. (ᄌᆞ유종, 3)

바. 홍참의 마음에 <u>조거시 인물갑슬 ᄒᆞ느라고</u> 남의 집을 망ᄒᆞ엿지. (치악산, 105)

---

17) Cameron(1985:13)이 말한 것처럼 언어학의 과학적, 객관적 기반 자체에 의문을 던지고 언어학의 실천이 어떻게 남성 중심의 이데올로기나 억압을 함유하는지 보기 위하여, 나아가 언어의 사용이 여성의 정치적 실천의 핵심을 이루고 있기 때문에 여성어에 대한 고찰은 사회 구조와 함께 살펴볼 필요가 있다.

(8)은 여성의 사회적 지위를 보여 주는 예문이다. (8가)는 여자의 평생소원이 오직 '남편'이라는 말로, 여자는 남편에 종속되어 있음을 이야기하고, (8나)는 여성은 '낮은 존재로 태어났기 때문에 사람에게 내리기(낮은 지위 인식)'를 해야 하며, '수고롭고 부지런해야 하며, 제사를 이어야 하는 존재'임을 보여 준다. (8다)는 '여자는 나라 백성의 어머니'가 될 존재로 규정하여, 자식을 낳고 교육하는 데서 의미를 찾는 존재임을 이야기하고, (8마)는 (8가)와 같이 '남성에 종속된 존재'임을 보여 준다. (8바)는 '문제의 근원은 여성'이며 어떤 원인인지 밝히지도 않은 채, 여성이 '인물값'을 했다고 단정됨을 보여 준다.[18)]

현대사회에서 (8)의 내용을 입 밖에 내는 것은 남녀가 평등하다는 가시적인 법률로 인해 비난받게 되지만, '인물값을 하다'라는 말은 지금도 '제법 예쁜 여성에게 문제'가 있을 때 사용되는 말이다.

(8)과 같은 지배 이데올로기 혹은 원리를 이해하지 못한다면, 여성어가 갖게 되는 부정성의 특징을 알기 어렵게 된다. 따라서 김세은(2002:91)의 논의처럼 가부장적 사회구조와 남성 중심적 문화 안에서 언어가 어떻게 여성을 체계적으로 배제하고 또 스스로의 남성중심적 특성들을 은폐하여 그러한 문화와 제도를 유지시켜 왔는지에 대해 관심을 가질 필요가 있다.

국어 여성어의 경우 여성의 지위에 대한 이해는 여성어의 부분적 이해가 아닌 사회 구조라는 전체적인 맥락에서의 이해를 도울 수 있다. 즉, 조선시대의 여성은 모두 억압적인 구조에서 언어 사용을 제한당하였는지, 아니면 일부 계층에 한해서 어느 정도의 자유가 있었는지에 대한 문제 등은 피상적으로 접근할 문제가 아니라 사회 구조의 변화와 발전에 따라 어떤 양상으로

---

18) '인물값을 하다'는 남녀 모두 사용 가능한 말이다. 세종말뭉치 자료를 검색해 보면, '인물값을 하다'가 남성, 여성과 다음과 같이 결합한다.

(1) 가. "왜, 그 거무튀튀하니 남자답게 생긴 놈이 인물값 못하고 왜놈 앞잡이질하는 놈 있지?"
나. "여자 얼굴이 너무 예뻐도 팔자가 세다는데 인물값 하느라고 애기를 못 낳는 게 아닐까?"

위의 문장에서 (1가)는 '인물값을 해야' 하는데, 못하는 상황이고, (1나)는 '예쁜 얼굴'로 인해 '인물값을 한' 상황이다. 부정어 사용에서 남자에게는 기대했던 것을 못한 것에 대한 비난이 있고, 여성에게는 원래 기대했던 것이 있었던 것이 아니라 '타고 태어난 어쩔 수 없는 것'에 문제의 원인을 돌리는 화법을 쓰고 있다. 사회적 지위 및 기대에 따라 동일 어휘가 다르게 나타나고 있는 것이다.

나타나는지를 파악해야 하는 문제인 것이다. 즉, 사회의 구조 변화와 여성의 삶이 가지는 관계를 살펴보고, 이를 통해 여성어의 사용 양상을 살펴보거나 역으로 여성어의 사용 양상을 통해 사회의 구조 변화와 여성의 삶의 변화의 고리를 찾을 수 있다고 할 수 있다.

이를 통해, 같은 시대라 하더라도 계층적 차이가 강고했던 중 · 근세와 사회적 변화가 전 계층에서 일어나 계층적 차이가 흔들렸던 개화기 시대의 여성어 사용 양상은 다를 것이라고 추정할 수 있다.

또한 여성의 사회적 지위를 살펴볼 때, 간과할 수 없는 점이 어떤 여성으로 한정할 것인가의 문제이다. '여성'은 단일한 주체로 인식되지 않고 딸, 어머니, 과부, 기생, 무녀 등으로 분리되어 인식되었다. 따라서 사회적 지위를 살펴볼 때에는 이러한 여성의 계층 혹은 직업에 대해서도 주목할 필요가 있다. 특히 이러한 분류는 여성에 대한 억압이 일률적으로 일어난 것인지, 아니면 특정 계층에 따라 일어난 것인지를 확인하는 데 기여할 수 있을 것이다.[19]

4. 결론

이 연구에서는 국어 여성어의 정의를 새롭게 내리고 이를 '성격, 언행, 외모, 사회적 지위'라는 네 개의 어휘장을 통해 살펴보고자 하였다. 특히 이 연구는 여성어 목록 혹은 여성어 어휘장의 통시적인 변화를 통해 한국 여성에 대한 인식 및 지위 변화를 간접적으로 고찰하고자 하는 부차적인 목적을 지니기도 하였다.

'여성어'는 국어학이나 언어학의 한정된 영역에서 수행되기보다는 학제적인 연구의 틀 안에서 진행되어야 하는 연구 분야이다.[20] 이 때문에 성차이,

19) 이종경 · 김진아(2008:267)는 여성사 연구의 새로운 경향으로 같은 시대, 그리고 같은 지위의 여성들이라 할지라도 이들이 처한 환경이나 상황이 각기 달랐다는 전제 하에 남성과 여성을 이분법적으로 구분하지 않고, 여성과 관련된 다양한 측면을 다루거나 다양한 여성을 다루는 것이 여성의 본질을 파악하는 데 더 도움이 될 것이라는 점을 밝히고 있다.

20) '여성'과 '남성'의 성별 변이에 의한 언어 차이에 대한 연구가 본격화된 것은 1970년대 사회

성차별, 페미니즘, 가부장제, 인류학 등의 인접학문의 발전과 밀접한 관련을 맺는 분야라고 할 수 있다.

이 글에서는 국어 여성어가 어휘적 단위를 넘어서 속담, 덩어리 표현 등과도 연결될 수 있음을 살펴보았다. 또한 성격, 외모, 언행 등과 같이 국어 어휘장으로 처리될 수 있는 범주 외에도 사회 및 이데올로기적인 입장과 괴리될 수 없다는 특징을 고려하여 '사회적 지위'의 어휘장 내에서 여성어를 파악하고자 하였다.

이 연구는 『내훈』, 『여사서』 등의 조선 중기의 문헌과 고소설 등의 조선 후기, 개화기 여훈서와 소설, 현대인의 설문조사 결과 등을 토대로 하여 여성어의 통시적인 변화를 고찰하고자 하는 큰 연구의 일부분이다. 통시적인 변화의 양상은 또 다른 논문을 통해 제시할 수 있기를 바란다.

참고문헌

강문희(2000), 「여성의 성격발달에 관한 이론적 접근 고찰」, 『여성건강』 1권 2호, 대한여성건강학회, 12～16면.

김세은(2002), 「통제 메카니즘으로서의 언어와 말하기」, 『한국언론학보』 46권 3호, 한국언론학회, 80～115면.

김유곤(2008), 「조선조 유학의 중용사상에 관한 연구」, 성균관대 일반대학원 박사학위논문.

민현식(1996), 「국어의 여성어 연구」, 『아세아여성연구』 34, 숙명여대 아세아여성문제연구소, 7～64면.

이관이 · 이경희(2002), 「어휘분석을 통한 이상적인 여성미 연구」, 『한국의류산업학회지』 제4권 제4호, 한국의류산업학회, 362～363면.

이종경 · 김진아(2008), 「여성의 경험과 사회적 지위: 서유럽 중세를 중심으로」, 『역사교육』 107권, 역사교육연구회. 267면.

임홍빈(2005), 『우리말에 대한 성찰』, 태학사.

정효진(2005), 「피지 인도인 여성의 사회적 지위와 변화」, 『인도연구』 10-2, 한국인

언어학이 언어학의 한 분야로 인정되면서부터이고, 국어에서 여성어에 대한 본격적인 연구는 80, 90년대 페미니즘의 성장과 함께 이루어졌다.

도학회, 123～124면, 133면.

최태진(2000), 「어휘접근에 의한 성격특성 구조의 분석」, 부산대학교 일반대학원 박사학위논문.

한설아(1997), 「여성의 외모 관리에 대한 여성주의적 접근」, 이화여자대학교 대학원 석사학위논문.

Cameron, D(1985), *Feminism and Linguistic Theory*, 이기우 역(1995), 『페미니즘과 언어 이론』, 한국문화사.

Hellinger, Marlis(1990), *Kontrastive Feministische Linguistik*, 김종수 역(2006), 『페미니즘 언어학과 성차별 메커니즘』, 부산대학교출판부.

Suzanne Romaine(2000), *Language in Society : An Introduction to Sociolinguistics*, 박용한 · 김동환 역(2009), 『언어와 사회』, 소통.

Rebecca Solnit(2000), *Wanderlust: A History of Walking*, 김정아 역(2003), 『걷기의 역사』, 민음사.

Yaguello, Marina(1978), *Les Mots Et Les Femmes*, 강주헌 역(1994), 『언어와 여성』, 여성사.

'숙영낭자 이야기'의 전승담과 전승요의 서술상황과 서술의식 비교

장 영 창*

1. 서론

이 글은 '숙영낭자 이야기' 전승담과 전승요의 서술상황을 살펴보고, 전승담과 전승요의 서술의식을 비교 고찰하기 위한 것이다. 전승되어 내려오는 이야기와 노래는 옛날이야기처럼 호랑이 담배피던 시절, 아주 오래된 시절에 만들어 진 것으로 생각한다. 그러나 '숙영낭자 이야기'는 과거제도가 생긴 이후에 나온 이야기로 추정할 수 있다. 과거를 보러 가기 위해 부부가 어쩔 수 없이 헤어짐으로 인해 발생하는 사건이 이야기의 핵심 요소이기 때문이다. 이러한 이야기가 전승되어 내려오다가 일정한 시기에 노래로 변모하게 되었다. 전승담의 형태로 야담과 소설이 존재하고, 전승요의 형태로 판소리와 서사민요가 존재한다. 이렇게 다양한 장르의 소재로 활용된 '숙영낭자 이야기' 의 기존 연구를 시대순으로 살펴보면 다음과 같다.

조선의 문학을 소개하는 글에서 시기적으로 제일 먼저 <숙영낭자전>의 내용을 소개한 사람은 안자산[1]이다. 그 후 김태준[2]은 <숙영낭자전>을 염정소설로 분류하면서 작중 배경이 경북 안동인 점을 근거로 그 작가가 안동 사람이나 안동을 잘 아는 사람이었을 것이라 추정하였다. 설화 <再生緣>과

* 경희대학교 국어국문학과 대학원 박사수료

1) 안자산, 『조선문학사』, 보고사, 1922, 100면.

2) 김태준, 『조선소설사』, 학예사, 1933, 218~219면.

의 비교를 통해 <재생연>이 <숙영낭자전>으로 '번역'되었다는 주장을 하였다.

박성의[3]는 <숙영낭자전>을 도선적 비현실적인 설화적 형식의 애정소설로, 김기동[4]은 도선적인 결연설화와 재생설화를 중심으로 결구된 애정소설로 보았다.

이희숙[5]은 <숙영낭자전>을 실학사상에 의한 인간애의 각성에 영향 받은 염정소설로 규정하였고, 이 작품의 작가를 하층민도 상층지식인도 아닌 인물로서 여성일 것이라 추정했다.

김일렬[6]은 <숙영낭자전>을 '부모와 자식의 갈등을 통해 효를 비판하고 애정을 강조하는 의미를 담고 있는 작품'으로 해석하면서 다른 소설과는 다른 특이한 구조로 되어 있음을 밝히고, 그 문학적 가치를 긍정적으로 평가했다.

조동일[7]은 서사민요을 채록하는 과정에서 우연히 <숙영낭자전>과 내용이 비슷한 서사민요 <옥단춘아>를 채록하여 <숙영낭자전> 연구에 새로운 단초를 제공하였다.

김충실[8]은 <숙영낭자전>을 애정지상주의를 강력하게 표현하는 소설로 보았다. 혼사장애 모티프에 초점을 맞추어, 사회 역사적 관점에서 '혼전결합'의 문제를 제기하면서 신화비평적으로 접근한 논문이라는 점에서 의의가 있다. 숙영과 선군의 시련은 성숙하고 완전한 존재가 되고 천상계로 회귀하기 위한 통과제의적 상징성으로 분석했다.

손경희[9]는 『태평한화골계전』에 실려 있는 <숙영낭자전>의 내용과 유사한 내용을 지닌 <과거자잠종기처>를 최초로 확인하였다. <숙영낭자전>의 구조를 '금기파괴와 간계의 구조'로 본 것은 새로운 작품 해석이었다.

---

3) 박성의, 『한국고대소설사』, 일신사, 1958, 432면.
4) 김기동, 『이조시대소설론』, 정연사, 1959, 414~415면
5) 이희숙, 「숙영낭자전고」, 『한국어문연구』 8, 한국어문학회, 이화여자대학교, 1968, 143면.
6) 김일렬, 「고전소설에 나타난 가족의식」, 『동양문화연구』 1, 동양문화연구소, 경북대, 1974.
7) 조동일, 『서사민요연구』, 계명대출판부, 1979, 362~364면.
8) 김충실, 「숙영낭자전에 나타난 시련에 대한 연구」, 『이화어문논집』 7, 한국어문학연구소, 이화여자대학교, 1984.
9) 손경희, 「숙영낭자전 연구」, 연세대 석사학위논문, 1986, 281~282면.

김종철[10]은 박녹주(1906~1979)의 창본을 중심으로 소설에서 판소리화 하면서 일어난 변화를 고찰해 창본 연구 개척의 길을 열었다. <옥단춘요>와의 비교 등을 통해 비교 연구의 중요한 성과를 얻었다.

성현경[11]은 이본 14종을 대상으로 분류하고 검토하였다. 필사본들을 여주인공의 이름, 시대배경, 청조의 등장 여부, 수장 여부 등을 기준으로 '수경낭자전'과 '숙영경낭자전'으로 분류 · 명명하고, 그 이칭으로 '비판각본계 필사본'과 '판각본계 필사본'이라 부르기도 했다. 그러면서 비판각본계 필사본이 판각본게 필사본으로 넘어오면서 비장미가 줄어들고, 문체가 "완전한 식자층 · 사대부층의 문체로 바뀌거나 정돈되고, 여주인공의 무게가 줄어들면서 그 무게 중심이 남주인공에게로 옮겨가" "儒家意識 · 保守意識으로 회귀"했다고 한 지적은 정확한 분석로 보인다. 류호열[12]은 그의 박사논문에서 <숙영낭자전>과 관련된 모든 서사를 망라하여 설화, 소설, 판소리, 서사민요의 장르적 변화를 세심하여 비교 연구하였다. 특히 야담의 소설적 변모를'남성의 애욕(愛慾)에서 여성의 애환(哀歡)으로' 분석하였다. 그리고 고전소설이 여성의 한(恨)을 부각한 반면, 판소리에서는 선군의 구약여행을 통해 여성의 한(恨)을 풀어주는 해원(解寃)을 부각하는 방향으로 서사가 전개 되었다고 분석하였다. 마지막으로 서사민요 <옥단춘요>는 자신이 감당할 수 없는 슬픔의 감정을 극대화하고 절망적 슬픔의 읊조림과 체념으로 자신의 한(恨)을 푸는 기능을 지닌다고 논리적으로 설명 하였다.

이 글에서는 네 장르로 나누어진 '숙영낭자 이야기'의 전승담과 전승요를 상호 비교하면서 공통점과 차이점을 기반으로 하여 상호 텍스트성을 분석하며 서술상황, 서술의식을 살펴보고자 한다.

10) 김종철, 「판소리 숙영낭자전 연구」, 『난대 이응백 박사 고희기념논문집』, 1992.

11) 성현경, 「<숙영낭자전>과 <숙영낭자가>의 비교-소설의 판소리화 과정 연구」, 『판소리 연구』 6, 판소리학회, 1995.

12) 류호열, 「<숙영낭자전> 서사 연구: 설화 · 소설 · 판소리 · 서사민요의 장르적 변화를 중심으로」, 건국대 박사학위논문, 2010.

2. '숙영낭자 이야기' 전승담과 전승요의 서술상황

이 글에서 다루고자 하는 '숙영낭자 이야기' 전승담과 전승요의 자료는 다음과 같다. '숙영낭자 이야기' 전승담에는 한 편의 야담과 여러 이본의 소설이 있다. '숙영낭자 이야기' 전승담으로 가장 이른 시기에 기록된 것은 야담이다. 이것은 서거정이 1477(성종 8)년 『태평한화골계전』에 기록한 것으로 알려져 있다. 기록되기 이전에 어떻게 구비 전승되었는지 현재로서는 알 수가 없다. 서거정이 기록한 <과거자잠종기처(科擧者潛蹤其妻)>를 야담의 텍스트로 한다. 소설 <숙영낭자전>은 수많은 이본이 존재한다. 이본 중에 경판 28장본은 김일렬[13]의 선행 연구에 의해 28장본의 간기 '함풍경신(咸豊庚申)'을 바탕으로 하여 연도로 환산한 1860(철종11)년이 됨을 알 수 있다. 소설본은 경판 28장본을 텍스트로 한다.

'숙영낭자 이야기' 전승요에는 판소리와 서사민요가 있다. 판소리는 구심전수로 전해지는 노래이다. 판소리 <숙영낭자가>도 여러 창자에 의해 계승되다가, 박녹주가 판소리 <숙영낭자전>을 1937년에 전수받아 기록하여 현재 전해지게 되었다.[14] 박녹주본을 판소리 텍스트로 한다. 그리고 조동일은 1970년에 서사민요를 채록(採錄)[15]하면서 <옥단춘요>와 내용이 비슷한 서사민요 10곡을 채록(採錄)했다. 그러면서 제목을 <옥단춘아>라고 했다. 조동일이 채록한 책에는 <옥단춘아>라는 제목으로 10편의 자료가 있다. <옥단춘아> 이름의 9편은 전체적으로 길이가 짧다. 그런데 5번째 자료가 소설 <숙영낭자전>의 내용과 유사하고 내용도 길게 서술된 51행의 서사민요이다. 즉 5번째의 <옥단춘아> 작품만이 '숙영낭자 이야기'의 전승요라고 할 수 있다.

---

13) 김일렬, 『숙영낭자전 연구』, 역락, 1999, 280면.
경판 28장본 간기의 '咸豊庚申'이 1860(철종11)년이니 창작시기는 아무리 늦어도 그 이전임이 확실하다고 보았다. 판각본 출판은 작품의 인기가 높은 뒤 이루어짐을 고려할 때 작품이 창작된 시기는 이보다 적어도 수십 년은 상회할 것이라 추정하였다. 위와 같은 추정도 하한선에 관한 것이며 1800년대 전반기 또는 그 이전일 가능성도 있다.

14) 김종철, 「판소리 숙영낭자전 연구」, 『난대 이응백 박사 고희기념논문집』, 1992.

15) 조동일, 『서사민요연구』, 계명대출판부, 1979, 191면. 당시에 채록한 제목을 보면 다음과 같다. A. 시집살이 B. 우리선비 C. 진주낭군 D. 첨의집에 E. 부모죽은 F. 삼촌집에 G. 이내방에 H. 한번가도 I. 신부죽은 J. 이행실이 K. 큰쾌자를 L. 주은댕기 M. 생가락지 N. 옥단춘아

남편이 과거보러 떠나고 며느리가 외간 남자와 통간했다는 시부의 오해로 인해 옥단춘이 자살하는 내용이다. 그런데 조동일의 책에는 5번째 <옥단춘아> 작품 말미에 (창자는 자장가의 일부라고 했다)라는 기록이 있다. 이 노래를 부르던 사람들은 자장가로서의 옥단춘과 '숙영낭자 이야기'로서의 옥단춘을 구분하지 못한 것으로 추정된다. 이것으로 미루어 보아 소설 <숙영낭자전>이 서사민요로 전환되는 것이 보편적인 일이 아닌, 특수한 상황의 일로 추정된다. 서사민요의 자료로 5번째 <옥단춘아>를 텍스트로 한다.

위의 자료를 바탕으로 '숙영낭자 이야기'전승담과 전승요가 기록되는 시기를 요약하면 다음 표와 같다.

	야담	소설	판소리	서사민요
채록시기	1477년	1860년	1937년	1970년
기록자	서거정(1420~88) 『태평한화골계전』	경판 28장본 간기咸豊庚申 1860(철종11)년	박녹주	조동일 『서사민요 연구』
유행시기추정	1400~1477	1800~1860	1860~1937	1860~1970

야담과 소설의 전승담과 판소리와 서사민요의 전승요는 일정한 서사를 바탕으로 한다. 과거시험을 보러 가기 위해 부부가 떨어져 있음으로 인해 생긴 사건을 중심으로 한다. 이러한 공통 서사를 바탕으로 각각의 장르에 따라 다른 모습을 보여준다. 이러한 차이는 누가 누구에게 언제 어디서 어떻게 전달하느냐 하는 서술상황과 밀접한 관련을 지니고 있다. 같은 이야기라도 이야기 하는 사람 즉 서술자나 작가가 이야기를 어떻게 전달하는가, 이야기를 듣는 청중이나 독자가 어떠한 상황에서 이야기를 듣는가, 그리고 이야기를 하는 때와 장소 등에 따라 서술의식이 달라진다. 이러한 다양한 상황을 기본으로 분석하면 다음 표와 같다.

	과거자잠종기처 (야담)	숙영낭자전 (소설)	숙영낭자가 (판소리)	옥단춘요 (서사민요)
누가	양반 (구술자)	작가	창자	옥단춘과 같은 마음의 고통을 겪은 사람
누구에게	누구든 (개방적)	누구든 (개방적)	누구든 (개방적)	동병상련의 처지에 놓인 사람(폐쇄적)

언제	아무 때나 (여유가 있을 때)	아무 때나 (여유가 있을 때)	아무 때나 (여유가 있을 때)	자신의 감정이 몰입되거나 동화 되었을 때
어디서	사람이 모이는 곳	자신이 편안하게 있는 곳	여러 사람이 모이는 곳	일하는 장소
무엇하면서	재미있는 이야기를 하는 가운데	따로 시간을 내어서 책을 읽음	따로 시간을 내어서 판소리를 들음	일하면서 부름
왜	흥미 유흥	흥미 유흥	흥미 유흥	자신의 한을 풀기 위해서
어떻게 전달 서술자/피서술자	말하기 (쓰기/읽기)	쓰기/읽기	부르기/듣기	부르기/따라 부르기

<과거자잠종기처>는 서거정이 기록한 것이다. 서거정은 자신이 새롭게 이야기를 창작한 것이 아니라 들었던 이야기를 자신의 상황에 맞게 개작했거나 아니면 이미 다른 양반이 개작한 이야기를 흥미와 유흥을 위해서 기록한 것이다. 이러한 이야기는 이야기를 하는 사람이나 듣는 사람이 삶의 여유가 있을 때 이루어지는 문화 현상이다. 그러므로 이야기의 서사가 흥미위주로 진행되며, 모든 사람이 여유있게 향유하는 특성이 있다. 소설 <숙영낭자전>과 판소리 <숙영낭자가>도 서술 양상에 있어서는 전체적인 측면에서 야담과 비슷하다. 서술상황이 많이 달라지는 것은 서사민요 <옥단춘요>이다. 서사민요 <옥단춘요>를 부르는 사람은 옥단춘과 같은 마음의 고통을 겪은 사람으로서 양반(구술자), 작가, 창자가 3인칭의 제 3자인데 반해서 서술자가 옥단춘과 동화된 동일자의 상황에서 이루어진다. '누구에게 하는가' 대목에서도 야담 소설, 판소리는 누구에게 하든 상관이 없는 개방적 구조인 방면에 서사민요는 동병상련의 처지에 놓인 사람에게 하는 폐쇄적인 특징을 지니고 있다. 그러면서 '언제 하는가' 하는 상황을 비교해 보면, 야담, 소설, 판소리는 청자나 독자가 아무 때나 특히 여유가 있을 때 하므로 유흥을 즐기는 반면에 서사민요 <옥단춘요>는 자신의 감정이 몰입되거나 동화 되었을 때 부르며 특히 자신의 슬픔을 풀기 위해서 하는 것으로 서술상황이 확연히 구분된다.

3. '숙영낭자 이야기'의 서술의식

'숙영낭자 이야기'의 전승담과 전승요의 서술의식을 비교해 보면 다음과 같다. '숙영낭자 이야기'의 야담, 소설, 판소리, 서사민요 네 장르의 갈래속성을 살펴보면, 교술적 서사, 서사, 서사적 노래, 서정적 서사로 규정할 수 있다. 과거시험으로 인한 부부의 이별이라는 서사가 중심이 되는 것을 알 수 있다. 그러면서 각각의 장르의 특성에 맞게 분화 발전하였다.

서술자와 등장인물과의 관계를 보면 야담, 소설, 판소리는 서술자≠등장인물이고 서사민요는 서술자 = 등장인물이다. 그러므로 서술 시점에 있어서도 야담, 소설, 판소리는 3인칭 전지적 작가 시점이 반면에 서사민요는 허구의 나가 나오는 1인칭 주인공 시점으로 나타난다.

서술 구조를 보면, 야담에서는 시부의 오해와 풀림이라는 단선적이면서도 흥미위주의 서술구조로 되어 있다. 소설 <숙영낭자전>은 여러 작가에 의해 더욱 세련되게 다듬어지게 된다. 두 이름 없는 아들부부에서 '선군과 숙영'이라는 구체적인 이름을 얻게 되고, 둘의 만남도 그 당시 시대상황에 맞게 천상의 연분으로 정당성을 얻게 된다. 야담이 시부의 가치관이 펼쳐진 공간인 반면 소설에서는 아들 부부간의 애정이 긍정되고 숙영의 고난과 재생이 강화된다. 야담이 말하기 위주의 서술이 많은 반면에 소설은 작가가 핍진성 있게 상황을 묘사하고 숙영이 죽을 수밖에 없는 인과성을 치밀하게 묘사했다. 판소리 <숙영낭자가>에서는 바리데기와 같은 서사무가의 내용을 활용하여 숙영이 재생 하기 전에 선군이 구약여행을 갔다 오는 내용을 삽입했다. 서사민요 <옥단춘요>에서는 내용의 핵심만을 압축하여 옥단춘의 죽음과 이에 대한 한탄만을 노래하는 구조로 되어 있다.

서술의식을 비교해 보면, 야담은 표면적으로는 유흥을 즐기는 우스운 이야기를 하는 반면에 심층적으로는 지나친 애정을 경계하는 의식을 담고 있다. 소설에서는 표면적으로는 부부간의 사랑과 고난을 이야기 하면서도 심층적으로는 수직적인 효보다 수평적인 사랑을 긍정하고 있다. 판소리에서는 표면적으로는 소설과 같이 사랑과 고난을 이야기 하면서도 심층적으로는 소설보다 더 보수화 되어 운명론적 가치관을 담고 있다. 서사민요에서는 표면적으로 숙영의 죽음에 대한 슬픔을 토로하면서 심층적으로는 자신의 슬픔을 토로하며 자신의 아픔을 표현함으로 인해 자기 치료적인 기능을 한다. 이를 요약하면 다음 표와 같다.

	과거자잠종기처 (야담)	숙영낭자전 (소설)	숙영낭자가 (판소리)	옥단춘요 (서사민요)
갈래속성	교술적 서사	서사	서사적 노래	서정적 서사
서술자와 등장인물과의 관계	서술자≠등장인물	서술자≠등장인물	서술자≠등장인물	서술자 = 등장인물
서술시점	3인칭 (허구의 그)	3인칭 (허구의 그)	3인칭 (허구의 그)	1인칭 (허구의 나)
서술구조	오해와 풀림 (시부가 며느리를 오해했으나 사실이 밝혀지고 아들부부의 사랑을 인정)	꿈속에서 만남 +숙영과 선군의 사랑 + 누명으로 인한 고난 + 자살 + 누명해소 + 재생	숙영과 선군의 사랑 + 누명으로 인한 고난 + 자살 + 누명해소 + 구약여행 + 재생	옥단춘의 죽음과 한탄
서술의식	표면: 유흥 심층: 지나친 애정을 경계	표면: 사랑과 고난 심층: 수직적인 효보다 수평적인 사랑을 긍정	표면: 사랑과 고난 심층: 운명론적 가치관	표면: 죽음에 대한 한탄 심층: 나의 슬픔을 토로하기

특히 '숙영낭자 이야기'의 전승담에서는 의식의 변화가 많이 생긴다. 야담 <과거자잠종기처(科擧者潛蹤其妻)>가 유행하던 시대와 소설 <숙영낭자전>이 유행하던 시대가 다름으로 인해 효에 대한 관념이 달라지게 된다. 또한 야담 <과거자잠종기처(科擧者潛蹤其妻)>가 양반의 의식을 반영한 것이라면, 소설 <숙영낭자전>은 서민의 의식을 반영하였기에 효와 애정의 갈등이 표면화된다.

1) 효와 애정의 딜레마

'숙영낭자 이야기' 서사에서 백선군은 아버지가 과거를 보러 가라는 명령으로 인해 아내와 이별을 하게 된다. 아버지의 말을 듣는 것이 효이다. 그런데 아버지 말을 듣고 따르자니 아내와 이별하게 되고, 아내를 사랑하여 아버지의 명을 거절하자니 불효라는 딜레마에 빠지게 된다. 이러한 효와 애정의 딜레마가 야담과 고전소설과 판소리에서 어떻게 표현되어 있는가를 살펴보면 다음과 같다.

일반적으로 구비설화의 전승은 일반 민중이 할 것이라고 생각한다. 그리고 구비설화의 이야기 세계관은 곧 민중들의 가치관을 대변하는 것이라고 인식한다. 그러나 실제 상황은 그리 단순 명료하지가 않다. 처음의 구비문학의 시작은 일반 민중에 기반(基盤) 하였겠지만, 이러한 이야기가 퍼지고 기록되면서 상황이 달라진다. 또 일반 민중 외에 향촌사회의 상층부를 형성하는 유림이나 지역 유지들이 자신들의 세계관에 맞도록 설화를 변형하여 전승하게 되면서 부지불식간(不知不識間)에 그들의 세계관을 설화속에 투영(投影)시키게 되었다. 특히 지배이데올로기가 담겨져 있는 효행설화는 그 상층부의 양반들이 적극적으로 변형 전승시켰다. 이러한 효행설화에는 '부모의 뜻을 절대적으로 받아들여야 한다'는 것이나, '그렇게 정성껏 부모를 모시다 보면 사회적, 경제적, 물질적, 정신적 보상을 받게 된다'고 하는 결말이 나오게 된다. 이러한 이야기 속에 지배층의 의식, 수직적 사회질서, 유교적 윤리관이 스며들어 있다고 보아야 한다. 야담 <과거자잠종기처(科擧者潛蹤其妻)>에는 다음 대목이 있다.

> 아버지가 나무라기를 젊었을 때 경계해야 할 것은 색(色)이다. 남녀의 정은 몰입하게 하는 요소가 있으니 분별이 있어야 한다. 집안을 현양(顯揚)하는 길은 서울로 가 공부하고 입신양명(立身揚名)하여 부모의 이름을 드러내는 것이다. 마침내 생이 하직하고 길을 떠났다.[16)]

아버지가 아들에게 과거를 보라고 한다. 과거를 보는 이유는 아들 부부가 너무 정이 많아 색을 경계해서 떼어 놓을 생각이다. 아들의 몸이 축 날까봐 걱정했다. 그리고 남녀의 정은 몰입하게 하는 요소가 있으니 분별(分別)이 있어야 한다고 생각했다. 또 다른 이유는 공부를 열심히 하여 과거 시험을 잘 보아서 입신양명하여 부모의 이름을 드러내라는 것이다.

첫 번째 이유는 아들의 건강을 생각해 주고 있는 것이며, 두 번째 이유는

---

16) 이래종 역, 『태평한화골계전』, 태학사, 1998, 57면.
父詔曰少之時戒之在色况男女際情摯有別乃成家道宜遊學京師立揚顯親生辭出萬

부모의 입장을 대변한 것이다. 서거정이 야담을 기록할 당시의 가치관은 부모님의 말씀에 전적으로 순종하는 것이 효라고 생각하는 시대였다. 아들의 생각이나 판단보다는 아버지의 생각과 판단에 따라야만 하는 것이었다. 이러한 야담속에 효에 대한 잠재의식이 무르녹아 있던 것이다. 이러한 가치관이 1860년경 소설에서는 다르게 나타난다.

> 션군을 불너 닐오ᄃᆡ,
>
> "이번의 알셩과 뵌다 ᄒᆞ니 너도 올나가 과거를 보아 요ᄒᆡᆼ 참방ᄒᆞ면 네 부뫼 영화롭고 조샹을 빗ᄂᆡ미 아니되랴."
>
> ᄒᆞ며 길를 ᄌᆡ촉ᄒᆞ니 션균 왈,
>
> "우리 젼답이 슈천셕지이오 노비 쳔여귀라. 십리지소탁과 이목지소호를 엄의ᄃᆡ로 ᄒᆞᆯ 터이어ᄂᆞᆯ 무슴 부족ᄒᆞ미 이셔 또 급졔를 ᄇᆞ라리잇고. 만일 집을 써ᄂᆞ온 즉 낭ᄌᆞ로 더브러 슈삭 니별이 되깃ᄉᆞ오니 ᄉᆞ졍이 절박ᄒᆞ여이다." ᄒᆞ고 동별당의 니ᄅᆞ러 낭ᄌᆞ더러 부친과 문답ᄒᆞ던 말를 젼ᄒᆞ니 낭ᄌᆡ 념용 ᄃᆡ왈,
>
> "낭군이 규중쳐ᄌᆞ를 전연ᄒᆞ여 남ᄋᆞ의 당당ᄒᆞᆫ 일를 폐코져 ᄒᆞ면 부모의게 불희 될 ᄲᅮᆫ더러 타인의 수지람이 종시 쳡의게 도라올지니 ᄇᆞ라건ᄃᆡ 낭군은 ᄌᆡ삼 ᄉᆡᆼ각ᄒᆞ여 과ᄒᆡᆼ을 밧비 ᄎᆞ려 남의 우음을 취치 마ᄅᆞ소셔."
>
> ᄒᆞ고 반젼을 준비ᄒᆞ여 주며 왈,
>
> "낭군이 금번 과거를 못ᄒᆞ고 도라오면 쳡이 ᄉᆞ지 못ᄒᆞ리니 낭군은 조곰도 괘념 말고 발ᄒᆡᆼᄒᆞ소셔."
>
> ᄒᆞ거ᄂᆞᆯ 션군이 그 말를 드ᄅᆞᄆᆡ 언언이 절당ᄒᆞᆫ지라 마지못ᄒᆞ여 부모긔 하직ᄒᆞ며[17]

'부모를 영화롭게 하고, 조상을 빛나게 하는' 과거를 보러 가라는 아버지의 욕심이 담겨져 있는 직접적인 명령에 "집에 수천 석 전답이 있고, 비복이 천여명이며, 십리지소택(十里之沼澤)과 이목지소호(耳目之所好)를 마음대로 하는 처지인데, 무엇이 부족해서 과거에 급제하여 벼슬아치가 되기를 바라십니까?"라며 경제적으로 모자람이 없다며 논리적으로 아버지의 말에 따르

---

17) 황패강 편, <숙영낭자전>, 『한국고전문학전집』 5, 고려대 민족문화연구소, 1993, 256면.

지 않고 반박한다. 그러면서 또 "만일 제가 과거를 보려고 집을 떠나면 낭자와는 수개월 동안의 이별이 되겠으니 사정이 절박합니다."라며 개인적인 고뇌를 솔직하게 아뢴다. 1860년 조선 후기에도 쉽게 입에 담을 수 없는 대답이다. 그러나 소설이라는 문학적 장치를 전제로 하였기에 이러한 대화가 가능한 것이었다.

2) 의식의 변모

아버지와 아들의 대화에서 의식의 변화를 살펴 볼 수 있다. 아들이 말하는 부분에는 자신이 상황을 주체적으로 판단하여, 무엇이 자기에게 이로운 행동인지 옳고 그름을 확고히 한다는 의식이 전제되어 있다. 무조건 아버지의 말에 따라야 한다는 의식과는 차이가 있다. 아버지와 아들이 갈등하게 되는 이면에는 아버지는 명예를 추구하는 반면, 아들은 자신의 사랑을 추구하는 가치관이 드러난다. 그리고 명예보다도 사랑하는 사람과 같이 있는 것이 진정한 행복임을 알고, 자신의 가치를 확고히 주장하고 이것을 이루고자 하는 백선군의 의식을 엿볼 수 있다. 선군은 아버지에게 반대의 입장을 분명히 전하고 아내와 다시 의논 한다.[18) 아내 숙영은 백선군보다 더 보수적인 여인으로 변해 있었다. 백선군을 만나고자 했을 때는 적극적으로 꿈에 나타나고 하늘의 천기를 어기면서까지 백선군을 얻고자 하는 진취적인 여인이었지만, 결혼 후에는 생각이 달라졌다. "과거를 보지 않겠다는 낭군의 말씀이 그릅니다. 남아가 세상에 나면 입신양명하여 부모께 영화를 뵈어 드리는 것이 마땅한 일입니다. 그런데 낭군은 규중처자를 연연한 나머지 남아의 당당한 일을 폐하고자 하니, 부모에게 불효가 될뿐더러 세상 사람의 꾸지람이 마침내 저에게 돌아오게 됩니다."라고 말한다. 숙영은 자신의 감정과 처지 보다는 부모님의 처지를 더 중요하게 생각했다. 이것은 부모님을 생각하고 섬기는 마음이 지극하다는 반증이 되기도 한다. 그러나 자신의 솔직한 생각보다 시부의 생각을 따를 수밖에 없는 며느리의 입장이 단적으로 드러

18) '동별당의 니ᄅᆞ러 낭ᄌᆞ더러 부친과 문답ᄒᆞ던 말를 젼ᄒᆞ니'

난다. 며느리는 주위 사람들과의 원만한 관계설정이 필요하다. 백선군의 세계관에서는 부모의 명예심과 자신의 실리주의가 갈등을 일으키는 반면, 며느리가 된 숙영의 세계관에서는 시부와 주위 사람들의 시선에 맞추고자하는 보수적인 세계관이 생기게 되었다. 결혼이라는 것이 처음에는 백선군과 숙영만의 사랑 성취로 생각했다가 시집에 와서 생활하다 보니, 남편의 사랑도 중요하지만, 주위의 시선도 중요하다는 생각을 하게 되었던 것이다.

박녹주가 부른 판소리 <숙영낭자전>에서는 효와 애정의 갈등이 없다. 서두부분에 아니리로 배경, 등장인물을 설명하면서 과거를 보러 가는 이야기가 나올 뿐이다.

> 낭자는 지성으로 효부도리 극진하니 시모 정씨의 총애는 유달리 각별 하였구나. 각설하고 이때에 백선군은 알성과를 보기 위하여 서울 길을 떠났다가

문학 작품이 인기를 얻는다는 것은 독자들에게 어떠한 문제의식을 던지고 공감을 얻을 때 가능한 것이다. 야담과 판소리의 '숙영낭자 이야기'는 효와 애정이라는 측면에서 보았을 때 기존의 보수적 효윤리에 경도(傾倒) 되어 있어서 서민의 호응을 얻지 못했다. 이에 반해 고전소설 <숙영낭자전>은 효와 애정의 갈등을 잘 드러내 줌으로 인해 서민들의 사랑을 받게 되었다.

부모를 앞에 놓고서 자기 사랑하는 여인과 헤어질 수 없으니 과거를 보러 가지 못한다는 말은 효(孝)의 윤리관에 비추어 용납하기 어려운 버릇없는 태도가 아닐 수 없다. 이러한 상황을 며느리인 숙영이 백선군을 설득하여 아버지의 말대로 과거를 보러 가게 한다. 이는 곧 부모 자식 간의 위계질서가 회복되고, 보수적 관념이 준행되는 행위로서의 의미를 지닌다. 자식이 감히 부모에게 거역할 수 없고 부모님의 말에 따라야 한다는 식의 사고다. 그런데 부모님이 말에 순종하다보니 상황은 거꾸로 돌아가고 만다. 숙영은 통간했다는 누명을 얻게 되고 시부는 자신의 말을 순종하게 만든 며느리를 징계하게 된다. 시부가 추구했던 명예의식과 보수관념으로 인해 숙영이 죽음에 이르게 된다. 이런 효와 애정의 갈등 상황을 따져보면 문제의 근본 원인은 아들 백선군보다 아버지에게 있었다고 할 수 있다. 자식 부부의 사랑을

보고 떼어 놓으려하는 것 자체가 어리석은 행동이다. 학업을 전폐한 것이 마음에 좀 걸리지만, 금슬(琴瑟)이 좋은 아들에게 과거를 보러 가라고 하는 명령은, 공부를 해서 가문을 세워야 한다는 명분을 내세운 자기만족(自己滿足)만을 추구하는 행위인 것이다. 이에 대하여 백선군이'과거보러 가는 것이 힘들다'는 발언은 그러한 허세에 맞선 당당한 자기 주장이고, 나 자신이 내 삶의 주인임을 천명하는 주체적 선언이라는 의의를 부여 받을 수 있다. 어찌 보면 대수롭지 않아 보일지 모르지만, 이러한 소설에서 제기하는 문제가 만만치 않다. 부모에 종속된 존재로서가 아닌 삶의 주체로서의 자녀에 대한 인식은, 독자들에게 많은 공감을 불러 일으키고 애독하게 되는 계기를 만들게 되는 것이다. 이러한 이야기를 통해 경직(硬直)된 효 관념의 사고 틀에 문제제기를 하는 것이고 이러한 것이 의식의 차이라고 할 수 있다.

4. 결론

하나의 '원(原)-이야기'가 여러 장르로 전환하면서 각 장르의 서사적 특성에 맞게 변모 발전해 왔다. 이러한 서사변모의 '숙영낭자 이야기' 전승담과 전승요의 서술상황, 서술방식, 서술의식을 살펴 보았다.

Ⅱ장의 내용을 요약하면, 야담 <과거자잠종기처>, 소설 <숙영낭자전>, 판소리 <숙영낭자가>도 서술 양상에 있어서는 전체적인 측면에서 비슷하다. 위의 서사는 이야기를 하는 사람이나 듣는 사람이 삶의 여유가 있을 때 이루어지는 문화 현상이다. 그러므로 이야기의 서사가 흥미위주로 진행되며, 모든 사람이 여유있게 향유하는 특성이 있다. 서사민요 <옥단춘요>는 위의 세 장르와 서술상황이 많이 다르다. 서사민요 <옥단춘요>를 부르는 사람은 옥단춘과 같은 마음의 고통을 겪은 사람으로서, 서술자가 옥단춘과 동화된 동일자의 상황에서 이루어진다. 서사민요 <옥단춘요>는 노래하는 자나 노래 듣는 자가 똑같이 동병상련의 처지에 놓인 상태에게 하는 폐쇄적인 특징을 지니고 있다. 이러한 노래를 부르면서 자신의 감정이 몰입, 동화 되는 카타르시스를 느끼며 이러한 동안 자신의 슬픔을 해소하기도 한다.

3장의 내용을 요약하면, '숙영낭자 이야기'의 야담, 소설, 판소리, 서사민요 네 장르의 갈래속성을 살펴보면, 교술적 서사, 서사, 서사적 노래, 서정적 서사로 규정할 수 있다. 서술 시점에 있어서도 야담, 소설, 판소리는 3인칭 전지적 작가 시점이 반면에 서사민요는 허구의 나가 나오는 1인칭 주인공 시점으로 나타난다. 서술 구조를 보면, 야담에서는 시부의 오해와 풀림이라는 단선적이면서도 흥미위주의 서술구조로 되어 있다. 소설 <숙영낭자전>은 여러 작가에 의해 더욱 세련되게 다듬어졌다. 판소리 <숙영낭자가>에서는 선군이 구약여행을 갔다 오는 내용을 삽입했다. 서사민요 <옥단춘요>에서는 내용의 핵심만을 압축하여 옥단춘의 죽음과 이에 대한 한탄만을 노래하는 구조로 되어 있다. 서술의식을 비교해 보면, 야담은 표면적으로는 유흥을 즐기는 우스운 이야기를 하는 반면에 심층적으로는 지나친 애정을 경계하는 의식을 담고 있다. 소설에서는 표면적으로는 부부간의 사랑과 고난을 이야기 하면서도 심층적으로는 수직적인 효보다 수평적인 사랑을 긍정하고 있다. 판소리에서는 표면적으로는 소설과 같이 사랑과 고난을 이야기 하면서도 심층적으로는 소설보다 더 보수화 되어 운명론적 가치관을 담고 있다. 서사민요에서는 표면적으로 숙영의 죽음에 대한 슬픔을 토로하면서 심층적으로는 자신의 슬픔을 토로하며 자신의 아픔을 표현함으로 인해 자기 치료적인 기능을 한다.

야담 <과거자잠종기처(科擧者潛蹤其妻)>에는 양반들이 자신들의 세계관에 맞도록 이야기를 변형하여 전승하게 되면서 부지불식간(不知不識間)에 양반의 세계관이 야담 속에 투영(投影) 되었다. 한편 소설 <숙영낭자전>에서는 의식의 변모가 나타난다. 단적으로 아버지는 명예를 추구하는 반면, 아들 선군은 실리를 추구하는 가치관이 드러난다. 그리고 명예보다도 사랑하는 아내와 같이 있는 것이 진정한 행복임을 알고, 정신적 가치를 확고히 주장하고 이것을 이루고자하는 백선군의 의식이 강화되어 나타난다. 백선군의 세계관에서는 부모의 명예심과 자신의 실리주의가 갈등을 일으키는 반면, 며느리가 된 숙영의 세계관에서는 시부와 주위 사람들의 시선에 맞추고자하는 보수적인 세계관이 생기게 되었다.결국 야담과 판소리의 '숙영낭자 이야기'는 효와 애정이라는 측면에서 보았을 때 기존의 보수적 효윤리에 경도

(傾倒) 되어 나타난다. 이에 반해 고전소설 <숙영낭자전>에서는 선군과 숙영과 시부의 가치관이 서로 상호 우위를 점하면서 갈등하고 있기에 효와 애정의 갈등이 첨예화 되어 나타난다.

하나의 원(原)-이야기가 실제에서 생성되었든, 또는 허구담에서 발단했든, 당시대의 표현 매체와 접목되어 당대의 독자에게 사랑을 받으며 전승되어진다. 이러한 과정에서 내용도 변하고 인물의 가치관도 변하게 되는데, 이러한 변화의 양상을 소재의 폭을 넓혀서 면밀하게 연구하고자 한다.

참고문헌

1. 기본자료

김동욱 편, 『경판 28장본 영인본 고소설 판각본 전집 4』, 연세대학교 인문학연구소, 1975.

김진영 편, 『실창 판소리 창본사설집』, 박이정, 2004.

박경신 역, 『태평한화골계전』, 국학자료원, 1998.

이래종 역, 『태평한화골계전』, 태학사, 1998.

황패강 편, 『한국고전문학전집5』, 고려대 민족문화 연구소, 1993.

2. 단행본

김기동, 『이조시대소설론』, 정연사, 1959.

안자산, 『조선문학사』, 보고사, 1922.

김일렬, 『숙영낭자전 연구』, 역락, 1999.

김종철, 『판소리사 연구』, 역사비평사, 1996.

김종철, 『판소리의 정서와 미학』, 역사비평사, 1996.

김태준, 『조선소설사』, 학예사, 1933.

박성의, 『한국고대소설사』, 일신사, 1950.

설성경, 『춘향전의 비밀』, 서울대학교출판부, 2001.

신동흔, 『서사문학과 현실 그리고 꿈』, 소명출판, 2009.

이종묵, 『서거정 문학의 종합적 검토』, 한국정신문화연구원, 1998.

임성래, 『조선 후기의 대중 소설』, 보고사, 2008.

장사훈, 『한국 전통음악의 이해』, 서울대학교출판부, 1996.

정노식, 『조선창극사』, 조선일보사, 1940.

조동일, 『한국소설의 이론』, 지식산업사, 1977.
조희웅, 『고전소설 연구 보정』, 박이정, 2006.

3. 논문

권순긍, 「민중이식의 성장과 판소리 문학」, 『민족문학사 강좌』, 창작과 비평사, 2000.
김일렬, 「소설의 민요화-숙영낭자전과 옥단춘요를 대상으로」, 『어문론총』 16, 1982.
김일렬, 「조선조 소설에 나타난 효와 애정의 대립」, 서울대 박사학위논문, 1984.
김종철, 「판소리 숙영낭자전 연구」, 『난대 이응백 박사 고희기념논문집』, 1992.
김준형, 「야담 연구사」, 『야담 문학 연구의 현단계 3』, 보고사, 2001.
김충실, 「숙영낭자전에 나타난 시련에 대한 연구」, 『이화어문논집』 7, 1984.
류호열, 「<숙영낭자전> 서사 연구:설화・소설・판소리・서사민요의 장르적 변화를 중심으로」, 건국대 박사학위논문, 2010.
성현경, 「<숙영낭자전>과 <숙영낭자가>의 비교-소설의 판소리화 과정 연구」, 『판소리 연구』 6, 판소리학회, 1995.
손경희, 「숙영낭자전 연구」, 연세대 석사학위논문, 1986.
신동흔, 「설화와 소설의 장르적 본질 및 문학사적 위상」 『국어국문학』 138호, 2004.
이희숙, 「숙영낭자전고」, 『한국어문연구』 8, 한국어문학회, 이화여대, 1968.
임형택, 「18, 9세기 이야기꾼과 소설의 발달」, 『고전문학을 찾아서』, 문학과 지성사, 1976.
홍인숙, 「<숙영낭자전>과 <채봉감별곡>의 여성주의적 연구」, 계명대 교육대학원 석사학위논문, 2003.

한·중 고전 여성漢시인의 비교연구

진 영*

1. 서론

동양권의 역사에서 특히 봉건사회로부터 국가가 요구한 이상적인 여성의 삶은 '여성은 남자의 가르침을 수종하여 그 일을 돕는 자'라는 공자의 발언에서 비롯되었다고 할 수 있다. 공자의 가르침에 따라 여성의 일생은 '三從之道'로 요약되고 삶의 공간은 家內로 한정되었다. 이런 이념의 통치에서 중국봉건사회나 한국의 조선시대 여성의 삶 역시 '성리학적 이념을 구현할 수 있는 여성'을 벗어나지 않는 선에서 통제되었다.

하지만 문학이 점점 발달되면서 여성들이 문학에 대해 별로 배우지 못했더라도 영향을 받을 수 있을 것이다. 제대로 교육을 받아 보지도 못한 여성들이 지아비로부터 배우거나 가학을 통해 혹은 형제 어깨 너머로 배우고 익힌 한자로 운을 붙여 스스럼없이 시를 쓰고, 고통을 부르짖고 남편을 원망하고, 신선들과 놀며 자녀를 훈육하는 등의 다양한 제재를 문학으로 풀어내고 있었다. 이들은 문자를 공부하고 시나 사의 격식을 따를 줄 아는 여성들이어서 극히 일부가 문헌자료를 남긴 것이다. 또한 그 시대의 대다수의 여성들이 글자를 쓸 줄도 모르고 그냥 남을 따라 구술의 형식으로 남긴 시가들이 수 없이 많았다. 이로 인해 고증할 수 있는 자료가 없어서 안타까운 일

* 경희대학교 국어국문학과 대학원 박사과정

이다.

본문에서 주로 한국과 중국의 고전 여성작가들의 한시를 통해 그들의 사상과 문학의식을 연구해보고자 한다. 또한 시를 통해 양국의 색다른 사회배경에서 그들의 창작동기와 그 중에서 내포된 그들만의 독특한 정서를 비교하고자 한다.

2. 한국의 여성 漢시인의 작품과 작가의식

한국 문학사에서 여성 한시인은 시기적으로 고조선부터 대한제국 말기까지, 신분적으로 여왕에서 노비까지 모든 계층을 망라하고 있으며, 그들의 시 세계도 단순히 원망과 한탄에 기초한 '여류 정감'에 편중된 것임이 아니라는 점을 주목할 필요가 있다. 한국 문학사는 고조선 시기 <공무도하가(公無渡河歌)>로 시작되었다고 할 수 있고, 본격적인 신라 한시는 <태평송(太平頌)>이 그 출발인 바, 두 작품 모두 여성의 작품이다. 설요의 <반속요(反俗謠)>는 해외에서 살았던 여승의 작품이라는 점에서 여성 작가의 신분 배경과 시적 소재를 확대시킨 의의가 있다.[1)]

조선시대 여성들의 총명함과 지혜로움은 이미 익혀 알려진 바이나 그들의 문학을 통해 사상과 삶의 의식 및 시문학에 대한 사랑을 다시 한 번 일깨우는 계기가 되었다. 한국의 여성 한시인의 번성 시기는 사대부의 출현과 같이 나타난다. 이때에 나온 여성화자의 신분은 주로 기녀·소실·사대부처로 나누어 볼 수 있으나 그들의 시가 이러한 신분상의 차이에 따라 반드시 다르게 나타나는 것은 아니다.

사실은 일반적으로의 여류 시들에는 한(恨)·근심(愁)·그리움(思)·원망(怨)·감회(感), 때로는 지극한 슬픔이나 분노 등의 정조가 나타나는 것은 비슷하다. 하지만 반드시 그들의 작품이 모두 한이나 그리움으로 점철된 것으로 이해되고 있는 것은 아니다. '임과의 이별과 그리움' 또는 '관념적인 정

---

1) 이혜순, 『한국 고전 여성문학의 세계』, 이화여대출판부, 1998.

서'를 읊은 시들에 편중된 점 때문이었던 것이다. 남성작가의 작품에서만 나타나는 충군애국의 사상이 여성작가의 시에서도 볼 수 있으며 언제나 '님'을 대상으로 해서 남녀간의 사랑을 읊은 시만 있는 것도 아니다. 예컨대 허난설헌에게 가장 큰 슬픔을 준 것은 님과의 이별이 아니라 자식의 죽음이었다.

또한 시의 풍격에서 여성만의 섬세함과 독특한 감성적인 표현이 그들의 자의식이 충분히 표출된다. 우리가 남성작가의 시를 읽을 때 격렬함과 陽剛之美를 느낄 수 있는 반면 여성작가의 시를 통해 모성으로부터 드러난 어떤 따뜻함과 陰柔之美를 느낄 수 있다. 또한 정통한 학교공부를 못해본 그들의 시에서 어떠한 국한된 형식도 없기 때문에 자유분방한 시의 표현도 볼 수 있다.

앞에 언급한 바에서 한국 여성시인의 신분은 주로 사대부의 처와 기녀 시인으로 나눌 수 있다. 그래서 한국의 여성시인을 분석할 때 그 두 방향으로 다루고자 한다. 이에 대표적인 인물로 허난설헌과 황진이를 대상으로 살펴보고자 한다.

1) 사대부가문의 여인 허난설헌

허난설헌(許蘭雪軒, 1563 명종 18~1589 선조 22)은 조선 선조 연간의 시인으로, 강릉에서 태어났다. 이름은 초희(楚姬)이고, 자는 경번당(景樊堂)이다. 아버지는 화담 서경덕의 문하에서 공부한 허엽이고, 학문과 문장에 뛰어난 허성 · 허봉 · 허균이 그의 형제들이다. <백옥루 상량문>이 그의 나이 8세 때의 작품으로 알려졌거니와, 이로 보면 27세의 젊은 나이로 세상을 떠날 때까지 허난설헌은 그의 생애 전부를 문학적 삶으로 일관했다고 말할 수 있다. 그의 남편 김성립은 난설헌이 죽던 해 과거에 급제했으나, 관직은 정8품 홍문과 정자에 그쳤고 임란시 의병에 참가하여 전사한 것으로 알려졌으며, 그의 시 <자식들의 죽음을 통곡함(哭子)>에 의하면 자녀 두 명이 어릴 적에 모두 죽은 것으로 보인다.[2)]

위에 말한 바와 같이 허난설헌이 명문에서 태어났고 아버지와 형제들은 모두 뛰어난 시인이므로 아주 좋은 문학의 영향을 받았다. 그러나 좋은 집안 출신인 데 비해 생애는 순탄치 않았다. 남편 김성립은 바람을 자주 피웠다고 한다. 벼슬길에 나간 뒤로는 바람기가 더욱 심해졌다. 설상가상으로 시어머니와 불화까지 겹쳤다. 또한 자식을 모두 잃은 고통에 빠져 의지할 곳을 잃어버린 허난설헌은 자신의 처지를 한탄 하며 동경해 마지않는 생활을 글로 옮겼다.

허난설헌의 시를 분석하자면 그 특징은 비유적으로 구사하는 데에 있다. 다른 여성 시인의 시에 흔히 나타나는 직설적인 글쓰기와는 다른 은유다. 허난설헌의 시는 비유, 상징, 연상법을 사용해 개인의 襟懷나 신세를 시대정신이나 사회 현상에 기탁하려는 의도가 배인 比興의 수준이었다. 중국 이필룡(李弼龍)의 「난설헌집과 난설헌의 풍류」라는 『고전총담』(국립중앙도서관, 1977)에서 허난설헌의 문학이 중국까지 널리 알려졌다.[3]

아래에서 그의 시 몇 편을 열거한다.

빈녀음(貧女吟) 가난한 여인의 노래

手把金剪刀(수파금전도)	가위로 싹둑싹둑 옷 마르느라면
夜寒十指直(야한십지직)	추운 밤에 손끝이 호호 불리네
爲人作嫁衣(위인작가의)	시집살이 길옷은 밤낮이건만 (시집 가서 남을 위해 옷을 짓건만)
年年還獨宿(년년환독숙)	이 내 몸은 해마다 새우잠인가

‘빈녀음’은 3수로 이루어진 연작시이다. 이 시는 그 중 세 번째 작품으로, 남을 위해 옷을 짓는 여인의 모습을 통해 사회적 불평등을 표현하고 있다. 1행과 2행에서는 겨울 밤 바느질의 괴로움을 노래하고 있고, 3행과 4행에서는 남을 위해 밤을 새워 하는 바느질과 자신의 불우한 삶을 대비시켜 표현하고 있다. 특유의 섬세함 필치로 불우한 여인의 고달픈 삶을 애상적 시풍

2) 이혜순, 앞의 책.
3) 김명희 · 박현숙, 『조선시대 여성 한문학』, 이회문화사, 2005.

으로 그린 작품이다. 작자 자신의 불우한 삶과도 통하는 시이다. 그리고 시집갈 날은 멀었지만 한다는 내용으로 불공평한 현실을 은근히 고발하는 작품이다.

곡자(哭子) 아들을 잃고 곡 하며

去年喪愛女(거년상애여) 지난해에 사랑하는 여식을 잃고,
今年喪愛子(금년상애자) 올해는 사랑하는 아들을 잃었네.
哀哀廣陵土(애애광릉토) 슬프고, 슬프도다! 광릉땅이여!
雙墳相對起(쌍분상대기) 두 무덤 서로 마주하고 있구나.
蕭蕭白楊風(숙숙백양풍) 백양목 사이로 부는 소슬한 바람소리,
鬼火明松楸(귀화명송추) 귀신불은 공동묘지를 밝힌다.
紙錢招汝魂(지전초여혼) 종이돈으로 너의 혼을 부르고,
玄酒奠汝丘(현주전여구) 맑은 정화수를 너의 무덤에 뿌린다.
應知兄弟魂(응지형제혼) 응당 형제 혼임을 서로 알아서,
夜夜相追遊(야야상추유) 밤이면 밤마다 서로 따라 놀 거라.
縱有腹中孩(종유복중해) 비록 배 속에는 아이가 들었거니,
安可冀長成(안가기장성) 어찌 잘 크기를 바라겠는가?
浪吟黃臺詞(낭음황대사) 구슬피 황대사 읊조리면서,
血泣悲呑聲(혈읍비탄성) 소리를 삼키며 피 눈물로 슬퍼하노라.

자식을 먼저 보내고 해마다 묘지 앞에서 실성통곡한 어머니의 마음을 절절이 표현한 시다. 자기의 살덩어리 같은 자식이 상실한 여인은 세상의 어떤 고통이어도 이와 비교할 바가 되지 못한다. 조동일도 "다듬을 만큼 다듬은 것이면서도 자식 잃은 어미의 넋두리를 손상시키지 않고 있다"[4]고 했다.

허씨가문과 친교가 있었던 이달(李達)에게 시를 배웠으며, 15세 무렵 안동김씨(安東金氏) 성립(誠立)과 혼인하였으나 원만한 부부가 되지 못하였다.

4) 조동일, 『한국문학통사』 2, 지식산업사, 2000, 450면.

남편은 급제한 뒤 관직에 나갔으나, 가정의 즐거움보다 노류장화(路柳墻花)의 풍류를 즐겼다. 거기에다가 고부간에 불화하여 시어머니의 학대와 질시 속에 살았으며, 사랑하던 남매를 잃은 뒤 설상가상으로 뱃속의 아이까지 잃는 아픔을 겪었다. 이 시 곡자는 이즈음에 지은 시로 보인다. 또한, 친정집에서 옥사(獄事)가 있었고, 동생 허균마저 귀양 가는 등 비극의 연속으로 삶의 의욕을 잃고 책과 묵(墨)으로 고뇌를 달래다 27세의 아까운 나이로 생을 마쳤다.

이처럼 허난설헌은 불우한 자신의 처지를 읊은 시들이 많고 여기에는 그리움・한의 정서가 또한 범람한다. 그러면서도 스스로를 가을 서리에 말라 떨어지는 난초에 비기면서 '아름다운 모습은 말라 버려도/ 맑은 향기는 끝내 죽지 않으니'(<불우한 처지를 생각하며(感遇)>)라고 자부하는가 하면, 자신을 거문고 만드는 오동나무로 견주면서 그 거문고로 타는 곡조가 온 세상을 둘러보아도 알아주는 이 없고 대신 오동나무에는 봉황이 깃들지 못하고 부엉이・솔개만 깃드는지를 한탄하기도 했다. 이 외에도 오빠를 그리워하는 시를 남겼다.

하지만 여류의 시가 가족의 테두리 안에만 머물러 있었던 것도 아니다. 그들은 과거 역사나 사상, 당대 사회 현실, 자연과 풍속에도 관심을 갖고 이를 그들의 시에 담았다. 허난설헌은 유선시(遊仙詩)를 통해 그의 도가 인식이 상당함을 보여주었다.

유선시(遊仙詩) 선계를 유람하는 노래

瓊花風軟飛靑鳥(경화풍연비청조) 옥구슬 꽃 바람 타고 청조가 날자
王母麟車向蓬島(왕모린거향봉도) 서왕모 기린수레 봉래도 향해 가네.
蘭旌蘂피白鳳駕(난정예피백봉가) 목란 깃발 꽃술 배자 흰 봉황 수레타고
笑倚紅欄拾瑤草(소이홍난습요초) 난간에 웃고 기대 요초를 줍는구나.
天風吹擘翠霓裳(천풍취벽취예상) 푸른 무지개 치마 바람이 헤집으니
玉環瓊佩聲丁當(옥황경패성정당) 옥고리 경패 소리 댕그렁 댕그렁.
素娥兩兩鼓瑤瑟(소아양양고요슬) 선녀들 짝을 지어 거문고 연주하자

三花珠樹春雲香(삼아주수춘운향) 삼화주 나무에는 봄 구름 향기롭다.
平明宴罷芙蓉閣(평명연파부용각) 동 트자 부용각서 잔치를 파하고서
碧海靑童乘白鶴(벽해청동승백학) 청동은 푸른 바다 백학타고 건너가네.
紫簫吹徹彩霞飛(자소취철채하비) 피리소리 사무쳐서 오색 노을 날려가고
露濕銀河曉星落(노습은하효성락) 이슬 젖은 은하수엔 새벽별이 지는구나.

인간의 상상력을 다해 꾸민 화려하고 사치한 선계에서 서왕모, 백봉황, 선녀, 동자, 백학 등 이미지를 마치 여러 권의 그림처럼 작가가 우리 앞에서 그려준다. 그러나 이러한 상상은 화려할수록 현실이 더 역으로 투사된 것이다. 암담한 현실에서 상상의 세계를 관념하고 추구함은, 혼탁한 현실을 향한 분노의 표현이기도 하다. 이렇듯 <유선시>에서 선계는 상실했던 낙원, 충만함이 넘치는 공간으로 관념된다.[5] 선계는 현재의 모든 결함을 보상해 줄 수 있는 완전으로 가는 입구다. 작가는 이러한 낭만적인 상상을 통해 현실의 억압을 투사하며 구체화되는 선계상은 동경과 갈망, 현실에 대한 불만의 모습을 생생하게 재현한다.

2) 예술가 황진이

황진이(黃眞伊)는 조선조 중종-명종 시대의 명기(名妓)이었다. 본명은 진(眞), 일명 진랑(眞娘)이며 기명(妓名)은 명월(明月)이다. 확실한 생존연대는 미상이나 비교적 단명하였던 것으로 보고 있다. 그의 전기에 대하여 상고할 수 있는 직접사료는 없으며, 간접사료인 야사에 의존할 수밖에 없는데 이 계통의 자료는 비교적 많은 반면에 각양각색으로 다른 이야기를 전하고 있을 뿐만 아니라 너무나 신비화시킨 흔적이 많아서 그 허실을 가리기가 매우 어렵다.

출생에 관하여는 황진사(黃進士)의 서녀(庶女)로 태어났다고도 하고 맹인 진현금의 딸이었다고도 전하는데 황진사의 서녀로 다룬 기록이 숫자적으로

5) 김종순, 「난설헌과 소설헌의 “유선사(遊仙詞)” 비교」, 『한성어문학』 20, 한성대학교 한성어문학부, 2001, 243면.

는 우세하지만 기생의 신분이라는 점에서 맹인의 딸로 태어났다는 설이 오히려 유력시되고 있다.

이처럼 출생담까지 신비스러운 그녀의 일생에는 여러 가지 일화를 남겼다. 그녀가 남긴 시조가 한국 문학사에 커다란 족적이 될 정도로 뛰어났던 조선 중종 때의 시인이자 시대를 풍미한 명기(名妓)이며, 화담 서경덕, 박연폭포와 함께 송도삼절로 불리었다.

하천한 신분을 지니고 있는 그녀에게 기녀라는 것은 단 하나의 칭호일 뿐이다. 절색의 미모와 뛰어난 재주를 갖춘 그녀는 남다른 자유분방하고 타고난 생명력과 분출하는 예술적 천분을 살려 승화시켜 나갔다. 그의 시를 통해 자유자재의 상상력과 사물의 대한 뛰어난 이해력 또한 분방하고 개방적인 표현을 볼 수 있다.

詠半月(영반월) 반달을 노래한다

誰斷崑山玉 수착곤산옥　　누가 곤륜산 옥을 깎아 내어
裁成織女梳 재성직녀소　　직녀의 빗을 만들었던고
牽牛離別後 견우이별후　　견우와 이별한 후에
愁擲壁空虛 만척벽공허　　슬픔에 겨워 벽공에 던졌다오

허공에 걸린 반달이 머리를 단장하는 얼레빗이 되고 허공에 던져버린 나의 수심이 되고 또 나의 님에 대한 사랑과 그리움이 되고 있다. 두 사람의 관계를 고사를 인용해 견우·직녀 설화로 그린 것에서도 그 사랑은 하루의 만남과 일 년의 이별같이 운명적으로 안타까운 사랑임을 말하고 있다.[6)]

황진이는 허난설헌과 달리 남자들로부터 사랑을 듬뿍 받았다. 그에게 사랑을 쏟아부은 이들은 주로 사회적 명성이 높은 사람들이었다. 황진이의 연정 가운데 가장 짧았던 건 대제학을 지낸 소세양과 나눈 사랑이었다. 두 사람은 애초 30일을 기한으로 애정생활에 들어갔다. 날을 채운 뒤 소세양이 떠

6) 김진영, 『고전작가의 풍모와 문학』, 경희대학교출판국, 2004, 468면.

나려 하자 황진이는 시 한 수로 발걸음을 잡아맸다.

奉別蘇判書世讓(봉별소판서세양) 소세양 판서를 보내며

月下梧桐盡(월하오동진) 달빛 아래 오동잎 모두 지고
霜中野菊黃(설중야국황) 서리 맞은 들국화는 노랗게 피었구나.
樓高天一尺(누고천일척) 누각은 높아 하늘에 닿고
人醉酒千觴(인취주천상) 오가는 술잔은 취하여도 끝이 없네.
流水和琴冷(유수화금랭) 흐르는 물은 거문고와 같이 차고
梅花入笛香(매화입적향) 매화는 피리에 서려 향기로워라
明朝相別後(명조상별후) 내일 아침 님 보내고 나면
情與碧波長(정여벽파장) 사무치는 정 물결처럼 끝이 없으리.

소세양이 소싯적에 이르기를, "여색에 미혹되면 남자가 아니다"라고 했다. 황진이의 재주와 얼굴이 뛰어나다는 말을 듣고는 친구들에게 약조하기를 "내가 황진이와 한 달을 지낸다 해도 마음이 움직이지 않을 자신이 있네. 하루라도 더 묵는다면 사람이 아니네"라고 호언장담을 하였다.

그러나 막상 송도로 가서 황진이를 만나보니 과연 뛰어난 사람이었다. 30일을 살고 어쩔 수 없이 떠나려 하니, 황진이가 루(樓)에 올라 시를 읊었다. 이 시를 듣고 소세양은 결국 탄식을 하면서 "나는 사람이 아니다"라며 더 머물렀다. 이때 그 시는 바로 위에 나온 <奉別蘇判書世讓(봉별소판서세양)> 이었다.

한편 황진이는 옛 고려의 수도인 송도에서 태어나 평생을 송도를 중심으로 살았다. 남아 있는 몇 편 안 되는 그의 시 중에 두 편이 송도를 노래한 것이다.

松都 (송도) 송도를 노래함

雪中前朝色 (설중전조색) 눈 가운데 옛 고려의 빛 떠돌고

寒鐘故國聲 (한종고국성) 차디찬 종소리는 옛 나라의 소리 같네
南樓愁獨立 (남루수독립) 남루에 올라 수심 겨워 홀로 섰노라니
殘廓暮烟香 (잔곽모연향) 남은 성터에 저녁연기 피어 오르네

위 시에서는 망한 전 왕조 고려의 빛과 소리를 떠올리면서 자신의 삶을 돌아본다. 여기에서는 왕조와 자아의 회고에서 오는 인식의 결과로 자연 수심(愁心)이 중심 정조(情調)가 되고 있다.

여성 한시사(漢詩史)를 개관할 때 삼국 시대부터 16세기 전반까지는 개별 작가의 시대로 이들은 한시 8수를 남긴 황진이를 제외하고는 대부분 한두 편의 시를 남긴 이들로 작가 의식을 가지고 창작에 임했다고 보기 어렵다. 본격적인 창작은 16세기 후반 매창 · 허난설헌 · 이옥봉 등부터 시작된다. 이로 인해 황진이는 최초의 여성 한시인이라고 할 수 있다. 몰론 창작의 동기는 연회에서 분위기를 살리기 위해서일 때도 있고 또한 사대부과 어울리기 위한 수단이라고 할 수 있지만 황진이의 시자체가 예술이라고 부인할 수 없다. 8수밖에 안 되는 시에서 그녀가 보여준 시인의 자격이 충분한다. 그 시대에 그 지위에서 선 그녀의 시속에서 타성과 차별의 제도를 주체적으로 벗어나 온갖 죽어있는 외피들을 벗어 던지고자 하였다. 그녀가 보여준 개성적 사랑과 삶의 방식은 그 어느 시대의 여인보다도 초월적이었다.[7)]

이상은 한국 고전 여성 시인 중에서의 대표적인 인물의 생평과 시를 간략하게 보았다. 이들이 사회적인 역할이나 신분이 달랐으나 그들의 시는 님과 별리된 상황에서 대상을 그리워하고 홀로 있는 삶을 원망하는 일방적인 감정의 토로로 이루어진 것들이 많다는 점에서는 공통점을 보여 준다.

또한 일반적으로 여성들이 작품을 상당수 저작했거나 개인 문집을 남겨 의식적인 문학 활동을 했던 것은 16세기부터로 볼 수 있으나 이때에도 자신의 작품을 온전히 남겨 후대에 전하려는 노력을 한 여성들은 많지 않다. 이는 역시 글쓰기가 여성의 본분이 아니라는 사회적 관념을 뛰어넘지 못했고 오히려 시로 풀었던 자신들의 소회가 타인들에게 알려지는 데에 대한 두려

7) 김진영, 앞의 책, 475면.

움에 기인된 것으로 보인다.

이러한 점에서 현존하는 작품 외에도 세상에 알려지지 않은 수많은 여성들의 시가 있었고 또한 이들 대부분이 안타깝게도 외부에 알려지는 것을 꺼렸던 그들 자신에 의해 사라졌을 것임을 충분히 짐작할 수 있다.

3. 중국의 고전 여시인의 작품과 작가의식

중국 문헌기록에 의하면 최초의 여시인은 위(衛)나라의 장강(庄姜)이라는 여인이다. 그녀에 대해 『시경』의 <석인(碩人)>편에서 기재된 바가 있다.[8] 그녀의 용모는 절색미인이었으나 신세가 역시 불행했다. 그래서 가인박명(佳人薄命)이라는 말이 그녀에 의해 나오게 된 것이다. 그녀가 남기진 절구는 <연연(燕燕)>이라는 시가 있었다. 그 내용은 자매와 이별할 때 지어진 시이어서 지금 사람들이 헤어질 때 말하는 燕飛(서로 이별할 때 마치 제비들이 각자 날아가는 것처럼 비유한다)는 바로 여기에서 나온 고사이다.

중국의 고전문학사는 淵源이 悠長하며 文人墨客들이 무궁무진한데 그 중에서 특히 이백 두보 등 유명한 남성시인들이 있었으며 여성들이 역시 남존여비의 사회적인 압박에서 적극적인 활동을 하지 못했다. 하지만 현세에 알려진 여성시인은 그 수가 적지는 않다.

중국의 고전 詩詞의 번성시기는 당송시대이었다. 그 때 의 시인들이 각자 자신의 시풍을 임명하고 自成一派한다. 예컨대 유명한 시인 소동파의 시는 豪放派라고 하며 그 시의 성격을 임명했다. 이에 비해 여성들의 시는 섬세한 면이 있으며 愁心과 念慮가 많기 때문에 婉約派라고 한다. 婉約派나 豪放派는 다 宋詞의 분류이다. 婉約派 사의 특징은 婉轉含蓄하다. 내용은 대부분 이별과 수심이며 남녀의 정감과 원망에 중심을 둔다. 이 시대에 등장한 가장 유명하고 대표적인 여시인은 이청조(李淸照)이었다. 그녀는 중국 봉건

---

8) 『시경』의 <석인>편에서 강장에 대한 묘사가 있다. '手如柔荑, 肤如凝脂, 领如蝤蛴, 齿如瓠犀, 螓首蛾眉, 巧笑倩兮, 美目盼兮.' 또한 송나라 주희가 『監本詩經』에서 장강은 중국역사 속 첫 여류시인이라고 기재된 바가 있다.

사회 역사상 유일한 시인의 신분으로 알려진 여성이라고 할 수 있다. 그래서 그는 중국 여시인의 연구주제에서 빠질 수 없는 인물이다. 또한 비교를 위해 기녀시인도 한 명 선정되었는데 황진이와 같이 그 이름을 멀리 알려져 있는 당나라의 기녀인 설도(薛濤)이다.

1) 재녀 이청조(李淸照)

李淸照(1084~1151?)는 중국 문학사상 가장 뛰어난 여류문인이었다. 당나라 여류시인 薛濤와 魚玄機 등의 뒤를 이은 이청조는 그의 천재적인 재능을 발휘하여 송나라를 대표할 수 있는 여류예술가로서의 명성을 후세에 남겼다. 그의 호는 이안거사(易安居士)이며 또한 수옥(漱玉)이라는 호를 딴 『수옥집』이란 詞집이 있다. 산동성(山東省) 제남(濟南) 사람이다. 金石考證 전문가인 조명성(趙明誠)의 아내로, 남편을 도와 『금석록(金石錄)』을 완성하였다. 조명성과 더불어 詩詞창작과 금석예술의 수집연구에 심혈을 기울였다. 특히 詞문학사에 있어서 이청조의 업적은 잊을 수가 없다. 북송(北宋)말 金의 침략으로 인한 동란기에 남편과 사별하고 절강(浙江)의 각지를 유랑하여 빈궁과 고독의 연속으로 점철되고 말았다. 지금 전해 오고 있는 이청조의 문학은 그 청춘시절의 歡樂과 國難夫死 이후 우수와 비통을 그대로 묘사한 笑容血淚의 흔적들이다.

이청조는 여류문인으로 문학적인 분위기가 짙은 사대부 가정에서 자랐다. 그녀는 날 때부터 총명함을 지녔다. 또 성장하기를 문학가정에서 성장하였으니 더욱 그러하다. 어렸을 때부터 문예에 대해 재능을 발휘하여 스물한 살에 태학생이었던 남편인 조명성(趙明誠)을 만났다. 남편은 금석학자로 함께 금석서화를 연구하였다. 이때가 이청조로서는 가장 행복하던 시절이었다. 그들은 20여년 동안 안정된 생활을 누렸다. 그러나 정강지변(靖康之變,또는 남도南渡: 금나라에 쫓겨 송이 남쪽으로 도읍을 옮긴 일) 이후에 강남으로 갔다가 그곳에서 남편이 병으로 죽자 그녀는 삼일밤 삼일낮을 침식을 전폐하고 객도 만나지 않았다. 더불어 대부분의 재산을 잃어버렸다. 그녀는 외로운 신세가 되어 항주(杭州), 조주(越州), 금화(金華) 일대를 맴돌다 금화(金華)

로 내려가 동생인 이항(李亢)에게 무척 고적한 만년을 의지하였다. 그녀는 시(詩), 사(詞), 문(文), 부(賦) 등 모든 문학적 성취가 탁월한 작가였지만, 무엇보다도 그녀의 명성을 높인 것은 사(詞)에 능하였기 때문이다. 이른 시기에 이미 『詞論』을 펼쳐, '詞, 別是一家'라는 주장을 펼쳤다. 그녀가 지은 사(詞)의 작품은 사체와 음률의 어울림을 중요하게 여겼으며 서정적인 점이 두드러진다. 아울러 이욱(李煜) → 진관(秦觀) → 주방언(周邦彦) 등의 이른바 '완약파(婉約派)' 계열에 속하며, 優美섬세함을 기조로 하나 당시의 구어(口語)를 대담하게 삽입한 재기 넘치는 작품도 있다. 특히 유랑 후의 작품에는 인생의 고독과 불안을 투시한, 청렬(淸冽)한 맛이 가미된 송사(宋詞)의 최고 수준을 나타냈다. 문집은 『수옥집』 1권이 있다. 또한 『宋史 · 藝文志』에는 『易安居士文集』 칠권, 『易安詞』 육권이 있다고 기록되어 있고,송나라 晁公武의 『郡齋讀書志』, 명나라 陳第의 『世美堂藏書目錄』에는 『李易安集』 십이권이 전한다고 되어 있다. 그러나 안타깝게도 모두 전하지 않는데 다만 오늘날까지 전해 내려오는 것은 詞 78수, 詩 15수, 산문 3편과 <打馬圖經> 및 賦 · 序 등 약간편이 전할 뿐이다.[9)]

이청조의 詞는 대개 남도(南渡)시기를 기점으로 전후기로 나뉜다. 전기는 봄이 일찍 지남을 원망하는 상춘원별(傷春怨別)과 규방생활을 제재로 삼았으며 그녀의 사랑에 대한 애달픈 정감을 읊었다. 그중에<여몽령(如夢令)>은 봄의 감상을 그렸는데 『고금사통(古今詞統)』에는 <규원(閨怨)>으로 되어있다.

여몽령 (如夢令) 꿈 같은 노래

昨夜雨疏風驟　濃睡不消殘酒　試問卷簾人.
卻道海棠依舊　知否 知否 應是綠肥紅瘦.

간밤에 비바람 몰아치고

9) 『李淸照集』, 대만: 河洛圖書出版社, 2000, 210면.

곤히 잤어도 숙취는 남아있네.
주렴 걷는 하녀에게 물어보니,
해당화는 여전히 피어 있다네.
알까? 모를까?
꽃잎의 붉은 기는 더욱 엷어진 것을...

어느 늦봄 아침, 짙은 春困의 잠결에서 깨어난 작자가 꿈에도 잊지 못하던 봄이 지나감의 안타까움을 묘사한 정경이다. '어제 깊은 수심에 술을 취한 채로 짙은 잠을 깨자니 지나간 모진 비바람 때문에 아끼는 해당화가 아직도 그대로 있다는 것을 주렴을 걷던 사람에게 들었네.' 그러나 '알까? 정말 알고 있는가?'라는 의문에서 무의식중에 내 뱉는 남이 모르는 고통스러운 심정이다. 해당화가 여전히 있으나 그건 이미 시들인 꽃이라고 자신의 처지를 비유하고 있다. 그러나 그 순간 그는 다시 맑고 애틋한 이성으로 되돌아와 나뭇잎이 점점 짙어진 자연의 섭리와 일치하고자 한다. 다시 말하자면 마지막 구절에서 시인의 상심과 절망에서 다시 달관과 낙천적인 경지로 돌아오는 순간의 감각을 여실히 묘사한 것이다. 이처럼 나라가 망하고 가정이 파괴된 것에 대한 비애와 고통스러운 인생살이는 그녀의 작품에 지대한 영향을 미쳤다. 이는 또한 사(詞) 문학상 불후의 예술성을 띠게 한 역동력이었다. 그녀는 남편 조명성(趙明誠)이 병사한 이후 생각이 각별해지면서 그의 이른 나이의 죽음을 원망하는 사를 많이 남겼다.

취화음(醉花陰)

薄霧濃雲愁永晝 瑞腦銷金獸 佳節又重陽 玉枕紗廚 半夜涼初透.
東籬把酒黃昏後 有暗香盈袖 莫道不銷魂 簾捲西風 人比黃花瘦.

엷은 안개 짙은 구름 한나절 내내 수심 일고
또다시 중양절 맞았으나 장막속 옥베개에 들어오는 찬바람
황혼녘 동쪽 울타리 아래서 술잔 드니,

은은한 국화 향기 옷소매에 가득 찼네.

이별의 한이 어찌 마음을 상하게 하지 않으리오

서풍에 주렴이 움직이고 국화보다 더 여윈 내몸이여...

남편인 조명성이 외지에 출사한 뒤, 구월구일 重陽節을 맞은 작가는 <醉花陰>의 시구 '가절우중양(佳節又重陽)'을 통해서 추석과 중양절이라는 큰 두 명절 때 혼자 있는 고적감이 배가되고 노란 황국에 자신을 비유하였다. 이 시구중의 '又'자가 작가의 이러한 심정의 극치를 이루고 있다.

이청조는 이 중양을 노래한 <취화음>을 외지에 나가 있는 남편 조명성에게 보냈다. 남편이 이 작품을 보고 감탄해 마지 않으며 자신의 詞作이 이청조보다 뒤떨어짐을 부끄러워하여 마침내 이청조의 詞보다 더 나은 작품을 써보고자 밖을 나가지도 않았으며 잠과 식사도 까먹을 정도(杜門不出, 忘食忘寢)였기를 3일만에 50수를 지었다. 그리고 이청조가 보내는 <취화음>을 자신이 지은 것과 섞어서 당시에 유명한 陸德夫에게 보였다. 陸德夫는 곰곰이 드려다 보더니 다만 3구만이 우수하다고 했다. 조명성이 다시 어느것이냐고 물었을 때 '莫道不銷魂 簾捲西風 人比黃花瘦'라고 했다.10) 이러한 이야기는 몰론 하나의 일화에 불과하지만 이청조의 詞가 중국문단에서 얼마나 큰 위상이 있는지 알려주는 자료이기도 하다.

남편이 회수가에 가있게 되어 서로 떨어지게 되었을 때 지은 사로서 남편을 그리워하는 마음이 절실하고 그 뜻이 고아하며 일반남성작가들이 결코 흉내 낼 수 없는 심정적 묘사가 탁월한 작품 <일전매(一剪梅)>이 있다.

일전매 (一剪梅)

花自飄零水自流 一種相思 兩處閑愁

此情無計可消除 纔下眉頭 卻上心頭

10) 원나라 윤세진이 지은『娘嬛記』에서 이런 일화가 기록되어 있다.

연꽃 향기 남은 돗자리에 가을 기운 서리네
덮개 치마 벗어들고 홀로 가벼이 배에 올랐네
구슴 속 그 누가 님 편지 전해 주려나?
기러기 돌아오고, 서루위에 보름달 뜨네.
꽃잎은 흐르는 물결위에 떠서 저대로 흘러가네.
한 가지 그리움을 두 곳에서 애태우네.
고이는 정은 풀어 버릴 길 없고,
눈썹 내리우니 그리움 다시 솟네.

이처럼 그녀의 후기 詞는 '물시인비사사휴(物是人非事事休)'라는 물아일체(物我一體)라는 진한 상정조(傷情調)의 작품들이 주류를 이룬다. 고향을 그리워하고 아름다웠던 옛 추억을 반추하면서 시정을 읊는다.

그녀의 사를 읽게 되면 저절로 상심이 생긴다. 무엇보다도 너무나 슬픈 마음이 유출된 진정한 감정과 동감된 것으로 이해된다. 그녀가 처한 환경적인 고적한 상심(傷心)의 신태(神態)를 드러내면서 후일로 갈수록 남도이후 나라가 망하고 가정도 파괴된 채 갈 곳 없이 떠돌아다니는 고통을, 봉건 사회 안에서 의지할 데 없는 과부가 겪어야하는 설움을 비추자련(悲秋自憐 가을을 슬퍼하고 스스로 가련해하는 것)한다. 이청조의 詞作은 대부분 국가의 변고, 음악을 빌어 슬픔을 잊으려는 비통한 심정(悲痛之情) 등으로 후대의 송사인(宋末詞人) 유신옹(劉晨翁)이 사를 읽어보고는 사람으로서 차마 울지 않을 수 없다고 하였다. 이런 비통한 정서가 그녀의 후기詞에서 반복하게 나오면서 主調가 이루어진 것이다. 이런 主調가 또한 그녀의 詞가 지닌 독특한 점이기도 한다.

그녀의 사는 독자적인 풍모(風貌)로서 일가를 이루었으며 후인들이 이러한 사풍을 가리켜 '이안체(易安體)'라고 불렀다. 이청조 사의 중요한 특징은 일개 여인이라는 아주 특별한 처지에서 사를 지었다는 것이다. 여인의 몸으로 詞作에 임한다는 것은 여성이었기에 느낄 수 있는 선명한 여성형상(鮮明的女性形象)을 추구하였다. 전통적인 여성만이 느낄 수 있는 감수성으로 무척 다양한 시어로 풍부하게 표현하여 그 시절 정감을 아주 深度 있게 표출해낸 사상적 내함(思想內涵)한 점은 오천년 중국시단에서도 무척 독특한 위치를 점하고 있다. 그녀가 글로써 남긴 시어(書面語言)와 일상구어(日常口語)는 무척 생동감 있는 문학적 소양을 느낄 수 있게 한다. 여러 가지 사패(詞牌)를 능수능란하게 사용하여 운영한 사작의 백묘(白描)함과 포서수법(鋪敍手法)의 정치함은 당연 송사중의 발군이다. 구성 또한 마음과 사물이 몰아일체(沒我一體)가 되는 경계를 잘 보여준다.

2) 당나라 기녀시인 설도(薛濤)

설도(당덕종 785～당문종 832)의 자는 홍도(洪度)이다. 원래는 창안(長安)의 양가에서 출생하였으나 아버지가 지방관으로 부임하게 되자 동반하여 촉(蜀: 지금의 四川省)으로 이주하였다. 그녀는 성도에서 일생을 보냈으며 작고한 후 '薛濤墳'을 남겼다.

그녀가 자랐던 가정도 역시 문학적인 분위기가 가득해서 어렸을 때부터 음률을 배워 8살 때 吟詩作對를 할 줄 안다. 어느 날에 그의 아버지가 정원에 있는 높은 오동나무를 가리키면서 '정제일고동(庭除一古桐), 용간입운중(聳干入云中)(정원에 한 오래된 오동나무가 있으며 그 가지가 구름 속으로 솟아오른다)'라고 하며 어린 설도보고 계속 이어지라고 한다. 그녀가 생각도 안 한 채 바로 '지영남북조(枝迎南北鳥), 엽송왕래풍(葉送往來風)(가지는 남녘 북녘 새들을 맞이하고 잎은 가고 오는 바람을 전송하도다)'이라고 대답했다. 이런 자연스러운 대답은 오히려 아버지에게 남자들을 맞이하는 기녀를 연상시키게 해서 크게 화냈다. 그러나 불행하게도 나중에 그의 아버지가 죄를 저질러 전 가족에게 해를 끼쳤다. 그 형법은 아들이 充軍하고 처와 딸들이 妓院으로 보내게 했다. 다행인 것은 설도가 시를 잘 지어서 樂妓로 삼았다. 그 후에 직업을 통해 그녀의 재능이 더 뚜렷하게 드러냈고 많은 명문 사대부들이 그녀를 찾아왔다. 그 중에서 그녀와 잘 어울리는 사람은 원진(元稹)이라는 시인인데 항상 설도에게 시를 지어줬다.

또한 그녀의 재주가 뛰어나서 '校書郎'이라는 벼슬로 추천되기도 하였으나 비준이 되지 않았다. 그러나 사람들이 역시 설도의 재능을 인정해 그녀를 '薛校書'라고 부른다. 그 이후에도 재주가 많아서 존경을 받는 기녀들을 '교서'라고 부르기도 한다. 그녀의 시재와 재치는 당시에 이미 널리 알려져 있어서 많은 명사들이 그녀와 창화하기를 원하였고, 관련 시작품도 상당수 전한다. 『錦江集』 5권이 있었으나 지금은 전하지 않으며 현재는 91수의 시만 『全唐詩』에서 수록되어 있다.[11)]

시창작이 가장 번성한 당나라시기에 설도의 시는 당대 남성시인에게도 많은 인정과 찬탄을 받았다.[12)] 이것은 설도가 다른 기녀들의 시보다 자신만의 독특한 점을 지니고 있기 때문이다. 우선 시의 제재면에서 보면 주로 기녀라는 직업적 특성을 보여주는 酬唱詩, 변방의 모습을 담은 邊塞詩, 아름다운 경치를 담은 寫景詩, 완전한 사랑에 대한 동경과 사랑의 슬픔을 노래한 애정시, 역사적 인물이나 고적에 대한 회고류 정치시, 비천한 신세를 한탄한 서정시 등 여러 제재들을 능숙하게 사용하고 있다.

또한 설도 시의 큰 특징인 하나는 짧은 오언이나 칠언 절구로 되어 있다. 난해한 글자를 잘 쓰지 않으면서도 시어가 함축적이고 세련된 미를 갖추고 있다. 설도의 시는 다른 동시대 유명한 여성시인인 魚玄機, 李冶의 시와 달리 문장에서 감정을 노골적으로 표현하거나, 자신을 직접적으로 드러내려 하지 않았다. 심지어 손님들을 대접하는 수창시에서도 전혀 농염한 풍격이 보이지 않다. 대부분의 시에 나타난 감정은 상당히 절제되어 있는데, 相思의 정을 썼더라도 상대에 대해 존경과 흠모의 태도를 견지하고 있었고 대부분 상대방에 대한 칭송이 주가 되는 사교시적인 특성을 보이고 있다.[13)]

다음으로 설도의 몇 개 작품을 보기로 한다.

춘망사 (春望詞) 봄의 바램

花開不同賞 (화개부동상)　꽃은 피는데, 같이 즐길 수 없고,

---

11) 『全唐詩』에는 89수의 시가 전하나 張蓬舟에 의해 두 수가 추가되어 현재는 91수로 인정한다.

12) 徐渤, 『紅雨樓題跋』, "唐有天下三百年, 婦人女子能爲诗者, 不過十數, 娼妓詩最佳者, 薛洪度, 關盼盼而已."

13) 李知芸, 『薛濤 詠物詩 試論』, 중국어문논총, 2007, 123면.

花落不同悲 (화락부동비) 꽃이 져도, 같이 슬퍼할 수 없네.
欲問相思處 (욕문상사처) 그리운 님 계신 곳 묻고 싶어요.
花開花落時 (화개화락시) 꽃이 필 때에도, 꽃이 질 때에도.
攬草結同心 (람초결동심) 풀 뜯어내어 동심 매듭 매어보네,
將以遺知音 (장이유지음) 장차 이를 님에게 보내려 했다오.
春愁正斷絶 (춘수정단절) 봄날의 수심을 바로 끊어 볼까나,
春鳥復哀吟 (춘조부애음) 봄을 우는 새, 다시 슬피 우네
風花日將老 (풍화일장노) 바람에 꽃들은 나날이 시드는데,
佳期猶渺渺 (가기유묘묘) 아름다운 기약이야 아득하기만..
不結同心人 (불결동심인) 님과 나의 동심결은 맺지 못하고
空結同心草 (공결동심초) 동심초만 한갖되어 맺고 있네요.
那堪花滿枝 (나감화만지) 어찌 견디나, 가지 가득 핀 저 꽃,
飜作兩相思 (번작량상사) 돌이키면 또다시 그리는 내 마음.
玉箸垂朝鏡 (옥저수조경) 두줄기 눈물 아침거울에 흐르니,
春風知不知 (춘풍지부지) 봄 바람은 아는 가, 또 모르는 가.

설도와 잘 어울렸던 명사 중에 가장 중요한 사람은 韋皋이고, 가장 특별한 영향을 준 사람은 원진이었다. 설도와 원진은 서로 흠모하며 후에 설도가 유명한 「十離詩」를 지어 자신의 실수로 떠나간 연인의 마음을 달래었다.[14] 원진은 시를 보고 감동이 되어 다시 설도 옆에 왔으나 훗날에 외지에 나가 십년 동안 소식이 없었다. 위의 시는 설도가 사모했던 원진을 그리워하면서 지은 오언절구이다. 그 때 원진은 벌써 다른 여인에게 떠나 가슴 아픈 설도가 이 시를 지어서 傷心欲絶한 심정을 토로했다.

또한 시인은 사물을 빌려서 자신을 비유하는 시가 있다.

14) 『全唐詩』에서 기재된 바와 같이 설도가 취중에 실수를 하여 원진의 조카를 다치게 하여 쫓겨나자 <십리시>를 지어 자신을 변호한 것이라 기재하였다.

酬人雨后玩竹(수인우후완죽) 비 오고나서 죽을 구경하는 사람에게 답례

南天春雨时(남천춘우시), 那鉴雪霜姿(나감설상자).
衆類亦云茂(중류역운무), 虚心能自持(허심능자지).
多留晋贤醉(다류진현취), 早伴舜妃悲(조반순비비).
晚岁君能赏(만세군능상), 蒼蒼盡节奇(창창진절기).

남쪽에 봄비가 올때(죽을 구경하는 것은), (겨울에) 눈과 서리의 자태를 감상하리.
무성한 일반 草木(과 달리), (봄비 오고 난 죽 구경)의 자부심을 가질 수 있구나.
죽림칠현을 죽림에서 취하며, 舜황제의 妃嬪들이 비통한다.
만약 晚年일 때 님이 다시 죽을 보러 온다면, 그들의 창창하며 힘이 있는 가지들을 볼 수 있을 것이다.

이시에서 시인은 자신을 대나무와 견주어하면서 대나무 같은 고상하고 순결한 자부심을 가진 것을 비유하고 있다. 그래서 지금도 중국의 문단에서 竹을 말하면 설도의 시가 대표적인 예문으로 연상된다. 또한 이시에서 고사를 인용해 首聯과 尾聯이 상호 대응하며 전체구조가 완벽하다. 이로서 설도의 시는 유명한 시인들의 번성시기인 당나라 때에서도 중요한 지위를 차지했다.

이상은 중국의 대표적인 여성 시인 이청조와 설도를 살펴보았다. 앞에도 언급했듯이 여성의 시들에는 일반적으로 恨 · 근심(愁) · 그리움(思) · 원망(怨) · 감회(感)로, 때로는 지극한 슬픔이나 분노 등의 정조가 나타나는 것은 비슷하다. 그러므로 남성 시인의 시보다 섬세하면서도 비분강개한 풍격은 남성시인 못지않게 잘 표현해냈다.

4. 한·중 여류 시인의 시세계의 비교

1) 허난설헌과 이청조의 시세계 비교

이청조와 허난설헌은 같은 사대부의 처라는 신분을 지녔지만 사회영향과 가정환경으로 인해 서로 드러낸 시세계가 사뭇 다르다. 동양의 유교사상은 중국에서 발원이 되었지만 허난설헌이 살았던 조선시대는 여성을 죄수처럼 가두어 놓고 삼종지도나 칠거지악 등의 봉건적 관념으로 정절과 순종을 강요했던 것은 중국보다 더 철저히 실행하였던 사회이었다. 그래서 집안에 가두어놓은 난설헌이 이청조처럼 남편과 이곳저곳 다니면서 금석을 수집할 기회도 없었고 더구나 사람들과 접촉하지 못했을 것이다. 이러한 답답한 삶속에서 남편이 유일한 아음의 支柱이었으나 남편조차 집에 들어오지도 않았고 게다가 시어머니와의 관계도 불화이었다. 따라서 그녀는 심한 소외감 속에서 속마음을 토로하지 못하고 이를 극복하고자 내면세계를 언어예술로 형상화 할 수밖에 없었을 것이다. 난설헌에게 남편과의 불화는 가장 큰 괴로움의 근원이었으며 사랑의 실패는 모든 것의 상실이었다.[15] 따라서 그녀의 많은 작품에서 사랑의 부조화를 표출하고 있으며 이런 갈등을 통하여 조선시대의 여성들의 모순 된 삶을 그려내었다.

난설헌과 비교되는 것은 이청조의 혼인생활은 그녀의 전부이었고 가장 행복한 시기이었다. 그녀는 남편 조명성과 자유연애로 결연되었고 더구나 취미도 같은 부부이자 知己이었다. 이청조의 前期 詞에서 소녀의 情懷가 가득 차 있으며 남편과 결혼한 후에 행복한 생활을 누렸던 흔적을 볼 수 있다. 그러나 기쁨이 있으면 슬픔도 꼭 따라온 듯이 남편을 잃은 후기의 사에서 남편과의 결별함으로 상심과 비통의 기조로 이루어져 주로 남편을 그리워하며 옛 날의 행복함을 생각하는 내용이었다. 이것은 실로 난설헌과 비슷한 정서를 가진다고 할 수 있다. 즉 恨과 고독의 정서이었다. 따라서 이청조 후기의 사에서 역시 처량하고 원망스러운 기조로 이루어진 것이다.

---

15) 한성금, 「허난설헌의 한시에 드러난 작가의식 연구」, 『고시가연구』 12집, 한국고시가문학회, 2003, 246면.

이러한 원망의 기조로 이룬 시는 아래와 같이 예시할 수 있다.

寄夫江舍讀書(강서에서 독서하는 남편에서 보낸 편지)

燕掠射簷兩兩飛　추녀를 차지하고 쌍쌍이 드나드는 제비
落花撩亂撲羅衣　고운 날개 맞부치며 꽃잎 마구 떨구오
洞房極目傷春意　동방서는 눈 빠지오 애타는 마음
草綠江南人未歸　강남에 풀 푸른데 임은 돌아오지 않구

공부하러 떠난 남편을 기다리는 閨情을 표출한 이 시에서 시인은 쌍쌍이 날아드는 제비와 규방에서 애타게 기다리는 고독한 마음이 대조를 이루어 잘 묘사하고 있다. 동시에 남편의 부재에 따른 원망과 상심을 적나라하게 표출하였다.

이어서 이청조가 남편이 외지에 떠날 적에 지은 사는 위에서 이미 살펴본 바가 있거니와 남편이 죽고 나서 상사와 고독이 찬 칠언절구 한 수를 들어 보겠다.

春殘(늦 봄)

春殘何事苦思鄉　늦봄 어인 일로 고향생각 애닯고나
病裏梳頭恨髮長　병들어 머리빗자 백발이 한스럽다
梁燕語多終日在　들보위의 재비들은 종일토록 지저귀는데
薔薇風細一簾香　장미꽃 바람결에 주렴마저 향기롭다.

『歷朝名媛詩詞』에서 陸永은 위의 시를 아래와 같이 평가하고 있다.

「이청조의 시는 그리 아름답지 못하나 <春殘> 절구시의 '薔薇風細一簾香'과 같은 구절는 매우 공교하고 정치하나 詞語에 가까운 것이다.」

위의 말과 같이 이청조의 造詣는 詞에 있다. 그래서 詩의 절묘함에 있어서 난설헌보다 약간 떨어질지라도 詞에 있어서 뒤따라갈 자가 흔하지 않았다. 위에도 살펴본 바와 같이 이청조의 성취는 詞와 詩가 있을 뿐만 아니라 산문과 시비평에도 관심을 기울였던 것을 보았다. 이는 이청조가 활동했던 공간이 난헌설보다 넓었고 무엇보다도 남편과 같은 취미에 빠진 것은 풍부하고 다양한 창작의 원동력이었기 때문이다.

창작 형식에 있어서 이청조의 작품은 더 다양했으나 난설헌의 시에서 더 다양한 주제의식이 담겨져 있다. 위에 잠깐 살펴본 남편에 대한 사랑은 둘 다 간절했는데 이 외에 난설헌의 시에서 <빈녀음>과 <축성원> 등시에서 애민의식과 부조리한 사회비판의식을 드러냈다. 또한 난설헌의 작품에서 상당한 양으로 차지하고 있는 유선시에서도 남다른 관점으로 그녀의 정신세계를 표출하였다. (위 유선시를 참조)

유선시를 통해 현실세계에서 받았던 제약을 仙境에 들어감을 통해 모두 이루어지기를 바라고 있다. 이것은 바로 신선세계에 대한 그녀의 관심과 동경이며 신선과 동화하고자 하는 의식이 시의 중심을 이루고 있다. 이러한 것들은 현실의 아픔으로부터 벗어나고자 하는 난설헌 자신의 작자의식과 관련이 있다.

위에 살펴본 바와 같이 난설헌과 이청조의 작품을 이룬 주요한 정서와 창작의 형식, 시의 주제 등을 비교해보았다. 이청조에 있어서는 남편과 같이 있는 光陰이 너무나 짧은 것을 한스러웠는데 난설헌에 있어서는 자신의 고통스러운 삶이 하루이라고 빨리 끝나기를 바라고 있었다. 이를 보아 고전 사대부여성들은 자신의 재주가 아무리 출중하더라도 일생의 행복은 결국 가정에 달려 있다. 이것은 사대부 여성으로써 벗어날 수 없는 운명이었고 생명의 전부이었을 것이다.

2) 황진이와 설도 시세계의 비교

설도와 황진이는 모두 기녀시인이지만 서로의 시세계가 사뭇 다른 면모가 보인다. 그 차이점은 주로 시인 자신의 표출방식과 사물에 대한 인식의 태도가 다르다. 앞에서도 언급한 듯이 설도의 시에서 농염하고 노골적인 표현이 없다. 그녀의 시에서 절제하고 함축된 감정이 나타난다. 설도의 다양한 경향이 압축되어 있는 영물시에는 자기 낮추기와 자책, 고결함과 재주에 대한 자부심, 완전한 사랑의 소망[16]이라는 여러 태도를 보여준다. 설도의 이러한 태도를 비해 황진이는 외로움 속에 님에 대한 그리움과 슬픔의 감정에 빠지지 않고 늘 이성적인 판단을 지니고 있었다. 또한 이러한 자유스럽고 누구에게도 얽매이지 않은 태도가 그의 시에서 풍류와 자유분방한 표현으로 이루어진다.

이 두 사람이 달을 가지고 읊은 시를 견주어 보면 쉽게 알 수 있다.

月 (달)　　설도

魄依鈎样小 (박의구양소)　달은 갈고리 모양으로 작아졌다가
扇逐汉机团 (선축한기단)　한나라 부채처럼 둥글어지네
细影将圆质 (세영장원질)　초승달과 둥근 달
人间几处看 (인간기처간)　인간세상 어느 곳에서 볼 수 있을까?

달은 차기도 하고 기울이기도 하는 존재라 예로부터 반복과 회귀성이 많은 문학작품에서 회자되어 왔다. 이 시에서도 제1, 3구에서는 이지러진 달의 형상을 2구에서는 한나라의 부채처럼 둥근 달의 모습을 교차시켜 노래한 후 만월에 대한 바람을 제4구에서 드러냄으로써 완벽하고 충만한 애정에 대한 소망을 기탁하고 있다. 그녀의 시어는 이처럼 남성 시인들이 즐겨 사용하는 담담한 비애표현 방식을 빌어 자신의 슬픔을 표현하고 있다는 것이다.[17]

詠半月(영반월) 반달을 노래한다 황진이

誰斷崑山玉 (수착곤산옥)　누가 곤륜산 옥을 깎아 내어
裁成織女梳 (재성직녀소)　직녀의 빗을 만들었던고
牽牛離別後 (견우이별후)　견우와 이별한 후에
愁擲壁空虛 (만척벽공허)　슬픔에 겨워 벽공에 던졌다오

16) 李知芸, 앞의 논문, 146면.
17) 김진영, 『고전작가의 풍모와 문학』, 경희대학교출판국, 2004, 475면.

앞에서도 언급한 바와 같이 작가는 자신과 님을 견우와 직녀로 비유하면서 사랑하는 님이 떠나간 후에 슬픔과 수심에 잠겨 있지만 결국 이러한 고심을 다 허공으로 던진다는 꿋꿋하고 이성적인 태도를 보여준다. 시의 표현을 보면 위에 이미 제시한 설도의 담담한 애원의 표현과 달리 사랑이 떠난 여인의 수심과 원망, 님에 대한 그리움을 함축적이면서도 노골적으로 표시한다.

설도와 황진이의 이러한 시세계의 표현이 사뭇 다르다는 것은 모두 시인의 세계관과 인생관에 기인된다. 설도의 경우를 보면 그녀는 어려서 뜻하지 않게 기녀가 되어 불리한 사회적 조건 아래 있었으나 자신의 재주를 십분 이용하여 남성문화에 적극적으로 개입하였고, 설사 남성들과 충돌이 있다 하더라도 그녀만의 방식으로 감추거나 피해나갔다. 그래서 여성이 아닌, 시인의 신분을 앞세워 남성 사회와 화해를 할 수 있었으며 그들의 인정을 받을 수 있었던 것이다. 이러한 인생관 때문에 설도의 시에서 자기 낮추기와 자책[18]의 경향이 있는 동시에 완전한 사랑을 추구하는 태도도 함축되어 있다. 여자이면 누구나 이상적인 사랑을 추구하는 것이다. 그래서 황진이 역시 예외가 아닌데 설도에 비해 사랑을 추구하는 방식은 더욱 개방적이고 자유분방한 의식을 드러낸다. 앞에서도 언급한 바와 같이 판서 소세양과 같은 양반 사대부들과 잘 어울렸고 사랑이 역시 두터웠었는데 그러나 한 사람에게만 매달리지 않은 것은 황진이에게 처세의 원칙이었다. 그녀가 자연과 친합하여 자연의 이치를 인정하고 꽃이 만발할 때가 있으면 반드시 나중에 시드는 것과 같이 사랑도 역시 있고 떠날 때가 있다. 그래서 그녀의 이러한 인식은 한 사람에게 머무르지 않은 자유자재한 성격을 형성하는 원인이었다. 또한 시를 지은 태도에 있어서 설도와 같이 남성작가들과 수준 맞게 맞추려고 하지 않고 하나의 여인의 자태로 상사와 수심을 감추지 않고 드러냈다. 그녀는 삶 속에서 당대의 속박과 굴종의 규범, 타성과 차별의 제도를 주체적으로 벗어나 온갖 죽어있는 외피들을 벗어 던지고자 하였다. 그렇기에 그녀가 보여준 개성적 사랑과 삶의 방식, 그리고 그와 같은 삶의 진솔한 형상

18) 이지운, 앞의 논문, 146면.

화로서의 시는 바로 이러한 본성적 眞我의 충실하고도 구체적인 실현이었다.[19]

3) 고전 여성 시인들의 위상

여기까지 한국과 중국의 여류 시인을 살펴보았는데 대표적으로 일반 사대부의 처와 기녀들의 시를 분석해봤다. 그 이유는 이 두 계층은 그 시대를 대표할 수 있는 전형적인 여성 시인들의 신분이기 때문이다.

기녀는 대체 화초기형 · 절부형 · 예술가형[20]으로 나눌 수 있는데 황진이나 절도는 다 예술가형에 해당된다. 또한 사대부의 처라면 옛날 같은 경우 남자는 三妻四妾은 정상이라서 처나 첩들이 행복할리가 없을 것이다. 하지만 예외로 이청조와 그의 남편은 서로 잘 어울리며 사랑했으나 남편이 죽자 불행의 시작이 되었다. 그래서 이상의 원인으로 인해 고전의 처들이 대체 怨婦라고 할 수 있다.

이 두 가지 유형은 특수한 신분이나 주변 환영의 영향으로 인한 개인처지 등 여러 요소가 있기 때문에 특유한 정서가 분출되어 훌륭한 예술창작이 이루어질 수 있었던 것이다. 하지만 모든 고전 여성작가가 이렇다고 할 수가 없으며 그 많은 창작 중에서 뜻 깊은 것에 해당될 것이다.

이러한 훌륭한 작품들이 나타났기 때문에 여류 시인들이 그 시대에서 많은 好評과 인증을 받을 수 있었으며 덕분에 작품도 잘 보존될 수 있었다. 하지만 꼭 선과 악이 동반된 듯이 몇 천 년 동안의 남존여비의 뿌리 깊은 사상으로 인해 얼마나 훌륭한 여류시인이었도 비난을 받았다.

'여자무재편시덕(女子無才便是德: 여자가 재주가 없으면 덕이 된다)이라는 고정관념이 강하기 때문에 창작할 줄 아는 여자가 덕이 없게 되었다. 또한 많은 문집과 語錄에서 여시인의 시를 일부러 싣지 않았으며 女流之輩의 시가 역사에 기록할 자격이 없다고 하면서 비판할 글도 많았다. 그래서 여태까지 수집한 여성의 시들은 대부분 작가 이름과 연대가 미상이다.

---

19) 김진영, 『고전작가의 풍모와 문학』, 경희대학교출판국, 2004, 461면.
20) 「略論薛濤時風'男性化'的成因及其表現」, 『中國文學研究』, 2003, 67면.

기녀가 되든 원부가 되든 다 남성중심적 이데올로기의 산물이라는 견해가 그것이다. 戀主之詞가 봉건적 君臣 관계를 바탕으로 해서 그러했던 것처럼 여성을 피동적인 태도로 표상하는 것도 가부장적인 질서가 지배하던 사회의 산물임에 의심의 여지가 없다.

그래서 기녀나 원부의 입장에서 지은 시편들을 살펴보면 거기서 몇 가지 공통점이 발견된다. 이런 시는 대체로 이별을 하거나 이별의 결과로 홀로 있거나 그래서 기다림으로 세월을 보냈다. 이별은 조건이 되고 홀로 있음은 상황이 된다. 그리고 기다림은 그 조건과 상황을 따른 행위이다. 그러기에 태도는 피동적이었다. 이런 요소들에 의해 그 많은 시편들이 대부분이 슬픈 연가가 될 수밖에 없다.

우리는 한 작가의 작품을 통해 그 작가의 심정을 이해한다. 그래서 한국이나 중국이나 그녀들의 시에서 많은 공통점을 찾게 될 것이다. 그것은 양국의 시대배경의 비슷한 점과 여자로서의 비슷한 운명과 밀접한 연관성이 있기 때문이다.

5. 결론

중국학자 陸晶淸의 「당대여시인」에서 당나라 여성시인을 네 가지의 유형으로 나누었다. ① 궁정부녀, ② 가정부녀, ③ 女官, ④ 娼妓이다. 이렇게 나눈 이유는 각자 다른 신분을 지니고 있고 다른 환경에서 지은 시들에서 나타난 정조도 다를 것이다. 이를 통해 그 시대 여성들의 시에서 특별한 점을 가진 원인을 찾아볼 수 있으며 또한 고전여성작가들이 창작하는 데 필요한 어떤 특정한 감정을 찾아낼 수 있다. 그것은 국적과 상관없이 고전 여성작가들의 보편적인 창작환경이라고 한다. 즉 그녀들이 사회의 구속과 禮教의 압박, 또한 남편과의 文格의 제한이 있기 때문에 자신의 감정을 자유스럽게 표현하지 못한 것이다. 그래서 풍경을 가지고 시를 지을 때 어떤 隱晦적인 표현이 첨가되며 슬픔과 恨이 동반된 것이다.

위와 같이 진술한 대로 여성시인들의 시세계에서 반영된 것은 그 시대의 어떤 정치적이나 경제적인 요소에 비해 남성에 관한 이야기나 자신의 자의식을 표현하는 데에 더 비중을 둔 것이다. 자신의 현실적인 처지가 이상대로 실현시키지 못할 때 혹은 현실 속에서 구속을 받을 때 시를 통해 위로를 받았을 것이다. 그러나 시로 달랠 수 있는 고전 여성이 과연 얼마나 될 수 있을까? 대부분의 여성들이 비참하고 억울한 심정을 풀지 못해 평생 한을 안고 살았을 것이다. 위에 살펴본 여성들의 신분을 막론하고 그들이 남긴 시는 내용과 형식, 지향했던 사상과 의식적 심상을 통해 한국이나 중국의 고전여성들의 보편적인 삶과 문학적인 위상을 이해하는 데에 조금의 도움이 될 수 있었으면 한다.

참고문헌

김명희 · 박현숙, 『조선시대 여성 한문학』, 이회문화사, 2005.

김종순, 「난설헌과 소설헌의 "유선사(遊仙詞)" 비교」, 『한성어문학』 20, 한성대학교 한성어문학부, 2001.

김진영, 『고전작가의 풍모와 문학』, 경희대학교출판국, 2004.

李知芸, 「薛濤 詠物詩 試論」, 중국어문논총, 2007.

이혜순, 『한국 고전 여성문학의 세계』, 이화여대출판부, 1998.

조동일, 『한국문학통사 2』, 지식산업사, 2000.

한성금, 「허난설헌의 한시에 드러난 작가의식 연구」, 『고시가연구』 12집, 한국고시가문학회, 2003.

「略論薛濤時風'男性化'的成因及其表現」, 『中國文學研究』, 2003.

『李淸照集』, 대만: 河洛圖書出版社, 2000.

설도와 그의 시 감상

유 지 봉*

1. 설도는 누구인가

설도, 자는 홍도(洪度), 만당(晩唐)시기의 여류 시인이다. 정확한 생몰 연대는 논란이 있지만 776~780년에 출생하여 832년에 죽었다고 추측된다.[1] 《전당시(全唐詩)》 제81권에서 설도 시 89수를 수록하고 있으며, 장위(張爲)는 <시인주객도(詩人主客圖)>라는 글에 설도를 "청기아정주(淸奇雅正主)"의 "승당(昇堂)"에 귀납하여 당나라 명시인 방간(方干), 가도(賈島)에 비견하였다. 그 글에서 유일한 여자 시인으로서의 위치를 생각해본다면 설도의 당나라 시단에서의 위상을 대강 헤아릴 수 있다.

원비(元費)가 지은 《전지보(箋紙譜)》에 따르면 설도는 장안(長安) 양가집의 딸인데 그의 아버지 설운(薛鄖)이 사천에서 벼슬 하다가 죽었다고 한다. 아버지가 돌아가신 후 집안 형편이 좋지 않음에도 불구하고 홀로된 어머니가 설도를 15세까지 길렀다고 한다. 당시 설도의 시 재주가 사람들에게 널리 알려지게 되었다. 마침 위고(韋皐, 745~805)가 서천절도사(西川節度史)를 지내고 설도를 불러왔다고 한다. 설도는 타고난 시 재주와 영리한 말솜씨에 의지하여 얼마 안 되어 위고의 큰 총애를 받았다. 그러나 젊은 설도가 총애

---

* 경희대학교 국어국문학과 대학원 박사과정

1) 윤염휘(尹艶輝), 「설도기인기시연구(薛濤其人其詩硏究)」, 湘潭대학교, 석사학위논문, 2005.

에 기대어 방자한 마음이 들어 위고를 대신 아랫사람이 드리는 금백(金帛)을 받은 탓에 군기(軍伎)로 낮추어 송주(松州)[2]로 귀양을 갔다. 하지만 결국 사면을 받아서 성도(成都)에 돌아왔다. 이후 위고가 죽은 뒤 후임자 유벽(劉闢)이 사천에서 반란을 일으켰다. 설도도 이때 2번째 벌을 받아 변경 지방에 귀양을 갔다가 돌아오게 된다. 이렇게 2번의 고난을 겪은 시인은 성도에 돌아오자 기생의 생활에서 잠시 벗어나 은거생활을 하기도 하였다.

설도는 총 7명 사천절도사를 섬기며 수준 높은 시로 인하여 큰 명성을 떨쳤다. 절도사 무원형(武元衡)이 설도의 재치를 높이 평가하여 그에게 "교서(校書)"직을 조정에 청한 적이 있었는데 허락 받지 못하였다. 절도사 단문창(段文昌)은 설도에게 묘지명을 써 주었는데 "서천교서설홍도지묘(西川校書薛洪度之墓)"라고 한다. 다른 사람 눈에는 설도가 이미 교서가 될 만한 재주를 가지고 있는 것처럼 보였다고 한다. 절도사 외에 설도는 원진, 백거의, 유우석, 도목 등 서천막부(西川幕府)에서 관직을 지냈던 문인들과 많이 교류하였다. 원진이 <설도에게 준 시(寄贈薛濤)>에서 설도를 칭찬하기를 "말솜씨는 앵무새 혀를 훔치고, 글솜씨는 봉황의 털을 받을 만하네(言語巧偸鸚鵡舌, 文章分得鳳凰毛)"라고 했고 왕건(王建)은 설도를 "눈썹을 그린 재자"라고 표현했을 정도이다.

2. 설도 시문학 작품의 이해

지금까지 전해진 설도의 시 89수는 오언절구가 9수, 칠언절구가 70수가 있는데 절구가 대부분의 분량을 차지하고 있다. 《당재자전(唐才子傳)》과 《당시기사(唐詩紀事)》에서 모두 설도가 짧은 시에 능하다는 기록이 있다. 설도 시의 소재는 대개 3가지로 나눌 수 있다. 즉 상사증답(相思贈答), 영물서정(詠物抒情), 부변감회(赴邊感懷)가 그것이다.

2) 지금 四川성 松潘현.

1) 상사증답(相思贈答)

그리움은 여성 시인들, 특히 기녀 출신의 시인들에게 주로 등장하는 주제이다. 설도도 여기서 예외가 되지는 않는다. 그녀는 젊은 시절 많은 관료 및 문인들과 교류했기 때문에 그들의 시에 화답한 작품이 적지 않았다. 이런 작품들은 개인의 미세한 감정을 표현하거나 권세에 영합하여 지는 작품에 불과하다고 평가절하 되기도 하지만 수준과 깊이를 모두 갖춘 작품도 많다.

봄을 바라보며 지은 시[춘망사(春望詞)]
꽃 필 때는 같이 볼 수 없고
꽃 질 때는 같이 슬러하지 못하네
그리움이 어디에 있는지 물어보며
꽃 필 때와 질 때이네
花開不同賞 花落不同悲 (화개불동상 화락불동비)
辱問相思處 花開花落時 (욕문상사처 화개화락시)

피는 꽃을 감상하는 즐거움을 애인과 같이 나눌 수 없고 꽃이 지는 슬픔도 애인과 서로 위안할 수도 없다고 읊고 있다. 그리움은 바로 꽃이 필 때와 질 무렵에 가장 크고 고통스럽게 느껴진다. 마음속에 정서를 불러일으키는 사물이나 경치를 볼 때는 시인이 감정을 서로 나눌 수 있는 그 사람을 기다린다는 뜻이다. 시인은 이 그리움을 주제로 한 작품을 통해서 외부 경치의 변화가 결국 사람의 감정 변화를 일으킬 수 있고 바로 그 장소가 그리움이 생기는 원인이라는 것을 드러내어 보인다.

친구를 보내며[송우인(送友人)]
물가 갈대 위에 서리가 앉고
차가운 달빛과 산 빛이 아득하네
오늘부터 서로 천리 떨어진 것은 누가 말인가
이별의 꿈은 국경의 성새와 같이 길겠네

水國蒹葭夜有霜 月寒山色共蒼蒼 (수국겸가야유상 월한산색공창창)
誰言千里自今夕 離夢杳如關塞長 (수언천리자금석 이몽묘여관새장)

강가 갈대에는 서리가 어리고 있으며 차가운 달빛아래에 산의 윤곽이 희미해지는 밤에 시인은 친한 친구를 부두에서 전송한다. 이때에 시인의 심정은 어떠했을까? 작품에서 겸가(蒹葭)란 고사를 인용함으로써 독자는 자연적으로 《시경 · 진풍 · 겸가(詩經 · 秦風 · 蒹葭)》 중의 "겸가창창, 백로위상, 소위이인, 재수일방.(蒹葭蒼蒼, 白露爲霜, 所謂伊人, 在水一方.)"이란 명구를 연상시키게 된다. 그리고 이러한 연상은 결국 송별이란 주제를 돋보이게 한다. 달빛에 비추인 반짝반짝한 서리에 덮여 있는 갈대와 보일락 말락 먼 산이란 풍경은 독자에게 쓸쓸하고 서글픈 정경을 보여준다. 그러나 시인은 슬픔에 빠져있는 어조를 그치고 말을 돌려서 오늘부터 더 머리 떨어지고 더 만나지 못하겠다는 것을 누가 말한 것이냐고 묻는다. 친구를 그리워하는 꿈은 변경의 성새처럼 천리를 길게 이어져 있을 것이며 꿈속에 같이 만날 수 있겠다고 한다. 전체적으로 말하면 감상적이지만 슬픔에 잠기지 않은 시라고 할 수 있다.

강가[강변(江邊)]
서풍 속에 기러기 한 쌍의 울음소리가 들려오고
사람과 세상, 마음과 모습이 미미 따로 분리되었네
물고기 배속에 진심을 담는 편지를 위하지 않으면
누가 밤마다 쌀쌀한 강가에 설 수 있을 것인가
西風忽報雁雙雙 人世心形兩自降 (서풍홀보안쌍쌍 인세심형량자항)
不爲魚腸有眞訣 誰能夜夜立淸江 (불위어장유진결 수능야야립청강)

스산한 서풍바람이 남으로 날아가는 기러기 한 쌍의 울림으로 들려온다. 시인은 우두커니 강변에 서면서 형체가 불쌍히 그림자밖에 의지할 데가 없는 고독한 모습을 보여준다. 자신과 이 세상, 몸과 혼이 이미 헤어진 것 같다. 하련에 시인이 이렇게 된 원인을 말했다. 즉 물고기 배속의 척소서(尺素

書)를 얻기를 위해서 이런 고생을 했다는 것이다. 척소서란 고사는 고대 악부시(樂府詩)에서 나온다. “손님이 먼 곳에서 오고 나에게 잉어 한 쌍을 주었네. 아들을 불러와서 잉어를 볶으려고 하던데, 잉어 배속에 한 자 생견 편지가 있네.(客從遠方來, 遺我雙鯉魚. 呼兒烹鯉魚, 中有尺素書.)” 그 이후에 먼 곳에서 오는 편지를 “척소서”나 “쌍리(雙鯉)”로 비유한다. 이 작품 안의 “어장진결”도 비슷한 의미로, 먼 곳에서 보내온 애인의 편지를 가리키는데, 이 편지를 기다리고 있지 않다면 누가 이 깊은 밤에 쌀쌀한 강가에 서 있을 수 있을까? 시인의 사랑에 대한 진지한 마음을 엿볼 수 있다.

여기서 더 자세히 살필 수 있는 것은 설도가 동시대 시인 원진(元稹, 779~831)과 깊게 교유한 적이 있었다는 사실이다. 원진은 원화4년(809)에 감찰어사로서 동천에서 일할 때 설도와 만나서 서로에게 지은 시도 있었다. 설도의 작품 <四友贊>, <贈遠>, <寄舊詩與元微之> 등 원진에게 준 작품을 보면 깊은 정을 가지고 있었다. 원진이 대화5년(831)에 갑자기 병으로 무창(武昌)에서 죽은 다음 해에 설도도 성도 벽계방(碧鷄坊)에서 세상을 떠났다.

2) 영물서정(詠物抒情) 시

그리움을 표현하는 주제 외에 설도는 많은 경물을 읊는 작품을 창작했다. 탁물언지(托物言志), 즉 사물에 가탁하여 사상 정서를 표현한다는 것은 한시의 중요한 전통이다. 설도는 독특한 시각과 뛰어난 수준의 영물서정 시로 당나라 시단의 중요한 위상을 가지고 있다.

버들개지를 읊기[유서영(柳絮詠)]
이월달의 버들개지가 가볍고 미미하고
봄바람에 뜨며 사람 옷에 잘 붙이네
버들개지는 본래 정이 없는 것이기에
남쪽으로 날려갔다가 북쪽으로 날려가네
二月楊花輕復微 春風搖蕩惹人衣 (이월양화경복미 춘풍요탕야인의)
他家本是無情物 一向南飛又北飛 (타가본시무정물 일향남비우북비)

중국에서는 옛날부터 "詠絮之才(버들재지를 읊는 재주)"로 여자가 재치가 있다는 것을 형용한다. 이 <柳絮詠>를 통해 설도의 시 창작 능력의 극한을 보여주면서도 자기의 운명과 신세에 대한 무력함을 표출한다. 다음 연에는 이월 버들개지의 가볍고 작은 성질을 말하면서 자연(운명)의 힘으로 정처 없이 날려간다고 설명하고 있다. 마지막 구절에서 시인은 버들개지를 의인화하여 무정한 것이라고 평가하며 봄바람 안에 남쪽에 향해 갔다가 다기 북쪽에 향해 떠돌아 간다고 묘사한다. 결국 이 작품은 겉으로 보면 버들가지를 주제로 한 것이지만 실제로는 시인이 젊은 나이에 입적하여 물 위에 떠는 부평초처럼 떠돌아다니는 신세에 대하여 설명하고 있는 것이다. 이미 정해진 운명을 따라서 이렇게 되었고, 극복할 수 없는 가부장 제도의 모순 덕에 스스로가 높은 명성을 얻어도 어쩔 수 없는 삶의 굴곡이 남아있다는 것을 인정하고 있는 셈이다.

설도 영물 시 수준을 제일 잘 보여주는 작품은 <십리시(十離詩)>라고 할 수 있다. <십리시>는 제목대로 열 가지 이별이라고 하는데, 한 수가 아니라 한 주제를 둘러싸고 창작된 10수의 조시이다. 이 시는 설도가 벌을 받아서 송주(松州)에 향해 귀양 가는 도중에 서천절도사 위고(韋皐)에게 써 준 것이라고 한다. 설도는 15세 나이에 입적하여 출중한 재능과 미모를 통해 관료와 지위 높은 자들의 총애를 받아서 결국 방자한 마음이 생기고 말았다. 앞서 설명한 것처럼 제멋대로 위고를 대신하여 아랫사람이 올린 금백을 받았다. 설도는 그때 관비로 생활을 지내는 예기(藝伎)라서 스스로 재물을 받는 것은 이미 죄를 범한 것이다. 결국 설도가 위도의 총애를 받고 있다 할지라도, 위고는 스스로의 정치적 안위와 설도의 방자함을 탓하여 그녀를 변경 지방인 송주로 귀양 보냈다.

시인은 사람이 다 범할 수 있는 실수를 했지만 누구나 다 해낼 수 없는 교묘하고 완곡한 방식으로 위기를 극복했다. 즉 시를 통해 자기의 뉘우치는 마음을 전함으로써 사면을 기대한 것이다. 안일하고 즐거운 주연(酒筵)에서 시를 지는 것은 일반 예기에게는 어려운 일이 아니겠지만 변경 귀양을 가는 근심이 가득 찬 길 도중에서도 시를 통해 마음을 표출할 수 있는 사람은 진정한 시인이 아니면 완성하지 못 할 일이다. 시 짓기를 즐기는 진짜 시인에게 시 창작은 결국 즐거운 자리에서 흥치를 붙이는 일에서 뿐만 아니라 큰 고난 속에 마음을 위안하는 역할을 할 수도 있는 셈이다. 시를 한 가지 삶으로 한 가지의 인생으로 하는 사람만은 참된 시인이라고 할 수 있겠다.

개와 주인의 이별[견리주(犬離主)]
큰집 문에 드나든 지 사오년이 되었고
사람 뜻을 알기 때문에 사랑을 받았네
요사이 잘 아는 손님을 물은 탓에
빨간 담요에서 잠을 자지 못하게 되네
出入朱門四五年 爲知人意得人憐 (출입주문사오년 위지인의득인련)
近緣咬着親知客 不得紅絲毯上眠 (근연교착친지객 불득홍사담상면)

붓과 손의 이별[필리수(筆離手)]
월나라 필대와 선주의 필 끝이 사람 높이 사고
빨간 쪽지에서 꽃처럼 글씨를 지었네
오랫동안 쓰기 때문에 필 끝이 벗어진 탓에
주인 손 안에 들리지 못하게 되네
越管宣毫始稱情 紅箋紙上撒瓊花 (월관선호시칭정 홍전지상살경화)
都緣用久鋒斗盡 不得羲之手里擎 (도연용구봉두진 불득희지수리경)

말과 마구간의 이별[마리구(馬離廐)]
하얀 눈처럼 생긴 귀와 빨간 털에 파란 발굽을 가지고
바람을 쫓아갈 만큼 해까지 달아 간 적이 있네
잘생긴 주인이 놀람을 받아서 떨어진 탓에
화려한 마구간에서 울부짖을 수 없게 되네
雪耳紅毛淺碧蹄 追風曾到日東西 (설이홍모천벽제 추풍증도일동서)
爲驚玉貌郎君墜 不得華軒更一嘶 (위경옥모랑군추 불득화헌경일시)

앵무새와 새장의 이별[앵무리롱(鸚鵡離籠)]

롱서지방에 앵무새는 나밖에 없고
여기저기 날며 비단 담요로 올라갔네
함부로 말을 튀어나온 탓에
더 이상 새장에서 사람을 부르지 못하게 되네
隴西獨自一孤身　飛來飛去上錦茵 (롱서독자일고신　비래비거상금인)
都緣出語無方便　不得籠中再喚人 (도연출어무방편　불득롱중재환인)

재비와 둥지의 이별[연리소(燕離巢)]
부잣집에 날아 드나들고 버림받지 않으며
주인이 나의 울음소리를 좋아하기 때문이네
흙을 물다가 산호 베개를 더럽힌 탓에
대들보 사이에 둥지를 짓지 못하게 됐네
出入朱門未忍抛　主人常愛語交交 (출입주문미인포　주인상애어교교)
銜泥穢汚珊瑚枕　不得梁間再壘巢 (함니예오산호침　불득량간재루소)

구슬과 손바닥의 이별[주리장(珠離掌)]
동그랗고 밝으며 훤하게 꿰뚫어볼 수 있고
수정궁을 비추는 밝은 빛과 같네
티 한 점이 있는 탓에
온 밤에 주인 손바닥에 쥐게 되지 못하네
皎潔圓明內外通　淸光似照水晶宮 (교결원명내외통　청광사조수정궁)
只緣一點玷相穢　不得終宵在掌中 (지연일점점상예　불득종소재장중)

물고기와 못의 이별[어리지(魚離池)]
깊은 못에서 뛰어 헤엄친지 사오년이 되었고
빨간 고리를 흔들며 낚시를 장난치네
뜻밖에 연꽃을 부러지게 만든 탓에
맑은 물에서 더 놀지 못하게 되네
跳躍深池四五秋　常搖朱尾弄綸鉤 (도약심지사오추　상요주미롱륜구)

無端擺斷芙蓉朶 不得清波更一遊 (무단파단부용타 불득청파경일유)

독수리와 사냥꾼의 이별[응리구(鷹離鞲)]
발톱이 칼날과 날카로우며 눈이 방울처럼 크고
평야에서 토끼를 잡는 것을 자랑하네
사연없이 푸른 구름 밖에 날아간 탓에
임금 어깨 위에 더 서지 못하게 되네
爪利如鋒眼似鈴 平原捉兎稱高情 (조리여봉안사령 평원착토칭고정)
無端竄向靑云外 不得君王臂上擎 (무단찬향청운외 불득군왕벽상경)

대나무와 정자의 이별[죽리정(竹離亭)]
울창한 대나무를 새롭게 심은 지 사오년이 되었고
가을 서리가 앉아도 절개 있게 보이네
죽순이 담을 뚫고 들어간 탓에
더 이상 그늘을 옥당을 덮지 못하게 되네
蓊鬱新栽四五行 常將勁節負秋霜 (옹울신재사오행 상장경절부추상)
爲緣春筍鑽墻破 不得垂陰覆玉堂 (위연춘순찬장파 불득수음복옥당)

거울과 탁자의 이별[경리대(鏡離臺)]
황금으로 주조된 거울을 만들고
처음 만들어졌을 때 달까지도 비출 수 있네
무한한 먼지가 거울을 가리우린 탓에
화려한 청사의 옥대에서 놓이지 못하게 되네
鑄瀉黃金鏡始開 初生三五月徘徊 (주사황금경시개 초생삼오월배회)
爲遭無限塵蒙蔽 不得華堂上玉臺 (위조무한진몽폐 불득화당상옥대)

이상 10수의 작품을 보면, 시인은 실수 탓에 일어난 10가지 이별을 부각함으로써 자신의 불행을 비유하고 있다. 독특한 비유와 참신한 시각에서 보여주는 이별을 읽어 보면 마음을 움직이지 않을 수 없다. 10가지의 이별은 바로 (1)개와 주인의 이별: 주인의 말을 잘 듣던 개가 한 번 사람을 다친 탓에 집 밖으로 쫓겨나게 됐다. (2)붓과 손의 이별: 주인이 잘 쓰던 붓은 필 끝이 벗어진 탓에 버림받았다. (3)말과 마구간의 이별: 원래 천리마이지만 주인이 놀림 당해서 떨어진 탓에 마구간 밖으로 쫓겨나게 됐다. (4)앵무새와 새장의 이별: 보기 드문 희귀한 앵무새는 함부로 말한 탓에 새장에서 더 이상 기르지 못하게 됐다. (5)제비와 둥지의 이별: 주인의 사랑을 받던 제비가 물던 흙이 산호 베개를 더럽힌 탓에 내쫓아버리게 됐다. (6)구슬과 손바닥의 이별: 동그랗고 밝은 구슬에 안타깝게도 티 한 점이 있는 탓에 주인의 사랑을 받지 못하게 됐다. (7)물고기와 못의 이별: 깊은 못에서 잘 놀던 물고기는 연꽃을 부러지게 한 탓에 버림을 당했다. (8)독수리와 사냥꾼의 이별: 사냥에 도움이 잘 되던 독수리는 의외로 하늘에 날아간 탓에 주인의 버림을 당했다. (9)대나무와 정자의 이별: 울창한 대나무는 새로 나는 죽순이 담을 뚫게 만든 탓에 잘리게 되었다. (10)거울과 탁자의 이별: 황금으로 주조된 거울은 먼지가 낀 탓에 화려한 탁자에서 놓이지 못하게 되었다.

이상 10수 시에는 열가지 "물건과 주인"의 슬픈 이별을 묘사한다. 주의할 만한 것은 시마다 수련에 "물건"의 가치를 강조하는데다가, 그 실수들은 본의가 아니라 의외로 된 상황이었음을 강조하지만 결국 주인의 버림을 받았다는 내용이다. 자신의 불행도 시에 부각된 상황처럼 일시적인 과실로 벌을 받은 일에 은유한 의도가 보인다. 어떤 평론에는 <십리시>의 취지가 비천하고 품격이 낮다고 평가했다. 육창(陸昶)은 《歷代名媛詩詞》에서 "<십리시>가 고아한 성취가 모자라서 긍정적으로 여기지 못한다.(<十離詩>殊乏雅道, 不足取也.)"라고 했다. 하지만 설도는 시 안에서 특별히 뉘우치거나 후회하다는 말을 하지 않고 단지 자기의 처지를 비유적으로 형상화시키며, 이 시를 보는 사람(위고)이 자기를 이해하기를 바란것 뿐이다. 명나라 양신(楊愼)이 《昇庵詩話》 중에서 "풍자와 비유가 있긴 한데 노골적이지 않기에 시인의 현묘를 얻는다.(有諷喩而不露, 得詩人之妙)"라고 했다. 문학적인 시어 표현을 통해서 마음을 표현하는 것은 바로 시인이 가져야 할 표현방식이라는 점을 잘 보여주고 있는 셈이다.

3) 부변감회(赴邊感懷) 시

설도는 평생 동안 귀양을 두 번 간 적이 있다고 한다. 첫 번째는 위고가 보낸 것이고 두 번째는 절도사로서 반란을 했던 유벽(劉闢)이 보낸 것이다. 이 큰 고난이 시인의 정신을 연마할 뿐만 아니라, 기생으로서 쉽게 경험해 볼 수 없는 경험을 통해 평범한 재녀인 설도는 뛰어난 시인으로 변화한 셈이다. 변방에 귀양을 가는 경험은 설도의 인생을 충실하게 하기도 하고 그의 시세계를 풍부하게 하기도 한다. 일반 여 시인이 자주 다루는 감상적인 시나 규원시(閨怨詩)와 달리 더 높은 품격과 경계를 보여준다. 변경 지역의 풍토와 전쟁의 난세가 시인의 안식을 넓혀 주게 되어, 원래 관심이 있던 창작의 주요한 소재들도 바뀌게 되고, 보통의 여성 시인들의 작품을 뛰어 넘어 결국 시단에서 높은 명성을 날리게 된다.

변경 귀양을 가면서 위 령공에게 드린 감회[벌부변유회상위령공(罰赴邊有懷上韋令公)]

변경 성새의 생활이 고달프다고 들었는데
지금 와서 알기를 시작하네
<문하곡>을 부르기가 부끄럽고
롱서에서 변경을 수비하는 군사들에게
聞道邊城苦　今來到始知 (문도변성고　금래도시지)
羞將門下曲　唱與隴頭[3]兒 (수장문하곡　창여롱두아)

토번(吐蕃)이 명령을 어겨 변경을 침범하고
봉화가 날리며 북방이 사람을 근심스럽게 하네
그렇지만 첩을 엄격하게 보내기만 하고
송주에 향하여 진군하지 못하네

---

3) 농두(隴頭), 농산(隴山), 섬서성 농현(隴縣)에서 서북으로 감숙성 청수현(淸水縣) 부근까지 걸쳐있음. 당나라 때 서북 요새였음.

黠虜猶違命　烽煙直北愁 (할로유위명　봉연직북수)
確教嚴遣妾　不敢向松州 (확교엄견첩　불감향송주)

이상 2편은 시어가 간단하며 솔직하고 간결하게 시인이 변경 생활에 대한 감상을 표현하였다. 제1편에서 시인이 처음 변경 귀양지에 도착한 느낌을 그린다. 노래와 춤이 그칠 때가 없는 화려한 천지에서 살아오던 시인이 별안간 변경 성새에 와 보더니 그 동안 말로만 전해듣던 가난과 함께 고달픈 전란 생활을 경험하게 된다. 원래 잔치 자리에서 높은 관료에게만 부르던 노래를 전쟁터로부터 막 돌아온 저층 군사들에게 불러 줄 수 없기 때문에 부끄럽기만 한다. 이런 거친 환경에서 시인의 노래재주나 시 재주를 알아줄 사람도 당연히 없을 것이고 그에 화답할 수 있는 능력을 가진 자도 찾기 어려울 것이다. 고통스러운 생활을 그리면서 시인 마음속의 적막과 쓸쓸함도 드러나고 있다.

제2편에는 우려할 만한 전쟁 상황을 묘사한다. 할로(黠虜)는 토번(吐藩)을 가리킨다. 《舊唐書·吐藩》에 따라서 咸興원년(670) 4월부터 설인귀가 토번 토벌에 성공하지 못했기 때문에 이 후 토번이 여러 해 계속해서 당을 침범하게 된다. 결국 貞元17년(802)에 토번은 다시 침입한다고 설명하고 있다. 수련에는 토번이 명령을 어기고 중국 땅을 침입하여 전화(戰火)가 북방에 번졌음을 드러내고 있다. "愁"자 하나를 통해서 전쟁의 절박하고 낙관하지 못하는 형세를 암시한다. 마지막 연에는 시인이 토번 전쟁에 대한 태도를 보여준다. 이렇게 급한 고비에는 윗사람이 전쟁을 꼼꼼하게 대비하기에 신경을 쓰지 않고 굳이 시인 같은 약한 여자를 엄하게 처벌하여 자신이 송주 전장으로 향하기 두려워하다는 것을 보니 설도는 윗사람에 대한 불만을 시 속에서 풍자하고 있음을 확인할 수 있다.

첫 편에는 시인이 처음 변경에 와서 적응하지 못함을 그린다고 하면 두 번째 편에서는 자신이 벌을 받아 귀양을 가는 것에 대한 불만을 토로한다고 할 수 있다. 생각해 보면 이때의 시인은 스무 살도 안 되는 어린 나이라서 마음의 감정을 억누르지 못하고 자신이 당한 고난에 대한 비통과 윗사람이 자신을 지나치게 처벌한 것에 대한 풍자를 모두 직접 날카롭게 표출하였다. 이러한 점에서 보면 설도는 결코 주관이 없는 유약한 여자가 아님을 알 수 있다.

변경 귀양을 가면서 무 상공에게 드리다[벌부변상무상공(罰赴邊上武相公)]

반딧불은 거친 들판에 있으며 달빛은 하늘에 있고
개똥벌레가 달나라까지 날아갈 수 있으랴
만리 떨어지더라도 달빛은 나를 비추야 하는데
하늘 끝을 바라봐도 편지를 전하지 못하네
螢在荒蕪月在天　螢飛豈到月輪邊 (형재황무월재천　형비기도월륜변)
重光萬里應相照　目斷雲宵信不傳 (중광만리응상조　목단운소신불전)

고개 위에서 고삐를 누르면서 춥디춥고
쓸쓸한 바람과 이슬비가 마음속을 서늘하게 하네
고장으로 돌아가기를 허락해 주신다면
산수 변풍을 한눈 더 바라보지 않겠네
按轡嶺頭寒復寒　微風細雨徹心肝 (안비령두한복한　미풍세우철심간)
但得放兒歸舍去　山水屛風永不看 (단득방아귀사거　산수병풍영불간)

<변경 귀양을 가면서 무 상공에게 드리다>라는 시는 설도가 두 번째 귀양을 가는 도중에 쓴 작품이라고 한다. 위고가 죽은 후에 원자(袁滋)가 검남절도사(劍南節度使)를 이어받다가 부임 오는 도중에 강직되었다. 후임자 유벽은 취임한 후 바로 반란을 일으켰다. 설도가 두 번째 벌을 받은 이유를 명확히 밝히지 못하지만 시기는 유벽이 절도사가 된 때라고 보는데 이의가 없다. 유벽 반란을 평정한 무원형(武元衡)이 설도를 설면하고 다시 불러왔다. 그러므로 이 시는 시인이 귀양을 가는 동안 무원형에게 드린 것이겠다.

첫 편 수련에서는 시인이 자기를 들판 반딧불에 비유하고 무원형을 밤하늘의 달빛에 비유를 들었다는 것을 보면 자기 지위의 비천함과 무상공에 대한 존경을 부각시키고 있다. 미련에는 무상공의 빛이 자기를 비추어 주고 고난에서 벗어나게 구해 달라는 뜻이 있지만, 눈이 빠지게 기다려도 상공의

편지가 오지 않았다고 한다. 시인이 고통의 구렁에서 탈출하고자 하는 절박한 심정을 잘 보여준다.

두 번째 편 수련에서는 시인이 변경 지역에서 사는 가난과 고통을 묘사한다. 시인은 말을 타고 비바람이 휘몰아치는 추운 산길을 가고 있다. 긴 시간의 유배생활은 시인의 의지를 단련할 뿐더러 자기 인생의 잘잘못을 깊게 반성할 수 있는 기회를 제공하고 있다. 미련에는 시인이 생각한 끝에 얻은 인생 선택을 토로하고 있는데, "어느 날 언젠가는 나를 풀어 놓아 집에 돌아갈 수 있다면 산수병풍 같은 사치스러운 자리에 대한 미련이 하나도 없을 것이다"라고 했다. 악적(樂籍) 가기(歌妓)로서 화려한 청사에 드나들 수 있지만 자기 미천한 신분을 감히 바꿀 수 없고 하루 종일 권세의 눈치를 봐서 웃는 낯으로 대해야 함을 설명하고 있는 것이다. 만약 감히 윗사람을 항쟁한다면 자기를 기다리는 결과는 엄한 처벌밖에 없을 것이다. 따라서 두 번의 귀양 경험은 시인의 마음 속에 깊은 상처를 남겨 주어 그녀가 결국 악적에서 탈퇴하는 결심을 굳건히 다지게 하는 중요한 요소가 되었다.

변경 망루 세우기를 마련하다[주변루(籌邊樓)]

구름과 새를 내려다볼 만큼 높고 가을 경치가 창밖에 한참이고
서천 사십 개 주를 힘차게 두려워 떨게하네
장교들이 강족의 준마를 탐내지 말고
망루의 위층에 올라가서 변경의 끝을 바라볼 수 있네
憑臨云鳥八窓秋　壯壓西川四十州 (빙림운조팔창추　장압서천사십주)
諸將莫貪羌族馬　最高層處見邊頭 (제장막탐강족마　최고층처견변두)

명나라 호진형(胡震亨)이 지은 《唐音癸籤》에서, 설도를 평가하기를 "설도의 절구가 뛰어나고 암컷(여자) 소리가 없으며 수자상[4])이다.(薛工絶句, 無雌

4) 수장상이란 말은 불교 《金剛經》의 어휘인데 사는 사람이 태어나기부터 죽음까지의 일생을 가리키는 말이고 세상에 대한 집착이 있다고도 한다. 여기서는 설도가 신인으로서 생활에 대한 애착이 많다는 뜻으로 이해할 수 있다.

聲, 自壽者像.)"라고 했다. 남녀가 신체적인 차이가 뚜렷하듯이 실제로 시 세계의 차이도 뚜렷한 편임은 당연한 사실이다. 남성이 주도하는 시대에는 설도가 "암컷 소리가 없다는" 평가를 받는 것은 그녀가 여성적인 시 창작의 한계에만 머물러 있지 않았다는 설명이기에 이러한 평가는 설도에 대한 큰 칭찬으로 삼을 수 있다. 설도의 시가 보여주는 이러한 특징의 대표작으로는 <변경 망루 세우기를 마련하다>를 꼽을 수 있다. 주변루라는 건축은 대화4년(830)에 세우기 시작하고 이듬해에 준공했다. 그때 이덕유(李德裕)가 곽쇠(郭釗)를 대신하여 서천절도사로 오게 된다. 이 건물은 변경을 수비하고 군사 방어 능력을 향상시키기 위해서 지은 다층 건물이라고 한다.

수련에서 시인은 변루의 외관부터 묘사한다. 구름 속으로 우뚝 솟고 창밖에서 나는 새를 볼 수 있다. 이렇게 높은 변루의 기세는 어떠한가? 서천 40개 주를 압도할 수 있다고 보고 있다. 힘찬 구절을 읽어보니 시인의 늠름한 기개를 느낄 있을 수 있는 듯 싶다. 마지막 연에는 수변 군사들에 대한 우려와 당부를 남기고 있다. 병사들이 강족(羌族)의 준마를 탐내는 바람에 충돌을 일으키지 말라고 하면서 주의를 변방으로 집중하고 높이 솟은 변루에서 변경을 사이를 두지 않게 바라보라고 한다. 이렇게 우장한 변루를 세우는 의미도 바로 여기에 있다.

헤아려 보면 주변루가 준공된 해는 시인이 죽기 직전 한 해이었다. 설도는 그저 기적에 이름이 올라있는 약한 여인일 뿐이지만 일생동안 여자로서 벼슬을 하지 못하더라도 수많은 고관 대작을 섬긴 경험은 그의 정치적인 안목을 길러주었다. 문제를 볼 때도 작은 문제에만 집착하지 않고 긴 안목으로 전체를 파악하면서 국가나 지역을 다스리는 차원에서 문제를 다루는 지혜도 가지고 있었다. 변루에 올라가서 변루의 웅장에 우러나온 감탄에 그치지 않고 장교 병사들에게 당부를 단단히 한다는 구절을 보니 설도가 "무자성"의 여 시인이란 평가를 부끄럼 없이 받을 수 있다.

참고문헌

唐 張爲,《詩人主客圖》, 丁福保가 지은《歷代詩話續編》에 수록된다. 中華書局.
明 楊愼,《昇庵詩話》, 中華書局, 2008.
明 胡震亨,《唐音癸籤》, 古典文學출판사, 1957.
傅潤華,《薛濤詩》, 光華書局, 1931.
宋 紀有功,《唐詩紀事》, 中華書局, 2007.
汪小燕, <薛濤詩歌硏究>, 揚州대학교 석사학위논문, 2009.
元 辛文房,《唐才子傳》, 北京中華書局, 1990.
元 元費,《箋紙譜》,《四庫全書》에 수록된다.
尹艶輝, <薛濤其人其詩硏究>, 湘潭대학교 석사학위논문, 2005.
張蓬舟,《薛濤詩箋》, 四川人民文學출판사, 1981.
陳淸茂, <薛濤生平及其詩作析論>, 國立政治대학교 석사학위논문, 2007.
淸《全唐詩》, 北京中華書局, 1996.

여성의식 속 여성성과 여성공간의 의미화

권 미 란*

1. 서론

전후 혼란기라는 역사적인 상황에서 등장한 전후세대극작가 박현숙은 '최초의 본격적인 여성 극작가'[1] 또는 '제1세대 여성 극작가'로 불리며, 한국연극사적 측면에서 크게 조명 받아왔다. 한국 희곡사에서 박현숙이 김자림과 함께 큰 획을 그었다고 평가받는 데는 한국 문학에서 여성 극작가의 참여가 거의 전무했다는 점[2]과 함께 여성극작가가 한국 희곡사에 가지는 의의라고 할 '여성의 시각' 즉 여성의 사랑, 부부간의 미묘한 심리적 갈등, 가정문제, 청소년 문제, 교육문제, 정치 불신과 인습 등등의 다양한 문제(여성이 아니면 포착되기 어려운 문제들)를 다루면서 동시에, 여성 스스로 여성의 삶에 대한 재검토를 통해 주체로서의 여성을 부각시킨데 있다.

특히나 박현숙은 여성연극의 선각자이자, 제 1세대 여성극작가들 중에 유일하게 '살아남은 작가'라는 점에서 '문화예술계의 대모'[3]로 불리며 끊임없

---

* 서강대학교 국어국문학과 대학원 박사과정

1) 김옥란, 「국가와 여성, 제1세대 여성 극작가의 선택방식-박현숙의 경우」, 『여성문학연구』 11, 2001, 83면.

2) 한국문학사에서 여성들의 참여가 전혀 없었다는 것은 아니다. 한국 근대 문학사에서 1920년대는 김명순, 김일엽, 나혜석 등이 있었으며, 1930년대는 노천명, 모윤숙, 김오남, 장정심, 오신혜, 박화성, 강경애, 최정희, 백신애, 김말봉 등이 등장하였다. 정영자, 「한국 여성문학 연구」, 동아대학교 대학원, 1987, 32면.

3) 김옥란, 앞의 책, 86면.

이 글쓰기 행위를 통한 작가적 정체성을 유지했다는 점에서 높은 평가를 받아왔다. 박현숙은 가정과 애정문제 외에도 격동의 현대사를 살아낸 한국인으로서 전쟁과 분단의 고통에 주목해왔다. 월남민인 박현숙은 전쟁과 분단 이후 반공주의와 민족주의 이데올로기를 바탕으로 한 국가 성립과정에 적극적으로 동참했고 그로 인해 사회성을 지닌 작가로 평가받아왔으나, 반대로 '국가의 여성', '국민으로서의 여성'[4]을 내면화한다는 점에서 페미니즘적 시각에서 비판받아왔다.

물론 이와 같은 비판은 '여성 극작가의 출현이 해방 이후 실질적인 민족국가의 출발과 함께 이루어졌다는 점'[5]에서 박현숙 희곡의 여성관이 국가주의와 밀접한 연관성을 드러낸다고 본 것이며, 그러한 비판이 페미니즘은 '성' 범주를 도외시한 '주체'개념을 중심으로 전개되는 이론들의 남성중심성을 비판적으로 인식하는데서 시작된 이론[6]이라는 점에서 자연스럽게 '국가=남성중심주의'적 사고방식으로 귀결되었다.

박현숙 희곡의 기존 연구의 대부분은 페미니즘적 측면에서 해석되는 경우, 휴머니즘적이며 사회 통념상의 건전한 상식을 강조하는 내용을 중점적으로 다루었다. 페미니즘적 해석의 틀을 벗어난 연구라 하더라도, 사랑과 가정에 차원에 머물러, '여성 가치'라는 표어 아래에, 용서와 관용이라는 해석을 동반한 작품의 주제에 한정하여 분석해 내는데 그쳤다.

기존 논의를 살펴보면, 나덕기는 박현숙이 '여성의 비극적 삶만을 지적할 뿐 문제극복의 방향과 미래에 대한 전망이 부재'[7]한다고 지적하고, 그 근거로 박현숙의 자전적 글쓰기, 그녀의 삶과 희곡의 작품 세계를 동일한 것으로 보고, 체험적 서술이라고 파악하였다. 이미원은 여성특유의 시각을 드러내고 있으나 '그녀의 여주인공들은 남성적 시각에서 의식적으로 벗어나려 하지 않'았다고 지적하고, 남성 시각의 여부를 넘어서 인간적으로 근본적인 용서와 화해를 지향함을 긍정적으로 평가하며, 이는 '여성가치'의 추구에 가

4) 김옥란, 위의 책, 87면.
5) 김옥란, 위의 책, 83면.
6) 태혜숙, 『탈식민주의 페미니즘』, 여이연, 2001, 15면.
7) 나덕기, 「박현숙 희곡 연구-여성의 비극적 삶과 풍자의식」, 한민족어문학회, 1996, 283면.

까울 것이라고 결론지었다.

이처럼 박현숙 희곡의 선행 연구자 대부분은 박현숙 희곡 연구에서 작가의 사적인 측면에 집중하거나 '우리나라 본격적인 여성 극작가'라는 점에 집중하여 주제의식에 한계만을 지적해 왔다는 점에서 문제시 된다. 희곡사적으로 의미를 지닌 작가임에도 불구하고 개별 작품 분석이 이루어지지 못한 것은 작품에 주제적 한계를 지적하는 데 그쳤기 때문이다. 이러한 기존 연구자들의 태도를 박현숙 연구의 한계로 지적하며, 본 연구의 목적을 설정하고자 한다. 박현숙 연구의 새로운 시각을 제시한 연구자로, 이은경은 여성과 전쟁의 연관성을 통해 '전쟁체험이 여성에게 남긴 영향'을 분석하고 '전쟁이라는 폭력적 상황 속에서 가장 큰 희생을 경험한 여성에 대한 연구'를 통해 '전쟁에서 은폐된 여성'을 발굴해냈다[8]는 점에서 큰 의의를 지닌다고 할 것이다.

이은경의 논의를 토대로 하여, 본고에서는 제 1세대 여성희곡작가 중 박현숙의 작품에 한정하여 여성의 눈으로 본 전쟁 속 여성의 모습을 분석하고, 동시에 전쟁으로 인해 약체화된 남성의 모습을 통해, 사회적 타자임에도 전쟁의 비극을 극복해내는 긍정적인 여성상, 여성성을 고찰하고, 변화된 여성의 지위와 변화된 여성인식을 살펴보고자 한다. 여성을 피해자나 결핍자로 상정하거나, 모성신화를 토대로 주체를 형성하는 여성이 아니라, 전쟁의 피폐함을 책임지는 여성이자, 전쟁의 상처에서 일어나 자신을 확인하고, 주체적인 삶을 살아가려는, 이제 막 '태동하는 인간'이 되려는 과정으로서, '격동하는 현재'를 살아가는 과도기적 여성을 포착하는데 주력할 것이다.

주 대상 작품인 「사랑을 찾아서」는 당시 팽배했던 반공 흑백논리를 여실히 드러내는 동시에, 전쟁 후 여성들의 삶에 대해, 특히 교육받은 여성, 일하는 여성의 문제와 사랑(애정)에 대해서 여성의식과 여성성의 모색이라는 측면을 심도 있게 다루었다는 점에서 여러 의미로 재해석의 가능성을 가진다.

---

8) 대부분의 여성은 폭력의 무기력한 희생자이며 공격의 대상으로서 전쟁을 체험하면서도 남성들의 역사 서술에서 은폐된 존재로 남아있다. 또 여성들에게는 전쟁에 대한 표현 가능성과 기회가 제한되었으며 이를 표현한 소수의 여성문학자들의 작품도 문학사에서 거의 배제되고 있다. 이은경, 「희곡 속에 나타난 여성과 전쟁-김자림 · 박현숙 · 강성희 작품을 중심으로」, 『어문학』, 2005, 580면.

애국은 곧 반공이라는 명제가 지배했던 시대적 특성을 고려할 때, '반공의식'을 비판적으로 인식하는 작가 박현숙의 '반공주의'에 대한 태도는 그녀의 작품이 국가적·체제적이라는 비판을 반박할 중요한 요소라 할 것이다. 특히나 박현숙 희곡은 여성의 작품을 대상으로 하여 여성 특유의 경험과 문화, 의식을 연구함으로써 남성작가와 남성위주의 시각으로 인해 필연적으로 삭제되거나 은폐될 수밖에 없었던 여성적 기억을 발굴하는 데 큰 의미를 가지게 될 것이다. 그러나 이러한 시각이 남녀를 대립적으로 파악하거나 여성우위적 사고를 통한 성차별적 시각을 지향하지는 않을 것이다. 여성에 시각에서 여성의 가치를 어떻게 인식하고, 가정과 가족, 애정 사랑과 같은 사적 영역으로 분리되었던 이분법적 논리에서 벗어나 사적 영역으로 분리되었던 가정과 사랑이라는 테마를 부각시키고 있는 여성작가의 시선을 통해서 여성적 글쓰기의 가능성을 살펴보고자 한다.

본 연구에서는 희곡의 잠재적 심층구조[9]의 특성을 기틀로 삼아, 박현숙 희곡의 전기적 사실을 기초로 한 분석에서 벗어나, 1960년대 전반기 작품 중 「항변」, 「사랑을 찾아서」와 「땅위에 서다」, 「방관자」, 「여인」을 중심으로 전쟁전후 상황 속 여성의식, 여성과 직업(일), 사회와 교육 등의 주제는 물론, 여성적 글쓰기의 측면에서 대사, 무대 공간, 오브제를 통해 제시되는 전쟁에 대한 여성인식의 파편화 양상이 공간과 이미지로 드러남을 통해서 살펴보고자 한다. 궁극적으로 박현숙 작품에서 '사랑'은 모든 인간관계는 물론 사회 전체를 아우르는 포괄성을 가졌다는 점에서 작가가 제시하는 여성성을 정의하는 데 중요한 요소라 할 것이다. 박현숙 희곡의 '사랑'이 극중인물들에 의해서 제시되는 방식을 통해서, 또 극중 인물들의 담화가 이루어지는 주요 공간인 응접실, 법정 등의 장소를 통해서 여성적 시각, 여성의식을 통해 여

9) 작품 전체를 아우르면서 작가와 닮은 자아의 존재가 희곡에서는 중심적으로 활용되지 않는다는 것을 의미한다. 따라서 희곡에서는 등장인물 하나하나의 목소리가 독자적으로 존재하면서 다른 등장인물과 변증법적 대화를 이루거나 혹은 공존하거나 충돌하기도 한다. 때로는 전혀 의사소통이 되지 않는 상태에서 각자의 이야기를 하기도 한다. … 극작가는 지문에서는 직접적으로 드러나기도 하고, 등장인물과 작품 전체의 구조 뒤에 숨어 작품 전체를 조정하는 힘으로 존재한다. … 희곡에서는 …이 모든 것이 문자화된 기호에 의해 평면적으로 짜여 있지만, 그것은 사람들의 움직임과 음성, 다채로운 공간, 그리고 그것을 메울 다양한 효과로 살아날 잠재적 심층구조인 것이다. 이상란, 「희곡의 연극성1」, 한국역극사학회, 2000, 235면.

성성, 여성적 비전에 대해서 논의해볼 것이다.

2. 본론

1) 전쟁의 정치성, 연극의 정치성–여성성과 '사랑'

지금까지의 한국전쟁 이야기는 대부분 남성을 중심으로 이루어져 왔다. 전쟁을 일으키고 종결시킨 정책 결정자들, 전장의 영웅적인 장군과 병사들, 그리고 장엄한 전투에 이르기까지 전쟁의 행위자는 모두 남성이었다. 대부분의 경우 여성들은 "……방망이 거쳐 잡고 빨래터로 달리는 행주치마 입은 어머니들이 상이군인의 피 묻은 뒷바라지를 하는 것도 전사로 한 몫"을 차지한다는 인식처럼, 전쟁의 보조자 또는 후방의 지원자로 기억되어 왔다.[10])는 사실을 기억할 때, 여성의 전쟁 경험은 스스로 의도하지 않은, 또 자신과는 무관하게 발생되고 진행된 현실이라는 점에서 그들은 남성들에 의해 후방의 희생자, 또는 피해자로 그려졌고, 여성들의 입을 통해서 그들의 참혹했던 전쟁의 기억이 드러나지 못한 것이 사실이다. 그러나 여성들은 전쟁의 상처라는 '현재' 속에서 살아간다. 그리고 여성들의 전쟁 전후의 현실 속에는 전쟁으로 인해 상처받고 피폐해진 남성과 어린 자식들이 매달려 있었다. 이러한 전쟁전후의 여성들은 당연히 생존을 위해서 끈질긴 생명력과 인내와 희생의 삶을 견뎌야 했고 이러한 강인한 여성은 '어머니' 즉 '신화된 모성'으로 기억되고, '보편적인 칭호가 되었다.'[11]) 오영미, 유민영 등의 연구자들 역시 이러한 모성성에 집중하여 전쟁의 현장에서 올바른 사회의식을 가지고 남성을 계도하고 보호하는 긍정적인 역할을 수행하는 여성의 모습을 '사랑'의 의미로 긍정적으로 평가한다.

박현숙은 후기 희곡 작품에서 여성의 모성성에 집중하며, 모권적 비전을

10) 이옥수, 『한국근세여성사화(下)』, 규문각, 1985, 165면, 「대한국방부녀회 창립취지문」(1953년 10월 10일)에서. 이임하, 『여성, 전쟁을 넘어 일어서다』, 서해문집, 2004, 12면.

11) 이은경, 앞의 책, 584면.

제시한다. 그러나 유진월이 지적한데로 '무리한 여성의 이상화야말로 페미니즘에서 반드시 경계해야 할 부분'이라고 할 것이다. '가이아 이론은 지구의 모든 생물 무생물 전체를 살아 있는 유기체로 바라본다. 캐롤린 머천트에 따르면 가장 흔하게 사용된 유비는 여성이 지닌 재생·양육의 능력과 어머니 지구가 태양과 결혼을 통해 자기 자궁 내부의 돌이나 금속들에게 생명을 불어넣을 수 있는 능력 사이에서 이루어'[12]진, '불안전하고 상처투성이인 인간을 감싸고 품어주는 위대한 어머니 가이아'[13] 즉 모든 것을 끌어안아내는 모성성, 무한한 여성적 가능성에 대해서, 새로운 여성성의 비전을 제시한다는 점에서는 긍정적이지만, 여성작가의 작품에 등장하는 모든 어머니를 위대한 모성성으로 해석하는 것은 여성을 어머니라는 이름아래 억압해왔던 남성담론의 시각과 다른 바 없기 때문이다.

그러한 점에서 박현숙 희곡의 페미니즘적 가치를 좀 더 명확히 제시하자면 '여성이 남성과 동등하다는 것을 강조하는 보편적 가치에 근거한 자유주의적 인간주의' 자유주의적 페미니즘[14]으로 파악된다. '여성'을 거대하게 이상화하지 않고, 여성이라는 범주에 대해서 논의하고 있는 작가의 태도는 현재라는 시간성을 존재론적으로 인식하며, 남성과 여성에 대한 상호모순적 시각을 공존시킨데 서 기인된다. 즉 남성과 여성의 관계를 대립적으로 보는 것이 아니라, 존재론적 차원에서 느끼게 하는 방식이 박현숙 희곡의 시학이라 할 것이다.

박현숙이 남성과 여성의 관계를 가해자와 피해자라는 도식화에서 벗어나게 한 것은 주체와 타자와의 관계, 담론화 되는 것과 담론화 되지 못하는 것에 대한 인식과, 전쟁 체험에서 비롯된다. 그리고 박현숙은 '남성과 여성의 차이라고 생각되는 것들이 여성들에 대한 차별과 완전한 사회적, 정치적 시민권에서 여성을 배제하는 것을 정당화하는데 사용되었다는 사실'[15]을 잊지 않는다. 즉 우리 사회 속 성차의 지속성을 남성과 여성의 차별이라는 공격

---

12) 이상란, 「오태석 연극의 여성성 연구」, 『한국연극학』, 2007, 8면.
13) 이상란, 위의 책, 9면.
14) 게일오스틴, 심정순 역, 『페미니즘과 연극비평』, 현대미학사, 1995, 14면.
15) 제인 프리드먼, 이박혜경 역, 『페미니즘』, 이후, 2002, 31면.

적인 측면, 남성성과 여성성의 성격에 대한 강조와 이것들을 고정시키려는 보편적인 것으로 보려는 시각에서 벗어나, 여성 주체에 대한 질문 등의 요소를 포함시켰는데, 그 중 가장 큰 테마가 바로 '사랑'이다.

여성문학의 궁극적 목표는 여성의 자아 정체성 탐색이다. 남성에 의해 타자로 정의되어 온 여성 스스로 문제를 제기하는 것이다. '한 존재가 다른 존재를 자신의 경험과 시선으로 규정하고, 그 다른 존재는 상대방이 내린 규정을 그대로 받아들여 스스로 맞추어 가는 것이 타자성(Otherness)'[16]이라 할 것이다. 그러므로 프랑스의 여성이론가인 엘렌 식수와 뤼스 이리가라이 등에 의해 주창되어 왔던 여성적 글쓰기의 핵심은 남성에 의해 타자로 결정되어진, 결핍된 자로서의 여성을 거부하고 여성 고유의 욕망, 여성성을 여성의 시각에서 포착해내는 것이다. 이러한 맥락에서 작가가 찾아낸 것이 바로 '사랑'이다. 박현숙 희곡 중 이러한 사랑에 대한 여성의 절대적 가치화는 두 가지 측면에서 제시되는데 특히 「사랑을 찾아서」와 「여인」에서 두 여성을 대칭적으로 드러난다.

> 미영: 그러나 저에게는 모독이에요. 마치 당신은 현재에 사는 사람이라기보다 과거의 사랑을 연장해서 살아가려는 것 같지 않아요? 내 얼굴이나 몸에 그 여자의 환상을 그려 넣구서…….
>
> —「사랑을 찾아서」, 83면

> 미라: 난 당신의 껍질만 가지고 싶지 않아요. 당신을 송두리째 갖고 싶었단 말이에요.
>
> —「여인」, 160면

애리의 약혼자였던 민규의 아내 미영은 남편 민규의 과거 속 여인으로 인해 '채워지지 않는 마음 한 구석'에 대해서 민규를 집요하게 심문하고 불안해한다. 그녀는 남편의 과거와 추억을 존중한다고 말하지만 실제로는 혹시

16) 조한혜정, 『탈식민시대 지식인의 글읽기와 삶읽기 2』, 또 하나의 문화, 1992, 91~92면.

잔존할지 모를 여자의 환상을 깨끗이 정리해버리려고 하는데 이는 언젠가 남편을 찾아올지도 모를, 남편의 옛사랑이 자신의 사랑과 가정위험에 빠트릴지도 모르는 가정파괴에 대한 불안인 셈이다. 그녀의 행복은 남편의 사랑을 독차지 하는 것이고, 남편의 사랑은 곧 가정의 안정과 평화를 이야기하기 때문이다.

애리가 미영과 민규의 행복한 가정을 위해서 자신의 사랑을 희생한 것은 영식에 대한 개인적 사랑과 더불어 가정이라는 절대적 가치를 지키기 위한 것이다. 애리 역시도 영식과의 사랑의 결합으로 '가정'이라는 토대를 통해서 사랑을 완성시키고자 했으나 좌절되었고, 그 대안으로 고학으로 의학을 공부해 여의사'가 되어 무료의료 봉사를 하는 도덕적으로 신성한 인간으로 살아가는 길을 택하는 것이다. 애리의 이러한 행보는 이성간의 '사랑'이 지닌 개인적·세속적 가치에서 벗어나 여성 스스로 의지적으로 이뤄낸 결과인 '공공적 사랑'의 행위라 할 '무료의료봉사'로 가정이라는 시대적 '희망'과 공존할 수 있는 봉사적 삶을 선택한다.

여성 욕망(작가의 욕망)은 가정과 사랑이라는 위험하지 않은 것으로, 자신을 고결하고 성스러운 희생자로 도덕적인 위치로 둠으로써 해소의 가능성을 찾는다. 전쟁으로 인해 남성은 병자로, 여성은 전쟁의 잔재를 치유해야 하는 역할을 할 수 밖에 없었다. 그들은 모두가 병자였고 동시에 약자였다. 그들은 서로를 치유하고, 돌보고 감싸야만 했는데, 그 치유책이 바로 사랑과 가정이라는 보금자리가 되는 것이었다. 이러한 작가의 태도에는 물론 가부장제적 ·유교적 담론의 수용이 당연시되지만, 이러한 사랑과 가정의 추구로 제시되는 새로운 비전이 이러한 이유만으로 부정되어서는 우리는 어떠한 결론에도 도달하기 어렵다.

한국전쟁은 이전의 어느 전쟁에서도 볼 수 없을 정도의 광범위한 파괴와 죽음을 동반했다. 남한의 인명피해만도 공식 기록된 사망자·행방불명자·납치자가 100만여 명, 부상자가 69만여 명에 달했다.[17]는 공식적인 기록을 통해서 우리는 한국전쟁으로 인한 당시 피해상황을 짐작할 수 있다. 모든

17) 국방군사쪽연구소, 『한국전쟁피해통계집』, 1996, 33~85면.

것이 파괴되고 상실된 시기에 남성들은 전쟁으로 인한 일상화된 죽음의 공포에 사로잡혀 있었고, 결국 여성들이 '남성 부재의 현실' 속에서 생존하기 위해서 집밖으로 나갈 수밖에 없었다. 전쟁으로 인하여 '남성의 대규모 동원이 이루어진 1950년대 초반에 여성의 경제활동률은 급격하게 높아졌다.'[18] 여성들은 가족을 살리기 위한 필사적인 노동을 해야 했다. 여성들 대부은 행상, 좌판 같은 불안정한 직업에 종사해야만 했다. 남편의 사망 · 징용 · 모집에 의한 남성 부재는 "안팎 · 내외"라는 유교적 이데올로기의 성별구분의 경계를 넘어서, 여성의 노동력이 가족의 생존에 절대적인 역할을 하게 만들어 버렸다. 여성들은 더 이상 부엌에서 밥을 지을 수 없었다. 그들에게는 밥을 지을 쌀이 없었고 대신 허기진 배와 줄줄이 이어진 자식들 또는 동생들이 있었을 뿐이다.

그들은 갑자기 잃어버린 아버지와 남편으로 인해 인간이 기초적으로 누려야 할 모든 것들을 포기해야만 했다. 그들은 고아가 되어서 홀로 험난한 현실이라는 세계에 몸을 던져야 했지만 다른 한편으로 '그녀들의 일이 자아정체성에서 연유한 노동은 아니었지만, 적어도 이로 인한 새로운 공간에서의 경험은 그때까지의 삶과는 완전히 다른 세계였다.'[19]는 측면에서 한국전쟁은 여성의 노동에 대한 의무를 통해서 가부장제 사회에 균열을 만든다.

여성노동은 또 다른 억압에 의해 제한된 영역에서만 가능했는데, 특히 '식모'는 여성노동 가운데 가장 빨리 일자리를 구할 수 있다는 이점이 있었다는 사실에서 확인 되듯이 대부분 여성의 노동력은 '집' 또는 '집 안'이라는 공간에 한정되었다. 「항변」, 「사랑을 찾아서」와 「땅위에 서다」, 「방관자」, 「여인」에는 모두 '식모'가 등장하는데, 아쉬운 것은 그럼에도 이러한 식모라는 직업을 가진 여성적 삶의 애환에 대해서는 잘 드러나지 못한 점은 아쉽지만, 배경적 차원에서지만, 식모, 직업을 가진 여성 등 당시 60년대의 여성군에 대해서 이야기 하고 있고 그 안에 남성적 시각을 담론화하며 살아가고 있는 여성의 모습을 보여주고 있다는 점에서 여성적 시각을 확인할 수 있다.

---

18) 이임하, 『여성, 전쟁을 넘어 일어서다』, 서해문집, 2004, 85면.

19) 이임하, 앞의 책, 18면.

> 변호사: 박민규의 집을 나오자 피고는 자기가 갈 길이 무엇인가를 냉철하게 생각하게 되었습니다. 그리하여 피고는 마침내 자신을 희생시켜 이 세상을 보다 나은 세상으로 만드는 일에 종사키로 결심하고 의학 공부를 시작했습니다. 물론 고학을 했습니다. … 아세아 의과대학에 입학하여 학업에 열중했습니다.(87)

이러한 여성의 노동은 곧 경제활동으로 생산적 활동이자, 남성의 자리를 위협하는 것으로 여겨졌다. 당시 여성의 경제활동은 가족 내에서의 여성의 지위를 높여 주고 평등한 부부관계를 형성하는 계기가 아니라, 절박한 생계 유지를 위한 노동력 활용에 불과하다고 파악되면서 여성 노동은 현모양처론과 결합하여 "정체성을 찾고자 하는 여성 의지의 좌절이라는 새로운 억압"으로 귀결되었다고 평가[20] 되었다.

전쟁의 폐허와 남성 부재의 현실에서 상당수 여성들이 일시적으로나마 자유로움을 느낀 것은 당연한 일이었다. 여성들의 '사회적 활동의 자유 체험'은 그때까지 남성의 전유물로만 여겨졌던 일들로 '금기'에 해당된다. 이 금기에 일부 여성들이 접근한 것은 '사회적 지위'를 획득한 것은 전후 사회에서는 거의 일탈행위로 규정될 만큼 위협적으로 느꼈다. 전후 사회는 여성의 활발한 사회활동에 대한 두려움을 사회활동을 하는 여성 일반을 도덕적 타락의 원인으로 규정하고 집중적으로 비난함으로써 해소했다. 여성은 가족 부양의 책임을 지면서도, 철저히 도덕성과 비난의 눈초리를 받아들여야 했다.

전쟁이라는 현실과 전후의 황폐함이 여성에게 안겨 준 생존의 고통과 변화의 두려움은, 찰나의 순간에 생사가 결정되는 전장의 남성들과 달리, 가족 또는 가문의 생존에 대한 위기 의식이었다. 따라서 여성들이 겪는 고통과 두려움이 전장의 남성들의 그것과 다를지라도, '편안함' 혹은 '안전함'일 수는 없었다.

여성 대부분은 극빈상태에서 벗어날 만한 기반이 되는 기술이나 지식, 사

20) 김혜수, 「1950년대 한국 여성의 지위와 현모양처론」, 한국외국어대 역사문화연구소, 『외대사학』 제12집, 2000, 443~444면.

회경험이 없었기 때문에 박현숙 희곡에서 고학을 통해 자신의 길을 의사로 설정한 여성 정애리가 전문직 여성, 여성 의학도라는 점에서 가질 수 있는 가장 적극적인 주체의식, 자립 의지로 평가될 수 있다.[21] 전쟁은 가정과 사회에서 여성의 역할을 확대 시키는 계기이지만, 여성(여성이 지닌 가능성. 남성을 밀어내고 대표자가 될지도 모른다는 가능성)을 경계의 대상으로 주시하게 해, 여성에게 또 다른 억압, 시련을 주었다고 볼 수 있다.

결국 여성들의 경제적, 사회적 활동을 통제할 능력을 상실한 사회는 죄 없는 여성에게 온갖 이유를 붙여 그들을 감시하고 억압하고 있음을 박현숙은 법정공방을 통해 제시하고 그러한 상황 속에서 자신의 길을 찾아간 결핍의 요소를 가졌으나, 완전한 인물이며 미치거나 도망치지 않고 냉엄한 현실 속에서 자립했다는 점에서 박현숙 희곡의 여성인물의 긍정적인 측면이라 하겠다. 불구와 기형의 이미지로 가득한 전쟁의 불모성(희망이 사라진, 절망과 부재, 결핍이 만연한 공간), 전쟁의 상흔 속에서도 포기하지 않고 인내하는 강인하고 온화한 여성상으로 [일하는 여성 = 자립한 여성]이자 생명의 가치를 수호하는 여성적 '사랑'의 가치를 구현하는 여성을 창조해냈다. 이러한 긍정적 여성상의 제시와 더불어 이러한 여성이 추구하는 사랑의 가치가 숭고하게 느껴지게 만든다.

> 민규: 바로 8 · 15 석달 전 이었소. 태평양 전쟁으로 일본이 한창 최후의 발악을 하던 때였지. 나는 학도병을 도피했다가 나중에 붙들려 황해도 남천 어느 탄광에 징용으로 끌려 갔었소 … 높은 곳에서 떨어져 거의 죽게 되질 않았겠소? …나중에 알고 보니 사흘 동안이나 의식불명이었다는 것이었소. 그 간호원이 자기 피를 뽑아 내게 수혈해 줌으로써 내가 생명을 건질 수 있었다는 것이었소. 그런 사실을 안 나는 갑자기 그 여자에게 사랑을 느끼기 시작했소.
>
> —「사랑을 찾아서」, 84면

21) 국가는 전쟁이 한 가정의 가장의 동원으로 인한 가정파괴의 원인은 간과한 채, 극한의 생활 속에서 제시되는 "여성의 도덕성 논의" 하고, 여성들의 주체로의 등극에 긴장의 시각을 놓지 않은 점에서 당 시대, 현실이 여성을 얼마나 촘촘한 망으로 몰아넣었는지를 확인시켜준다.

명규(사랑을 찾아서)와 철호(여인)의 사랑은 여성들의 목숨을 담보로 하고, 뛰어드는 격정적인 사랑에 비해서 스스로를 비겁하다고 여길만큼 소극적인 형태로 제시되었지만. 실제로 그들 남성들은 사랑을 선택할 수 없는 전쟁 상황은 그들을 도망치게 만들었다. 그들은 살기 위해, 전쟁에서 살아남기 위해 도망치고, 숨어있어야 했다. 누구의 생명도 보장할 수 없는 시기에, 자신의 피를 수혈하고, 사랑을 찾아나선 여성과 그들은 책임을 가지는데, 그들은 반드시 살아남아야 하는 책임을 가진다.

민규가 학도병 동원에서 도피했던 것처럼, 전쟁 전후에 수많은 '남성들은 군대 징집을 피하기 위해서 특히 전쟁 기간 중의 군사 동원을 피하기 위해 그들은 온갖 방법을 동원했고[22] 결국 남성들은 도피, 신체 훼손이라는 방법을 동원하여 살아남아야 했다. 남성들은 여성들의 피를 수혈받고, 그들의 희생 속에서 전쟁 터 안에서 살아남을 수 있었다. 그렇다고 해서 그들이 단순히 비겁하고 충동적인 형태의 삶과 사랑을 했다고 볼 수 없는 것은 그들 역시도 전쟁의 피해자이자, 선택할 수 없는 상황 속에서 어쩔 수 없는 결과로서의 배신이라는 점이다. 명규가 3·8선으로 인한 정치적 분단으로 인한 사랑의 배신이었다면, 철호는 도시와 시골, 경제적인 이유로 인해서 즉 가족의 생계를 책임져야 하는 가장의 역할로 인해서 사랑을 배신하게 되는 것이다.

> 성초: 옥희씨가 서울 온다고 해도 걱정할 것은 없네. 그 여자는 남에게 폐가 되는 일이란 조금도 하지 않는 여자니까.
>
> —「여인」, 174면

여성에게 사랑은 자신의 인생 전체를 바꾸게 하고, 홀어머니를 버리게 하고, 고향을 등지게 하며 생명마저 위협할 지라도 반드시 지켜내야 할 절대적인 가치를 지닌다. 그리고 동시에 여성에게 사랑은 파괴하고 소멸시키는 것이 아니라, 안정과 평화를 도모하는 사랑인 것이다.

---

22) 1953년 1월 28일 경남 병사구사령부가 창녕군, 밀양군, 양상군 등 3개군에서 징집면제자 가운데 불구자로 판명된 80명을 조사한 결과 50명이 오른손 손가락을 작두로 절단하여 징집을 고의적으로 기피한 것으로 밝혀질 정도였다. 『동아일보』, 1953년 1월 30일자.

영식: 애리 동무의 사상은 건실합니다. 네? 잠깐 기다려 주십시오. (수화기를 손으로 막고 애원조로) 애리씨, 제발 내가 하라는 대로 해요. (수화기를 대고) 네, 오늘 저녁 떠나기로 했습니다. 네 책임지겠습니다. (수화기를 놓고) 애리, (천천히 애리 곁으로 가서 손을 잡으며) 애리는 여길 떠나야 해.

애리: 네?

영식: 기한은 6개월이지만 얼마든지 여기해도 좋소. (거의 절망적인 발악으로) 아니오. 무기한으로 가십시오. 그리고 다시는 이런 곳에 돌아오지 마십시오. 돌아오지 마십시오.

—「사랑을 찾아서」, 67~68면

영식은 서장의 '당의 결정'이라는 말에 어떠한 반발도 의의도 제기할 수 없다. 그는 아무것도 할 수 없고 그것은 그를 그 무엇도 행할 수 없는 상황에 놓이게 된다. 이러한 상황에서 사랑하는 애리를 당의 명령으로 남으로 내려보내야 하는 절망적인 상황은 영식을 극심한 공포와 불안 상태로 몰아넣는다. 영식과의 결합은 애리가 '남측 스파이가 되는 과업 수행'을 수행해야만 당의 명령에 의해서 강압되고 억압되는 인간의 함몰성에 대해서 이야기한다. 이들의 불완전한 결합 곧 국가와 사상이라는 거센 권력과 담론에 의한 결과이다. 이러한 현실로 인해 영식은 꿈속에 사랑을 간직하고, 애리를 떠나보냄으로써 자신의 사랑이 '애리의 사랑을 따라 자유 속에 영원히 보존'되기를 희망하는 것이다. 영식은 그녀를 떠나보냄으로써 자신의 사랑을 희생시키고 결국 불완성된다.

연극은 인간의 말과 동작이라는, 즉 인간의 심리적, 사회적 또는 물리적 행위를 가지고 형상화하는 예술이기 때문에 자연히 현실과 밀착된 장르이다. 그뿐 아니라 연극은 항상 관객의 눈 앞에 현실적인 인간의 꿈 또는 사회의 비전을 제시해준다. 그에 앞서 사회와 현실을 비판하고 고발하는데 주저하지 않는다. … 연극과 정치는 그 지향하는 바는 다르지만 다루는 소재가 현실이라는 데 있다. 즉 연극이 현실을 보는 관점이자 비판하고 예언하는 사회의 등불이라면, 정치는 현실을 재단하고 정리하고 개척해 나가는 사회의 원동력이라[23])는 박현숙의 말처럼 박현숙 희곡에 등장하는 여성인물들은 사회에 새로운 비전을 제시하고자 노력한다. 박현숙 희곡의 여성인물은 부정적이거나 황폐해진 상황과 인물들 사이의 가능성, 희망이라는 점에서 모태성을 가진다. 그러므로 박현숙 희곡의 여성인물은 단순한 애정의 대상으로 제시되지 않고 통속성에서 벗어나 있다.

유진월은 박현숙 희곡의 한계로 '여성이 주인공이면서도 여전히 주변인에 머물고 있거나 때로는 탄식과 감상에 지나치게 의존하는 경향'[24]을 지적하며 박현숙에 대한 페미니스트로서의 재검증이 필요하다고 설명했다. 그러나 반공이라는 거대담론을 사적영역의 개인적인 차원에서 다룸으로써 일상의 공간에서, 여성이 추구하는 진실한 사랑과 대상을 통해 현실을 따뜻하게 받아들이도록 하는 행위의 주체자라는 점에서 반공극 외에도 큰 의미를 가진다고 하겠다.

박현숙의 여성성은 남성과의 차이를 통해, 대조를 통해 적대적인 상태를 유지하기를 관객에게 경고하는 것이 아니라, 여성에게 강력한 정치적 세력, 변화를 위한 세력이 되기 위해서는 여성들이라는 일정한 종류의 집단적 정체성을 가정해야 하며, 동시에 차이를 인식해야 한다고 주장한다. 이들의 집단적 정체성은 억압과 지배의 형태에 따라서 능동적으로 변화할 수 있어야 한다. 이들은 억압에 대항하는 동시에 억압하는 대상과의 통일성와 단일성이라는 목적을 수행하기 위해서 노력한다. 여성들은 전쟁에서 멀리 떨어져 보호받거나, 방관하지 않았다. 그들은 남성들과 다른 차원에서 다른 방식으로 전쟁에 기여했고 동시에 참여했고 고통 받았다. '여성들은 민족공동체의 생물학적 재생산자로서, 종족 또는 민족 집단의 경계를 재생산하는 자로서, 공동체의 가치를 전수하는 주요 행위자로서, 종족 또는 민족의 특징을 나타내는 자로서, 민족 투쟁의 적극적인 참가자라는 것이다.'[25] 남성들과 동등한 역할을 수행할 수 있는 역량을 가진 존재로 끌어 올린다.

이들은 각각의 위치, 즉 남성과 여성 각자의 위치에서 인식할 수 있는 것들을 수행해야 한다. 그리고 그것은 가정과 사랑에 귀결된다. 가정과 사랑이

---

23) 박현숙, 『막은 오르는데』, 창조사, 1970, 21~22면.
24) 유진월, 『한국희곡과 여성주의 비평』, 집문당, 1996, 315면.
25) 유진월, 앞의 책, 154면.

라는 사적 영역은 공적영역이라는 정치 와 사회가 부정적으로 다루어지는 것에 비해 한없는 긍정성을 내포하는데, 이는 이 사적영역의 주체가 여성이라는 점에서 박현숙의 여성성에 대한 비전이 제시된다. 박현숙 희곡의 미래적 대안의 제시는 가정이다. 가정의 안정은 바로 사랑에서 비롯된다. 즉 '사랑이 넘치는 가정'은 전쟁의 상처는 물론, 인간 존재론적 불안을 불식시키고 사회적 평화와 안정을 도모하는 가장 필수적이고 현실적인 대안인 것이다.

「항변」에서 영선과 민수의 불화의 비극적 결말이나, 「사랑을 찾아서」의 애리가 민규와 미영의 가정의 행복을 위해서 자신의 사랑을 희생했던 것과 「여인」에서 옥희가 철호와 미라의 가정을 위해서 자신의 아이를 두고 섬에 내려와 혼혈아들과 함께 살아가는 길을 택하는 것, 「땅위에 서다」의 동근과 금희가 가정과 사랑을 되찾는 일, 「방관자」태호가 형수의 죽음으로 양심적 괴로움에 시달리는 이유 역시 모두 '가정'을 가장 중요한 가치로 상정하고 있기 때문이다.

2) 여성 공간의 시학

무대 기호화는 배우의 연기와 일반적인 '담화'를 담당하는 대사에도 적용된다. 그리고 연극적 재현과 직접적인 관련이 없다고 판단된 기호들도 배우 자신의 존재와 관련되어 있을 것으로 기대한다. 그러므로 연극에서는 어떠한 것도 기호현상에서 제외시켜서는 안 된다.[26] 무대에 등장하는 등장인물, 무대의상, 대사, 소품, 무대배경 등 모든 연극 기호는 생산적 능력을 가지고 있다. 관객은 무대에 등장하는 모든 것들에 대해 의도된 기호가 있다고 판단하고 끊임없는 변화하는 의미망이 생성하는 것이다.

(ㄱ) 공적 공간의 사적화 - 법정

재파장: 그렇다면 (잠깐 사이) 어떻게 <u>고향에 홀어머니 한 사람만 남기고 혼자서</u>

26) 케어 엘람, 이기한 · 이재명 역, 『연극과 희곡의 기호학』, 평민사, 21면.

넘어 왔단 말인가? 그건 도의에도 벗어날 뿐 아니라 그 당시의 사정으로 보아 38선을 여자의 몸으로 어떻게 혼자 넘어 올 수 있었단 말인가?

애리: (고개를 숙인다)

변호사: (일어서서) 재판장님.

재판장: 잠깐만 앉으시오. (애리에게) 홀어머니보다 애인이 더 귀중했단 말인가?

애리: (고개를 푹 숙인다.)

…

재판장: 다시 어머니에게로 돌아갈 생각은 없었나? 왜 혼자 남한에 남아 있었나?

변호사: 재판장님. 그는 이미 그녀를 배반한 남자였지만 그가 있는 곳에 있고 싶었던 것입니다.

재판장: 변호사는 아직 발언을 말아 주십시오. (애리에게) 그 남자는 지금 어디서 무얼 하고 있나?

애리: 모릅니다.

재판장 모른다니? 그 사람을 위해 홀어머니까지 버렸으면서?

—「사랑」, 80면

「사랑을 찾아서」의 법정은 그 사회가 정한 금지와 금기사항을 확인하게 하며, 동시에 그 사회가 지닌 타자에 대한 개념과 정의를 확인하게 한다. 특히 재판장은 그러한 사회적 담론의 대리자로서 공적 공간의 영역을 확고히 하는 기제로 사용되어야 하지만, 공적영역임에도 불구하고 법정은 여주인공 애리의 기구한 운명과 사랑 그리고 인간애적 측면을 극적으로 밝히는데 더 치중된다. 특히 재판장은 홀어머니라는 기제를 통해 끊임없이, 반복적으로 정애리를 억압하는 데 특히 홀어머니를 버려두고 사랑을 찾아서 수차례의 죽을 고비를 넘긴 애리와의 대화 속에서 애리를 질책하고 분노하는 태도 역시, 공적 공간인 실제의 법정에서 는 상상할 수 없는 태도이다. 대화의 교류는 단순히 희곡적 행동을 지시적으로 제시하는 것이 아니라, 그것을 직접 구성하는 담화의 상호주관적인 힘에 의해서 역동성을 가지게 되는 것이다.

고향에 계신 어머님이 만나고 싶어서(81)' 눈물을 흘리는 애리와 그녀를 대하는 재판장과의 거리는 아주 가깝고 밀접하여, 정확한 판단을 내릴 수 없는, 비객관적인 · 비합리적인 태도로 묘사된다. 재판장이 판단하는 정애리라는 인물은 홀어머니를 버리고, 배신한 남자를 따라 온 것으로 부정적인 인물로 확정되고, 그녀가 혜민의원에서 무료진료를 하며 성실히 자신의 길을 찾아서 독자적으로 살아가고(남성에게 의지하지 않고도)있음에도 '북한 괴뢰의 평화 운동의 동지를 규합할 목적'으로 오인되는 것은 법정이라는 공간이 사적인 공간으로 변모했기 때문이다.

변호사 역시, '어둠 속에서 떠오르는 것은 단 하나 어머니의 늙은 모습이었습니다. 어머니가 보고 싶다구 생각하니…….'(90) '미칠 것같이 어머니가 보고 싶어졌습니다.'(91)라는 대사에서 알 수 있듯이 법정에서 이루어지는 대화라고 보기 어려운 사적이고 감정적인 대사를 통해서 애리의 무고함을 호소한다. 이러한 호소는 바로 관객에게 법정이라는 공적공간을 사적공간으로 인식하게 하는데, 이는 공적 공간인 법정의 객관적이고 합리적인 성격을 이용하여 애리의 사적 영역 즉 '사랑'을 개인적인 것에서 사회적인 것으로 확장시키고 '본질적인 것으로 인식하게 하는 효과가 있다.

박현숙은 법정이라는 공간[재판장, 변호사, 피고]에서 여성에게, 또는 약자에게 강압되는 윤리, 금지, 담론을 보여주고 있다. 이는 여성적 경험을 바탕으로 가부장제를 비판하는 것은 물론 '사랑'이라는 쉽게 변질되고, 불확정적이기에 무능력한 '사랑'을 전쟁 전후의 한국이라는 공간 속 인간관계에서 가장 필요한 것 즉 새로운 희망으로 제시할 수 있는 유일한 것으로 부각시킬 수 있는 것으로 만드는데 성공적으로 활용한다. 국가의 무관심 속에서 남성과 여성들은 모두는 전쟁의 상처에서 벗어나지 못했다. 여성들은 남성들의 부재로 인한 가족의 생계를 책임져야 했고 남성들은 새로운 세계로 도약을 위해서 비상하기에는 그들의 상처는 너무 컸다.

국가가 국민을 어떻게 버려두었는지, 얼마나 많은 민간인들이 학살되었는지, 전쟁미망인과 전쟁 고아, 전쟁이 끝난 후 군인들과 그 군인들의 가족이 어떻게 살아갔는지에 대해서, 전쟁의 실상은 역사 앞에서 침묵했다. 역사 속에 기록되어지지 않는 것들, 진실은 역사라는 담론에 의해 은폐되었다. '명성은 … 어떤 사람의 이름은 영원히 기억되고 어떤 사람의 이름은 영원히 사라지게 내버려두는 강력한 분류기이자 여과기'[27]가 된다. 이렇게 은폐된 이야기들은 국가가 필요로 하는 반공적 소재로 쓰일 때만 그들이 원하는 모습으로 모사되었다. 그리고 그들이 원하지 않는, 그 외에 모든 문제를 완전히 잊혀지게 했다.[28] 전쟁에서의 상처는 여전히 그들의 삶 이곳저곳에 남아 있었지만 그 무엇도 그 상처를 치료할 수 없었고, 치료의 필요성을 외치지 않았다. 결국 국가와 국민, 사회와 개인, 남성과 여성 등의 모든 관계는 뒤에 남겨진 것들, 은폐되어진 것들, 침묵하도록 강요된 것들로 인해서 폭력적이고 배타적인 성향을 갖게 된다.

전쟁은 한국이라는 공간을 전방과 후방으로 갈라놓고, 남성은 전쟁 속 영웅으로, 여성은 전쟁의 공포 속에서 안전하게 보호받는 이미지로 만들었다. 송덕으로 추앙되는 것은 이름 있는 전사들, 명예를 획득한 가문을 가진 사람들뿐이었던 것이다. 이름 없는 전사들인 여성은 송덕조차 되지 못했고, 그들의 삶과 죽음은 오직 후방의 지원자, 안전지대 속 여성으로 평가 절하되었다. 박현숙 희곡 속에서 현실은 전쟁의 정치성을 고발하는 동시에, 은폐된 여성의 삶을 통해서 정치적 도구에 불구한 '전쟁의 은폐된 기억'을 되살린다. 후기구조주의 페미니즘은 차이와 자연의 원리에 따르기 때문에 결코 의미를 고정시키지 않는다. 후기구조주의에서 여성성과 남성성은 지속적인 과정 중에 있으며, 주체성은 대부분의 담론들이 그것을 고정시키려하지만 지속적으로 분열에 종속되어 있다.[29]

(ㄴ) 사적영역의 공적화 - 응접실 , 층계

박현숙 희곡은 여성에 대한 깊이 있는 인식에 있어서 한계를 가지고 있는 것은 사실이지만, 대다수의 여성의 삶이 여전히 남성에 의존적인 측면과 독립적 삶의 태도가 부족한 것이 사실이지만, 생명에 대한 경외심과 인도적

27) 알라이다 아스만, 변학수 · 백설자 · 채연숙 역, 『기억의 공간』, 경북대학교출판부, 1998, 72면.

28) 우리는 이름이 있는 것들, 신원이 확인된 망자를 확실하게 애도하고 그들의 이름은 시인에 의해서 그들의 찬란한 생애와 함께 몇 천년을 이어져 우리에게 남겨진다. 그러나 남겨지지 않고 이름없는 전사들은 송덕할 수도 그들을 추모하기로 어렵다. 결국 우리는 그들을 완전하게 잊는다.

29) 제인 프리드먼, 앞의 책, 161면.

가치관이 중시하는 여성의 도덕률이 현대 사회의 지배적인 도덕체제가 되어야 한다는 문화적 페미니즘이야말로 현대의 바람직한 비전이라 할 것이다. 특히나 응접실로 대표되는 가정이라는 사적영역 속에 포함되어있지만, 외부 사회와의 소통의 공간이기도 한 응접실은 사적영역이 공적화된 공간이라고 할 것이다. 이러한 공간 속에서 이루어지는 인물 양상을 통해서 박현숙이 어떠한 방식으로 사회의 기반으로서의 현실태로서의 가정과 사랑을 표출하고 있는지를 확인함으로써 여성적 공간의 의미를 바라볼 수 있을 것이다.

> 한적한 곳에 자리 잡고 있는 민수네 집 2층 응접실. 장식물들이 잘 정돈되어 있으며 골동품 몇가지가 유난히 눈에 띄어 고상한 취미를 엿볼 수 있다. 중앙으로 창이 있고 창밖으로 하늘이 내다보인다. 왼쪽에 옆방으로 들어가는 문이 있고 오른쪽에 아래층으로 내려가는 문이 있다.
>
> –「항변」, 18면

집 안에서 응접실이라는 공간은 가족 구성원 중 여성(아내이자 어머니)의 모습을 밖으로 드러나는 공간으로, 여성으로서의 가치를 손님(방문객)들에게 전시하는 공간이다. 응접실을 꾸미는 일은 여성에게 일임되어지고, 응접실의 분위기가 곧 그 집에 살고 있는 여성의 지성을 나타내는 척도로 자리 잡는 것이다. 타인(손님)에게 여성(아내, 어머니)으로서의 정체성을 제시하는 공적인 공간인 셈이다. 그럼에도 응접실은 사회와 분리된 가정의 공간이라는 점에서 박현숙 희곡에서 응접실이라는 공간의 상징성을 찾을 수 있다.

박현숙 희곡의 응접실은 대부분의 그녀의 작품에서 등장하는 주요 무대공간이자, 또 사회 자체를 드러내는 모순적이고 복합적인 공간이다. 응접실은 사건이 발현되고 극의 긴장이 절정으로 나아가게 하는 공간이다. 응접실은 여성을 억압하고 나가지 못하도록 하는 공간이 아니라, 사회와 교합하고 소통하게 하는 공간으로서 복합성과 역동성을 가진다. 수많은 담론들이 혼재되는 공간이자, 가정이라는 사적 영역이 발가벗겨져 생생하게 모습을 드러내는 공간이다.

잠시 후 떠들썩하는 소리 들리며 층계를 올라오며 웃는 여자들의 소리들린다.

—「항변」, 23면

둘은 말없이 서로 응시하고 있다. 잠시 후 크락션 소리 두 번, 이어서 초인종 소리. 순이 '네 나가요' 하는 대답소리. 방안에는 이상한 정적이 흐른다. 민수의 추한 음성 '되지 못하게 저희들이 뭐야' '응? 누구 왔어?' 하며 이층으로 올라온다.

—「항변」, 34면

무대 오른 쪽은 법정으로 되어 있고 중앙이 민규네 응접실 겸 서재다. 왼쪽은 북한 괴뢰의 내무서 내부의 일면을 보여주면 된다.

—「사랑을 찾아서」, 42면

응접실은 여성들의 이야기 가정이 공개되는 공간 은폐되어있는 여성의 욕망, 가정 속 여성의 해방되는 곳이자, 동시에 억압받는 중간적인 공간 사회도 가정도 아닌 곳으로, 사회 속 광장의 의미를 갖는다. 초인종 소리, 차가 지나가는 소리, 층계를 오르는 사람들의 소리, 벨소리 등의 모든 청각적인 요소들이 집약되고 이러한 집약은 거실을 통해서 집안 전체를 울린다. 크락션 소리가 울리고 초인종 소리 점점 커지면서 외부로부터 발생되는 문제들은 집안 깊숙이 파고 든다. 이러한 청각적인 자극이 증폭되는 응접실은 밀폐되어 있는 집안의 공기를 침묵이나, 긴장으로 둘러싼다.

상오: 권력이나 금전이 영선씨를 행복하게 하진 못할 겁니다.
영선: (히스테리컬하게 웃다가 뚝 그치며 울음을 터트린다.) 나가요. 나가주세요.

응접실이라는 공간은 여성에게 소통의 기회를 제공하는 동시에 진실이 폭로되고, 정보가 전달되어지는 공간으로 커뮤니케이션의 공간이자 동시에 사건이 발생하는 공간이 된다.

「사랑을 찾아서」의 민규와 미영이 애리의 존재를 확인하고 갈등하는 공간 역시 응접실이며, 「방관자」에서 태호가 형수의 죽음(자살)에 대한 문제,

가정문제의 심각성을 확인하는 공간도 응접실이다. 집이라는 개인적 영역, 사적 영역을 넘어서는 공간으로 사적영역으로 즉 가정의 문제만을 다루는 좁은 영역에서 벗어나는 것이다.[30] 응접실의 공간은 「땅위에 서다」에서의 미용실과 도안실이라는 사회적 공간과 비교하자면 사회적 공간은 오히려 인간관계를 분절화시키고 소통하지 못하게 하는 곳이다. 그러나 응접실은 그들 개인의 문제, 가정의 문제, 애정 문제를 보여주는 동시에 원인을 확인시킨다.

> 동근: 하늘과 땅 사이에 내가 설곳은 바로 여구구나. 바로 5층과 지하실 사이. 빌어먹을, 사내는 공중에 둥둥 떠 있고 여편네는 땅 밑에서 두더지 생활을 하고, 흥! 이것도 산다는 건가? 퉤-
>
> ―「땅위에 서다」, 87면

> 주택가에 있는 중류 이상의 응접실. 한 가운데 묵직하게 소파가 놓여 있고 그 곳을 중심으로 나지막한 탁자와 몇 개의 의자가 자리 잡고 있다. 가구류는 대체로 값나가는 것이지만 방 한 모퉁이에 뚜껑이 덮힌 채 침묵을 지키고 있는 피아노와 더불어 어딘지 모르게 생활과 밀착되어 있지 못한 느낌을 준다. … 왼쪽은 내실, 오른쪽은 현관으로 나가는 문인데 문이 열리면 이층으로 올라가는 층계가 보인다.
>
> 이웃집에서 나가노는 아이를 부르는 소리와 멀리서 둔하게 들려오는 자동차의 크락션 소리가 간간히 들려온다. … 모든 것이 무엇지 모르는 압박감으로 무거운 정숙을 조성한다.
>
> ―「방관자」, 96~97면

무서운 비극을 만들어낸다. 이 무서운 비극은 결국 가정의 문제, 남편과 아내에 문제이다. 이러한 문제에 대한 해결에 대해 서 태호는 '인간의 엄격

30) 박현숙은 가정이라는 사적 영역을 공정 영역으로 밀어올리고, 공정영역의 문제에서 제외되어 왔던 가정문제를 중요 쟁점으로 대두시킨다. 즉 사회가 개인적 차원에서 해결해야 하는 것으로 밀어낸 것을 작품 안에서 끊임없이 제시하는 것은 바로 가정문제, 가족, 부부, 사랑이 단순히 개인의 문제가 아니라 국가에, 사회에 엄청난 영향을 미치는 근본적인 문제라는 점을 부각시키는 것이다. 이러한 점은 여성이기 때문에 가능한 시각의 확장이라고 할 것이다.

한 사명'이라고 이야기한다. '인간정신의 수호를 위해 현실과 싸워'야 한다는 것, 불의라고 이야기한다. 즉 남편의 냉대 불화를 이렇게 상정한다. 이것이 바로 작가가 상정하는 휴머니즘이자 인도주의이다. 가정의 문제를 해결하지 못하는 것에서 비롯되는 모든 것이 원인이 되어 사회 전체를 망가트린다. 가정은 즉 현실 자체와 가장 밀접한 정치인 셈이다. 태호는 검사가 되어서 태수와 옥경을 심문하고 형수의 죽음을 밝혀낸다. 가정의 문제를 사적영역에 한정하영 생각하였던 당시의 시점에서 이러한 등장인물들의 태도는 획기적이라고 할 수 있다.

> 산중턱에 초등학교의 분교와 성 베드로 고아원이 있는데, 그곳은 서쪽으로 조금 떨어져 있고 그 아래 용바위라고 불리우는 큰 바위가 있는 모래사장이 펼쳐 있다. …그러나 6.25의 무서운 추억은 아직도 섬사람들의 뇌리에 생생히 남아 있다.
>
> —「여인」, 125면

박현숙은 희곡 안에서 당시 60년대를 관통하고 있는 식모, 가정주부, 창녀, 양공주, 전문직 여성(일하는 여성)에 해당하는 여성적 삶 자체에 큰 관심을 가지고 이들을 끊임없이 무대 안에 배치하고, 배경으로 소도구로 제시하여 왔다. 물론 그렇다고 해서 이들의 삶에 대해서 대책을 마련하는 적극적인 형태의 자세를 취하고 있지는 못하다. 다만 이들의 삶에 대해 끊임없이 제시함으로써 가장 근본이 되는 가정에 대한 문제에 집중하고, 부부간의 관계 애정 문제에 대해서 반복적으로 문제제기하는 것은 가정의 문제를 사적인 것에서 사회적인 것, 공적인 것으로 끌어 올렸다는 것으로 그리고 가정의 문제를 단순히 여성을 가정에 충실하게 만들고, 가정이라는 테두리 속에서 가두려는 것이라기보다는 남성과 여성 모두가 가정이라는 공간의 중요성, 사회 전체의 기본 바탕으로 제시되는 것으로 특히 여성이 선구적으로 이끌어나가야 함을 강조하는 것으로 보편적 가치를 제시하고 있는 것이다.

3. 결론

한국 희곡계는 물론 세계적으로 여성 희곡 작가가 드물다는 것은 그만큼 희곡이라는 장르가 지닌 남성성에 기인한다고 볼 수 있을 것이다. 이들 여성 희곡작가들의 등장은 희곡의 세계에 여성 시각을 더 했다는 의의 외에 희곡계에 새로운 장을 마련하였다고 평가할 수 있을 만한 업적을 남기지는 못했다. 특히나 여성작가의 뒤늦은 등장은 그들의 희곡의 창작, 작품에 페미니즘적 시각에 국한되거나, 그들의 등장 자체에 국한된 의의만을 제공함으로써, 다각적인 관점에서 여성희곡작가의 작품을 살펴보지 못한 것이다.

박현숙은 희곡을 통해 여성적 글쓰기 구현해 낸 작가이며, 한국 여성의 삶과 문학에 주체적으로 전쟁의 체험과 의미를 수용해 여성의 시각, 여성성에 발전할 수 있는 가능성을 부여한 작가이다. 그런 의미에서 박현숙의 희곡은 우리 문학에 제1세대 여성작가라는 명제를 제외하더라도, 현재의 희곡작가, 문학가가 대중에게, 국민에게 비전을 제시했다고 할 것이다.

참고문헌

박현숙, 『막은 오르는데』, 창조사, 1970.
박현숙, 『박현숙문학전집(1~7)』, 늘봄, 2001.
미셸 푸코, 이정우 역, 『담론의 질서』, 서강대학교출판부, 1998.
김옥란, 「국가와 여성, 제1세대 여성 극작가의 선택방식-박현숙의 경우」, 『여성문학연구』 11, 2001.
김혜수, 「1950년대 한국 여성의 지위와 현모양처론」, 한국외국어대 역사문화연구소, 『외대사학』 제12집, 2000.
알라이다 아스만, 변학수 · 백설자 · 채연숙 역, 『기억의 공간』, 경북대학교출판부, 1998.
이임하, 『여성, 전쟁을 넘어 일어서다』, 서해문집, 2004.
이은경, 「희곡 속에 나타난 여성과 전쟁-김자림 · 박현숙 · 강성희 작품을 중심으로」, 『어문학』, 2005.
이상란, 「희곡의 연극성 1」, 한국역극사학회, 2000.

이상란, 「오태석 연극의 여성성 연구」, 『한국연극학』, 2007.
유진월, 『한국희곡과 여성주의 비평』, 집문당, 1996.
정영자, 「한국 여성문학 연구」, 동아대학교 대학원, 1987.
조한혜정, 『탈식민시대 지식인의 글읽기와 삶읽기 2』, 또 하나의 문화, 1992.
제인 프리드먼, 이박혜경 역, 『페미니즘』, 이후, 2002.
케어엘람, 이기한·이재명 역, 『연극과 희곡의 기호학』, 평민사, 1998.
태혜숙, 『탈식민주의 페미니즘』, 여이연, 2001.

제3부

여성의 새로운 자리매김

신모(神母) 신화의 문화콘텐츠 활용 방안

최 혜 실*

1. 한류와 한국문화의 세계화, 그 거리

아무리 평가절하더라도, 그리고 아무리 단점만을 꼬집어 내더라도 한국의 대중문화가 일본, 중국, 동남아를 넘어서 유럽이나 이슬람 국가에까지 인기를 끌고 있다는 사실을 부인할 수 없다. 저급한 대중문화만 수출되어 한국의 이미지 형성에 나쁜 영향을 미칠 수 있다고 우려하지만 한국 열풍은 패션, 관광 뿐 아니라 한국 문학이나 한국어 열풍에까지 영향력이 확산되고 있다.

그리고 '저급한' 대중문화만 수출된다는 생각은 버리자. 역으로 왜 외국인들이 한국 문화에 대한 매력을 대중문화에서부터 찾기 시작했는지 진지하게 생각해볼 일이다. 영화나 드라마는 대중문화이기 이전에 영상문화이다. 언어예술인 한국문학이 세계로 발돋움하지 못하는 가장 큰 이유는 언어의 장벽이다. 그러나 영상물은 영상과 짧은 대화로 이루어져 있다. 세계 보편 언어인 영상언어가 아직 미지의 나라를 이해하는데 훨씬 유리하다. 어느 사이 경제력과 문화력이 커진 한국의 상황이 영상물에서부터 외국인들의 눈에 띄는 것은 당연하다 할 것이다. 그리고 여기서 시작된 한국문화의 매력은 언어예술 등 다른 순수예술로까지 확산되고 있다.

---

* 경희대학교 국어국문학과 교수

'한류(韓流)'에 있어서 더 문제가 되는 것은 오히려 이것의 지속성이다. 한류라는 단어가 본격적으로 쓰인 시기가 99년이니 이제 십 년 정도의 연륜이 쌓였다. 최근에는 일본 등에서 한류의 인기가 식어가는 징후가 보이고 있는데 전문가들은 스타 중심의 전략이나 상투적인 줄거리 때문에 처음 호기심에서 시작된 열풍이 수그러지고 있기 때문이라고 진단하고 있다. 중요한 것은 작품이며 지역적 특수성에 새로움이나 호기심을 유발시키면서도 세계인을 감동시킬 보편적 미학이 필요한 시점이 온 것이다. 그렇다면 과연 이 방법은 무엇일까?

2. 한국문화의 세계화, 그 지난한 작업들

1) 보편성과 특수성의 조화

매우 교과서적이고 정론적이어서 맥이 빠지는 이야기를 해보겠다. 한류를 확장하는데 가장 효과적인 장르는 역시 미디어와 영상의 힘에 편승한 영화, 드라마, 게임이며 그 장르의 수준을 유지하는데 가장 기본이 되는 것은 좋은 시나리오이고 공을 들인 제작이다. 정치하고 탄탄한 작품구조를 지니면서 한국적 특수성을 세계적 보편성과 연결시킨 작품이 오래 남는다.

우리가 이미 문학작품에서 경험해왔듯이 좋은 작품은 시대와 지역을 초월하여 존재한다. 예를 들어 아직도 한국의 독자들이 톨스토이의 <전쟁과 평화>에 감명을 받는 것은 한국인이 비슷한 전쟁을 경험해서 그런 것이 아니라 작품 속에 등장하는 인물들의 생동감이나 잘 짜여진 구성, 그 속에 녹아있는 작가의 박애 정신에 감동하기 때문이다. 더불어 중요한 것은 배우 그 자체가 아니라 이야기이다. 독자가 작품 속의 주인공 나타샤에 열광하는 까닭은 영화의 여주인공 오드리 헵번 때문이 아니라 이야기 속에 드러나는 주인공의 청순한 이미지를 여배우에게 투사시켰기 때문이다. 사람들이 최지우를 그렇게도 좋아하는 것은 배우의 미모 때문도 있겠지만 <겨울연가>에서의 이미지를 그녀에게 중첩시켰기 때문이다. 이제 좋은 작가와 좋은 감독,

그리고 좋은 제작 방식에 힘을 기울여야 할 때이다.

아울러 필자가 다른 지면에서 누누이 강조한 바 있듯이 한류의 흐름을 주도했던 <가을동화>, <겨울연가>, <여름향기>에는 공통점이 있다. 이 드라마에 중국, 일본 뿐 아니라 유럽과 아랍권 국가들의 시청자들이 감동했던 것은 작품의 미적 구조가 보편성을 지녔기 때문이다. 필자는 사계절의 흐름이 지니는 원형에 대해 노스롭 프라이(Northrep Frye)의 이론을 인용하며 분석한 적이 있다.

그러나 한편으로 이 드라마에는 틀림없이 한국의 풍경과 정서가 녹아있고 외국인들은 그 이국적 분위기에 호기심을 느꼈다. 일본 여성들은 배용준의 상냥함과 다정함에서 일본 남자에게 결여되어 있는 요소들을 발견했고, 중국인들은 <보고 또 보고>라는 드라마에서 가족의 소중함을 발견했다. 결국 보편성과 특수성의 교묘한 결합이 한류의 흐름을 주도한 것인데 이제 처음부터 작품에 그 요소를 심기 위한 방법은 없을까?

2) 문화원형 사업의 공과

물론 이런 방식은 천재적인 작가나 감독의 재주에서 나오는 것이기도 하지만 정부나 단체가 그 기반을 조성할 수는 있을 것이다. 필자는 그 기반 조성 사업에 참여했고 지금도 참여하고 있다. 2001년 CT란 개념이 문화관광부에 받아들여지고 그 사업을 효율적으로 추진하기 위해 문화콘텐츠진흥원이 세워졌다. 그 첫 기획 사업이 문화원형이었고 필자는 첫 기획 단계에서부터 그 계획에 참여하였다. 첫 생각은 단순명료하며 간단하였다. 한국의 전통이나 역사, 풍물, 생활, 예술 등 다양한 분야의 우리 문화원형을 디지털 콘텐츠화 하여 문화콘텐츠산업에 필요한 창작 소재를 제공하자는 것이다.

여기에는 물론 많은 모순이 있었다. 먼저 원형의 개념과 범주에서부터 문제가 나타났다. 원형에는 첫째, 주물의 틀로서의 원형(元型, pattern), 둘째, 고유성, 정체성에 초점을 맞춘 '본디 모양'으로서의 원형(原形), 셋째, 보편의 틀, 공통의 틀을 의미하는 원형(原型, archetype)이 있다. 문화원형은 세 번째의 듯을 포함한다. 융에 의하면 인간은 선조의 과거의 역사가 담긴 잠재적 기억의 흔적의 창고이자 선조의 반복적인 경험 축적의 부산물인 집단 무의식을 지니고 있다고 한다. 여기서 원형은 바로 '집단무의식을 구성하고 있는 내용물'로 사용되고 있다. 여기서 시작된 개념은 역사적 과정을 거쳐 변형된 모습으로 나타나기 이전의 본래 모습, 지역 또는 민족 범주의 특징을 잘 드러내는 정체성, 다른 민족이나 지역의 문화와 구별되는 고유성 등으로 보완된다.

그런데 2002년부터 공모를 통해 과제를 선정하면서 여러 모순점이 발견되기 시작했다. 예를 들어 구슬치기, 딱지치기 등의 놀이는 일제 강점기에 일본에서 연유된 놀이로서 한국의 문화원형으로 볼 수 없다는 일부 민속학자들의 거센 반발이 있었다. 아니 그렇다면 중국에서 전래된 한자나 설화, 미술 양식은 왜 우리 문화원형이 되는가? 도대체 어디서부터 어디까지가 '순수한' 우리의 것이란 말인가? 일제 강점기의 종로거리는 아무리 왜색이 짙더라도 그 것 자체가 당대 우리 역사요 문화였는데 민족적인 감정만으로 정말 매력적인 문화원형을 놓친단 말인가? 남대문 시장의 '훌라판' 같은 장사 풍속 도한 '다이나믹 코리아'의 정체성을 드러내는 우리 문화원형 아닌가?

여기에 소재중심의 과제들은 문화원형의 본질을 흐리게 하기에 안성맞춤의 것이었다. 조선 시대 전투 무기들을 디지털화하여 게임의 아이템으로 사용하자거나 조선 시대 성곽을 디지털화하여 역시 게임의 공간적 배경으로 사용하자는 '단순무식'한 발상은 단시일 내에 가시적인 것을 보이려 하는 관 중심 사업의 폐단을 그대로 드러내는 것이었다.

그러나 이런 문제점에도 불구하고 문화원형 사업은 <왕의 남자>, <다모>, <혈의 누>, <불멸의 이순신> 등에 활용되면서 소기의 성과를 거두기 시작하였다. 사실 문화콘텐츠의 실질적인 경쟁력은 흥미롭고 창의적인 소재 발굴에 달려 있다고 할 수 있다. 예로부터 이어져 내려온 문화전통은 그 같은 창의력과 경쟁력의 보고이다. 문화원형 디지털콘텐츠화 사업은 애니메이션, 음악, 출판, 전자책, 만화, 캐릭터, 게임, 방송, 영상, 모바일, 인터넷 등 문화산업의 창작소재를 발굴해내어 활용하게 해주었다. 뿐만 아니라 문학, 역사, 민속 등의 인문학 및 순수예술 분야와 기초 학문 분야의 응용이라는 점에서 인문학에 활력을 주고 있다.

3. 특수성이 보편성을 획득하는 올바른 방향: 신모설화의 어제와 오늘을 중심으로

1) 소재로서의 원형과 미적 구조로서의 원형

정형성은 단순한 유행의 차원이 아니라 '사회구성원에게 공유되는 전통적으로 합의된 서사'이다. 이것은 오랜 기간 사회 구성원 공동의 누적된 합의에 의해 이루어지는데 이것이 바로 문화원형 창작 소재가 지니는 장점이다. 오랜 시간의 부식을 견뎌내었기 때문에 그 속에는 인류 보편성을 깔고 있으면서 동시에 자국민의 특수성이 담겨있다.

그러나 과연 한복이나 기와집 등 당시의 역사적 상황을 철저한 고증으로 재현한 전통 사극이 보편적일 수 있을까? 우리 문화 속에 남아있는 원형적 요소가 세계인을 감동시키는 것이 단지 소재적 차원일 것인가? 현대를 다루는 영상물이 세계인을 감동시키려면 어떻게 해야 하는 것일까? 보편성과 특수성이 절묘한 조화를 이루기 위해서는 현대 속에 원형적 요소를 녹여내는 일일 것이다.

최근 컴퓨터 게임에서는 수많은 여전사가 등장하고 있다. 그런데 이들은 한결같은 공통점을 지닌다. 아름답지만 지혜롭고 파워풀하다. 그녀들의 중성적인 매력은 많은 매니아층을 양상해내고 있다. 그런데 한국적이면서도 보편적인 여전사를 창안해낼 수는 없는 것일까?

한국 역사에 나타나는 여전사의 원형으로 '신모(神母)'를 들 수 있다. 단군신화의 웅녀에서부터 나타나는 한국의 신모는 고난 극복과 영웅 출산의 두 기능을 지니고 있으며 시대나 장르, 지역에 따라 두 기능 중 어느 한쪽이 강조되어왔다. 자기 자신이 영웅이 되는가 아니면 영웅을 탄생시키는 매개 역할을 하는가의 문제인데 이 양상을 상세히 살펴보면 상당히 재미있는 현상이 드러난다. 역사적, 사회적 상황과 인물의 변형 관계를 연구한다면 현대 세계에 맞는 여성영웅의 유형을 발견해낼 수 있을 것이다.

2) 한국 고대 신화와 무조신화에 나타난 신모 신화의 양상과 특징

단군신화는 『삼국유사』, 『제왕운기』, 『응제시주』, 『세종실록지리지』 등에 기록되어 있다. 그런데 이들 각각의 기록은 매우 다른데 이러한 전승변이가 일어난 것은 그 전승과정에 있어 시대적 층위나 민간층의 신화 인식의 차이 때문이라 할 수 있다. 본문에서는 『삼국유사』를 중심으로 유형분석을 해보고자 한다.

(1) 곰과 범이 사람이 되고자 환웅에게 빌었다.
(2) 환웅은 쑥과 마늘을 곰과 범에게 주고 햇빛을 보지 말라 한다.
(3) 범은 견디지 못했으나 곰은 이를 견디어 내고 사람이 되었다.
(4) 웅녀가 아이를 갖고자 신터나무에서 기원하다.
(5) 환웅이 사람으로 변하여 웅녀와 혼인하다.
(6) 웅녀가 단군을 낳다.

위의 단락구분을 중심으로 살펴보았을 때 『삼국유사』에 나타나는 이야기는 크게 (1), (2), (3) 단락으로 이루어진 入巫式의 통과제의 내용과 (4), (5), (6) 단락으로 이루어진 神婚祭儀의 양상으로 구성되어 있음을 알 수 있다. 이는 웅녀를 중심으로 전개되므로 웅녀신화라 할만 하고 환웅의 인간 세계를 다스린 이야기가 천신(天神)의 이야기라면 웅녀의 이야기는 신모(神母)의 이야기이다. 천신과 신모가 결합하여 지상의 풍요가 도래한다는 제의의 형태로 신모신화가 이루어졌다고 볼 수 있다.

수렵 유목 사회에서 농경 사회로 넘어가면서 민간계층은 지상에 정착하는 신에 대해 더 많은 관심을 쏟게 된다. 즉 농경 사회의 성격상 지상에 풍요를 제공할 땅의 신인 신모에게 관심을 갖게 되는데 주몽 신화는 이 과정을 잘 보여준다. 천상에서 하강한 해모수에게서 자식을 얻은 유화가 알을 낳으니 이가 곧 주몽이라는 신화는 천신하강-혼사장애-결합-천신의 소멸이라는 구조를 잘 드러낸다. 특히 유화가 해모수에게 버림받고 아버지인 하백의 집에서 쫓겨나 금와왕에게 취해지는 과정이 현실과 싸워 이기는 주체적인 여인의 모습으로 그려져 있다.

고조선과 고구려에 이어 신라에는 선도산 성모 신화가 전해진다. 『三國遺事』의 '仙挑山聖母隨喜佛事件'에 의하면 신모는 본래 중국 帝室의 딸이며 이름은 娑蘇였다고 한다. 일찍이 신선의 術法을 배워 海東에 와서 머물러 오랫동안 돌아가지 않았다. 이에 父皇이 솔개 발에 매달아 그에게 부치는 편지에 소리개가 머무는 곳에 집을 지으라 했다. 사소가 편지를 보고 솔개를 놓아 보내니, 이 仙挑山으로 날아와서 멈추므로 드디어 거기에 地仙이 되었다. 때문에 산 이름을 西鳶山이라고 했다. 신모는 오랫동안 이 산에 웅거해서 나라를 鎭護하니 신령스럽고 이상한 일이 매우 많았다. 그가 처음 辰韓에 와서 聖子를 낳아 東國의 처음 임금이 되었으니 필경 赫居世와 閼英의 두 星君을 낳았을 것이라고 기록은 추정하고 있다. 이 또한 북방계 신화와 농경사회의 신화가 융합되는 상황을 볼 수 있다.

고대로부터 전승되어 온 신모 신화는 <당금애기>나 <바리데기> 같은 무조 신화로 연결된다. 조선 시대의 유교적 가치관과 독립되어 존재해 온 무조 신화이기에 여성 주체의 고난 극복의 관점에서 이야기가 전개된다. 당금애기의 고난에 가득 찬 천계 여행이나 바리데기의 극한 시련담이 그것이다.

3) 현대문학에 변용된 신모 원형

(1) 남성의 시선에 나타난 신모원형

현대문학의 대표적 인물인 세 남성에게 신모가 어떻게 수용되는가 살피는 일은 재미있고도 보람되다. 먼저 서정주의 <꽃밭의 독백-사소단장>은 임신한 사소가 느끼는 생명에 대한 외경이 주조를 이루고 있다. 고난 극복의 강인한 여성이 아니라 생명을 잉태한 모성의 측면이 강조된다는 점, 이 근저에 흐르는 사고방식은 그의 작품 <환웅의 생각>에 명백하게 드러난다.

그래 우리 환웅께서는 영원히 이어 살아가는 마음의 목숨을 아는 자기 아들 딸을 낳아 기르자면 자기 아내가 될 색시부터 아무래도 덜 된 버릇은 몽땅 고쳐 놓아야만 되겠다고 작정하시고, 곰같이 어리석은 계집애 하나와 범같이만 노는 계집애 하나를 골라 "너희는 햇빛을 바로 볼 자격이 없다"고 아주 깜깜한 데에 집어 넣어 버렸읍니다. "참어라. 참어라. 제 아무리 쓰고 매운 고생이 닥쳐 오더라도 참고 견딜 줄을 알아야 사람 노릇을 제대로 하며 자손 만대 이어가는 것이다. 아주 쓰디쓴 쑥하고 아주 매운 마늘만 어느 만큼씩 노나 줄 것이니 그것만 먹고 어디 잘 견디어 봐라. 잉. 끝까지 잘 견디는 여자걸랑은 내 마나님으로 해줌 자"고…….

-<환웅의 생각> 중에서

남자가 하늘, 여자가 땅을 의미한다는 사고방식은 남성이 우월하다는 사고에 의해, 두 단어에 각각 우월성과 열등성의 이미자질이 강화된다. 김동리의 <달>에는 여성이 땅, 혹은 자연으로 치환되며 신모의 잔영이 남성에 의해 아이를 잉태하는 매개로만 존재함을 볼 수 있다. 무당인 여주인공의 잉태 장면은 달빛이 여인의 몸에 스며드는 과정으로 변용된다.

이효석에 의해 이제 서사에는 잉태하는 여성의 존재가 부재(不在)로만 남게 된다. 조선달은 성서방네 처녀와 하룻밤을 보낸다. 세월이 지나 그때 잉태했던 아들을 만난다는 내용으로 <주몽 신화>에서 주몽과 유리의 상봉만이 남은 격이다. 이 철저한 남성중심적 서사는 어쩌면 일제 강점기 이후 70년대까지의 서사의 흐름을 나타내고 있는 듯 하다.

(2) 여성 문학에 나타난 신모원형

<바리데기>를 페미니즘적 관점에서 해석한 김혜순의 시도 의미있으나 최근 베스트셀러로 떠오른 김별아의 <미실>은 신모의 주체적 성격이 강화된 것으로 보인다. 『화랑세기』에서 '미실'과 관련된 짧은 기록을 소설로 만든 것으로 신모 신화의 변용으로 볼 수 있다. 미실은 왕을 색으로 섬기는 대원신통의 여인으로 태어나 수많은 남성들과 전략적으로 혹은 진정한 사랑을 나누면서 신라를 실질적으로 통치한다. 작가는 미실을 가혹한 운명을 딛고 진정한 사랑과 천하를 얻은 성공한 여인으로 그리고 있다.

4) 드라마 〈주몽〉과 전사로서의 신모

최근 인기를 끌어 연장방영까지 하고 있는 <주몽>에서 유화와 소서노의 대비는 흥미롭다. 모성애로 뭉쳐있는 유화의 모습도 강인하지 않은 바는 아니지만 백제의 신모격인 소서노의 활약상은 눈부신 바 있다. 소서노(召西奴)는 <백제본기>의 기록에 의하면 졸본사람 연타발의 딸로서 처음 우태(優台)에게로 시집을 가서 비류와 온조를 낳았고 우태가 죽은 뒤 졸본에 홀로 살았는데 그 후 주몽이 남쪽 지방으로 도망하여 고구려를 건국할 때 많은 도움을 주었으므로 왕비로 추대된다. 그러나 유리가 찾아오자 그녀는 두 아들을 이끌고 남하하여 백제를 세운다.

이 짧은 기록의 주인공인 소서노는 드라마에서 무예에 능하고 지략에 뛰어난 미모의 연인으로 그려진다. 극의 전개를 더 보아야 알겠지만 지금 현재는 고구려의 건국에 가장 큰 기여를 한 인물로 묘사되고 있는 상황이다. 고난 극복에 초점을 맞춘 인물로 극 중에서 가장 시청자들의 주목을 받고 있다. 현대인에게 신모의 저극성이 중요해진 까닭에서일 것이다.

5) 신모신화와 디지털 여전사와의 거리 좁히기: 게임의 경우

대너 해러웨이의 <사이보그 선언문>은 사회, 정치적 장치로부터 벗어날 수 없는 남녀의 성차를 사사이보그적 속성을 통해 극복하려는 시도이다. 사이보그는 인공두뇌의 유기체로 기계와 유기체의 잡종이며 허구의 피조물일 뿐 아니라 사회적 실재의 피조물이다. 사회적 실재는 우리가 체험하는 사회관계들, 우리의 가장 중요한 정치적 구성물, 세계를 변화시키는 허구이다. 사이보그는 지금까지 역사적, 사회적, 제도적 장치에 의해 여성적 경험으로 간주되었던 허구적 개념들을 변화시킬 수 있는 중요한 기제이다. 왜냐하면 사이보그 복제는 유성생식이 아닌 무성생식이므로 지금까지의 재생산 체계에 의한 성차를 드러내지 않는다. 이는 양치류 식물들과 무척추 동물들의 복제 방식을 복원한 것이기도 하는데 이성애가 드러내는 남녀차별적인 속성을 사전에 예방할 수 있는 방법이라는 것이다.

기계와 유기체의 잡종이며 우리가 체험하는 사회관계들, 우리가 중요하게 생각하는 정치적 구성물, 세계를 변화시키는 존재로서의 사이보그에게서 무성생식을 읽어낸다는 사실은 놀랍다. 임신과 출산의 제약, 학습된 모성애의 이데올로기를 극복한 존재로서의 여성 전사의 모습에서 우리는 신모의 두 요소 중 영웅 출산의 요소가 제거되어져 있는 것을 알게 된다.

컴퓨터 게임에서의 여전사들은 해러웨이의 사이보그처럼 모성적 요소가 제거되어 있다. 그녀들은 아름답기는 하나 근육질이라는 점에서 중성적이기도 하다. <툼 레이더>의 라라 크로프트를 생각해 보라.

4. 시대에 따라 변하는 것과 변하지 않는 것

시대를 초월해서 분명한 것은 성공한 스토리텔링은 신모의 보편성을 시대적 특수성과 유연하고 자연스럽게 연결시키고 있다는 것이다. 수렵계와 농경계, 혹은 북방계와 남방계의 세력 균형에 따라 신모의 모티프는 변모양상을 보이며 무당의 여성적 지위가 보장된 무조신화에서는 고난 극복의 강한 이미지가 확대된다. 반면 일제 강점기에서 70년대에 이르는 시대의 남성작가의 시점에서는 모성성이 한껏 강조되고 있다.

드라마나 영화에서의 모습도 정확하다. <주몽>에서 전사로서의 모습이 강화된 소서노에게 시청자들의 시선이 집중되는 것은 21세기 여성의 우위가 보장된 시대 상황이 반영된 것은 아닐까? 우리는 사이버 여전사가 신파조의 청순가련형 소녀로 타락해버린 <성냥팔이 소녀의 재림>의 흥행 참패를 생각해 보아야 할 것이다. 그리고 게임, 여전사는 무성생식의 사이보그로서 전사의 속성을 완벽하게 드러낸다.

수 천 년 동안 한국에 나타난 신모 주제를 짧은 글에 다 소개한다는 것은 쉽지 않은 일이다. 그러나 전반적인 개괄에서도 나타나듯이 한국 문화의 오랜 역사 속에서 살아남은 '신모(神母)'의 주제는 시대와 지역에 밀접한 관련을 가지며 섬세한 변이 양상을 보이고 있는 것이다. 이제 "한국적인 것이 세계적인 것이다"라는 구호는 치밀한 고증과 시대적 맥락과의 변이 공식을 찾아낸다면 공허한 자기 합리화에 그치지 않을 것이다.

젠더 계보학의 정치 윤리학적 선회

-주디스 버틀러의 『젠더 트러블』과 『불확실한 삶』-

조 현 준*

우리는 지금 다양성의 시대를 살고 있다. 곳곳에 문학과 과학, 예술과 철학, 미술과 음악이 크로스와 트랜스의 영역을 가로지르고 대중성과 예술성, 광고와 학문, 기업과 대학, 실천과 이론간 다학제간 연구와 산학 협동의 다성악이 울려퍼진다. 주체의 해체를 외치는 포스트모더니즘 시대에는 여성 없는 페미니즘도 가능해질까? 남녀의 생물학적 성차가 차별의 원인이 될 수 없다는 천부 인권론과 양성 평등론의 명제 하에 여성의 권리와 가치를 옹호하는 이념이 페미니즘이라면 그 정치학의 여성이 아니어도 가능할까? 이 복잡한 다양성과 다변성의 시대에 페미니즘의 주체는 누가 될 것인가?

페미니즘은 19세기 중반 시작된 여성 참정권 운동에서 비롯되어, 20세기 중반 여성의 문화적 차이와 내적 다양성을 설명하는 이론으로 발전했으며, 20세기 후반부터는 불확실하고 비결정적인 여성의 정체성을 연구하는 방향으로 전환했다. 1세대 페미니즘이 자유주의에 근원을 두고 여성의 사회진출과 성공을 가로막는 관습적, 법적 제한이 여성 종속의 원인임을 밝히고 있다면, 2세대 페미니즘은 남성과 동등한 교육기회와 시민권이 주어져도 완전히 사라지지 않는 여성 내부의 인종, 계급, 민족, 성 경향이라는 차이의 목소리에 귀 기울인다. 그리고 3세대 페미니즘은 성차의 다양성을 극단화할 경우 여성과 남성간의 분명해 보이는 차이조차 모호할 수 있다고 주장한다.

---

* 경희대학교 후마니타스 칼리지 교수

현대는 이미 문화적으로 여전사나 꽃미남, 된장녀와 초식남, 콘트라섹슈얼과 메트로섹슈얼이 사회적 트랜드가 되고, 생물학적인 성 전환을 통한 법적 성별 정정도 가능한 세상이다. 21세기 한국사회는 양성평등이 달성된 것처럼 보이기도 한다. 미모, 지성, 재력을 겸비한 알파걸과 골드미스가 대세이고 페미니스트는 루저로 간주되며 오히려 남성의 인권이나 남성학의 필요성이 제기되기도 한다. 이 시점에서 페미니즘에 여성 주체는 꼭 필요한 것인가? 만약 그렇지 않다면 여성 없는 페미니즘의 의미는 어디에서 찾아야 할 것인가? 이 글은 여성 없는 페미니즘의 가능성을 타진한 주디스 버틀러(Judith Butler)의 전기와 후기의 입장 변화를 젠더 계보학의 정치 윤리학적 전환이라는 관점에서 검토하고자 한다.

1990년에 출간된 버틀러의 『젠더 트러블: 페미니즘과 정체성의 전복 *Gender Trouble: Feminism and the Subversion of Identity*』(1990)은 기존 페미니즘이나 철학에 대해 도발적인 논쟁과 문제를 제기하면서 학계에 트러블을 일으켰고 세계적으로 번역 출간되어 10만부 이상 팔리면서 큰 주목을 받았다. 이후 버틀러는 『의미를 체현하는 육체 *Bodies That Matter*』(1993), 『권력의 심리 상태 *Psychic Life of Power*』(1997), 『격분하기 쉬운 말 *Excitable Speech*』(1997) 등을 출간하면서 페미니스트이자 퀴어 이론가, 정신분석학과 해체론적으로 재해석된 미셸 푸코의 계승자로서, 수행성과 수행적 언어를 결합한 언어철학자로서 자신의 입지를 굳혔다. 『우연성, 헤게모니, 보편성 *Contingency, Hegemony, Universality*』(2000)에서는 다른 학자들과의 논쟁적 비평의 이론적 교환을 통해 우연적 토대 위의 텅 빈 '보편성'이라는 주제를 면밀히 고찰했으며, 『안티고네의 주장 *Antigone's Claim*』(2000)에서는 희랍 비극의 고전적 여성 영웅 안티고네를 친족 교란과 젠더 역전의 급진적 퀴어 주체로 재해석했다.

무엇보다도 『불확실한 삶 *Precarious Life*』(2004)은 그녀의 젠더 계보학이 정치 윤리학적 전환점을 맞는 계기가 되었다. 특히 『불확실한 삶』은 단순히 젠더에 국한되지 않는 민족적, 국가적, 정치적 소수자를 폭넓게 포괄하면서 사회 속에서 인식 가능한, 또한 생존 가능한 인간으로서 산다는 것의 문제를 타자의 윤리학이라는 관점에서 정치적으로 성찰하고 있다. 이 저작은 현실적 실천의 문제를 강조한다는 점에서, 같은 해에 출간된 『젠더 허물기 *Undoing Gender*』(2004)에서 드러난 레즈비언 인권 단체에서 활동하는 현실의 정치 주체 버틀러의 실제 입장과도 맥락을 공유한다. 이후 버틀러는 『스스로를 설명하기 *Giving an Account of Oneself*』(2005)에서 주체가 형성되는 데 필요한 화자와 청자의 상호작용과 맥락을 이론적으로 논의하고, 『누가 민족국가를 노래하는가 *Who Sings the Nation-State?*』(2007)에서는 국가가 가지는 이중성, 즉 사적인 영역에서의 잠정적이고 일시적인 심리 상태(state)와 공적인 영역에서의 법과 군대의 복합체로서의 국가(state) 문제에 주목하며, 『전쟁의 틀 *Frames of Wart*』에서는 부시 정권의 이라크전을 비판적으로 조망하는 등 젠더 외부로 확장된 현실적 문제를 천착한다.

『젠더 트러블』과 『불확실한 삶』은 버틀러의 논의의 대표적 두 경향을 반영한다고 할 수 있다. 『젠더 트러블』은 젠더를 중심으로 개인의 구성적 정체성에 초점을 맞추고 있으며, 규범의 반복적 행위가 만드는 젠더는 그 자체로 원래 있던 것이 아니라 어떤 외양을 띠어야 한다는 젠더 규범에 맞게 생산된 다양한 제도 권력의 담론 효과라는 점을 주장한다. 섹스, 젠더, 섹슈얼리티는 자연스러운 상호관련성을 가진 변별적 자질이 아니라 모두 제도 담론의 이차적 효과라는 점에서 젠더로 수렴되는 사회적 구성물이라는 주장이다. 그러나 『불확실한 삶』은 성적 소수자를 옹호하는 젠더나 퀴어의 입장이 아닌 이스라엘 정책에 반대하는 유대인이나, 국가의 전쟁 옹호론에 반대하는 소수 지식인의 입장에서 관타나모 수용소에 억류된 인권 사각지대의 전쟁포로를 대변한다. 타자의 범위는 성적 소수자에서 여러 민족적, 인종적, 맥락적 소수자로 확대된다. 초기 버틀러가 모든 본질론적 여성 범주를 거부하는 '비-정체성의 정치학'을 주장했다면, 후기 버틀러는 민족과 국가의 관점에서 타자를 대면하는 현실 정치에 주력한다. 이제 쟁점은 여성의 정체성의 비결정성과 페미니즘의 정치성에서 확대되어, 성별 너머 너와 나, 즉 '우리'의 관계성이 갖는 현실 정치와 윤리성의 모색으로 나아간다.

1. 여성 없는 페미니즘, 주체 없는 정치학?

여전사, 알파걸, 골드미스, 된장녀, 꼴페미, 그리고 콘트라섹슈얼은 복잡한 정체성의 경계영역에 와 있는 여성의 위상을 단적으로 보여주는 우리 시대의 유행어들이다. 대중문화에서 여성은 고급 소비 주체인 여성은 명품녀, 답답한 여성 우월론자는 꼴통이나 루저로 투영되고, 그 때문에 상대적으로 가치절하된 남성은 박탈당한 인권을 회복해야 할 투사로서 투사된다. 이런 사회 역사적 맥락에서 페미니즘은 어떤 의미로 정의되며, 또 그 주체는 누가 되어야 하는지를 다시금 되짚어 점검해볼 필요가 있다.

이런 문제에 대한 대립된 대표적 접근 방식으로는 타냐 모들스키(Tania Modleski)와 주디스 버틀러의 입장이 있다. 모들스키는 여성 주체의 필요성을 역설하고 버틀러는 집단 범주로서의 여성주체가 없는 페미니즘을 주장하기 때문이다. 특히 모들스키의 『여성 없는 페미니즘: '포스트' 페미니즘 시대의 문화와 비평 *Feminism Without Women: The Culture and Criticism in a "Postfeminist" Age*』(1986)은 성 정체성을 해체하는 포스트 시대에 오히려 여성 주체가 필요함을 역설하는 반면, 버틀러의 『젠더 트러블』은 범주로서의 모든 여성 주체를 거부하면서도 여전히 페미니즘의 정치학이 가능하다는 정반대의 입장에 있다.

타냐 모들스키의 『여성없는 페미니즘』은 평등을 중심으로 한 1세대 페미니즘과 차이를 중심으로 한 2세대 페미니즘에서 3세대 포스트 페미니즘으로의 전환에 대한 우려를 표명한다. 3세대 페미니즘, 즉 포스트모더니즘의 영향을 받은 소위 '포스트 페미니즘'은 여성성이 무엇인가에 의문을 던지는 '정체성'의 페미니즘이 되었다. 여성성이 극복해야할 장애이건 추구해야할 가치이건 간에 그것이 어떤 하나의 속성으로 규정되는 것 자체에 반대하기 때문이다. 이는 여성성이 언제나 변화하는 과정 중에 있는데다가 언제나 자신의 내부에 이질적 타자를 포함하고 있기 때문에 고정된 속성이나 본질적 요소로 환원될 수 없다는 문제의식에서 비롯된다.

모들스키는 1980~90년대 포스트페미니즘의 맥락에서 미국 페미니즘 진영 내 남성성이나 남성적 주체성에 대한 연구가 활기를 띠기 시작한 것에 대해 의혹과 경계의 시선을 던진다. 페미니즘 내부의 남성성 연구는 특수한 젠더로서의 남성성이 미국에서 어떻게 구성되어 왔는지를 역사적으로 연구한 앤서니 로툰도(Anthony Rotundo), 여성성에 대한 이해의 지평을 넓히기 위해서는 규범적 남성성의 타자로 구성된 여성성에 주목해야 한다는 카자 실버만(Kaja Silverman), 그리고 규범적 남성성의 이데올로기가 가져온 갈등과 고통을 연구하는 캘빈 토마스(Calvin Thomas) 등으로 대표된다. 그 외에도 흑인의 남성성이나 동성애적 남성성에 대한 연구 등이 페미니즘 내부의 다양한 남성성 연구의 갈래들로 나타났는데, 무엇보다도 이런 연구 경향은 그간 적대시해왔던 남성성이 페미니즘 연구의 한 영역이 되었다는 점에서 획기적 변화로 간주되었다.

이같은 페미니즘 내의 남성성 연구는 페미니즘의 발전과 성숙에 어떤 영향을 미칠까? 이브 코조프스키 세쥐윅은 『남성들 사이에서: 영문학과 남성 동성애적 욕망』(1985)에서 영문학 작품에 많이 등장하는 한 여자와 두 남자의 에로틱한 삼각관계를 주시하면서 이 관계에서 겉으로 드러나는 이성애 뒤에 존재하는 남성간 남성사회적(honosocial) 동성애에 주목했고, 그런 점에서 남녀 간의 이성애뿐 아니라 남성들끼리의 동성애 연구도 페미니즘적인 사회 관계성을 이해하는데 한 지평이 될 수 있다고 주장했다.[1] 리 에델만도 게이 비평과 페미니즘의 결합이 호모포비아(homophobia)와 여성혐오주의라는 두 개념의 연대 가능성을 넓혀줄 수 있다고 보고 이를 긍정적으로 조망했다. 그러나 타냐 모들스키는 여성성에서 남성성으로의 섣부른 관심은 오히려 페미니즘의 정치성을 약화시킬 수 있으며, 게이 중심의 호모포비아 논의는 페미니즘의 논의를 증진시키긴 커녕 현재 레즈비언이 처한 위협을 간과하게 만들 수 있다는 우려의 목소리를 높였다. 여성주의적 관점에서 여성에 대한 시각적 재현물의 해석에 꾸준한 관심을 가져 온 문화비평가 모들스키는 이론적 해체주의를 경계하고 여성적 관점을 회복하는데 주력했다. 물리적인 몸조차도 당대의 사회문화적 구성물이라는 극단적 구성주의가 수반할 가치의 상대주의는 페미니즘에 도움이 되기는커녕 오히려 겨우 자리를

1) Eve Kosofsky Sedgwick, *Between Men: English Literature and Male Homosocial Desire* (New York: Columbia University Press, 1985).

잡아가고 있는 페미니즘을 후퇴시키리라는 우려 때문이다.

그런 맥락에서 보면 모들스키는 제 3세대 페미니즘, 즉 '비정체성의 페미니즘'에 정면으로 도전하는 것처럼 보인다. 모든 것은 공중에 흩날리고 부표처럼 부유하는 불안정성과 불확실성의 시대에 다시금 일레인 쇼월터를 부활시키고 2세대 페미니즘으로의 복귀를 외치는 모들스키는 일견 시대를 거슬러가는 시대착오주의자 같기도 하다. 그러나 한편으론 여성이 없는 페미니즘이 정말 페미니즘일 수 있는지에 대한 의구심도 완전히 떨칠 수는 없다. 과연 여성이라는 공동체 없이도 페미니즘은 가능할까?

1995년 출간된 『페미니즘 논쟁: 철학적 교환 *Feminist Contentions: A Philosophical Exchange*』[2]은 바로 이런 여성 주체의 문제를 페미니즘의 관점에서 논쟁적 방식으로 접근했다. 당대의 쟁쟁한 페미니스트 철학자 세일라 벤아빕(Seyla Benhabib), 주디스 버틀러, 드루실라 코넬(Drucilla Cornell), 낸시 프레이저(Nancy Fraser)간의 비평적 교차 글쓰기 방식을 택하고 있는 이 책은 포스트 페미니즘의 시대에 과연 여성 없는 페미니즘이 가능한지에 대한 논점을 꼼꼼하게 되짚어볼 기회를 제공했다.

벤아빕은 포스트모더니즘 철학이 인간의 죽음, 역사의 죽음, 형이상학의 죽음을 의미한다면, 이는 페미니즘이 거부해야 할 대상이며 중요한 것은 해방의 정치학에 필요한 철학적 요건의 모색이라고 보는 반면, 버틀러는 해방의 정치학을 위해 어떤 철학이 필요한지를 모색하는 것보다 더 중요한 것은 어떤 특정한 철학적 전제가 해방의 정치학에 꼭 필요하다고 주장하는 그 배후의 권력 담론이 무엇인지를 파악하는 것이다. 주체는 역사적으로 특정한 '정치적 효과'가 무엇인지를 연구하는 이런 권력 담론의 행위주체성(agency)에 불과하기 때문이다. 한편 프레이저는 정치성이 개입된 크고 작은 서사의 다양성을 허용하는 중간적 위치를 벤아빕은 고려하지 못한다고 비판하면서 포스트모던 철학이 없는 사회비평이 가능할 뿐만 아니라 이것이 오히려 페미니즘이 지향하는 바라고 주장하는 반면, 코넬은 토대주의나 근본주의 원칙에 의구심을 표명하면서 페미니즘이 타자와의 비폭력적 관계를 지향하는

2) Seyla Benhabib et al., *Feminist Contentions: A Philosophical Exchange* (New York: Routledge, 1995).

윤리적 자세를 수용할 것을 주장한다. 벤아빕과 프레이저는 페미니즘의 여성 주체를 지켜야 한다는 입장인 반면, 버틀러와 코넬은 이미 여러 방식으로 해체된 여성주체를 인정해야 한다는 입장이다. 전자가 근본적 토대위의 안정된 주체성을 주장한다면, 후자는 우연적 가변성 위에 있는 불안정한 행위주체성을 페미니즘의 정치주체로 삼는다.

모들스키는 전자의 입장을 공유하는 맥락에서 여성 범주를 부정하기보다는 여성이라는 공동체를 견지하고 있고, 더 나가가 이 공동체가 여성이라는 이름으로 더욱 단단하게 결집될 것을 주장한다. 또한 페미니즘내의 포스트모더니즘을 경계하며 남성성이나 남성 주체성을 연구하는 경향에 대해서는 우려를 표명한다. 여성들이 주의하지 않으면 포스트 시대의 다변화된 연구들은 오히려 '남성간 동성애(hommesexual)' 경제에 이익이 되는 결과를 낳을 수 있다는 사실을 보여주면서, 여성 집단을 지칭하는 '범주'로서의 여성을 '우리'의 이름으로 재소환하려 한다. 그나마 얻은 자유와 평등을 유지하기 위해서는 포스트모던 시대라 해도 여성주체적 여성성은 재확립하고, 여성정체성의 상실이나 여성성의 남성적 전유는 경계해야 한다는 주장이다.

그러나 주디스 버틀러는 섹스, 젠더, 섹슈얼리티가 자연스러운 상호관련성을 가진 변별적 자질이라는 가정에 반대한다. 어떤 사람이 생물학적으로 여성이라면 당연히 여성적인 특성을 가졌을 것이며 이성애적 규범 하에서 다른 남성을 욕망할 것이라는 전제를 거부하는 것이다. 버틀러에게 섹스/젠더/섹슈얼리티, 몸/정체성/욕망 사이에 필연적 관계는 존재하지 않으며 이들 모두가 제도 담론의 이차적 구성물이라는 면에서 공통적으로 젠더의 양상을 보인다. 시몬느 드 보부아르(Simone de Beauvoir)의 주장대로 "몸이 하나의 상황"[3]이라면 언제나 이미 문화적 의미로 해석되지 않은 몸, 사회적으로 설명되지 않는 섹스는 존재할 수가 없다. 그에 따라 버틀러는 섹스가 담론 이전의 해부학적 사실성으로 간주될 수 없으며, 그 정의상 지금까지 줄곧 젠더였다는 것을 밝히고자 한다.[4] 섹스라 불리는 것은 젠더만큼이나 문화적으

---

3) Simone de Beauvoir, *The Second Sex*, trans. E. M. Parshley (New York: Vintage 1973), p.301.

4) Judith Butler, *Gender Trouble: Feminism and the Subversion of identity* (New York: Routledge 1990), p.8 참고. 앞으로 이 책에서의 인용은 본문중 '(GT, 면수)'로 표기하기로 한다.

로 구성된 것이며, 그런 의미에서 섹스는 언제나 이미 젠더라는 주장이다. 섹스가 이미 젠더라면 섹슈얼리티의 다변성이나 다양성은 더욱 확장된다. 또한 이성애적 섹슈얼리티가 정상성으로 안정되어 보이는 것은 섹스와 젠더의 일관성이나 통일성이라는 외관을 유지하기 위한 책략이라 할 수 있다.

모들스키처럼 여성 주체를 재소환하면 페미니즘의 정치학은 더욱 공고하고 굳건해 질 수 있다. 그러나 그런 공고하고 굳건한 정치학이 누구의 것인지를 심문하는 과정을 거치지 않을 수 없다. 그것이 백인 이성애 중심주의 가부장제에 뿌리를 두고 그것을 영속화하기 위한 페미니즘이라면 섹스, 젠더, 섹슈얼리티가 모두 사회적 구성물인 열린 젠더 주체의 수용이 가능한지도 심문해야 한다. 즉 유색인종의 동성애를 인정하며 재생산을 지향하지 않는 가부장적 가족을 해체하려는 여성주의의 옹호자가 페미니즘 안에서 트러블을 일으키는 동시에 그 정체 주체로 수용될 수 있으려면 보다 열린 주체에 대한 논의가 필요하다.

2. 버틀러의 젠더 계보학, 『젠더 트러블』

『젠더 트러블』은 섹스/젠더/섹슈얼리티, 즉 몸/정체성/욕망 사이의 필연적 관계를 거부한다. 이들 모두가 특정한 역사적 맥락과 권력의 상황에 놓인 제도 담론의 이차적 구성물이라고 보기 때문이다. 섹스, 젠더, 섹슈얼리티가 모두 '자유롭게 떠다니는 인공물'(free-floating artifice)(GT, 6)이자 언제나 생성되는 과정중의 구성물이라는 점에서 모두 젠더와 같다는 것이 그 핵심적 주장이다. 섹스, 젠더, 섹슈얼리티를 그런 의미에서 젠더로 포괄된다.

어떤 사람이 여성이라고 말하는 것 자체만으로는 완전한 의미가 될 수 없다. 누군가를 여성이라고 말할 때는 그 사람의 생물학적 구조상의 여성적 특질을 지칭하지도 하지만 당대의 문화적 특징을 구현하고 있다는 의미이기도 하다. 동시에 여성이 아닌 어떤 다른 남성에게 욕망을 느낀다는 함의가 전제되어 있기도 하다. 이는 이미 젠더화된 그 '사람'이 젠더의 특정한 장치를 초월한 존재가 아니라, 젠더 자체가 언제나 다른 역사적 맥락 속에서 가변적이고 모순적으로 설정되며, "담론적으로 성립된 정체성의 인종적, 계급적, 민족적, 성적, 지역적 양상들"(GT, 3)과 부단히 마주친다는 의미이다.

문화와 정치의 접점에서 구성되는 젠더를 그 접점과 분리해내기란 불가능하다. 따라서 젠더란 변화하면서 맥락화되는 현상으로서, 어떤 본질적인 존재가 아니라 "문화적이고 역사적인 특수한 일련관계를 둘러싼 상호 수렴의 지점"(GT, 10)이 된다. 또 젠더는 문화와 정치의 접점에서 구성되는 제도 권력의 담론 효과이면서 그런 자신의 기원을 감추고 마치 자연스럽고 본질적인 것인양 외관을 꾸민다. 그래서 젠더는 반복된 몸의 양식화이자 반복된 일단의 행위로 나타난다. 버틀러의 전기 계보학은 이런 반복된 '몸의 양식화'와 '수행적인 일련의 행위'를 밝히는 작업이다. 본질적인 것처럼 보이는 젠더의 외관이 사실상 당대의 제도규범이 장려하여 오랫동안 반복적으로 행해 온 구성된 행위에 불과하다는 것을 밝히는 작업이기도 하다.

계보학은 니체의 '도덕의 계보학' 논의를 계승한 미셸 푸코의 비평적 방법론으로서 담론의 구성물을 근본적 전제인양 조작하기 위해 보이지 않는 배타적 실천을 해 온 정치적 사법주체를 밝히려는 논의 양식이다. 여기에 버틀러는 젠더의 관점을 더해서 이성애적 토대 위에서 페미니즘의 법적주체인 여성을 생산한 뒤 그 생산사실을 은폐해 온 정치적 작용을 페미니즘 계보학의 이름으로 추적하는 작업을 한다. 이 계보학은 여성을 하나의 정치주체 집단으로 범주화하려는 페미니즘의 노력에 저항하기 때문에 기존 페미니즘과 트러블을 일으킨다. 기존의 이분법적 구조는 해체되어야 하고, 단일한 의미 범주는 새로운 의미의 가능성으로 끊임없이 열려야 하며, 원인과 결과는 뒤집혀야 한다.

『젠더 트러블』은 페미니즘이라는 정치성에 보편 여성이라는 일관된 재현주체가 필요하다는 기존 논의에 트러블을 일으키고자 한다. 우선 '정치성'은 권력의 이중적 기능, 즉 사법적 기능과 생산적 기능에 주의를 기울여야 한다. 정당함과 부당함을 구분해서 부당함을 처벌하고 훈육한다는 의미에서 권력의 사법적 기능은 겉으로 드러나 있지만, 어떤 개념의 인식가능성을 자체를 통제해서 인식가능한 주체(subject)는 생산하고 인식가능하지 않은 주체는 비체(abject)로 만드는 권력의 생산적 기능은 은폐되어있기 때문이다. 사법적 권력은 자신이 그저 재현할 뿐이라고 주장하는 것을 필연적으로 생산한다(GT, 2). 정치학의 사법적 주체들은 보이지 않는 어떤 배타적 실천을 통해서 생산되므로 주체의 정체성은 그 정체성을 근본적 전제인양 조작하려는 정치성을 피해갈 수 없다.

두 번째로 '여성'이라는 재현대상은 '여성들'이라는 복수 형태로 있다하더라도 불안정적이다. 여성은 자신이 묘사하거나 재현하려는 바에 완전히 동의하는 안정된 기표가 아니라 경합의 장소, 불안의 원인이 되는 문제적 용어인 것이다. 이미 젠더화된 사람이라도 다른 역사적인 맥락에서 보면 그 젠더가 언제나 일관되거나 연속적인 선상에서 구성될 수 있는 것이 아니기 때문이다. 젠더는 담론적으로 구성된 정체성의 성, 인종, 계급뿐 아니라 민족, 지역, 국가의 양상과도 교차되므로 여성에 대한 재현 자체가 정치나 문화를 떠나서는 불가능하다.

그러므로 페미니즘의 정치성을 위해서 여성주체로 재현되는 여성이 반드시 전제되어야 할 필요는 없다. 특히 버틀러는 범주로서의 여성에 대해 비판적이며, 여성에 대한 재현은 일관된 여성주체가 전제되지 않을 때 의의가 있다는 입장을 견지한다. 여성을 페미니즘의 주체로 '재현'하는 언어와 정치의 사법적 구성은 그 자체가 하나의 담론적 구성물에 불과하며 당면한 '재현 정치학'의 결과이기 때문이다. 통일되거나 단일한 범주로 여성을 '재현'하기란 어렵지만 그렇다고 페미니즘 '정치성'이 포기되는 것은 아니다. 그래서 단일한 재현이나 통일된 범주를 전제하지 않는 정치학, 혹은 범주로서의 여성이 없는 페미니즘의 정치학이 발생한다. 이것이 버틀러가 '정체성의 정치학'에 일으키는 트러블이며, 여성이라는 일관되거나 공통된 범주로서의 주체가 없는 '비정체성의 정치학'이 탄생하는 배경이다.

이처럼 여성 없는 페미니즘, 혹은 비정체성의 정치학에 입각한 페미니즘 계보학을 위해 버틀러가 사용하는 방법론은 다음과 같다. 첫 번째는 이분법이나 대립 구조를 해체하고 와해시키는 작업이다. 섹스/젠더/섹슈얼리티가 생물학적 결정물/문화적 구성물/본능적 욕망으로 구분할 수 없을 만큼 모두 다 제도담론의 이차적 결과물이라는 주장이기도 하다. 갓 태어난 아이를 '씩씩한 왕자님', '예쁜 공주님'으로 호명하는 것 자체가 탄생의 순간 이미 생물학적 성과 동시에 발생하는 문화적 의미화의 양상을 보여주며, 시대적 요구에 맞추어 변모된 이상적 남성성과 여성성은 꽃미남/여전사, 메트로섹슈얼/콘트라섹슈얼로 나타나 남성성과 여성성의 범주가 자신을 구성하는 동시에 이미 자신 안에 대립항의 양상까지 포함하고 있음을 보여준다. 여기에 이성 복장 전환자(transvestite), 성정체성 전환자(transgender), 그리고 성별 전환자(transsexual)의 논의까지 더해지면 이들 관계는 복합적으로 겹쳐진다. 그에 따라 선행하는 본질과 후행하는 현상이라는 기원과 파생의 이분법이 불가능해진다. 예컨대 한 남성을 사랑하던 여장 남성이 꾸준히 자신을 여성으로 동일시한 결과 남성에서 여성으로 성전환 수술을 했는데 수술 직후부터 남성보다는 여성을 좋아하게 되었고, 그 여성이 알고 보니 여장한 남성이었다면 섹슈얼리티는 기존의 동성애/이성애라는 대립구도로 설명될 수 없는 복잡하고 가변적인 구성물이 된다.

두 번째는 모든 단일한 정체성을 부정하고 일관되거나 통일된 동일자의 내적 안정성을 의심하는 방식이다. 여성과 남성을 동시에 살았던 19세기의 양성인간 에르큘린 바르뱅[5]이나 성 염색체의 10퍼센트는 기존 성 염색체의 분류에 맞지 않는다고 주장한 20세기 페이지 박사의 과학적 발견을 굳이 거론하지 않아도(GT, 106~111)[6] 섹스, 젠더, 섹슈얼리티 각각은 단일하고 통일된 일관성으로 설명할 수 없는 크로스와 트랜스의 영역에 걸쳐있다. 섹스가 이미 젠더라면, 젠더는 결정된 내적 본질이 아니라 형성중의 구성물이고 '명사'가 아니라 부단히 변화하는 '동사'이다. 여성이라는 것 자체가 이미 결정되고 완결된 속성이거나 고유성이 아니라, 서로 다른 역사적 맥락 속에서 늘 가변적이고 모순적으로 구성되면서 담론적으로 성립되는 과정중의 구성물이기 때문이다. 젠더는 변화 속에 맥락화된 현상이자 문화적이고 역사적

5) 에르퀼린 바르뱅은 여성으로 태어났지만 이차 성징기에 남성적 징후를 보인 19세기 프랑스의 양성인간이다. 수도원의 교사로 재직중이던 바르뱅은 20대 초반 왕진 온 진료의사에게 치료받던 중 남성적 신체적 양상을 들키게 된다. 이후 두 차례의 의료검진과 공청회를 거쳐 바르뱅은 법적인 성을 여성에서 남성으로 변경한다. Michel Foucault, ed. *Herculine Barbin, Being the Recently Discovered Memoir of a Nineteenth Century Hermaphrodite*, trans. Richard McDonngall (New York: Colophone 1980) 참고.

6) 1987년 MIT 공대의 페이지 박사는 인간의 성염색체의 10퍼센트가 XX에도 XY에도 분류될 수 없다고 주장했다.

으로 특수한 일련의 관계를 둘러싼 상호 수렴의 지점이 된다. 옷 바꿔 입기, 이성과의 동일시, 성전환 수술은 각각 섹스, 젠더, 섹슈얼리티 상의 다양한 접점을 형성하면서 생물학적 몸과 문화적인 정신, 그리고 본능적인 욕망의 영역이 서로 복합적으로 교직되는 무한히 열린 재의미화의 가능성으로 향한다. 따라서 젠더의 '통일성'은 강제적 이성애중심주의를 통해서 젠더 정체성에 통일성을 부여하려는 제도적 실천의 결과에 불과하다(GT, 31).

마지막은 인과론의 전도이다. 구조주의나 정신분석학은 인간의 근원적인 욕망을 전제하고 그것을 금지하는 법의 필연성을 주장했다. 이들은 근친상간의 금기야말로 인류의 근간이고 보편적 토대라고 전제한다. 그러나 근친상간의 욕망을 금지해야 할 법으로 생산한 것은 당대 제도 규범의 반복된 규율적 실천이다. 태초에 욕망이 있어서 그것을 금지하는 법이 있는 것이 아니라, 법이 이미 금지해야할 욕망을 전제해 두어서 특정한 욕망을 금지해야할 대상으로 생산한 것이다. 예컨대 근친상간의 욕망이 있어서 근친상간 금지의 법이 생긴 것이 아니라, 근친상간의 금지라는 법이 근친상간의 욕망을 인간의 근원적 욕망으로 생산한다는 주장이다. 권력의 생산적 기능에 따라 사법 권력은 법으로 재현하는 것을 필연적으로 생산하게 되고, 이에 따라 권력의 사법체계는 특정한 욕망을 근원적이거나 일차적인 욕망으로 생산하면서 이성애를 규범적인 욕망의 토대로 설정하게 된다.

결국 단단하고 결정적인 토대를 가지는 것으로 보이는 남녀의 성차나, 통일되고 안정된 범주로서의 여성, 근친상간의 금기에 전제된 이성애 중심주의는 사실상 지배이데올로기가 반복된 규제적 이상의 각인 행위를 통해 자연스러운 것으로 조작한 사법적 권력의 생산적 결과이다. 그리고 그 기저에는 이성애자만이 인식 가능한 주체이고, 동성애자는 인식 불가능한 비체라고 선언하는 가부장적 이성애중심주의가 있다. 정신분석학이 금지의 대상으로 규범화한 욕망은 강제적 이성애라는 모태에 기반한 근친상간의 욕망을 근원적 욕망으로 전제하면서 다른 욕망의 가능성은 배제한다. 동성애적 욕망은 억압되기에 앞서 애초에 배제되어서 욕망으로서 인정도 인식도 되지 못하는 것이다.

페미니즘이 섹스, 젠더, 섹슈얼리티의 문제를 포괄하는 급진적 젠더 정치학으로서의 젠더 계보학이 되기 위해서는 이미 섹스안에 들어 있는 문화적, 제도적 규제를 인식해야하고, 젠더 내부의 다양성과 변화가능성을 인정해야 하며, 특정 섹슈얼리티를 비체의 기준으로 삼는 규율권력의 지식생산체계에 대해서도 비판적 거리를 가져야한다. 이같은 인식을 바탕으로 원인과 결과의 전도를 통해 담론을 구성하는 '역사적 현재'를 밝히려는 것이 바로 버틀러가 말하는 젠더 계보학의 작업이다. 그리고 실천적 층위에서 그것은 근친상간의 욕망 이전에 원천적으로 배제된 동성애적 욕망을 밝히는 과정과 연계된다.

3. 버틀러의 정치 윤리학적 선회, 『불확실한 삶』

『불확실한 삶』은 버틀러의 연구중 전기와 후기를 가르는 전환점에 있다. 『젠더 트러블』이 젠더의 구성적 위상과 페미니즘 정치주체가 백인 중산층 이성애 중심주의자인 것에 트러블을 일으켰다면 『불확실한 삶』은 좀 더 구체적이고 현실적인 정치 문제를 거론한다. 즉 여러 이론가들의 이론이 가진 논리적 맹점을 비판적으로 검토하여 구성주의적 젠더 논의가 가진 페미니즘적 효용성을 이론적으로 고찰하기 보다는, 현실정치 상황에서 나타난 민족적, 종교적 소수자의 인권과 삶의 가능성에 대한 탐구를 통해서 '인간'이라는 개념 자체를 결정짓고 '인간다운 삶'의 의미를 규정하는 규범의 폭력성을 폭로하고자 한다.

특히 『불확실한 삶』은 인간에게 인간으로서 살 가능성(livability)를 제공하고, 떠나보낸 사람을 애도할 애도능력(grievability)을 주는 것은 무엇인지, 삶을 삶으로 인식하게 만드는 인식가능성(intelligibility)은 무엇인지를 면밀히 고찰하며 이런 고찰은 타자, 주권, 민족을 중심으로 이루어진다.

버틀러는 2001년 미국의 겪은 9.11 사태에 대해 슬픔을 빨리 극복하여 애도에서 군사적 보복으로 어서 이동할 것이 아니라, 애도와 함께 머물러 있음으로써 타인의 고통과 정서적으로 공감하는 주체의 취약성과 이질성에 대해 사유할 것을 호소한다. 슬픔의 극복이라는 국가적 대응보다는 국민 개개인이 슬픔에 머물러서 타자에 대한 주체의 근본적 의존성과 본질적 취약성을 인정할 때 책임과 윤리가 발생한다고 보는 것이다.

이는 정체성이란 개인의 확고한 자기 동일성이기보다는, 언제나 자기 내부에 타자를 안고 있는 양가적이고 비결정적인 것이라는 전기의 논의와 같은 맥락에 있다. 전기와 달라진 점이라면 개개의 인종이나 젠더가 생산되는 역사적 맥락을 탐구하는 계보학적 지평을 집단인 민족이나 국가로까지 확장한다는 점일 것이다. 주체와 타자의 관계는 주권과 민족, 국민의 인권 논의로 확장되어 맥락적이고 관계적인 공동체 정체성의 윤리적 가능성으로 나아간다. 젠더와 인종의 이론적 계보학이 구체적 맥락안에서 현실정치학과 윤리학으로 이어지는 것이다. 이제 나의 정체성 자체가 내 안에 타자를 포함하며, 이런 나의 내적 이질성이 역설적이게도 나와 타자간의 윤리적 관계의 출발점이 된다. 나도 모르는 나의 불확실성을 인정하는 데서 출발하는 주체론은 인간의 '근본적 취약성'과 주체의 타자에 대한 '본질적 의존성'을 인정하는 새로운 논의의 가능성을 연다.

타자의 논의는 기존의 젠더나 섹슈얼리티 논의의 지평을 확장했다. 개인의 정체성이 자신은 알지 못하는 내적 불확실성을 인정하는 데서 시작된다면, 인간의 인간됨은 근본적으로 취약하고 본질적으로 타자에게 의존해 있는 것이 된다. 그리고 나의 존재가 근본적으로 독립적이거나 자족적이지 못하고 타인과의 관계나 공감에 기대에 있다면, 나는 그런 관계나 사회나 세계에 대한 책임이 있다. 자기 충족성과 무제한적 주권성의 근본적 형식들은 자신은 그 일부에 불과한 더 큰 지구적 과정에 의해 파괴될 수도 있는 것이다.

미국은 2001년 9.11 사건으로 국가적 폭력과 함께 엄청난 상실에 따른 공포와 불안을 겪었다. 이런 사건에 대해 국민의 반응은 슬픔을 극복하고 대안적 보복행위를 하는데 주력할 것이 아니라 이런 혐오, 애도, 불안, 공포의 감정에 머물러 그 정서적 경향을 분석하고 타자의 근본적 취약성을 숙고해야 한다. 또 삶과 죽음의 갈림길에서 삶을 삶이게 죽음을 죽음이게 하는 틀과 규범이 무엇인지를 천착해야 한다. 이것이 '악의 축'과의 무한 전쟁이 가져올 또 다른 폭력, 그에 뒤이을 연쇄 폭력의 악순환에서 벗어날 수 있는 방법이기 때문이다.

『불확실한 삶』은 이런 폭력의 악순환에서 벗어날 가능성을 타자의 윤리학에서 찾고자 한다. 특히 유대계 윤리학자이자 신학자인 임마누엘 레비나스의 철학을 빌려와 타자의 얼굴, 이방인의 얼굴을 맞이하는 주체의 태도에서 책임과 윤리의 가능성을 모색하고자 한다. 레비나스의 얼굴은 재현이 불가능한 것, 말로 정착하지 못하는 몸의 소리이자 재현의 한계를 드러내는 타자성의 형상으로 말해지며 이 얼굴은 재현의 '실패'를 통해서만 우리에게 전달된다. 주체가 폭력에 노출된 타자에게 의존함에 따라 발생하는 주체의 불확실성과 모호성은 담론 자체의 실패와 붕괴 가능성이라는 위험을 감수하는 것이다.

레비나스는 "절대적인 타자는 의식 안에서 반성되는 것이 아니다"[7]라고 지적하면서 인간의 사유 바깥에 존재하는 타인의 얼굴이 주체 자신의 책임과 윤리를 일깨울 수 있다고 말한다. 그가 추구하고자 했던 철학적 문제의식은 인간적인 가치를 최우선으로 하는 '보편 윤리'의 회복에 있으며 그 중심에는 타인을 위한 가치와 윤리가 있다. 레비나스의 타자 윤리는 '너'와 '나'의 구체적인 사회성과 유대관계 속에 보편 윤리와 가치가 존재한다는 것을 정당화하려는 것이며, 이는 디아스포라의 운명을 가진 유대인의 삶이나 구원에 대한 인간적 가능성으로서의 여성성과 연결되어 있다.[8] 이런 레비나스는 타인의 "얼굴은 당신의 사유가 받아들일 수 없는 것이다"라고 말하는데 버틀러는 이 불가능한 재현, 자신의 실패를 보여주는 재현에서 윤리성을 타진하고자 한다. 재현할 수 없는 것 그럼에도 불구하고 재현해야하는 것이 존재한다는 역설을 보유한 재현이 '윤리적 재현'이라는 것이다.

신체적 취약성과 불확실성을 인정하는 윤리로서의 보편성은 단일한 소통 모델, 단일한 이성, 단일한 주체 개념에 바탕을 둔 이론이나 실천으로는 설명될 수 없다. 통약의 보편성을 거부하는 다원주의 시대의 보편성은 주체가

---

7) Emmanuel Levinas, *Humanism de l'autre homme* (Montpellier: Fata Morgana, 1972), p.53.

8) 트리가노가 "유대인의 유대성의 유배는 여성들과 유대인들의 유배다"라고 말하면서 여성성을 타자성이나 초월성으로 표현한 것처럼, 레비나스에게도 여성성은 구원에 대한 가능성으로 제시된다. "본질적으로 침해적이면서 불침해적인 여성적인 것, 또 '영원한 여성적인 것'은 성녀나 순결의 부단한 재개이며 쾌락적 교제에서는 느낄 수 없는 것이다." E. Levinas. Totalité et Infini: Essais sur l'extériorité (La Haye: Martinus Nijhoff, 1961), p.161.

근본적으로 타자에 기대어 있고, 그 타자 또한 그러하다는 상호의존성에 기반하고 있다. 세상의 그 어떤 것도 '나'와 관련되지 않은 것이 없으므로 타자들에 대한 책임감은 연대적 운명에서 비롯된다. "타자의 얼굴은 나의 얼굴을 연장한 것처럼 타자에 대한 책임이 있"으며 "대체될 수 없는 주체의 일체성은 타자에 대한 책임감이라는 돌이킬 수 없는 소환에 놓여"있는 까닭이다.9)

이제 중요한 것은 '자기 동일성'이나 '보편성'이 아니라 그런 자기 동일성의 '실패'와 그 보편성의 '역사적 맥락'이 된다. 레비나스는 서양철학이 대체로 질적 다양성에서 수적 다양성으로, 다시 단일성으로 환원되어 왔다고 보고 '타자(L'Autrui)', 즉 타인은 결코 환원될 수 없는 사람임을 강조한다. 이렇게 다의성과 모호성을 재현하는 철학, 질문과 대화로 이루어진 소통 방식은 중립적이거나 객관적인 보편성이라는 이름의 현실 폭력을 경계하면서, 자명한 것으로 주어진 규범의 이데올로기를 드러내려는 계보학적 모색과 맞닿아 있다.

버틀러는 이런 레비나스의 윤리학을 어떻게 전략적으로 활용하여 현실의 정치적 실천문제로 연결하는 것일까? 레비나스의 타자의 철학은 폭력과 전쟁을 피할수 없는 현대에 윤리적으로 타인을 대면하는 하나의 방식이 될 수 있다고 보는 것이다. 레비나스의 윤리학은 삶의 불확실성에 대한 이해에 바탕하고 있고, 이런 불확실한 삶과 폭력의 금지를 전하는 형상은 타자의 '얼굴'로 나타난다. 나는 타자를 위해 존재하고 내가 그 의미화이기 때문에 나는 타자에 의해 즐겁기도 하고 고통받기도 한다. 살갗의 접촉은 여전히 얼굴의 근접성, 책임, 타자의 사로잡음, 타자를 위하는 자로 있음(être-l'un-pour-l'autre)이기 때문이다.10)

레비나스의 타자 윤리의 중심에는 '얼굴'이 있다. 그것은 신학적 기원에서 나온 윤리적 명령을 전달하는 얼굴이다. 레비나스는 "얼굴에 접근하는 것은

---

9) Emmanuel Levinas, *Du sacré au saint, Cinq nouvelles lectures talmudiques,* ed. de Minuit, Paris, 1977, p.133; 윤대선, 『레비나스의 타자철학:소통과 초월의 윤리를 찾아서』(서울: 문예출판사, 2004), 328면에서 재인용.

10) 엠마누엘 레비나스, 김연숙 · 박한표 역, 『존재와 다르게: 본질의 저편』, 서울: 인간사랑, 2010, 171면.

책임감의 가장 기초적 형태"이며 얼굴은 "내 앞에 있는 것이 아니라 **내 위에** 있다"고 지적한다. (강조는 필자의 것)[11] 나의 존재를 위협하는 이방인의 얼굴은 나와 동등하게 있는 것이 아니라 나에 우선한다는 것이다. 이런 얼굴을 대면하면서 주체는 타자의 존재권이 내 존재권에 우선한다는 것을, 즉 '윤리적 명령'으로 말해지는 타자의 우선성을 알게 된다. 그 얼굴은 "살인하지 마라", "타자의 삶을 위태롭게 만들지 말라"고 명령한다. 공격이라는 폭력을 통해 누르려는 공포와 불안에 대해서 윤리란 이런 공포와 불안이 살인 행위로 변하지 않게 억제하는 투쟁이다.

레비나스의 얼굴은 무엇인가? 레비나스는 『전체성과 무한』에서 '얼굴'에 대한 생각을 처음 제기하며 후기로 가면서 타자의 '얼굴'을 대면한다는 문제에 깊이 사유한다. 그 얼굴은 나에게 살인을 재촉하는 동시에 살인을 금지하는 것이고, 궁극적 기원이나 의미가 없기에 자신의 목소리가 아닌 어떤 목소리로 말하는 '윤리적 특이성(ethical peculiarities)'이자 '존재의 파열(rupture)'이다.[12] "얼굴의 현현은 일종의 윤리적 호소."[13]이며 얼굴은 강자의 힘이 아니라 상처받을 가능성이나 무저항의 힘으로 내게 다가온다. 이 얼굴은 반드시 인간의 얼굴만이 아니라 신체 일부로 나타나기도 하기 때문에 '비유어 오용'(catachresis)이기도 하다. 얼굴인 동시에 얼굴이 아닌 것으로 나타나는 타자가 보여주는 인간의 인간됨은, 그런 외질적 존재를 맞이하는 존재의 '파열'인 것이다.

버틀러는 "타자의 방어력을 상실한 불확실한 얼굴은 내게 살인의 유혹인 동시에 평화의 호소"[14]라는 얼굴의 양가성과 이중성에 주목한다. 타자를 죽이고 싶다는 욕망은 타자의 불확실성에서 비롯되는데, 상대가 누군지 모르기 때문에 그것은 나의 존재의 안위를 위협한다. 이런 타자의 불확실성이

---

11) Emmanuel Levinas and Richard Kearney, "Dialogue with Emmanuel Levinas", *Face to Face with Levinas* (AlbanyL SUNY Press, 1986), pp.23~4.

12) Emmanuel Levinas, Ethics and Infinity, tran. Richard A. Cohen (Pettsburg: Duquesne University Press, 1985), p.87.

13) 강영안, 『타인의 얼굴: 레비나스의 철학』, 서울: 문학과 지성사, 2009, 35면.

14) Emmanuel Levinas, "Peace and Proximity," *Basic Philosophical Writings*, ed. Adriaan T. Paperzak, Simon Critchley, Robert Bernasconi (Bloomington: Indiana University Press, 1996), p.167.

나에게 살인을 부추기는 동시에 살인의 금지를 명령한다면 그 얼굴은 나에게 갈등을 일으킬 것이고 그 갈등이 윤리의 한 가운데에 있는 것이다.[15] 이런 타자의 불확실성이 나에게 살인욕망과 동시에 평화요구를 발생시킨다.

신화 속의 필레몬과 바우키스는 가난하게 살면서도 가난한 이방인의 모습으로 내려온 신들을 환대했기 때문에 유피테르(제우스)와 메르쿠리우스(헤르메스)에게서 해로의 은사를 받았다. 반면 세멜레는 유노(헤라)의 계략에 넘어가 불가능한 신과의 대면을 요구했기 때문에 그 자리에서 타 죽었다. 모세를 통해 '살인하지 말라'라고 명령하는 것은 인간의 목소리로 재현되는 신의 목소리이며, 나에게 살인을 재촉하는 동시에 살인을 금하는 얼굴이다. 이 얼굴은 자신의 목소리가 아닌 목소리로 말하며, 어떤 인간의 목소리도 아닌 목소리로 말한다.[16] 따라서 얼굴은 한꺼번에 여러 다른 말을 만들며, 고통과 가해가능성을 나타내는 동시에 살인을 금지하는 신을 대표한다. "타자의 얼굴 때문에 마주한 비가시적 죽음이 마치 나의 임무인 것처럼, 타자의 죽음은 나를 그 자리에 정지시켜 내게 질문을 제기한다"[17]고 레비나스는 말한다. 타자의 얼굴을 마주한 주체는 살해 욕망과 동시에 그에 따르는 윤리적 갈등을 보인다는 것이다.

버틀러는 이 대목에서 "자신의 죽음도 두렵지만 그로 인해 살인을 해야할지도 모르기 때문에 불안"한 것이 '윤리적 불안'이라고 설명한다. 자신의 생존을 위한 공포가 있고 타자를 해칠지도 모른다는 이 불안은 충돌과 갈등을 일으킨다. 그리고 바로 이 지점에서 비폭력의 가능성이 제기된다. 레비나스의 비폭력은 평화로운 장소가 아니라 폭력을 겪을 것이라는 두려움과 폭력을 입힐 것이라는 두려움 사이의 끝임 없는 긴장에서 생긴다는 것이다.(PL, 137) 주체는 타자를 제거함으로써 내 죽음의 공포를 종식시킬수 있지만, 그로 인해 내가 살인자가 될 지도 모른다는 불안에 시달리며 그 불안에서 윤리의 가능성을 본 것이다.

---

15) Judith Butler, *Precarious Life* (London: Verso, 2004) 186. 앞으로 이 책에서의 인용은 본문중 '(PL, 면수)'로 표기하기로 한다.

16) "네가 내 얼굴은 보지 못하리니 나를 보고 살 자가 없기 때문이다."(출애굽기 33:23) "내 손을 거두리니 네가 내 등을 볼 것이요, 얼굴은 보지 못하리라."(출애굽기 23:40)

17) Emmanuel Levinas, *Alterity and Transcendence* (New York: Columbia UP, 1999), pp.24~5.

정리하면, 타자의 '얼굴'을 맞이하는 주체의 반응은 양가적이다. 타자의 취약성에 휘둘려 발생하는 살인 욕망이 첫 번째 충동이고, 그런 첫 번째 충동에 반격을 가하는 윤리적 명령이 두 번째 충동이다. 공격성에 대한 금지는 공격성의 내부 도관이 되는 정신분석학적 양심의 가책(bad conscience) 회로에서 벗어나게 한다. 공격에 대한 금지를 공격 자체의 내적 조건으로 만드는 논리가 바로 윤리가 된다. 윤리적인 것이 있기에 양심을 가책을 넘어설 수 있다면 결국 양심의 가책은 부정적 판형이긴 하나 나르시시즘의 한 형식이 된다. 그러나 타자의 얼굴은 밖에서 내게로 와 그런 나르시시즘의 회로를 차단한다. 타자의 얼굴은 나르시시즘을 넘어 뭔가 최종적인 핵심으로 인도되는데 그것이 '담론의 상황'이다.

> 타자는 내가 죽이고 싶어할 수 있는 유일한 존재이다. 나는 죽이고 싶어할 수 있다. 그러나 이 힘은 힘의 정 반대이다. 이러한 힘의 승리는 힘으로서의 자신의 패배이다. 나의 살인의 힘이 스스로를 실현하는 바로 그 순간에 타자는 나로부터 달아났던 것이다. …… 나는 그의 얼굴을 보지 못했다. 그의 얼굴을 조우하지 못했다. 전적인 부정의 유혹…… 이것이 타자의 현존이다. 타자와 얼굴을 맞대고 관계를 맺는 다는 것은 살인할 수 없다는 것이다. 이는 **담론의 상황**이기도 하다.[18] (강조는 필자의 것)

버틀러는 레비나스의 타자 대면이라는 문제에서 타자에 대한 윤리적 불안이 담론과 연결된다는 점을 강조한다. 이에 따라 "타자는 담론의 조건"(PL, 139)이 된다. 언어는 메시지 전달의 조건 바깥에서는 생존할 수 없기 때문에 타자가 삭제되면 언어도 삭제된다는 것이다. 타자의 얼굴은 아직 언어가 아니거나 고통의 발성이지만, 이 또한 담론적 맥락위에 있다는 지적이다. 살인에 대한 유혹과 금지를 일으키는 양가적 발성으로서의 타자의 얼굴을 '담론의 상황'으로 가져오려는 새로운 시도이다.

버틀러가 타자의 윤리학을 논의하면서 정신분석학의 나르시시즘을 넘어서는 이론적 근거를 레비나스의 신학적 성찰에서 가져오는 점은 흥미롭다.

---

18) Emmanuel Levinas, *Alterity and Transcendence* (New York: Columbia UP, 1999), p.9.

또한 이런 절대 타자와의 대면을 '담론의 상황'으로 해석한 부분은 독창적 통찰로 평가된다. 담론의 상황 때문에 언어는 원치 않는 방식으로 전달되고 그로 인해 우리를 볼모로 잡고 있으며, 폭력은 메시지를 전달받고 이름을 부여받고 특정한 강제에 종속되는 그 한 가운데에 존재한다. 자신이 수신자가 되는 말을 주체는 통제할 수가 없다. 따라서 메시지를 전달받는다는 것은 처음부터 의지를 박탈당한다는 뜻이고 그런 박탈은 담론 안에 위치한 우리의 상황적 토대로 존재한다. 보편적인 주체의 보편적인 반응은 불가능하다. 모든 타자를 시도하고 모든 타자에 반응함으로써 나타나는 결과는 철저한 무책임의 상황이라는 데리다의 주장처럼, 주체의 행위는 자신이 사랑하는 사람의 상실에 반응하고, 올바른 삶을 살고자 하는 욕망에서 비롯된다. 정신분석학은 초자아 상태의 윤리학이 순수한 죽음 충동의 문화가 되려한다고 주장하지만, 윤리학은 항상 어떤 삶의 충동을 정렬하고 안내해야 한다. 그러니 순수한 죽음 충동의 보편 심리를 논의하는 정신분석학은 레비나스에게 '포르노의 한 형식'(PL, 140)으로 인식되는 것이다.

버틀러는 오늘날의 맥락에서 레비나스를 고려할 이유를 두 가지로 든다. 하나는 레비나스가 재현과 인간화의 관계에 대해 사유할 방법을 제시하기 때문이고, 다른 하나는 유대철학의 전통 안에서 유대인의 비폭력의 윤리를 통해 폭력과 윤리와의 관계를 설명하기 때문이다.

우선 재현의 관점에서 보자면, 얼굴에는 재현 가능한 얼굴과 재현 불가능한 얼굴이 있다. 그런데 재현된 얼굴은 폭력을 발생시키는 방식이 될 수 있다. 오사마 빈 라덴의 얼굴, 야세르 아라파트의 얼굴은 각각 테러 자체의 얼굴이자 기만의 얼굴, 폭군의 얼굴로 작동하면서 폭력의 조건이 된다.(PL, 140) 이슬람 여성이 미군 진입에 대한 감사의 표시로 부르카를 벗고 환호하는 얼굴을 드러냈을 때도 유사한 문제는 제기된다.(PL, 142) 그 얼굴을 찍은 「뉴욕 타임즈」지의 카메라는 성공적으로 진출한 미국의 문화적 진보의 상징을 만들고, 그 순간 그 얼굴은 미국의 승리를 전하는 방식으로 전유된다. 그건 레비나스가 말하는 얼굴이 아니다. 그 얼굴에는 고통도 상실도 없으므로 슬픔이나 고통도, 삶의 불확실성에 대한 어떤 느낌도 전할 수 없기 때문이다. 중요한 것은 이 이미지들이 가리고 탈실재화한 것이 어떤 고통과 애도의 장면인지를 성찰하는 일이다.

인간적인 것은 얼굴에 의해 재현되지 않는다. 재현이 인간적인 것을 전달하기 위해서는 자신의 실패를 보여주어야 하기 때문이다. 레비나스의 얼굴은 어떤 얼굴도 완전히 소진할 수 없는 얼굴, 인간의 고통, 그 고통의 울부짖음이며, 어떤 직접적인 재현으로도 얻을 수 없는 것이다.얼굴은 소리가 아니라는 의미에서 역설적으로 소리를 전할 수 있다. 또 자신이 재현하는 것이 무엇이건 그것과 얼굴의 통약불가능성(incommensurability)을 강조하기 때문에 자신이 가리키는 것을 포착하지 못하고 의미전달에 실패한다. 그런 의미에서 얼굴은 어떤 것도 재현하지 않으며 그것이 진정한 레비나스의 얼굴이다.

두 번째로 이런 재현 불가능한 얼굴은 폭력과 윤리와 관계를 설명할 수 있다. 보이는 것의 틀 안에 폭력이 존재하고, 이런 재현 가능성에서 오는 폭력의 메카니즘이 특정한 삶과 죽음을 재현할 수 없는 것으로 만든다. 배제의 방식으로 특정한 삶과 죽음을 재현에서 제외시키거나, 다른 재현을 통해서 아예 삭제하는 것이다. 이제 상실에 대한 윤리적 반응은 우울보다는 애도이고 슬픔을 극복하기보다는 슬픔에 머물러 애도를 지속하는 것이다. 그러나 9.11 이후 미국이 취한 국가적 반응은 우울이었고 이는 '부인된 애도(disavowed mourning)'[19]로서 특정한 사람의 이름, 이미지, 서사를 공적 재현에서 삭제한 결과 발생했다. 9.11 당시 미국 희생자는 3천여명은 하나하나 호명되어 부고란에서 애도되었으나 아프간 전의 수만명 민간인 희생자나 이라크전의 28만 희생자는 이름조차 알려지지 않았다. 애도할 만한 삶과 애도할 만하지 않은 삶을 구분하고 결정하는 애도의 차별적 할당이 살 만한 삶과 애도할 만한 죽음에 대한 규범적 인간의 배타적 관행을 생산하고 유지하는 작용을 하는 것이다.

부시 대통령은 9.11 사건에 대해 열흘간의 애도 이후 '애도의 종식'을 요청했다. 그러나 타인에 대한 겸손, 나약, 감성, 의존을 체험하게 만드는 고통

19) 프로이트는 애정의 대상을 상실했을 때 주체의 반응을 두 가지로 설명했는데 그 중 우울증은 대상을 주체의 에고에 합체해 사랑했던 만큼 합체된 대상을 박해하는 방식으로 상실을 해소한다.

과 애도의 감성은 끊임없는 전쟁 정당화의 편집증적 요구에 반대하면서 자신 내부의 잔인한 충동, 압도적 공포의 공격성과 싸우려는 윤리적 소명을 발생시킬 수 있다. 또 애도는 삶의 불확실성에 대한 이해를 통해 반전의 메시지를 전달하고 고통스럽게 울부짖는 타자의 얼굴이 주는 명령을 수행할 수 있다. 그런 얼굴을 통해 비인간적이고, 이미 죽은, 불확실성이 아닌 얼굴을 외면할 수 있다. 이제 슬픔을 빨리 극복하는 것이 아니라 슬픔과 함께 머물며 존재의 '본질적인 취약성'과 타인에 대한 '근본적 의존성'을 깨닫는 것이 중요하다.

슬픔의 능력, 애도의 능력은 정치적 목적을 위한 것이 아니라, 폭력에 대항하는데 필요한 삶의 감수성을 발전시킨다. 폭력은 더 많은 상실을 낳고, 그 결과 불확실한 삶의 요청을 배려하지 못한 건조한 슬픔으로 인해 영원히 지속될 정치적 분노만 양산한다. 윤리적 소명의 가능성은 슬픔과 함께 머물러 타인에 의존하는 주체의 근본적인 의존성과 삶의 불확실성을 깨닫는 일에서 생겨난다. '슬퍼할 능력'이 바로 주체와 타자의 분리 불가능성을 깨닫고, 나의 존재를 위협할 타자의 얼굴을 '환대하라'는 윤리적 명령의 출발점이 되는 것이다. '얼굴의 형태가 마모될 때(the face is defaced)' 주체와 타자간 이자(dyadic) 관계의 윤리적 틀이 시작된다. 그 때서야 '나 아님(Not being me)'이 '나의 동일성(identification)'의 조건임을 알게 된다.

애도의 감성에서 '타자의 얼굴'을 환대하라는 윤리적 명령을 이끌어내는 것이 버틀러의 첫 번째 문제의식이라면, 두 번째 문제는 살 수 있는 삶, 삶이 가능한 삶, 그런 사람을 가능케 하는 '주권'이란 무엇인가라는 질문과 관련된다. 폭력, 취약성, 애도를 타자의 얼굴이라는 문제로 논의하는 것은 실은 더 일반적 개념인 인간, 즉 개체화 이전의 존재 방식으로서의 인간이라는 개념과 관련되어 있다. 이라크와의 전쟁 선언에 반대하는 유대인 레즈비언 버틀러는 이런 인간됨과 어떤 관계 속에 있는가?

인간은 인간으로 태어났기 때문에 인간인 것이 아니다. 인간을 인간이게 하는 것은 인간답게 살 권리, 즉 국가와 법이 보장하는 인간의 권리이자 인간이 인간일 수 있게 하는 권리이다. 이는 자신이 속한 국가의 헌법의 보호를 받는 국민이 누리는 시민권이고, 보편 인간이 누리는 '인권'이다. 그러나 인간이면 누구나 누려야하는 이 보편권은 역설적이게도 누구에게나 다 적용되는 것이 아니다. 쿠바의 관타나모 기지에는 미국 공무원의 통제 하에 제네바 협정의 인권도 보장받지 못하고 무기한 구금된 수감자들이 있으며, 미국에는 미국 시민이 아니어서 늘 이민국의 본국 송환 위협하에 급여 지급조차 불안한 일용직 노동자 신분의 불법 체류자들이 있다.

우선 미국 내부의 주권에 문제를 살펴보면, 이스라엘 정책에 반대하는 유대인에 대한 함구 위협과 미국 내 불법 이민자들이 겪는 '삶의 가능성'의 위기와 위협이 문제로 제기된다. 우파 이스라엘 정책에 반대하는 좌파 유대인 지식인으로서의 버틀러는 미국 내 불법 이민자들의 삶의 가능성이나 미국 외 무법지대가 된 관타나모 수용소 수감자들의 생존 가능성은 모두 다른 복잡한 정치적 맥락에 있기 때문에, 모든 주권은 자신의 예외상태를 기반으로 한다는 일반론을 피해야 한다는 입장이다.

버틀러는 자신은 유대인이지만 그 사실이 이스라엘 정책을 전폭 옹호해야한다는 근거가 될 수는 없다고 주장한다. 유대인성은 '이스라엘 내부의 다양한 가치를 지닌 문화적이고 종교적인 실체(multivalent cultural and religious reality in Israel)'[20]로 인식된다. 하바드 대 총장 로렌스 서머스(Laurence Summers)는 이스라엘을 비판하는 것은 결과적으로 반유대주의에 가담하는 행위라고 논평했다. 이는 그가 민족으로서의 유대인과 국가로서의 이스라엘을 구분하고 있지 못한다는 의미이다. 그 결과 현 이스라엘 정권에 대한 진보적 유대인의 저항의 노력을 공식적으로 부인하고, 진보적 지식인에게 침묵의 재갈을 물리게 되었다. 사우디의 왕자 빈 탈랄이 당시의 뉴욕 시장 줄리아니에게 9.11 사건의 희생자들을 돕기 위한 성금으로 천만 달러를 전달하고자 했을 때 거절당한 것도 미국과 아랍을 적대적 대립축으로 보는 성급한 일반화에서 비롯된다.[21]

---

20) 아디 오피르는 "포스트 시온주의자가 보기에는 국적이 시민을 결정하는 것도, 시민이 국적을 결정하는 것도 아니다"라고 주장한다. Adi Ophir, "The Identity of the Victim and the Victims of Identity: A Critique of Zionist Ideology for a Post-Zionist Age", *Mapping Jewish Identites* (New York: New York UP, 2000), p.186.

21) 당시 빌 탈랄은 성금을 제안하면서 "좀 더 균형 있는 입장을 취하기를 바란다(Take a more balanced stand)"고 말했고, 줄리아니는 이 말에 발끈한 것으로 알려져 있다.

이스라엘이 평화나 폭력에 반대하는 정책을 추진한다면 유대계 미국인일지라도 전쟁이나 폭력에 반대한다는 반 이스라엘 성명을 낼 수 있고, 아랍계 이슬람교도도 자신과 다른 종교를 믿는 타인을 애도하고 그들의 재건을 바라는 선의의 기부 행위를 할 수 있다. 이스라엘인은 유대인과 같기 때문에 언제나 같은 노선을 취해야 하고, 미국의 기독교는 아랍의 이슬람교와 달라서 둘은 언제나 근본적으로 대립적이고 적대적이라는 식의 논리는 자기동일적이고 폭력적 이분법을 발생시킬 수 있다.

버틀러는 미국에서 이스라엘 정책에 반대하는 유대인으로서 살아간다는 것의 고충을 토로하면서 반 이스라엘주의와 반 유대주의를 완전히 동일시하는 것이 진보적 지식인에게 얼마나 고통과 혐오의 낙인이 되는지를 호소한다. 이들은 반역자, 테러리스트 동조, 반유대주의, 도덕적 상대주의, 포스트모더니즘, 유아적 행동, 무정부주의 좌파라는 이름으로 모욕당하고 비난당하며 신뢰를 상실한다. 이스라엘 정책이나 시온주의(Zionism) 독트린, 그리고 현 미국 정책에 반대하는 사람은 비판적 발화에 침묵하거나, 아니면 그 입장 선언이 초래할 반유대주의라는 오명을 감수해야 한다. 이스라엘이라는 국가와 유대민이라는 민족의 등치는 '살아낼 수 없고, 받아들일 수 없는 동일시(uninhabitable and unacceptable identification)'에서 오는 오류이자 폭력이다.

이스라엘의 팔레스타인 점령에 반대하는 디아스포라적인 과잉을 살고 있는 철학자 버틀러의 입장은 기본적으로 비폭력 평화주의이다. 버틀러는 우선 이스라엘과 팔레스타인 양측이 모두 폭력을 중지해야 한다고 주장한다. 또한 무엇보다 이스라엘과 팔레스타인의 정치적 구조에 대한 공적인 합법적 논쟁을 위한 공간을 개방하는 것이 필요하다고 역설한다. 이스라엘 민족내 불일치를 반 유대주의라는 오명으로 진압하는 것은 부당하며, 기존의 반유대주의에 대항하는 능동적 투쟁을 구분해야 한다. 또 구체적 맥락과 역사적 상황에서 '반유대주의'라는 비난의 의미나 중요성을 담론적으로 파악해야 한다고 주장한다.

공적 영역은 이처럼 말해질 수 없는 것, 보이지 않는 것으로 구성되어 있다는 점에서 사적 영역의 요소를 안고 있다. 반이스라엘 정책은 반유대주의라는 오명으로 진보적 지식인의 비판적 반응에 재갈을 물리지만 사실 말해질 수 있는 것의 경계, 보여질 수 있는 것의 경계는 정치적 발화가 작동하고 특수한 주체가 생존가능한 행위자로 등장하는 기준영역을 구성한다. 이스라엘에 대한 비판적 발화가 반 유대주의와 동일시될 수는 없다. 오히려 이 시점에서 필요한 것은 이런 오명과 실제 테러를 할당하는 폭력 구조에 대한 비판적 성찰이다.

두 번째로 미국 외부의 상황을 보면, 2004년 당시 초국적 억류지인 쿠바 내 미군기지의 관타나모 수용소 캠프 델타에는 기한 없이 무기한 억류된 680여명의 피수용자, 혹은 죄수들이 있었다. 이들은 국제법의 보호를 받는 '주체'로 간주되지 않으며 정식 재판이나 변호사, 소환장의 권리를 부여받지 못했다. 군사 재판소는 보편인권에 보장된 법의 위반을 의미하며, 한 인간의 생사판정이 대통령 개인의 특권에 좌우되는 헌법의 위반사례를 표상한다. 관타나모 수용소의 피수용자 구금을 결정하는 것은 미국 공무원들이다. 공무원은 이들 개개인이 미국의 안전을 위협하는 인물인지를 불확실한 근거에 토대하여 결정한다. 헌법 상위의 애국법(Patriot Act)과 임시지침 외에는 법적 지침의 구속을 받지 않는 공무원들은 주권적 권력을 축적해 그것을 자신의 것으로 만든다.

'통치성'은 국민의 관리에 집중하면서 국가와 비국가의 제도와 담론을 통해 작동한다. 지금의 관타나모라는 전쟁감옥은 법의 초법적 위상을 드러내며 이곳의 통치성은 미국 공무원들의 초법적인 주권적 권력을 산출한다. 따라서 삼권분리라는 헌법의 기초는 무기한 중지되고 국가는 법을 중지시키고 법을 조작할 수 있는 무기한 권력을 획득하며, 이곳 수감자는 제네바 협정이라는 국제법의 보호 외부에 있기 때문에 죄수이지만 죄수가 아니다. 법적인 의미에서나 규범적인 의미에서도 주체가 아닌 수감자들, 무기한 구금에 의해 초래된 탈 인간화는 누가 인간이고 누가 인간이 아닌지를 결정하는데 인종의 틀이 사용되었음을 보여준다.

버틀러는 '주권성(sovereignty)'과 '통치성(governmentality)'을 구분한 미셸 푸코의 논의를 새롭게 해석한다. 원래 푸코에게 전자는 합법적 명령이 중지되고 군사법이 작동하게 될 때의 무법적 권력을 지칭하는 반면, 후자는 권력의 확산적이고 다가적인 작동을 분석하기 위한 모델로 설명된다. 주권성은 국민을 대상으로 한 특수한 통치 장치와 지식 복합체를 모두 수반하여 국가 자체의 통치기능과 정의를 지향하는 포괄적 기능인 반면, 통치성은 인간의 에너지와 욕구, 능력, 욕망을 모아 질서를 잡고 방향을 정하고 관리하고 이용하는 일련의 행정기능으로서 보다 전략적인 성격이 많다. 통치성은 주권성의 비활성화(devitalzation)을 작동시킬 수 있다는 점에서 푸코는 이 두 개념을 역사적 선후관계에 있는 대립적 개념으로 보았지만, 통치성이 주권성에 일정 부분 의존하고 있기 때문에 둘의 분리는 간단하지 않다. 버틀러는 공적 영역과 사적 영역을 구분한 아렌트를 비판하는 것과 유사한 방식으로, 주권성과 통치성은 서로의 경계를 침범하고 공유하기 때문에 둘 간의 분명한 구분이 불가능하다는 입장을 견지한다.

주권은 주권의 중지를, 법은 초법적 위상을 자기 안에 내재적으로 안고 있는 이중적 개념이라고 설명했던 아감벤(Giorgio Agamben)은 주권성이 통치권에 선행하지 않는다고 보았으며, 웬디 브라운도 통치성과 주권성은 시간상 연속되는 역사적이고 구체적인 현상인 아니라 그것을 개념화하는 권력의 여러 양태인데, 푸코가 국가 권력이 법의 지배 밖에서 작동한다는 것을 보여주기 위해 전술적으로 통치성과 주권성을 지나치게 구분했다는데 동의한다.[22) 특히 아감벤은 법의 지배가 중지될 때, 법의 예외상태를 구성하는 것은 무엇이고 또 구성하지 않는 것은 무엇인지를 결정할 때 주권성이 드러난다는 점에 주목한다. 그는 칼 슈미트(Carl Schmitt)를 인용하여 적법성의 주권적 통제에서 법적 지배에 대한 예외로서의 자격을 갖는 것이 무엇인지를 결정하는 것이 '주권적 결정'이라고 주장한다. 아감벤에게 "법은 자신의 법을 창조하는데 법이 필요 없다는 점을 입증하며…… 주권적 예외의 쟁점은 과잉된 통제나 중립화이기보다는 사법적-정치적 질서가 타당성을 가질 수 있는 공간의 창조이자 그 공간에 대한 정의이다."[23)]

22) Wendy Brown, "The Governmentality of Tolerance", *Regulating Aversion: A Critique of Tolerance in the Age of Identity and Empire* (Prinston: Prinston UP, 2006) 참고.

23) Giorgio Agamben, *Homo Sacer: Sovereign Power and Bare Life,* trans. Daniel Heller-Roazen (Stanford: Stanfod UP, 1998), p.19.

아감벤은 법의 지배가 중지될 때, 그런 법의 예외상태를 구성하는 것과 구성하지 않는 것의 구분을 통해 주권성이 드러난다고 주장한다. 이제 주권적 권력에서 법의 예외적 상태가 오는 것이 아니라, 법의 예외적 상태가 주권적 권력을 입증하는 역전관계가 형성된다. 예외로 배제된 것은 '지배의 중지'라는 형태로 '지배와 관계'하면서 존재한다는 역설이 발생하는 것이다. 즉 국가는 법의 지배의 예외상태를 명시하면서 법의 초법적 위상을 드러내고 국가권력은 법의 실행에 완전히 포섭되지 않는 주권적의 위상을 발현한다. 정치의 근본 범주는 주권/벌거벗은 생명의 관계이며, 서양 정치의 근본적인 범주는 동지/적이 아니라, 벌거벗은 생명/정치적 존재, 조에/비오스, 배제/포함의 범주쌍이라는 것이다. 따라서 포함적 배제관계, 조에의 비오스가 정치적 존재의 벌거벗은 생명 양상이 되며 그것이 현대의 '호모 사케르'라는 주장이다.

문제는 주권적 권력이 법의 지배를 중지시키는 것이 아니라, 그런 중지의 행위를 통해서 법의 지배가 "바로 그런 법 자신의 행위와 효과로서의 주권성"을 생산한다는 점이다.(PL, 67~8) 다시 말해 법이 행위를 만들고 주권성이 통치성을 만드는 것이 아니라, 행위에서 법이 만들어지고 통치성에서 주권성이 발현된다는 인과론의 전환이다. 이 부분에서 아감벤의 주권론에 대한 버틀러의 비판이 제기된다. 아감벤은 '벌거벗은 삶(bare life)'이 법의 지배를 구성하는 조건이며, 그것이 중지된 삶, 중지된 죽음이라고 인식했다. 시민권을 박탈당한 주체는 살아도 살지 못하고 죽어도 죽지 못하는, 살지도 죽지도 못한 삶을 살면서 법의 지배를 구성하는 조건 밖의 지대로 들어간다고 본 것이다. 중지된 삶과 중지된 죽음이라는 사회적 조건은 '벌거벗은 삶'과 '정치적 존재의 삶(bios politikon)'과 구분되는데, 후자의 존재는 정체적 공동체의 맥락 안에서만 확립된다. 아감벤은 우리 모두는 벌거벗은 삶의 조건에 노출되어 있다고 주장하면서 '벌거벗은 삶'을 우리가 살아가는 현실적 정치 배열이 모두 와해될 때 나타나는 우연성으로 제시한다.24)

24) 아감벤은 조에(zoe)와 비오스(bios)를 구분하면서 과거에 조에는 hems 생명체에 공통된 것으로 살아있음이라는 단순한 사실인 반면, 비오스는 개인이나 집단에 특유한 삶의 형태나 방식이었다고 설명한다. Giorgio Agamben, *Homo Sacer: Sovereign Power and Bare Life,* trans.

그러나 버틀러는 그런 일반적인 주장으로는 어떻게 권력이 차별적 작용을 통해 특정 국민을 관리하는지, 또 어째서 평범하게 인지되는 법이 하나로 묶은 공동체 소속자의 인간됨을 탈실재화시키는지를 설명하지 못한다고 비판한다.(PL, 68) 즉 주권적 권력의 실행은 공식적 발화행위나 법의 초법적 위상과 밀접한 관계가 있고, 주권적 권력이 다의성을 산출하면 할수록, 정의로워 보이는 주권적 권력의 힘은 더 효과적으로 증대된다는 것이다.

버틀러에게 이런 법을 중지시키는 행위가 바로 주권성을 작동시키는 '수행적 행위'이고, 이 수행적 행위는 통치권의 장 안에서 '유령' 같은 주권성을 소생시키는 행위이다. 즉 국가의 국가법 철회는 법이 아닌 법, 법정이 아닌 법정, 소송절차가 아닌 소송절차를 '생산한다'. 이런 무법적 권력의 무기한 확장이 바로 관타나모 수용소의 무기한 포로 구금이며 우리는 보편적 법의 역설적인 초법적 위상을 논할 것이 아니라, 이런 맥락 위에서 중지된 권리, 개인이 살아가는 그런 조건을 인식하고 그것에 항의해야 한다.

4. 나가며

『젠더 트러블』에서 젠더는 자유롭게 떠도는 인공물이자 담론과 맥락의 수행적 구성물로 설명되고 이 책은 일관된 범주적 주체가 없는 페미니즘과 퀴어 이론의 텍스트적 토대가 되지만 『불확실한 삶』에서 삶의 가능성은 민족과 국가라는 구체적인 현실 맥락위에서 설명된다. 미국 내의 이스라엘 정책에 반대하는 유대인, 미국 외부의 관타나모 수용소에 수감된 불법 구금 포로들을 중심으로 이론을 벗어난 현장, 텍스트를 넘어선 실제 현장에서 인종적, 민족적 이중성과 복합적 역사적 맥락을 보여주는 실제 상황이 된다.

레비나스의 윤리학은 나에게 위협적인 타인의 얼굴을 환대하라는 윤리적 소명을 통해 자신의 내부에 있는 외부를 생각하고 그 불확실한 삶과 불확실한 정체성의 윤리가 가져올 비폭력과 평화의 가능성을 타진한다. 공적인 영

Daniel Heller-Roazen (Stanford: Stanfod UP, 1998), p.1.

역은 사실 보이지 않는 것으로 구성되고, 외양의 영역에서의 규제는 실재로서 포함될 수 없는 것을 포함하기 때문이다. 이는 또한 삶이 삶으로 표식되고 죽음이 죽음에 포함되는 기준을 정하는 방식이기도 하다. 중요한 것은 전쟁 결과에 대해 비판적으로, 또 공적으로 사유할 수 있는 능력이며 살 수 있는 삶과 죽을 수 있는 죽음을 정하는 배타적 관행에 대한 계보학적 인식이자 인과론을 뒤집는 사고이다.

버틀러의 인종과 젠더, 섹슈얼리티에 대한 계보학은 타자, 주권, 민족이라는 정치적 관점으로 수렴되었다. 타자는 주체의 본질적인 취약성과 불확실성을 말하며, 주권성은 보편 상황의 양가성이 아닌 특수한 역사적 맥락의 정치 상황을 전한다. 그리고 민족은 개인의 심리와 국가 장치라는 이중적 맥락에서 자신안에 자신의 외부성을 안고 있다.

규범적 개념들은 배타적 관행을 통해 법적, 정치적 위상을 중지당한 일단의 '살수 없는 삶'을 만들어낸다. 오늘날의 국가적 주권성은 타자에 대한 주체의 의존성과 사회성이 연결된 감수성(impressionability)을 통해 기존 논의의 위반가능성(violability)에 도달할 수 있다. 생존 가능한 발화 주체(viable speaking being)는 인간으로서의 삶/ 삶 아닌 것의 기준을 문제시하고 인간의 가능성이 위험에 처했다는 문제를 제기하는 것이다.

결국 슬픔의 능력, 애도의 능력은 정치적 목적을 위한 것이 아니라, 폭력에 대항하는데 필요한 삶의 감수성을 발전시킨다. 폭력은 더 많은 상실을 낳고, 그 결과 불확실한 삶의 요청을 배려하지 못한 정치적 분노만을 생산할 수 있다. 윤리적 소명의 가능성은 슬픔을 빨리 극복하는 것이 아니라, 슬픔과 함께 머물러 나의 존재가 근본적으로 타인에게 의존하고 있음을, 그래서 삶의 불확실성, 존재의 불확실성을 인식할 때 시작된다. 그런 의미에서 젠더를 초월해서 나와 너의 소통성과 관계성에 근간한 탈정체성(dis-identificaiton)은 일상의 현실 층위에서 정체성의 실천적 행위가 될 수 있다. 그리고 그것이 젠더 계보학에서 정치 윤리학으로 선회한 버틀러의 확장된 타자 논의가 가지는 의의일 것이다.

참고문헌

Abu-Lughod, Lila. "Do Muslim Women Really Need Saving? Anthropological Reflection on Cultural Relativism and Others." *American Anthropologist* 104.3: 783～90.

Agamben, Giorgio. *Homo Sacer: Sovereign Power and Bare Life*. Trans. Daniel Heller-Roazen. Stanford: Stanfod UP, 1998.

Brown, Wendy. "The Govenmentality of Tolerance." *Regulating Aversion: A Critique of Tolerance in the Age of Identity and Empire*. Princeton: Princeton UP, 2006.

Butler, Judith *Gender Trouble: Feminism and the Subversion of identity*. New York: Routledge 1990(주디스 버틀러, 조현준 역, 『젠더 트러블』, 서울: 문학동네, 2008).

Butler, Judith. *Precarious Life*. London: Verso, 2004(주디스 버틀러, 양효실 역, 『불확실한 삶』, 부산: 경성대출판부, 2008).

Butler, Judith. and Gayatri Chakravorty Spivak, *Who Sings the Nation-State?: Language, Politics, Belonging*. Oxford: Seagull Books, 2007(주디스 버틀러, 주해연 역, 『누가 민족 국가를 노래하는가?』, 서울: 산책자, 2008).

Butler, Judith. *Bodies That Matter*. Routedge: New York, 1990.

Butler, Judith. *Giving an Account of Oneself*. New York: Fordham UP, 2005.

Butler, Judith. *Undoing Gender*. New York: Routledge, 2004(주디스 버틀러, 조현준 역, 『젠더 허물기』, 서울: 문학과 지성사(근간)).

Freud, Sigmund. "Some Neurotic Mechanisms in Jealousy, Paranoia, and Homosexuality." *SE* vol. 18, 1922.

Levinas, Emmanuel and Richard Kearney, "Dialogue with Emmanuel Levinas," *Face to Face with Levinas*. Albany: SUNY Press, 1986.

Levinas, Emmanuel. "Peace and Proximity." *Basic Philosophical Writings*, Ed. Adriaan T. Paperzak, Simon Critchley, Robert Bernasconi. Bloomington: Indiana University Press, 1996.

Levinas, Emmanuel. *Alterity and Transcendence*. New York: Columbia UP, 1999.

Levinas, Emmanuel. *Ethics and Infinity*, Trans. Richard A. Cohen. Pettsburg: Duquesne University Press, 1985.

Levinas. Emmanuel. *Totality and Infinity: An Essay on Exteriority*. Trans. Alphonso Lingis. Pittisburg: Duquesne University Press, 1969.

Linnell, Sheridan. "Found/Wanting and Becoming/Undone: A Response to Eva Bendix Petersen." *Judith Butler in Conversation: Analyzing the Texts and Talk of Everyday Life*. Ed. Bronwyn Davis. New York: Routledge, 2008.

Lloyd, Moya. *Judith Butler*. Cambridge: Polity Press, 2008.

Ophir, Adi. "The Identity of the Victim and the Victims of Identity: A Critique of Zionist Ideology for a Post-Zionist Age." *Mapping Jewish Identities*. New York: New York UP, 2000.

Thiem, Annika. *Unbecoming Subjects: Judith Butler, Moral Philosophy, and Critical Responsibility*. New York: Fordham UP, 2008.

강영안, 『타인의 얼굴: 레비나스의 철학』, 서울: 문학과 지성사, 2009.

레비나스, 엠마누엘, 김연숙 · 박한표 역, 『존재와 다르게: 본질의 저편』, 서울: 인간 사랑, 2010.

윤대선, 『레비나스의 타자 철학: 소통과 초월의 윤리를 찾아서』, 서울: 문예출판사, 2004.

과도기 지식인의 윤리적 주체 되기와 여성 타자

-『삼대』와『죄와 벌』을 중심으로-

박 성 애*

1. 서론: 『삼대』와 『죄와 벌』이 놓인 지점

과도기는 "어떤 단계에서 다른 단계로 옮아가는 시기", 그리고 "사회의 사상이나 제도 질서 등이 확립되지 않고 인심(人心)이 안정되지 못한 시기"[1]를 일컫는 말이다. 이렇게 볼 때 과도기를 살아간다는 것은 구시대의 것(과거와 현재의 어떠한 상태)에서 벗어나 새로운 것(새로운 상태)에 적응해야한다는 의미이다. 그러나 급격한 변화가 가능한 물질적 세계와 달리 정신적 세계는 변화의 속도가 빠르지 못하기에 현실과 각자가 살아온 시간에서 얻어진 생각과 사상이 다르게 존재하게 된다. 물질적 세계와 그 속을 살아가는 사람들의 인식이 합치되는 것을 완성된 가치관의 세계라고 본다면 과도기란 정신적인 세계와 현실의 세계 사이의 괴리감이 사람에 따라 다른 행동양식으로 나타나는 시기라고 할 수 있다.

이런 의미에서 개화기부터 일제강점기 말까지는 근대와 봉건 사회가 부딪히며, 근대적 가치관으로 전환되어가던 과도기라고 볼 수 있다. 근대 이전, 일부 사람들에 의해 경험되었던 서구 문명은 대원군의 쇄국정책에 의해 오히려 철저히 봉쇄되었다. 이후 개항과 함께 들어온 새로운 문명은 자연스럽

* 서울시립대학교 국어국문학과 대학원 박사과정

1) 동아국어사전편찬회, 『새국어사전』, 동아출판사, 1988, 207면.

게 접할 기회를 차단당하였던 때문에 오히려 더욱 당혹스럽고 이질적인, 그러나 무척 매혹적인 것이었다. 근대문명은 몇 십 년 만에 거의 모든 생활 방식을 바꾸었을 뿐 아니라 역사 이래 한 번도 폐지된 적이 없던 신분제를 없앴고, 새로운 사상과 제도를 쏟아냈다.

현재의 우리가 과도기라는 터널을 현재로 하여 살았던 사람들이 느꼈을 혼란과 두려움, 혹은 희망을 상상하기는 어렵지만, 당시에 쓰인 소설을 찾아보는 것은 그들을 이해하는 좋은 방법이 될 수 있다. 작품 속에 드러나는 인물군의 사고나 생활 방식을 들여다보면 그들의 모습 속에서 과도기를 살아가는 몇 가지 자세 혹은 가치관의 변화에 대응하는 방법들을 찾아 볼 수 있기 때문이다.

이 글에서는 『삼대』[2]와 『죄와 벌』[3]을 주 텍스트로 정하고 두 작품이 놓인 시공간의 특징을 살펴보고자 한다. 일제하의 시공간을 치밀하게 포착해 그려낸 염상섭의 여러 작품 중에서도 『삼대』는 당시 각 계층의 사고와 생활 방식을 잘 보여주는 작품이다. 이뿐 아니라, 1930년대 초반이라는 근대 문명의 정점에서 씌어진 작품이기에 과도기를 살아가는 다양한 인물들의 모습을 살펴보기에 좋은 표본이 된다.

주지하듯이 우리 근대 작가들에게 러시아 문학의 영향은 무척 큰 것이었다. 그 중에서도 톨스토이와 도스토예프스키의 작품들은 거의 모든 작가들에게 애독되었으며, 염상섭에게도 예외는 아니었다. 그 중 『죄와 벌』은 도스토예프스키가 1866년 잡지에 연재한 소설이다. 이 시기는 러시아가 근대로 발전하는 과도기였다고 볼 수 있다. 러시아는 다른 서구 열강에 비해 근대화가 늦게 시작되었다. 광활한 영토를 통치하기 위해 강력한 군주가 필요했던 만큼 다른 유럽의 국가들과는 달리 황제는 강력한 통치력을 가지고 있었으므로 시민계급의 성장이 늦어질 수밖에 없었다. 나폴레옹에 의해 전 유럽으로 확산된 자유주의 사상의 러시아 유입을 경계했던 러시아 황제(니콜라이 1세)는 우리나라의 쇄국정책과 흡사한 정책들을 실시한다. 그러나 근대의 물결은 막을 수 없는 절대적인 흐름이었으며, 결국 러시아는 그 다음 황제

---

2) 염상섭, 『삼대』, 소담출판사, 2003. (이후 작품 인용 시 제목과 페이지만 표시한다.)
3) 도스토예프스키, 이동호 역, 『죄와 벌』 上·下, 육문사, 1999.

대에 이르러 서구의 문물을 비판적으로 받아들이며 개혁을 시작한다.[4] 근대를 향해 문이 열렸을 때 러시아인들이 느껴야 했을 당혹감과 매력은 아마도 조선인들의 그것과 흡사했을 것이다.

1861년 러시아는 유럽의 나라들 중에서 가장 오랫동안 유지했던 농노제를 폐지한다. 이에 농노였던 사람들은 노동자가 되어 도시로, 특히 당시 러시아의 수도였던 페테르스부르크로 몰려들었다. 그러나 급격한 노동력의 증가로 일자리는 부족해졌고, 러시아는 극심한 경제공황에 시달리게 되었다. 이는 단순히 경제적인 문제만을 야기한 것이 아니었는데, 당시 농노제라는 오랜 관습에 익숙해있던 사람들은 현실과 의식의 합일을 이루기 힘들었다. 그러나 한 편에서는 자유와 평등을 외치는 사람들에 의해 사회변혁이 끊임없이 시도되고 있었다.[5] 농노가 해방되기 얼마 전, 도스토예프스키는 니콜라이 1세의 정책과 다르게 농노해방 등을 주장하는 급진적 모임에 참석하였다는 이유로 시베리아에서 유형생활을 했다. 『죄와 벌』이 이 시기에 착상되었다는 사실만으로도 그 의미를 짐작할 수 있을 것이다. 도스토예프스키의 행적과 유사하게 염상섭도 일본 유학 시절, 독립운동을 했다는 이유로 검거되는 어려움을 겪기도 한다.

이처럼 역사적 맥락이나 작가의 성향을 살펴볼 때 『죄와 벌』과 『삼대』는 무척 닮아있음을 알 수 있다. 또한 『삼대』와 『죄와 벌』은 작품 내적인 부분에서도 흡사한 면이 많다. 주인공의 의식을 따라가며 인간 내부에 숨겨진 심리를 파헤치고 있는 『죄와 벌』. 식민지 조선 청년의 고민을 사실적으로 탐구하는 『삼대』. 두 작품을 읽다보면 당시를 살아가는 지식인들의 고뇌와 희망 등을 깊은 부분까지도 알 수 있다.

이 글에서는 신분제라는 봉건적 제도의 붕괴를 이해하고 수용하는 인물들의 자세가 세대에 따라 어떠한 차이를 드러내는지와 이 변화에 대응하는 세대별 행동 양식을 살펴, 희망적으로 제시된 인물의 특징을 고찰하고자 한다. 또한 작가에 의해 희망적으로 제시된 인물이 윤리적 주체로 서게 되는 과정을 검토함으로써 여성인물의 역할에 대해 탐구할 것이다.

4) 김경묵, 『이야기 러시아사』, 청아, 2006, 212~236면 참고.
5) 한스 콘, 김동심 역, 『근대 러시아 그 갈등의 역사』, 심설당, 1981, 50~58면 참고.

2. 변화에 적응하지 못하는 세대의 종말과 향유의 대상으로서의 여성

『삼대』는 한 집안의 '삼대(三代)'를 통해 각 세대의 가치관과 의식의 변화를 보여주는 작품이다. 봉건적 세계관을 가진 할아버지 조의관, 새로운 문물을 받아들여 교육자로서 살아가지만, 한계를 가지고 있는 아버지 조상훈, 그리고 당시 조선의 청년층을 대변하는 인물로서 새로운 문명에 적응하며 살아가는 조덕기. 이들은 한 집안 식구이나, 현실에 대응하는 모습은 서로 전혀 다르다.

조의관은 중인 출신인 자신의 가문을 엄청난 돈을 들여 족보를 삼으로써 양반에 편입시킬 정도로 구시대적 인물이다. 그는 자신의 아들 조상훈보다 손자인 조덕기에게 더 애정을 보이는데, 그 이유 중의 하나가 조상훈이 기독교인이어서 자신의 제사를 지내주지 않을 거라는 생각 때문이다. 그는 "내가 죽은 뒤에 기도를 어떤 놈이 하면 내가 황천으로 가다 말고 돌아와서 그놈의 혓바닥을 빼놓겠다고 미리미리 유언"을 해놓았을 정도로 신사상인 기독교 사상에 대해 적대적이다. 조의관에게는 그가 죽은 후 자신의 제삿밥을 챙겨줄 후손이 필요할 뿐이다.

또한 그는 손자 덕기도 자신의 뜻에 따라 원치 않는 결혼을 시키고, 대대손손 조 씨 가문이 이어지길 바라는 소망에서 많은 손을 보기 원한다. 그러나 그가 번창하기를 원하는 가문이란 돈으로 꾸며진 허상에 지나지 않는다. 그는 이러한 봉건적 가치를 지키기 위해 수전노처럼 모아들인 재산을 쉽게 허는 것이다.

> 조부는 병화가 누구인지도 모르면서 다만 양복꼴이나 머리를 텁수룩하게 하고 다니는 것으로 보아 무어나 뜯으러 다니는 위인일 것이요, 그런 축과 얼려서 술을 배우고, 돈을 쓰러 다닐까 보아서 걱정을 하는 것이다. (『삼대』, 11면)

위의 인용문에서도 드러나듯이 조의관은 신문물에 대한 편견에 사로잡힌 인물이요, 돈에 대해 집착하는 인물이다. 그러나 자신의 병구완이나 봉건적 의미의 가문을 위한 일(그의 가문이 양반에 편입되는 일)에는 돈을 아끼지 않는다. 조의관이 돈에 집착하는 인물인 만큼, 돈에 대한 이러한 이중적 잣대는 그가 가진 사고방식이 어떠한 것인지를 알게 한다. 조의관이 첩을 들인 이유도 애욕에 의한 것이었다기보다는 손을 더 보고자하는 욕구, 즉 가문이 번성하기를 바라는 욕구와 젊은 여자의 힘을 빌려 자신의 건강을 좀 더 잘 유지하고자 하는 욕구에 의한 것이다. 이처럼 그에게 있어 여성은 자신의 만족을 위한 순간적인 "향유"[6]의 대상에 불과하며, 그렇기에 조의관은 끊임없이 내일에 대해 불안해한다. 조의관의 세계관은 이렇게 자기 자신과 그의 확대인 가문에만 머물러 있기에, 조상훈이 벌이는 교육 사업 등을 돈을 버리는 것으로 치부하며 못마땅해 하고, 새로운 세대인 아들과 갈등을 빚는다.

그러나 아이러니하게도 조의관은 자신이 아끼는 돈 때문에 죽음을 맞는다. 자신의 '몸'을 위해 들인 첩에 의해 점점 더 병약해져가다가는 급기야 유산을 노린 패들에 의해 죽음을 맞고 마는 것이다. 『삼대』는 그의 죽음을 기점으로 하여 절정에 다다르게 되는데, 조의관의 죽음은 가족의 해체를 낳는다. 조의관의 봉건적 세계관과 '돈'은, 그들을 가족으로 묶어주는 끈이었다. 그러나 그의 죽음과 동시에 덕기의 서조모와 아버지, 그리고 친척들은 제 각기 떠나버리고 조의관이 꾸려온 가정은 해체된다. 이는 이미 현실에 존재하지 않지만, 조의관의 돈으로 만들어져 유지되었던 신분제라는 구습의 해체를 의미하기도 한다.

『죄와 벌』에서도 조의관과 같은 유형의 인물을 발견할 수 있는데, 변화된 세상에 적응하지 못한 채 원래의 사고방식을 고수하며 살아가는 알료나 이바노브나가 여기에 속한다. 그녀는 이기적이고 잔인한 성품을 가진 노파로

---

6) 레비나스는 "세계 안에서의 우리의 실존을 특징짓는 것은 먹거리들"이라고 말하면서 주체와 먹거리로서의 대상과의 관계는 "향유(jouissance)"이며, "모든 향유는 (···) 대상을 흡수하지만 동시에 대상과 거리를 둔다."(65면)고 보았다. 즉, 조의관의 입장에서 자신의 실존을 위해 들인 여성(첩)과 조의관의 관계는 단지 향유일 뿐이며, 이때 여성은 다만, 남성주체의 먹거리에 불과하게 된다. 물론 때로는 이러한 향유는 인간 삶의 목적이 되기도 하지만 "만족감을 맛보는 순간 내일에 대한 불안이 고개를 내밀게 된다." 왜냐하면 향유의 대상은 "나에게 은택을 베풀기도 하고 나의 생활을 위협하기도"(131면) 하기 때문이다.
엠마누엘 레비나스, 강영안 역, 『시간과 타자』, 문예출판사, 1996.

가난한 이들을 상대로 고리대금업을 하는데, 높은 이자를 철저히 매겨 자신의 배를 불린다. 그녀는 이렇게 벌어들이는 돈을 자신의 영혼을 위해 기도하는 수도원으로 보내려고 한다. 이러한 그녀의 모습은 중세 시대 면죄부를 팔고 사던 모습을 떠오르게 한다. 영혼의 구원을 위해 필요한 것이 선행이 아니라 돈이었던 오래전의 세계에 그녀는 여전히 머물러 있었던 것이다.

그녀는 이복동생을 종처럼 부리며 아무런 대가도 지불하지 않는 수전노이다. 그녀에게 이복동생은 자신과 자신의 영혼을 구원하기 위한 돈을 벌기 위한 수단으로 존재하는 대상일 뿐이다. 즉, 알료나와 여동생의 관계도'향유'라 이름 지을 수 있다.7)

『삼대』와 『죄와 벌』에 드러나는 구시대적 인물들은 모두 '죽음'이라는 결론으로 치닫는다. 그들의 죽음은 어느 것도 자연스럽지 않다. 가족에 의해 서서히 암살되거나(조의관), 타인에 의해 무참히 살해되기도 하며(알료나), 절망적인 환경에 의해 죽을 수밖에 없는 상황(풀리헤리야, 카테리나)에 이른다. 이는 생명의 탄생과 죽음이라는 자연스러운 사건이라기보다는 사회에 의해 당하는 인위적인 파멸이다. 새로운 시대를 이해하지 못하고, 함께 변화되지 못하는 인물들이 맞아야 하는 종말이라고 볼 수 있는 이들의 죽음은 그러나, 새로운 희망이 도래하기 위한 하나의 과정이라고도 할 수 있다. 작가는 변화되지 못하는 경직된 세대를 어떻게든지 벗어나야만 희망이 도래할 가능성이 있다고 인식하고 있었던 것이다.

위에서 살펴본, 옛 가치관을 고수하는 경직된 인물들과는 다르지만, 『삼대』의 조상훈과 『죄와 벌』의 뤄진은 변화를 온전히 수용하지 못하는 모습으로 세계와 모순적으로 관계한다. 조상훈은 구시대적인 질서에 얽매인 아버지 밑에서 자랐지만, 미국 유학을 다녀올 정도로 근대 교육의 혜택을 받은

7) 물론 알료나 이바노브나가 여성이므로 그녀와 그녀의 이복동생의 관계를 여성을 바라보는 남성의 시각으로 읽을 수 없다고도 볼 수 있다. 그러나 알료나는 절대 권력을 지닌 인물로 그 주변에서 남성적 주체의 위치를 차지하고 있었던 인물이다. 따라서 그녀가 지닌 여성(이복동생)에 대한 시각은 "욕구하는 대상을 흡수하고 어떤 방식으로든 나에게 종속된 것 혹은 나에게 소유된 것"(141면)으로 만드는 주체의 기본적 속성에 한정된 것이다. 그러므로, 이복동생은 알료나의 향유의 대상일 뿐이라고 볼 수 있다.
서동욱, 『차이와 타자』, 문학과지성사, 2008, 141~146면 참조.

인물이다. 또한 그는 겉으로나마 외래 종교인 기독교 신자이며, 종교의 이름으로 대중을 위한 교육 사업도 벌이는 인물이다. 이러한 면에서 볼 때에 그는 완전히 개화한 근대 지식인이라 할 수 있으나, 그의 이중적인 모습은 그가 구시대적인 질서를 벗어나지 못한 채, '명분'에 의해 살아가는 인물임을 말해주고 있다. 그에게 있어 종교란 아버지 조의관에게 있어 '족보'와 같은 의미이다. 근대의 문화인 '기독교'를 봉건의 가치인 '명분'의 대용품으로 사용하는 것이다. 조의관의 집안이 중인 계층이었다는 것을 염두에 둘 때에 아무리 돈이 많아도 봉건적 의미의 양반 권위를 가질 수는 없었을 것이다. 눈에 보이지는 않지만, 봉건시대 분명하게 존재했던 귀족의 '권위'를 가지기 위해 조의관은 거금을 들여 족보를 산다. 무엇으로도 소유할 수 없었던 양반의 핏줄, 즉 태어나면서부터 숙명적으로 지워지는 신분을 새로운 시대의 가치인 돈으로 사고자 했던 것이다.

이러한 조의관의 명분이 조상훈에게 있어서는 외래의 종교, 즉 근대적 가치로 정의할 수 있는 기독교를 수용하고, 그 속에서 인정받은 지위에 의해 쟁취된다. 조상훈이 아버지와의 끊임없는 마찰과 유산에 대한 어느 정도의 포기를 감수하면서까지 기독교를 신봉하는 이유가 여기에 있다. 그가 진정으로 원했던 것은 근대적인 외양을 지니고 있으면서 봉건적인 가치로도 환원할 수 있는 '신분'을 갖는 것이었다. 즉, 그는 근대적인 어떤 것을 봉건적인 가치에 대입하였을 뿐, 근본적으로 변화를 수용했다고는 볼 수 없는 것이다.

> 글쎄, 금주 선전 신문인가 무엇엔가 글이나 쓰지 말으셨으면 좋지 않아요! 도무지 교회도 나와버리시구 그런 간섭을 마셨으면 좋을 게 아니에요. 밤 10시 까지는 설교를 하시고 그리고 10시가 지나면 술집으로 여기저기 갈 데 안 갈 데 돌아다니시니 그러면 세상이 모르나요, 언제든지 알리고 말 것이요……그것도 거기다가 목숨을 매달고 서양 사람의 돈푼이나 얻어먹어야 살 형편이면 모르겠지만……. (『삼대』, 35면)

위의 인용문에서 보듯이 조상훈의 삶은 철저히 중적이다. 신문에 글을 쓸 때와 자신의 쾌락을 추구할 때, 그리고 교회에서 설교를 할 때와 교회에서 벗어났을 때 그는 전혀 다른 잣대로 세상을 대하고 있다. 기독교와 외국 유학을 통해 획득한 새로운 신분에서 얻어지는 이득을 취하되, 그에 따르는 도덕적 의무는 쉽게 파기해버리는 것이다. 조덕기는 아버지의 이중성을 이해하기 힘들어한다. 그 이유는 조덕기에게 있어 신사상은 공기처럼 자연스러운 것이며 선택을 하였다면 그 양식대로 살아가는 것이지, 표면적으로만 차용하는 것은 아니기 때문이다. 조덕기는 만약 새로운 사상이 자신에게 맞지 않는다면 그것을 선택하지 않을 수 있는 근대적 인물로, 그는 여러 사상을 선택적으로 채용하거나 폐기할 수 있다.

> (…) 부친이 생각하였던 것보다는 현대 사상 경향이나 사외 현상에 대하여 아주 어둡고 무관심한 것이 아닌 것을 발견한 것이 반갑기도 하고 부자간의 이런 토론은 처음이었으나 그로 말미암아 부친과 자시 사이가 조금 가까워진 것 같은 기쁜 생각이 들어서 그대로 웃고만 말았지만 어쨌든 부친은 봉건시대에서 지금 시대로 건너오는 외나무다리의 중턱에 선 것 같다고 생각하였다. 마침 집안에서도 조부와 덕기 자신의 중간에 끼여서 조부 편이 될 수도 없고 아들인 덕기 자신의 편도 못되는 것과 같은 어중간에 선 처지라고 새삼스러이 생각하였다. 따라서 그만큼 사회적으로나 가정적으로나 또는 자기의 사상 내용으로나 가장 불안정한 번민기에 있는 것이 사실이라고 보고 있다. 그러므로 덕기는 부친에게 대하여 가다가다 반감이 불끈 치밀다가도 한 편으로는 가엾은 생각, 동정하는 마음이 나는 것이었다. (『삼대』, 41면)

조덕기는 부친에 대하여 위와 같이 정리한다. 즉 "외나무다리의 중턱에 선"사람으로 앞으로도 뒤로도 갈 수 없는 사람이라고 생각하는 것이다. 새로운 것으로 옛 것의 가치를 대신하되 완전히 수용하는 것이 아니라 부분적으로만 수용하는 것이 변화하는 세계에서 이러한 인물들이 생존하는 방식이다.

조상훈은 교회에서 꽤 높은 지위를 가지고 있으며, 설교자이기도 하다. 그러나 그는 교회의 젊은 여성들을(홍경애와 김의경) 축첩의 대상으로 삼았고 첩이 낳은 자식을 돌보지 않는 비정한 사람이기도 하다. 기독교 교리와 맞지 않는 이러한 행위는 그가 기독교 윤리를 자신의 이득과 관련하여 부분적으로만 수용하고 있음을 드러내는 것이다. 이런 면에서 볼 때에 그는 조의관과 더욱 닮아 있다. 그러나 조의관은 조상훈을 못마땅하게 생각한다. 또한 조덕기의 비판적 시선에 잡히는 것은 할아버지인 조의관이 아니라 아버지 조상훈이다. 이는 조상훈이 기독교를 봉건적 가치에 부합하는 면-명분과 지위 제공-에서만 이용하고 그렇지 않은 부분은 수용하지 않고 있기 때문이다. 그렇기에 그의 행동은 모순되며, 위선적으로 비칠 수밖에 없다. 이는 또한 위의 인용문에 나타난 아버지에 대한 조덕기의 생각처럼 변화를 수용할 수 있는 세대가 조상훈과 같은 세대를 바라볼 때에 비판과 '동정'이 함께 할 수밖에 없는 이유이기도 하다.

『죄와 벌』에도 조상훈과 같은 인물이 여럿 등장한다. 그 중에서 뤼진은 돈을 이용하여 아름답고 좋은 가문의 여성과 결혼하고자 하는 욕망-옛 가치관에 따른 신분상승의 욕망-을 가졌다는 점에서, 또한 그 욕망을 점잖은 위선으로 가리고 있다는 점에서 조상훈과 닮아있다. 그는 새로운 가치인 '돈'을 통해 지위를 부여받은 인물이나, 그의 본질은 변화를 전혀 수용하지 않고 있다. 그는 새로운 학문이나 사상에 관심이 있어서 일부러 새로운 지식을 알고 있는 젊은이와 룸메이트를 하고 지내지만, 실상 그가 원하는 것은 그 사상이 자신의 개인적인 삶에(돈을 버는 일) 어떤 도움을 줄 수 있는지를 알고자하는 것이다. 젊은이들과의 교류 등은 모두 시대에 뒤떨어지지 않았고, 객관적이고 수용적인 사람이라는 이미지를 갖기 위한 행동일 뿐이다. 창녀인 소냐에 대해서 예의를 갖추는 이유도 그녀에 대한 모멸감과 라스콜리니코프에 대한 적개심을 숨기기 위한 장치에 지나지 않는다. 뤼진도 조상훈처럼 옛것을 신봉하나, 겉으로만 수용적인 자세를 갖춘 인물이다.

이러한 인물들도 여성을 향유의 대상으로서만 바라보는"남성적인 힘이고 오만이며 주권"[8]인 홀로 있는 주체일 뿐이다. 그들에게 여성은 자신에게 만족감을 주는 대상으로만 존재할 뿐, 그들을 윤리적 주체로 만드는 타자가 되지 못한다.

이렇게 모순된 사람들도 모두 비슷한 결말을 맞는다. 축첩과 마약, 절도

8) 엠마누엘 레비나스, 앞의 책, 51면.

등 도덕적으로 완전히 타락해버린 조상훈은 형사에게 끌려가게 된다. 또한 뤄진은 소냐에게 절도죄를 뒤집어씌우려다가 오히려 그의 위선적인 면을 사람들 앞에 드러내 보이게 되고, 원하던 여자와 결혼도 불가능하게 되어버린다. 이들은 죽음이라는 치명적인 결말을 맞지는 않으나 스스로의 위선에 의해 몰락하는 모습을 보인다.

3. 변화를 수용하는 희망적 세대의 탄생과 여성 타자의 역할

조덕기는 외국에 유학하고 있는 지식인으로 모던한 근대 문화를 선택하여 즐기며 살아간다. 그는 새로운 사상은 비판적으로 수용할 수 있고, 변화된 현실에 적응하는 데에 어려움이 없다. 그렇기에 단지 공장의 노동자일 뿐인 필순을 신분을 떠나 하나의 인격체로 받아들이고 사랑할 수 있다. 조덕기는 원삼이를 비롯한 봉건적 의미의 '하인'이나 새로운 의미의 하층민을 대할 때 완전하다고는 할 수 없으나 그들의 인격을 존중하는 모습을 보인다. 또한 조덕기는 조의관의 구시대적인 사고방식을 자신과 상관없이 한 세대가 가진 문화 정도로 치부할 수 있는 열린 사고도 가지고 있다. 그렇기에 조의관과 서조모의 행태를 수용하기 어려워하거나 그들과의 관계를 갈등 관계로 몰아가지 않는다. 조덕기에게 있어 조의관은 한 공간에 존재하지만, 너무나 이질적이어서 비판할 대상조차 되지 못하는 것이다. 그러나 조상훈을 보는 관점은 다르다. 아버지이기에 동정심을 갖지만, 그의 행태를 받아들일 수는 없다. 조상훈이 겉으로나마 가지고 있는 사고와 조덕기가 완전히 수용한 변화 사이에는 간극이 크기 때문이다.

조덕기에게는 "뺏어 먹고 쓰고 할 것은 다 하면서 게걸대고 입바른 소리를 톡톡하는" 김병화라는 친구가 있다. 그는 사회주의자라고 볼 수 있는데 조덕기는 "있는 사람의 통성으로 자기에게 좀 고분고분하게 굴어 주었으면" 하는 마음이 있으면서도 그를 가장 친한 친구로 여기고 뒤를 보아준다. 조덕기는 김병화처럼 급진적인 사회주의자가 아님에도 그의 이론을 선택하여 수용할 수 있다. 또한 "고분고분하게 굴기를" 바라기는 하지만, 그것으로 인해 김병화와 갈등상태에 놓이거나 그의 장점을 수용하지 못하는 것은 아니다. 김병화 또한 "마르크스 보이"이기는 하지만, 조덕기의 돈을 통해 근대 자본주의와 타협한다. 자신의 사상이 현실과 어긋나는 지점에서 현실을 부분적으로나마 수용하는 것이다.

이 과정에서 윗세대와 다른 점이 드러나는데, 그것은 이 세대의 인물들이 도덕성을 지니고 있다는 것이다. 현실을 자기의 편리대로 수용하기 보다는 공익을 생각하여 받아들이고, 도덕성을 잃지 않기 위해 스스로를 끊임없이 견제한다.

이러한 모습은 『죄와 벌』의 라스콜리니코프에게서도 발견할 수 있다. 그는 귀족이지만, 창녀인 소냐와의 만남을 꺼리지 않는다. 그는 대학을 다녔던 지식인으로 세상의 모순에 대한 확고한 이론을 세우고 논문으로 써내기도 한다. 이러한 라스콜리니코프는 현실의 모순을 냉철하게 파악하고 있으며 자신의 입장에서 현실에 적응하며 살아가는 방법도 알고 있다. 그가 현실적인 생존 방법으로 삶을 영위하다가 중도에 그만 둔 것은 새로운 생각에 대한 강한 집착 때문이었지, 구시대적인 사고방식에 얽매였기 때문이 아니다. 그가 가진 새로운 사상도 자신의 개인적 욕망을 위한 것이 아니라, 공동체의 이익을 위한 것이다. 그의 모습을 살펴보면 스비드리가일로프나 뤼진이 가진 위선을 느낄 수 없다. 또한 그들이 개인적인 삶의 즐거움을 추구하고 그것을 위해 두네치카를 차지하려고 하는 모습과는 달리, 라스콜리니코프는 소냐를 하나의 인격체로 대하고 있다. 스비드리가일로프와 뤼진이 등장하는 장면에서 특히 음식이나 잠, 성적 대상으로서의 여성 등, 인간의 기본적인 욕구와 관련된 묘사가 많은 것은 그들이 개인적인 삶을 위해 변화를 차용하거나 폐기하는 인물임을 나타내기 위한 것이다. 이러한 인물들에게 여성은 다만 향유의 대상일 뿐, 자신의 만족을 위해 취하는 다른 사물들과 차이점을 갖는 존재가 아니다.

그러나 라스콜리니코프는 조덕기나 김병화와 마찬가지로 도덕성을 획득하고 있다. 그가 비록 살인을 저질렀다고는 하지만, 그 살인이 그의 도덕성을 훼손시키지는 못한다. 오히려 그는 그를 동정하고 안타까워하는 주변 인물들에 의해 다른 누구보다 더 도덕적인 인물로 부각된다. 또한 라스콜리니코프의 친구인 라주미힌도 온전히 도덕적인 인물이다. 나보다는 우리를 생각하기에 도덕적으로 타락하기 힘들다. 라주미힌도 라스콜리니코프와 같은 지식인으로 자신의 지식을 팔아 곤경에 빠진 친구와 그 식구들을 돕는다.

이처럼 『삼대』와 『죄와 벌』에 등장하는 새로운 세대에 속하는 인물들은 도덕성과 지식을 획득한 인물이라는 공통점을 지닌다. 염상섭과 도스토예프스키는 처해있던 시공간적 배경의 차이에도 불구하고, 공통적으로 변화를 수용하고 있는 인물들에 희망을 두고 있는데, 새로운 시대를 이끌어갈 새로운 인물들은 단지 가능성을 지닌 존재로서의 대중과 구별된 지식인이어야 했을 것이다. 또한 그들은 변화를 제대로 수용하지 못하는 사람들과 도덕적으로 구분되어야 했다. 그렇지 않다면 그들을 통해 변화에 박차를 가하고 더 나은 세상을 위한 발전을 희망하는 것이 불가능해지기 때문이다.

그러나 이렇게 변화를 수용하고 변화를 이끄는 인물들은 완전하지 않다. 두 작가 모두 이들을 불완전한 희망이 되도록 내버려두고 있다. 조덕기나 두네치카 같은 인물들은 온건하지만, 우유부단하다. 그들은 세상의 흐름을 정확하게 읽고 있고, 그들이 처한 현실이 어떠한 것인지 똑바로 바라보려고 노력하지만, 적극적으로 행동에 옮기지는 못한다. 어떠한 상황이 새로 발생할 때에 그것이 어떤 의미를 갖는 것인지 파악하고 난 후에는 고민하고 갈등하며 최소한으로만 행동한다.

이에 비해 김병화나 홍경애, 라스콜리니코프는 지나치게 급진적이다. 그들은 변화를 수용하여 살아가지만, 더 나은 세상을 꿈꾸기에 세상과 윗세대들의 이중적인 모습을 조롱하고 혐오한다. 그러나 그들의 사상은 너무나 급진적이어서 현실에서 받아들여지기 힘든 부분이 많다. 라스콜리니코프는 자신의 생각을 실행으로 옮긴 후 오히려 봉건적 가치 중에서 진실된 가치를 발견하게 되며, 김병화와 홍경애는 자신들이 비판하는 대상의 도움으로 어려움을 벗어나게 된다. 이처럼 이들을 통해 내보이고 있는 작가의 희망이란 불완전한 것이다.

이에 작가는 이들의 불완전함을 채워줄 인물을 등장시키는데 그들은 『삼대』의 필순과 『죄와 벌』의 소냐이다. 이 둘은 많은 부분 서로 닮아있다. 두 인물은 모두 나이 어린 여성이며 집안의 생계를 책임지고 있는 입장에 있다.

그들이 하는 일이란 사회적으로 하찮은 것인데 필순은 공장에서 일하는 노동자이고, 소냐는 창녀이다. 그나마 그들이 일을 하지 않으면, 당장의 끼니도 해결이 되지 않을 정도로 가정은 궁핍하다. 또한 그들은 이웃하여 살고 있는 지식인(김병화, 레베쟈트니코프)에게 새로운 사상을 배우게 된다. 그것으로 그들을 완전한 지식인으로 분류할 수는 없지만, 이로써 이 여성 인물들은 일반 대중과의 차별성을 획득한다. 즉, 그들은 새로운 사상에 관심이 있는 인물이면서 동시에 봉건적 가치 중 계속 지켜져 나가야할 희생이나 사랑 등을 획득한 인물이기도 하다.

이들은 작가에 의해 일반 대중들과 구별되는 성격을 입는다. "공장 다니는 계집애들이 구두 모양을 내고 인조견으로 울긋불긋하게 차린 것에 비하면 수수한" 차림새를 한 필순은 새로운 문물을 즐기는 또래의 여성들에 비해 새로운 문화를 제대로 누리지 못하는 것처럼 보인다. 그러나 그녀가 그렇게 하지 않는 것은 그녀의 월급에 가족의 생계가 달려있는데, 그녀가 그것을 벗어던질 의사가 없기 때문이다. 『죄와 벌』의 소냐도 자신을 희생하여 부모와 동생들을 부양하는데, 그녀에게 동생들이 자신과 같은 삶을 살지 모른다는 사실은 엄청난 두려움이다. 이는 전근대적 가치인 '희생'이라 볼 수 있지만, 동시에 새로운 세상에서도 변하지 않는 진리가 되는 것이다. 그러나 이들의 희생은 봉건적 신분제에서 양반에 의해 일방적으로 강요되었던 희생과는 의미가 다르다. 그녀들의 희생은 자발적이며, 순수한 동기에 의한 적극적인 희생이다.

앞에서 살펴보았듯이 근대적 가치로 무장한 중심인물들은 새로운 세대의 희망으로 설정되지만, 이들은 모두 불완전한 모습을 지니고 있다. 조덕기와 라스콜리니코프의 불완전함은 여성인물들과의 만남을 통해 극복된다. "진정한 주체성은 타인의 존재를 자기 안으로 받아들이고 타인과 윤리적 관계를 형성할 때 비로소 가능"[9]한데, 두 작품의 중심인물들은 모두 여성 타자들과의 윤리적 관계를 통해 불완전함을 극복하게 되는 것이다.

조덕기는 필순의 고통스러운 얼굴을 통해 "무한한 자기 보존의 욕구에 도

9) 강영안, 「레비나스의 철학」, 엠마누엘 레비나스, 앞의 책, 142면.

덕적 한계를 설정"하게 되며, 라스콜리니코프 또한 소냐의 희생적 삶을 바라보며 "윤리적 주체"[10]로서 변화되는 것이다. 조덕기는 필순을 사랑하게 되면서 자신이 속한 세계에서 좀 더 넓은 세계로 나아갈 수 있게 된다. 즉, 필순을 통해 자신을 둘러싸고 있는 돈에 의해 가려져 잘 보이지 않았던 세상의 고통에 대해 눈 뜨고 윤리적 주체의 면모를 갖추게 된다. 라스콜리니코프는 소냐를 통해 자신의 과오를 깨닫게 되고 구원의 희망을 발견한다. 라스콜리니코프는 성경에서 나사로가 부활하는 부분을 자신이 직접 읽지 않고 소냐에게 읽어줄 것을 집요하게 요구하는데, 이는 자신의 부활이 희망적이기 위해 소냐가 지닌 전통의 가치가 꼭 필요했기 때문이다. 더할 나위 없이 연약한 소냐의 모습에서 발견되는 "타인의 얼굴이 지닌 비폭력적, 윤리적 저항은 강자의 힘보다 더 강하게"[11] 그의 자유를 문제 삼았고, 그는 타자의 얼굴에 반응함으로써 온전한 주체로 태어날 가능성을 얻게 된다.

이처럼 중심인물들은 대중과 구별될 정도의 지식을 갖추고 전근대적 가치 중에서 계승해야할 것을 중요하게 이념화하고 있으며 가난과 현실의 고통을 얼굴에 지닌 채 살아가는 여성인물에 의해 윤리적이고 희망적인 존재로 변화된다.[12] 그렇기에 여성인물들은 두 작품이 희망을 이야기하는 데에 가장 중요한 역할을 맡고 있다고 볼 수 있다. 변화를 수용하고 발전시키며 살아가는 것은 지난 세대의 가치 중에서 인류가 지키며 살아가야 할 것들을 취사선택하여 함께 할 때 가능한 것이기 때문이다.

---

10) 위의 책, 141면.

11) 강영안, 앞의 책, 138면.

12) 레비나스는 타자성을 '여성적인 것'이라고 말하며, 타인은 "예컨대 약한 사람, 가난한 사람, <과부와 고아>"(101면)과 같은 것이라고 설명한다. 또한 레비나스는 타자를 연약한 모습으로 설정하고, 이기적인 주체는 타자의 고통 받는 얼굴을 통해 '윤리적인 주체'가 될 수 있다고 보았다. 따라서 본고에서 필순과 소냐를 연약하다고 표현하는 것은 레비나스의 타자 개념에 따른 것이지, 두 인물이 연약한 모습으로만 그려져 있다고 파악했기 때문은 아니다. 오히려 두 인물은 극단의 궁핍 속에서도 노동을 통해 가족의 생계를 이어가는 인물이기에 강인한 인물로 읽힐 가능성을 지니고 있다.
엠마누엘 레비나스, 앞의 책, 98~102면 참조.

4. 결론

지금까지 『삼대』와 『죄와 벌』을 중심으로, 과도기를 살아가는 인물들의 자세와 여성을 바라보는 시각을 신분제라는 오랜 제도의 변화를 들어 몇 가지 유형으로 분류하고 그 무리마다의 특징을 살펴보았다. 작품 속에서 인물들은 나름의 방식으로 변화를 거부하기도 하고 모순된 자세로 받아들이기도 하며, 변화를 수용하여 자기화하기도 한다. 봉건적 사고에 갇혀 현실에서는 더 이상 의미가 없어진 신분에 집착하는 인물들과 변화된 세상을 자신의 욕구에 따라 취사선택하여 모순되게 받아들이는 인물들은 모두 여성을 자신의 만족을 위한 도구인 향유의 대상으로만 바라본다. 이러한 인물들은 결국 자연스럽지 않은 죽음을 맞거나 사회적으로 몰락하게 된다.

이들과 달리 작가에 의해 희망적 대상으로 설정된 인물들은 변화된 가치관을 받아들이는 자세와 함께 도덕성과 지식을 지니고 있다. 이 새로운 세대는 그러나 불완전한 희망으로 남아있는데, 이들은 근대와 전근대 혹은 새로운 세대의 가치와 이전의 가치를 모두 수용하여 계승하는 여성인물들에 의해 온전한 희망으로 변화된다. 이들은 연약한 여성들의 고통스러운 얼굴을 통해 '윤리적 주체'로 탄생하게 되는 것이다.

참고문헌

도스토예프스키, 이동호 역, 『죄와 벌』 上 · 下, 육문사, 1999.
염상섭, 『삼대』, 소담출판사, 2003.

김경묵, 『이야기 러시아사』, 청아, 2006.
동아국어사전편찬회, 『새국어사전』, 동아출판사, 1988.
서동욱, 『차이와 타자』, 문학과지성사, 2008.
엠마누엘 레비나스, 강영안 역, 『시간과 타자』, 문예출판사, 1996.
한스 콘, 김동심 역, 『근대 러시아 그 갈등의 역사』, 심설당, 1981.

<숙영낭자전>을 통해 본 조선후기 여성의 이상적인 연애, 결혼, 배우자에 대한 관념

윤 정 안*

1. 통속소설 〈숙영낭자전〉

그간 <숙영낭자전>의 주제의 탐색은 주로 유가적 관점에 대한 입장에서 비롯되었다. 즉, 선군과 숙영낭자의 결합에서 선군은 부모의 허락을 받지 않고 결혼한 것은 孝보다 愛情을 우선한 것이라는 것이다.[1] 이 논의를 좀 더 끌고 나가보면 <숙영낭자전>은 유가적 이데올로기에 대한 저항으로도 읽을 수 있을 듯하다. '혼사장애',[2] '금기 파괴와 간계의 구조'[3] 역시 당대 이데올로기에 대한 <숙영낭자전>의 파격성에 주목한 논의로 이해할 수 있다. 이는 곧 <숙영낭자전>에서 근대성의 면모를 확인하려는 시도로 볼 수 있다. <숙영낭자전>에 나타나는 주인과 노비의 갈등 문제를 통해 주인과 노비라는 "수직적 질서가 점차 해체되면서 암암리에 수평적 질서로의 재편을 지향하는 모습을 담고 있는 작품"[4]으로 평가하는 것 또한 근대성 논의의 연장선으

---

* 서울시립대학교 국어국문학과 대학원 박사수료

1) 김일렬, 『숙영낭자전연구』, 역락, 1999, 132면.
2) 김충실, 「숙영낭자전에 나타난 시련에 대한 연구」, 『이화어문논집』 7, 이화여자대학교 한국어문학연구소, 1984.
3) 손경희, 「숙영낭자전 연구」, 연세대 석사학위논문, 1986.
성현경, 「<숙영낭자전>과 <숙영낭자가>의 비교-소설의 판소리화 과정 연구」, 『판소리 연구』 6, 판소리학회, 1995.
4) 김일렬, 위의 글, 169면.

로 볼 수 있다. 이처럼 기존의 논의들은 <숙영낭자전>의 주제를 반유교, 반봉건적인 것으로 파악하고 이를 통해서 근대적인 면모를 부각시키려는 그간의 연구 성과들을 확인할 수 있다.

한편, <숙영낭자전>은 그 연원이 야담에서부터 시작하여 고전소설은 물론 서사민요에도 수용되었으며, 판소리로까지 만들어진 작품으로,[5] 이와 같은 폭넓은 작품의 변용은 오랜 시간 동안 <숙영낭자전>이 당대인들에게 많은 인기를 누렸다는 사실을 알 수 있다. 소설의 경우에도 판각본과 활자본으로 만들어졌으며, 이본의 수도 적지 않다는 점[6]을 비추어 본다면, <숙영낭자전>은 상당한 인기를 누렸던 작품임에 틀림없다.

이상의 연구 경향을 통해서 알 수 있는 사실은 <숙영낭자전>은 당대에 매우 인기있는 작품이었으며, 선군과 숙영낭자의 애정이 효라는 유가적 가치보다 우선되고 있는 작품이라는 것이다. 그렇다면 이제 시선을 바꿔서, "<숙영낭자전>은 왜 인기를 얻었는가?"라는 질문을 던져볼 수 있을 듯하다. 도대체 선군과 숙영낭자의 애정 양상이 당대의 독자들에게 어떤 흥미를 주었기에 이 작품은 인기를 얻었던 것이었는가라는 질문을 던지고, 그 해답을 찾아보려는 것이 이 글의 기획이다.

기존 연구들이 이러한 점에 대한 언급이 없다고는 볼 수 없으나 명쾌하게 해명하고 있는 것도 아니다. 왜냐하면 근대성의 관점에서 <숙영낭자전>을 바라보는 연구들은 작품이 가진 반이데올로기적인 성격이 어떻게 드러나는가에 초점이 맞춰지고 있기 때문이다. 이러한 관점에서는 <숙영낭자전>의 인기 요인을 찾는 것보다는 반유가적인 요소를 찾는 것이 우선된다. 그러나 <숙영낭자전>의 인기 요인이라는 것은 반이데올로기적 관점과 연관되는데, 당대의 독자들이 제도의 속박에서 벗어나고자 하는 욕망을 소설의 인물이 대신 충족시켜 주기 때문이다.[7] 당대의 어떠한 제도 혹은 이데올로기로부터

---

5) 이와 같은 작품의 변용에 대해서는 김호열의 논의(김호열, 「<숙영낭자전> 서사 연구」, 건국대학교 석사학위논문, 2010) 참조.

6) 김일렬에 의하면 <숙영낭자전>은 70종이 넘을 정도로 많은 이본이 존재한다고 한다. 그 중에서 판각본은 4종이며, 활자본의 경우에는 1915년을 기점으로 지속적으로 간행되었으며, 경판 16장본의 내용과 별반 다르지 않다고 한다(김일렬, 위의 글, 4면).

7) 그러나 이러한 반이데올로기적인 성격이 곧바로 고전소설의 작품에 근대성이 엿보인다는 것

독자들은 벗어나고 싶어 했는지, 그리고 그들이 어떤 부분에서 흥미를 느끼게 되었는지를 살펴보려는 것이 이 글의 목적인 것이다.

앞선 질문을 답하기 위해서, 이 글에서는 <숙영낭자전>을 "통속소설"이라는 관점에서 바라볼 것이다. 통속소설이란 대중들에 의해 향유되는 것으로써, 당대인들의 욕망을 읽을 수 있는 자료로서의 가치를 지닌다. 조선후기의 소설들, 특히 방각본으로 출간된 한글 소설의 경우 영리를 목적으로 생산되었고, 따라서 이러한 목적에 부합하기 위해서 독자들의 요구에 부합하는 소재와 주제를 담은 이야기들이 많이 만들어졌다. 전기수의 등장, 貰冊家의 출현 등은 통속소설로 인해 생겨난 사회 현상으로, 조선후기가 통속소설의 시대였다는 사실을 단적으로 웅변하고 있다.[8)]

<숙영낭자전>은 그 이본의 수[9)]로 보아 상당히 많은 독자들을 확보하고 있었으며, 판소리 등 다른 장르에도 영향을 주었다는 점에서 <숙영낭자전>의 내용이 당대인들의 기호에 부합하고 있다는 것을 알 수 있다. 특히 <숙영낭자전>의 주인공인 숙영낭자는 여성이며, 숙영낭자를 중심으로 그녀의 연애와 결혼에 대한 이야기가 펼쳐진다는 점에서, <숙영낭자전>은 당대 여성들이 소망을 반영한 작품으로 판단된다. 여성에 대한 서사 중에서도 특히 연애와 결혼, 배우자에 대한 이야기가 중심이라면, <숙영낭자전>을 통해서 당대인들의 연애와 결혼, 배우자에 대한 관념을 알 수 있을 듯하다. 즉, 이 글을 통해서 확인할 수 있는 것은 조선후기 여성들의 연애와 결혼, 배우자에 대한 관념인 것이다.

그런데 고전소설, 특히 영리를 위한 목적으로 생산된 통속소설들은 당대인들이 소망을 충족시켜 주려고 한다는 점과 함께 이데올로기를 어기지 않

을 담보하지는 않는다. 무엇보다도 근대성이 무엇인가에 대해서 심화된 논의가 필요할 것이다. 이 점에 대해서는 이 글에서 다루려고 하는 바와 성격이 다르며, 보다 심도 있는 논의가 필요할 것으로 판단된다.

8) 조선후기의 통속소설에 대해서는 다음의 논저를 참조할 수 있다.
이윤석 외 편저, 『세책 고소설 연구』, 도서출판 혜안, 2003.
임성래, 『조선후기의 대중소설』, 보고사, 2008.

9) 김일열에 의하면, <숙영낭자전>의 필사본은 26종, 판각본은 4종이 전한다(김일열, 앞의 글, 4면). 활자본은 1915년을 기점으로 생산된 것이기 때문에 조선후기의 것으로 볼 수 없고, 다만 활자본의 존재를 통해서 20세기 초엽까지도 인기가 있었다는 점을 확인할 수 있다.

으려는 속성을 함께 가진다는 점에 유의해야 한다. 통속소설이 금전적인 이익을 남기기 위해서는 대중들의 욕망을 충족시켜 줘야 하지만, 한편으로는 당대의 사회적 통념에서 너무 벗어나서도 곤란하다. 왜냐하면, 통속소설은 주로 당대인들이 재미있어 할 만한 이야기, 당대인들이 품고 있는 욕망을 충족시켜주는 요소들로 구성되는데, 이러한 요소들이 당대의 이데올로기와 정면으로 맞서게 된다면 제도로부터 제재를 받게 되게 때문이다. 그래서 흥미 위주의 내용, 당대의 제도적 금기를 뛰어넘으려는 시도는 언제나 교훈적인 내용으로 끝을 맺게 된다.[10]

이러한 교훈적인 내용은 소설이 존재할 수 있는 당위성을 마련해 준다. 그러나 이 교훈성은 자칫 흥미성과 충돌을 일으킬 수 있다. 교훈성이란 결국 당대의 이데올로기에서 벗어나는 내용이 될 수 없기 때문이다. 그래서 이 둘을 중재해 줄 수법이 필요하게 되며, 이때 사용되는 것이 바로 '환상'이다.

고전소설 속에서 흔히 환상은 천상계의 목소리를 빌어서 등장한다. 이 환상들은 마치 고대 그리스의 극에서 신이 나타나서 모든 일을 정리해주는 '데우스 엑스 마키나(deus ex machina)'[11]처럼 작동한다. 주로 도교적인 색체가 강한 환상적인 요소들로 인해서 고전소설 속의 인물들은 그들이 당대의 이념과 반대로 행동하는 것, 혹은 금기를 넘어서는 것이 천상계의 예정된 행위라거나 천상계의 존재들이 그들에게 준 도움 때문이라고 주장한다. 이러한 환상은 그 자체가 흥미를 끌 수 있는 소재일 뿐 아니라, 당대의 현실에서는 불가능한 것들을 성취할 수 있는 수단으로 활용된다. 환상을 통해서 현실의 속박에서 벗어나려는 당대인들의 소망은 이렇게 고전소설 속에 담기게 된다.

방각본으로 생산된 고전소설의 경우에는 흔히 이러한 환상적 요소를 포

---

10) 흥미와 교훈이라는 모순의 공존은 초기 소설사에서부터 문제가 되었다. 이 점에 대해서는 정출헌의 논의(정출헌, 「16세기 서사문학사의 지평과 그 미학적 층위」, 『한국민족문화』 26, 부산대학교 한민족문화연구소, 2005)를 참조.

11) 초자연적인 힘을 이용하여 극의 긴박한 국면을 타개하는 데 사용하는 고대 그리스의 극작술이다. 라틴어로 '기계에 의한 신'이라는 뜻으로, 기중기 같은 것에 탄 신이 등장하여 복잡한 사건을 모두 해결해 준다.

함하고 있다. 이는 영리를 목적으로 하는 방각본이 존재할 수 있는 근거를 마련해주기 때문이다. 통속소설인 <숙영낭자전>에서 역시 이러한 환상의 속성을 목격할 수 있다. 이 환상적 요소를 통해서 <숙영낭자전>은 일반적인 연애, 결혼, 배우자에 대한 관념이 아닌 현실에서는 충족되지 않는, 이상화된 관념을 담을 수 있었던 것이다.

이제 이러한 전제 아래서 이 글에서는 앞으로 <숙영낭자전>을 통해서 이상화된 여성의 연애, 결혼, 배우자에 대한 욕망이 무엇인가 하는 점을 살펴보려고 한다. 판소리로까지 만들어졌던 <숙영낭자전>의 인기를 감안한다면 <숙영낭자전>을 통해서 당대인, 특히 당대 여성들의 이상적인 연애, 결혼, 배우자에 대한 관념을 추출하는 것은 무리는 아닐 듯하다.

당대인들의 이상을 엿보는 것은 당대의 현실에는 없는, 혹은 거의 일어날 수 없는 것에 대한 욕망의 탐구인 셈이다. 이를 통해서 현실에 결핍된 것이 무엇인지, 더 나아가서 이러한 결핍의 정체는 무엇인가를 확인할 수 있을 것이다. 물론 이러한 작업을 위해서는 당대의 여성들이 품었던 연애, 결혼, 배우자에 대한 관념이 환상을 통해서 교훈성, 즉 당대의 이데올로기와 적절하게 섞여 있다는 점을 염두에 둬야 할 것이다.

대상 이본은 경판 16장본으로 한다. <숙영낭자전>은 결말 부분이 다른 다양한 필사본이 존재하고 있다. 그러나 판각본과 비교했을 때 필사본은 당대인들에게 폭넓게 인기가 있었다고 보기는 어렵다. 경판 16장본은 판각본이라는 점에서 폭넓은 독자를 확보하고 있었음을 알 수 있으며, 후대 활자본에도 영향을 주었다는 점에서 <숙영낭자전>을 대표하는 판본으로 보아도 무방하리라 생각된다.

2. 자유연애를 꿈꾸는 방식

선군은 백공 부부가 "명산 딕찰의 기도ᄒᆞᆫ 후 긔몽을 엇"[12]은 자식으로,

12) <숙영낭자전>, 1장 앞. 작품의 인용은 『고소설판각본전집』 2에 실린 <숙영낭자자전> 경판 16장본을 사용한다(김동욱 편, <숙영낭자전>, 『고소설판각본전집』 2, 연세대학교인문과학연구소,

"용뫼 쥰슈ᄒᆞ고 셩되 온유ᄒᆞ며 문필이 유여ᄒᆞᆫ",[13] 재자(才子)의 형상을 지니고 있기 때문에 그와 어울리기 위해서는 숙영낭자 역시 아름다운 외모와 여성으로서의 자질을 갖춰야 한다. 상투적인 수법으로 서술된 숙영낭자의 용모 역시 선군에 못지않은 모습을 보여준다.[14] 간단하게 처리되기는 했지만 숙영낭자는 용모뿐 아니라 "아릿ᄯᅡ온 직질이 다시 인간의는 업는"[15] 존재로 설명된다. 이로써 선군과 숙영낭자는 재자(才子)와 가인(佳人)의 만남이라는 상투적인 고전소설의 수법을 답습하게 된다.

선군은 꿈에 나타난 숙영낭자를 선녀로 인지한다. 선군은 하늘의 비를 맡은 신관으로, 비를 그릇 준 죄로 적강한 인물[16]이며, 숙영낭자는 두 사람이 천상의 인연 때문에 조만간 만날 것이라고 말하고 사라진다. 즉, 선군은 인간이지만, 숙영낭자는 천상계에 속한 인물이며, 그렇다면 두 사람이 맺어지는 것은 별다른 문제가 없는 것으로 보인다. 천상의 인연으로 지상에서 연분이 맺어지는 것은 고전소설에서는 상투적인 수법으로, <숙영낭자전>에서도 예외는 아닌 것이다.

그런데 가인(佳人)으로서 숙영낭자는 의도적으로 선군을 유혹하고 있다는 인상을 강하게 준다. 숙영낭자가 선군의 꿈에 나타나서 자신의 존재를 알리는 것, 정해진 기일을 채우지 않고 선군과 연분을 맺으면 액운이 생길 것을 알면서도 선군에게 자신이 있는 곳을 알려주는 것은 숙영낭자가 선군을 자신이 있는 곳으로 부르는 것처럼 보인다. 숙영낭자가 있는 곳까지 찾아온 선군이 숙영낭자의 거절에 돌아가려 하자 "낭군은 가지 말고 내 말슴 들으소셔 낭군은 종시 지식어 업도다 아모리 쳔정연분이 잇슨들 엇지 일언의 허락ᄒᆞ리오"[17]라는 숙영낭자의 말은 선군의 꿈에 나타나고 자신이 있는 곳으로 일부러 선군을 인도한 것이었으며, 이를 통해서 선군과 맺어질 것을 의

1973). 이후 장수만 표기.

13) 1장 앞.

14) "용모는 부샹명이 두려시 볏공의 걸넌는 듯 틔도는 근분모란이 흡연히 조로을 씌엿는 듯 볏싼이미는 츈산의 빗겻는 듯 냥기셩모는 츄화의 잠겻는 듯 셤셤셰요는 츈풍의 양뉴 휘드는 듯 쳡쳡 쥬슌 잉뫼 단ᄉᆞ을 먹음은 듯 ᄒᆞ니 쳔고 무빵이요 ᄎᆞ세의 독보ᄒᆞ지라"(4장 앞~4장 뒤.)

15) 5장 앞.

16) "낭군이 본ᄃᆡ 하늘의 비 맛튼 션관으로"(1장 앞.)

17) 4장 뒤.

도했다는 것을 드러내고 있다. 이는 선군과 숙영낭자의 애정 관계에서 숙영낭자가 수동적인 것이 아니며, 오히려 만남에 있어서는 선군보다 더욱 적극적이라는 것을 보여준다.

하지만 숙영낭자의 적극성은 매우 제한되어 있다. 숙영낭자는 선녀이며 현몽을 할 수 있는 능력도 있으며 천상의 연분도 알고 있지만, 직접 선군을 찾아가는 등의 적극적인 구애는 하지 않는다. 이는 당대의 여성관이 애정 관계에서 적극적인 여성을 꺼렸기 때문으로 보인다. 지금과는 달리 조선후기에는 여성의 정절을 매우 중요하게 생각하였으며, 혼인 전에 사사로이 남성을 만나는 것은 엄격하게 금지되었다. 그래서 숙영낭자가 적극적으로 선군에게 구애를 하게 된다면, 숙영낭자는 당대의 규범에서 벗어난 부정적인 인물이 된다.

그러나 당대의 여성들은 마음에 드는 남성, 즉 재자(才子)와 맺어지기를 원하였으며, 이러한 욕망과 현실의 간격을 메우는 방법으로 선녀인 숙영낭자에게 반한 선군이 숙영낭자를 찾는 것으로 작품을 구성하였던 것으로 볼 수 있다. 이렇게 되면 선군의 적극적인 요청에 의해서 숙영낭자는 어쩔 수 없이 그와의 관계를 허락하는 형식을 취하게 되며, 이로써 숙영낭자는 당대의 통념에서 벗어나지 않으면서도 자신이 좋아하는 남성과 만날 수 있게 된다. 이처럼 선군과 숙영낭자는 이미 천상계에서 인연이 있는 존재이며 숙영낭자가 선녀라는 환상적 수법을 통해서 숙영낭자는 문란하지 않으면서도 선군과의 애정을 성취할 수 있게 된다. 이런 설정은 애정관계에서 숙영낭자의 적극적인 태도는 유지되면서도 한편으로는 그것을 감추는 효과를 누리게 된다. 여기에는 마음에 드는 이성을 사로잡고 싶다는 당대 여성들의 소망과 당대의 현실이 타협한 결과로 볼 수 있다. 이처럼 숙영낭자는 지금의 관점에서 볼 때는 다소 소극적으로 보이지만, 자신이 좋아하는 이성에게 다가가는 모습을 보여주고 있다. 이러한 형상은 남녀가 애정을 바탕으로 만난다는 점에서 지금의 연애의 방식과도 크게 다르지 않다.

그런데 선군이 옥련동으로 숙영낭자를 찾으러 가기 위해서는, 연애가 성립되기 위해서는 우선 숙영낭자에게 반해야 한다. 선군이 숙영낭자에 대한 애정이 있어야만 그들의 관계는 이루어질 수 있기 때문이다. <숙영낭자전>

에서는 선군이 숙영낭자에게 한 눈에 반해서 상사병에 걸리는 것으로 묘사된다. 여기에서도 당대 여성들이 품었던 소망의 일단을 읽을 수 있다.

두 남녀가 서로의 마음을 확인하고 연인의 관계로 발전하기 위해서는 무엇보다도 서로가 서로에게 반해야 한다. 그렇지 않고서는 연애는 성립되지 않는다. 일방적인 애정 공세는 오히려 상대방에게 좋지 않은 인상을 심어주게 되어 증오의 관계가 될지도 모른다. 그러므로 마음에 드는 이성이 나타났을 때 그 이성이 자신을 좋아하는가의 여부는 연애의 관계로 나가는 데 있어서 매우 중요한 요소이다.

마음에 드는 이성이 나타났을 때 무엇보다도 제일 먼저 해야 하는 것은 상대방의 환심을 사서 상대 이성의 마음을 얻는 것이다. 그러나 이러한 과정이 결코 쉬운 것은 아니다. 마음에 드는 상대가 있어도 그가 나를 좋아하지 않는다면 애정 관계는 성립되지 않는다. 그래서 상대방이 나를 좋아하지 않으면 어쩌나 하는 걱정이 생기게 마련이다. 그러나 <숙영낭자전>에는 이러한 걱정이 없다. 숙영낭자는 선군에게 먼저 다가가고, 선군은 그런 숙영낭자 때문에 상사병에 걸릴 지경이다.

<숙영낭자전>에는 좋아하는 남성이 자신을 거부하지 않을 것이라는 강한 믿음을 전제로 이야기를 전제한다. 이것은 애정의 관계로 발전하기 위해 거쳐야 하는 어려움을 겪고 싶지 않은 심리가 숨어 있는 것으로 볼 수 있다. 물론 이러한 설정은 이미 천상에서부터 연분이 있는 관계이니 맺어질 수밖에 없는 사이라는 전제에서 비롯된 것이다. 이 환상적인 수법을 통해서 두 사람의 연애는 당위성을 얻게 된다.

숙영낭자를 꿈에서 처음 만난 선군은 이내 숙영낭자에게 반하게 되고 상사병에 걸리게 된다. 선군의 입장에서 보면 안타까운 상황이지만, 숙영낭자의 입장에서 보면 상사병에 걸릴 정도로 자신에 대한 선군의 애정이 깊다는 것을 반영하는 상황이기도 하다. 이후 선군은 오로지 숙영낭자를 만나기 위한 생각과 행동으로 점철된다. 꿈에 나타난 숙영낭자의 조언에 따라서 시녀인 매월을 첩으로 삼아 숙영낭자에 대한 그리움을 달래보고자 하지만, 숙영낭자에 대한 그리움은 더욱 커져서 "ᄉᆞ모ᄒᆞ는 병이 고항의 든"[18] 정도가 되었다.

여기서 다시 애정에 대한 당대인들의 관념을 엿볼 수가 있는데, 숙영낭자는 선군에게 매월을 첩으로 들이라 함으로써 성적인 부분을 매월에게 맡긴 셈이 되었다. 여기에는 정신적인 사랑이 육체적인 사랑보다 우선된다는 관념이 투사된 것으로 볼 수 있다. 선군은 매월을 첩으로 들이고도 안정을 얻지 못하고 숙영낭자를 찾는 것은 그러한 관념을 다시 한번 확인해 주는 것이라 할 수 있다.

이렇듯 선군의 숙영낭자에 대한 사랑이 커져서 병이 될 정도가 되자 숙영낭자는 어쩔 수 없이 선군과의 관계를 허락하는 형식을 취하고 있다. 선군의 상사병은 두 사람이 맺어질 수밖에 없는 원인이 되기도 하지만, 다른 한편으로는 숙영낭자에 대한 선군의 애정이 얼마나 큰 것인가를 보여주고 있으며, 이는 자신만을 사랑해주는 이상적인 연애상대로서의 남성의 모습을 보여주는 것이기도 하다. 당대의 여성 독자들은 이러한 선군의 모습을 보면서 자신을 사랑하고 아껴줄 남성에 대한 욕망을 대리충족 하였던 것으로 볼 수 있다.

조선후기의 결혼은 남녀가 서로의 얼굴도 모른 채 이루어지는 경우가 대다수였다. 따라서 연애라는 것이 존재하지 않았다고 봐도 좋을 듯하다. 그렇다고 해서 연애에 대한 관념이 없었다고는 볼 수 없다. 비록 불가의 깨달음에 대한 이야기이기는 하지만 『삼국유사』 소재의 "조신"의 이야기는 남녀가 서로 애정을 느껴서 같이 있고 싶어 하는 감정이 매우 오래된 것이라는 사실임을 알려준다. 『삼국유사』 소재 "김유신" 이야기에서 김유신의 부모인 김서현과 만명부인은 야합을 하는데, 김서현과 만명부인은 당대의 결혼 제도를 무시하고 애정을 추구하는 바람에 귀족 사회에서 밀려나 있게 된다. 자신들이 누리고 있었던 지위와 특권이 뻔히 사라질 것을 알면서도 그들은 애정을 위해 그것들을 포기했으며, 이는 지금의 관점에서 보았을 때도 열렬한 연애의 한 양상일 것이다.

<숙영낭자전> 속의 선군과 숙영낭자의 '연애' 역시 여성이 자신이 좋아하는 이성과 맺어지고 싶다는 욕망을 표현한 것으로 이해할 수 있다. 그리고

18) 1장 뒤~2장 앞.

자신이 선택한 그 이성이 자신을 매우 사랑해주었으면 하는 욕망도 아울러 투사된 것으로 볼 수 있다.

선군과 숙영낭자는 김서현과 만명부인, 조신과 김흔의 딸처럼 야합을 한다.[19] 이로써 그들은 부모의 허락 없이 혼인의 관계를 맺게 된다. 이후 숙영낭자는 부정한 몸으로는 선녀로 더 있을 수 없다며 선군을 따라 나서기로 마음을 굳힌다.[20] 그들은 백공 부부를 찾아가 그들의 관계를 인정받고자 한다. 연애에서 결혼으로, 그들은 다음 단계를 밟아 간다.

3. 행복한 결혼 생활과 남편의 절대적인 신뢰

조선후기에는 남녀의 사적인 만남은 허용되지 않았다. 즉, 지금과 같은 연애의 모습은 나타날 수 없다. 남녀의 만남은 대개 결혼이라는 형태로 이루어졌으며, 결혼은 자신의 선택이 아닌 집안의 선택으로 이루어졌다. 그러나 앞서 살펴본 바와 같이 <숙영낭자전>에는 자신의 마음에 드는 상대, 자신을 사랑해주는 상대와 결혼을 하고 싶다는 당대 여성들의 욕망이 들어 있음을 확인할 수 있었다.

남녀 관계의 본격적인 시작은 결혼 이후부터라고 할 수 있다. 별다른 사정이 생기지 않는다면 조선시대의 여성이라면 누구나 결혼을 하게 되고, 당대의 결혼 관습대로 시댁에 가서 살게 된다.[21] 시댁에서 살게 되는 여성은

---

19) "션군이 그 옥슈를 잡고 침니의 나아가 운우지낙을 일우니 그 견권졍을 이로 충양치 못홀너라"(4장 뒤~5장 앞.)

20) "이졔는 쳡의 몸이 부졍ᄒᆞ여 엿지 곳의 머무지 못 홀지니 낭군과 혼가지로 가리라"(5장 앞)

21) 조선전기의 결혼 관습은 서류부가혼으로, 결혼을 하고 오랜 기간 동안 처가살이를 하는 형태였다. 그러나 후기로 오면서 친영제, 즉 결혼과 함께 여성이 남성의 집으로 들어가는 형태로 바뀌게 된다. <숙영낭자전>이 조선후기의 작품이라는 점을 고려한다면, 숙영낭자가 선군의 집으로 바로 들어가는 현상은 당대의 시대적인 상황을 반영하는 것으로 볼 수 있다. 조선시대 결혼제도에 대해서는 다음의 논의들을 참고할 수 있다.

박혜인, 「서류부가혼속의 변천과 그 성격」, 『민족문화연구』 14, 고려대학교 민족문화 연구소, 1979.

박혜인, 「한국가족의 역사적 변천」, 『가족학』, 한국가족연구회 편, 하우, 1993.

이광규, 『한국가족의 사적 연구』, 일지사, 1977.

최재석, 『한국 초기사회학과 가족의 연구』, 일지사, 2002.

이전의 삶의 터전을 떠나서 새로운 환경에 적응해야 하는 상황에 놓이게 된다. 이때 여성에게 가장 중요한 사람은 바로 남편이다. 그런데 당대의 여성은 당시의 결혼 관습으로 인해서 남편 역시 결혼 이전에는 만나본 적이 없거나 잘 알지 못하는 존재이다. 그렇기 때문에 여성으로서는 결혼 생활에 부담을 느끼게 된다. 여성은 새로운 환경에 대한 두려움을 느끼게 되며, 그 두려움이 현실로 나타나게 되면 심한 고립감에 직면하게 될 것이다.

이러한 상황은 <숙영낭자전>에도 펼쳐지고 있다. 그러나 일반적인 결혼 생활과는 달리 선군은 숙영낭자를 깊이 사랑하고 있고, 이를 바탕으로 행복한 결혼 생활을 영위하게 된다. 두 아이를 낳고, 동산에 정자를 짓고, 음악을 즐기며, 평온한 시간을 보내게 된다.22) 선군은 부모의 허락 없이 결혼했지만, 백공 부부는 상사병에 걸려서 점점 몸이 약해지는 아들의 병을 낫게 해준, 용모가 아름답고 재질이 뛰어난 숙영낭자를 선군의 배필로 인정한다.

그러나 이들의 행복은 선군이 과거를 보러 떠나면서 위기를 맞게 된다. 과거에는 뜻이 없고 오로지 숙영낭자와 시간을 보낼 생각을 하는 선군에게 백공은 과거를 보라고 선군을 종용한다. 과거를 보러 가는 것은 실력이 부족해서가 아니라 숙영낭자와 몇 달을 떨어져야 하기 때문23)에 과거를 보러 갈 수가 없다고 한다. 하지만 숙영낭자의 설득에 따라서 선군은 과거를 보러 가리라 결심한다.

여기서 주목해야 할 점은 우선 선군이 결혼 이후 시간이 많이 지났음에도 여전히 숙영낭자를 사랑하고 있다는 점이다. 비록 선군이 숙영낭자에게 반해서 결혼까지 하게 되었지만, 그러한 애정이 변하지 않는다는 것은 애정이 성취된 것 못지않게 중요하다. 그러나 이것보다 더 주목할 만한 것은 결혼 생활에서 선군보다 숙영낭자가 우위를 점하고 있다는 점이다.

선군은 백공이 과거를 보라는 말에 집안이 경제적으로 넉넉하며 숙영낭

22) "셰월 여류ᄒᆞ여 이믜 팔 년된지라 ᄌᆞ식 남ᄆᆡ을 두어스되 ᄯᆞᆯ의 일홈은 츈힝이니 나히 팔 셰라 위인이 영오 총민ᄒᆞ고 아들 일홈은 동츈이니 나히 삼 셰라 년ᄒᆞ여 부풍모습ᄒᆞᄆᆡ 가ᄂᆡ 화낙ᄒᆞ여 다시 그릴 거시 업는지라 이에 동신이 졍ᄌᆞ을 짓고 화조월션의 낭인이 산졍의 왕ᄂᆡᄒᆞ며 칠현금을 희롱ᄒᆞ고 노리로 화답ᄒᆞ여 셔로 질기며 ᄇᆡ회고면ᄒᆞ여 청홍이 도도홀ᄉᆡ"(5장 앞~5장 뒤.)

23) "만일 집을 ᄯᅥ나오면 낭ᄌᆞ로 더부러 슈삭 이별이 되가시오니 ᄉᆞ정이 절박ᄒᆞ여이다"(5장 뒤.)

자와 헤어지는 것을 염려하여 과거 보기를 거부한다. 부모의 말을 거역한 선군은, 그러나 숙영낭자의 설득[24]에 과거를 보러 나간다. 또한 과거를 보러 가는 길에 숙영낭자가 보고 싶어서 돌아온 선군을 두 번이나 돌려보낸다. 달래고 꾸짖으며[25] 선군이 과거에만 집중할 수 있도록 유도하고 있다.

선군은 남편이지만 부인인 숙영낭자의 충고에 따르고 있다. 물론 여기에는 숙영낭자의 판단이 현명하다는 전제가 있기는 하지만, 선군은 숙영낭자의 의견을 모두 따른다는 점에서 가정의 주도권이 선군이 아닌 숙영낭자에게 있다는 사실을 알 수 있다. 이는 숙영낭자에 대한 선군의 전폭적인 믿음이 반영된 것으로도 볼 수 있다. 선군이 숙영낭자의 의견을 따르지 않는다면 온통 시댁 식구로 둘러싸인 곳에서 생활하고 있는 숙영낭자의 입장에서는 달리 취할 수 있는 방도가 없다. 하지만 선군이 숙영낭자의 의견을 전적으로 따름으로써 숙영낭자는 가정에서 불안함이나 고립감을 느끼지 않고 편하게 생활을 누릴 수 있다.

선군이 과거를 보러 떠난 사이 선군의 첩인 매월은 숙영낭자를 제거할 계획을 한다. 백공이 선군이 없는 숙영낭자의 침소에 외간 남자가 드나든다고 의심을 하는 것을 이용하여 숙영낭자가 외도를 했다는 음모를 꾸민다. 첩이 본처를 모해하는 모티프는 고전소설에 흔히 볼 수 있는 소재이다. 이것은 여성의 정절을 무엇보다도 중시하는 당대의 분위기 때문으로 보인다. 당시 여성은 설사 음란한 행위를 하지 않았더라도 그런 소문만으로 죽어야 하는

---

24) "낭군의 말이 그르도다 셰샹 나ᄆᆡ 입신양명ᄒᆞ여 부뫼긔 영화 뵈미 쟝부의 썻썻ᄒᆞᆫ ᄇᆡ여ᄂᆞᆯ 이제 낭군이 규즁 쳐ᄌᆞ를 견연ᄒᆞ여 남아이 당당헌 일 폐코져 ᄒᆞ면 부모의게 불회 될 ᄲᅳᆫ더러 과인의 수지람이 종시 녑의게 도라올지니 ᄇᆞ라건ᄃᆡ 낭군은 ᄌᆡ삼 ᄉᆡᆼ각ᄒᆞ여 과힝을 밧비 ᄎᆞ려 남의 우음 취치 마르소셔 ᄒᆞ고 반젼을 쥰비ᄒᆞ여 쥬며 왈 낭군이 금번 과거을 못ᄒᆞ고 도라오면 쳡이 ᄉᆞ지 못ᄒᆞ리니 낭군은 조금도 괘렴말고 발힝ᄒᆞ소셔"(5장 뒤~6장 앞.)

25) "시아바니겨셔 창바긔 엿듯고 가 계시니 낭군 온 줄 아라 계실지라 낭군은 쳡을 유렴치 마르시고 경셩의 올너가 셩 블셩 불계ᄒᆞ고 과거을 보아 부모의 바라신 마음을 져바리지 마르시고 쳡으로 ᄒᆞ여금 불민ᄒᆞᆫ 시비을 면케 ᄒᆞ소셔 ᄉᆡᆼ각건ᄃᆡ 낭군이 쳡을 ᄉᆞ렴ᄒᆞ여 여러 번 왕ᄂᆡᄒᆞᆯ 제 ᄌᆡ 만흐니 만일 그리ᄒᆞᆯ진ᄃᆡ 장부의 도리 아니요 ᄯᅩ 부뫼 아르시면 결단코 쳡이 죄을 당ᄒᆞᆯ 듯 ᄒᆞ오니 낭군은 젼후 ᄉᆞ리을 혜아려ᄉᆞ 속히 상경ᄒᆞ소셔 ᄒᆞ며 길을 ᄌᆡ촉ᄒᆞ니"(6장 뒤~7장 앞)

"낭군이 쳡의 간ᄒᆞ믈 듯지 아니 ᄒᆞ시고 이럿틋 왕ᄂᆡᄒᆞ시다가 쳔금 귀체 ᄀᆡᆨ즁의 병을 어드면 엇지 ᄒᆞ려 ᄒᆞ신잇가 낭군이 만일 쳡을 잇지 못ᄒᆞ시거는 후일 쳡이 낭군 슉소로 차져 가리이다"(7장 앞)

경우가 많았다.[26] 확실한 증거가 없이 소문만으로도 여성의 부정은 죽음의 이유가 되었다.

이때 가장 중요한 것은 가족 구성원의 믿음, 특히 남편의 믿음이다. 숙영낭자는 선군에게는 절대적인 믿음을 받았지만, 백공 부부나 집안의 노복들에게는 그다지 믿음을 받지 못했던 것으로 보인다. 백공은 매월의 계책에 속아 숙영낭자를 처벌하려 하고,[27] 노복들 역시 숙영낭자의 결백을 믿지 않는다.[28]

백공은 당대 제도의 상징으로서 숙영낭자와 선군의 애정 관계를 깨뜨리려는 인물로 등장한다. 그는 집안을 중시하여 부정을 저지른 며느리를 처단하려 한다. 숙영낭자가 정말로 부정을 저질렀는지, 그 진위 여부를 가리려고 하지 않는다. 숙영낭자를 구해 줄 수 있는 선군은 과거를 보러 멀리 떠나 있고, 그 사이 매월의 계략에 빠진 백공은 숙영낭자를 제거하려 한다는, 이 통속적인 설정을 통해서 비극성은 극대화 되고, 갈등은 절정으로 치닫게 된다. 그리하여 자신의 결백을 증명하기 위해 숙영낭자가 택한 방법은 죽음이다.

죽음을 결백을 증명하는 방법으로 사용했다는 것, 숙영낭자가 자결에 사용한 칼이 가슴에서 빠지지 않는다거나 숙영낭자의 시신이 움직이지 않으며,[29] 숙영낭자의 화상(畵像)의 색이 변하는 등의 환상적인 요소가 포함되어 있다는 점은 숙명낭자가 결백을 증명하기 어렵다는 것을 반영한 것이라 할 수 있다. 청조가 날아가며 "ᄆᆡ월일ᄂᆡ"라고 세 번 울고 지나감으로써 범인을 확신하는 선군의 모습에서 이러한 점은 보다 분명하게 드러난다. 숙영낭자가 선군과 헤어져 죽음에 이르기까지 등장하지 않던 환상적인 요소들은 숙

---

26) 정지영, 「장화홍련전-조선후기 재혼가족 구성원의 위치」, 『역사비평』 61, 역사비평사, 2002, 426면.

27) 이기대는 <숙영낭자전>을 시아버지에 의한 며느리 박해로 본 바가 있다(이기대, 「시아버지에 의한 며느리 박해의 소설화 양상」, 『우리어문연구』 30, 우리어문학회, 2008).

28) "노복이 ᄃᆡ 왈 낭ᄌᆞ는 엇던 놈과 통간ᄒᆞ다가 ᄋᆡᄆᆡᄒᆞᆫ 우리 등을 즁히 슈장허게 ᄒᆞᄂᆞ이잇가 무죄ᄒᆞᆫ 우리 등을 ᄊᆞ지람 들니지 말고 어셔 가ᄉᆞ이다 ᄒᆞ며 ᄀᆡ박이 ᄐᆡ심ᄒᆞ거ᄂᆞᆯ"(8장 뒤.)

29) 시체가 움직이지 않는다는 설정은 이미 '황진이 설화'와 『삼국사기』 소재 '온달'에서도 확인한 바 있다. 두 이야기에서 시체가 움직이지 않는 이유는 그 죽음이 억울하기 때문이다. 마찬가지로 <숙영낭자전>에서도 억울한 죽음 때문에 숙영낭자의 시신은 움직이지 않는다. 이를 통해서 억울한 시체가 움직이지 않는다는 관념은 상당히 오랜 기간 동안 지속된 것이라는 사실을 알 수 있다.

영낭자의 결백을 증명하기 위해 무수히 등장하고 있다.

그런데 흥미로운 사실은 매월을 선군에게 첩으로 들이라고 추천한 것이 바로 숙영낭자라는 사실이다. 또한 숙영낭자가 죽자 선군이 따라 죽을 것을 우려한 백공이 임진사의 딸을 선군의 새로운 부인으로 삼아 선군을 달래고자 하였는데, 숙영낭자가 다시 살아나자 임소저를 또 다른 처로 맞이하자고 한 것 역시 숙영낭자이다.

매월의 경우, 선군의 입장에서는 오로지 성욕을 해소하기 위해서 영입된 존재이다. 숙영낭자가 집안에 들어오자 매월은 선군의 관심 밖으로 밀려나게 된다. 여기서 알 수 있는 것은 숙영낭자에 대한 선군의 애정이다. 또한 주목할 만한 것은 숙영낭자가 일부다처제를 인정하고 있다는 사실이다. 이는 당대의 여성들이 일부다처제라는 제도 아래서 어쩔 수 없는 선택으로 보인다.[30] 남편이 여러 첩을 두었다 하더라도 남편의 애정은 자신에게 있었으면 하는 소망, 남편이 다른 여자와 성적인 관계를 맺더라도 남편의 애정이 자신에게 있었으면 하는 소망이 매월과의 관계를 통해서 드러나고 있다.

임소저의 경우에는 다른 면모를 보여준다. 납채(納采)를 했다면 이미 혼사가 이루어진 것이나 다름없다는 임소저의 발언[31]은 지극히 유가적 이데올로기에 함몰된 것을 보여준다. 이는 앞서 숙영낭자가 당대 여성들의 충족되지 못한 연애, 결혼에 대한 욕망을 반영하고 있는 동시에, 당대의 이데올로기에 충실한 여성을 꿈꾸고 있다는 점도 보여주는 것이라 생각된다. 당시 사회의 통념에 잘 부합하는 여성상을 임소저를 통해 드러냄으로써 여성 독자들은 스스로를 이상적인 배우자에 동일시 한 것이라 생각된다.

그러나 여기서 주목할 것은 선군이 임소저를 맞이하기 위해서 숙영낭자의 승인을 얻고 있다는 사실이다. 집안의 대소사를 대하는 선군의 태도는 숙영낭자의 의견을 적극적으로 수용·승인하는 것이다. 겉으로는 선군이나

30) 일부다처제는 여성의 입장에서 불합리한 것을 보일 수 있다. 그러나 통속소설은 당대의 불합리한 이데올로기를 고발하는 것에는 별다른 관심이 없다는 점을 유념해야 한다. 당대인들이 읽고 수긍할 수 있고 재미있는 것이 주류를 이루어야 통속소설로서의 가치를 가진다. 일부다처제를 불합리한 것으로 여기는 것은 근대에 와서야 일반화되었던 것으로, 이에 대한 가치 판단은 이 글의 목적과 어울리지 않는다.

31) "녀ᄌᆡ 의혼ᄒᆞ미 납ᄎᆡ를 바다시면 그 집 ᄉᆞ름이오니"(15장 뒤.)

백공이 모든 결정을 내리는 것 같지만, 실상 집안의 중요한 일들을 결정해 나가는 것은 숙영낭자라는 점을 고려할 필요가 있다. 자신의 의견을 존중하는 남편, 그래서 자신의 의견이 반영되는 가정 운영은 당대의 여성들이 환상으로 품었음직한 내용이라 할 수 있다.

숙영낭자가 음란하다는 모해는 오히려 선군이 얼마나 숙영낭자를 사랑하고 있는지, 숙영낭자가 얼마나 정절을 소중하게 생각하는 여성인가를 증명하였다. 또한 절개 있는 여성인 임소저를 선군의 또 다른 부인으로 인정함으로써 절개를 제일의 가치로 여기는 여성으로 표상될 수 있었음과 동시에 가정 운영에 자신의 의견이 반영되기를 바라는 당대 여성들의 욕망이 반영되어 있는 것으로 보인다.

4. 결론

이 글에서는 <숙영낭자전>을 통속소설이라는 관점에서 주독자층이었을 것으로 추측되는 여성들의 이상적인 연애, 결혼, 배우자의 모습을 살펴보았다.

숙영낭자가 선군을 통해 욕망했던 것은 마음에 드는 이성과의 만남, 결혼 후에도 변하지 않는 남편의 애정, 그리고 가정생활에서 자신의 의견의 반영 등으로 요약할 수 있다. 자신이 마음에 드는 상대와 애정 관계를 갖고자 하는 욕망, 결혼한 상대의 애정이 계속되기를 바라는 마음은 예나 지금이나 별반 다르지 않아 보인다. 그러나 가정생활에 있어서 자신의 의견이 반영되기를 바라는 마음은 가정의 대소사 결정에서 대부분 소외되었던 당대 여성들의 결핍된 현실을 드러내고 있다.

동서고금을 막론하고, 또한 남녀를 불문하고 자신의 마음에 드는 이성과 만나고 결혼을 원하는 것은 같을 것이다. 또한 예나 지금이나 여성이 가정생활에서 배우자에게 바라는 가장 중요한 것은 '애정'일 것이다. 지금까지 살펴본 <숙영낭자전>은 이러한 당대 여성들의 욕망을 잘 담고 있는 듯 보인다. 그러나 이러한 욕망은 당대의 이데올로기와 충돌하는 측면이 존재하고,

이것의 절충을 위해서 <숙영낭자전>은 환상적인 수법을 사용하고 있다. 숙영낭자가 마음에 드는 이성인 선군에게 현몽을 하거나 선녀로 설정되어 있는 것이 이에 속한다. 이는 <숙영낭자전>이 통속소설이기 때문이며, 교훈성을 담보하여 당대의 이데올로기를 위반하지 않으면서도 흥미성을 강화하기 위해 취한 방법으로, 현실에 대한 날카로운 통찰 등 작가의식이 담긴 소설들과는 다른 면모를 보이고 있다. 이러한 점이 작품의 가치를 떨어뜨리는 것으로 보일 수도 있다. 그러나 오히려 이런 통속적인 면은 당대인들의 욕망을 더욱 분명하게 드러내고 있는 것으로 생각되며, <숙영낭자전>은 이러한 측면에서도 의의를 찾을 수 있을 것이다.

참고문헌

경판 16장본 <숙영낭자전>(김동욱 편, <숙영낭자전>, 『고소설판각본전집』 2, 연세대학교인문과학연구소, 1973)

김동인, <약한 자의 슬픔>, 『한국소설문학대계』 4, 동아출판사, 1995.
김일렬, 『숙영낭자전연구』, 역락, 1999.
김충실, 「숙영낭자전에 나타난 시련에 대한 연구」, 『이화어문논집』 7, 이화여자대학교 한국어문학연구소, 1984.
김호열, <숙영낭자전> 서사 연구, 건국대학교 석사학위논문, 2010.
손경희, 「숙영낭자전 연구」, 연세대학교 석사학위논문, 1986.
성현경, 「<숙영낭자전>과 <숙영낭자가>의 비교-소설의 판소리화 과정 연구-」, 『판소리 연구』 6, 판소리학회, 1995.
박혜인, 「서류부가혼속의 변천과 그 성격」, 『민족문화연구』 14, 고려대학교 민족문화 연구소, 1979.
______, 「한국가족의 역사적 변천」, 『가족학』, 한국가족연구회 편, 하우, 1993.
이광규, 『한국가족의 사적 연구』, 일지사, 1977.
이기대, 「시아버지에 의한 며느리 박해의 소설화 양상」, 『우리어문연구』 30, 우리어문학회, 2008.
이윤석 외 편저, 『세책 고소설 연구』, 도서출판 혜안, 2003.
임성래, 『조선후기의 대중소설』, 보고사, 2008.

정지영, 「장화홍련전-조선후기 재혼가족 구성원의 위치」, 『역사비평』 61, 역사비평사, 2002.

정출헌, 「16세기 서사문학사의 지평과 그 미학적 층위」, 『한국민족문화』 26, 부산대학교 한민족문화연구소, 2005.

최재석, 『한국 초기사회학과 가족의 연구』, 일지사, 2002.

<복선화음가>의 연구동향과 과제

임 보 연[*]

1. 머리말

<복선화음가>는 조선 말기에 이한림의 종손녀인 이씨부인이 지은 규방가사로, 시집가는 딸에게 계훈(戒訓)으로 준 계녀가사의 일종이다. 부유한 친가에서 자란 이씨가 가난한 집으로 시집을 와서 그 가정을 일으키고, 남편을 과거에 급제하게 하여 부귀영화를 누리게 된 일과 여성의 도리를 지키지 못하여 패가망신한 괴똥어미의 일을 들어 딸에게 교훈을 주고 있다. 이 작품의 특성은 대부분의 계녀가사들이 논리적인 설득으로 이루어진 데에 비하여, 구체적인 사례들을 열거하면서 착한 이에게는 복이 오고 못된 사람에게는 화가 온다는 주제를 보다 실감나게 전달하고 있다는 점이다.

제목인 '복선화음(福善禍淫)'이란 『서경(書經)』의 <탕고(湯誥)>에 나오는 "天道福善禍淫"이란 구절에서 유래한 것으로, 정사가 선하면 하늘이 복을 주고 범람함이 지나치면 하늘이 화를 준다는 뜻이었다. <복선화음가>라는 표제는 한 가정의 경영과 치산도 국가 대사와 마찬가지라는 의미에서 이 『서경(書經)』의 말을 따온 것으로 보인다.[1)]

그동안의 <복선화음가>의 연구들을 살펴보면 여러 시각에서 다루어져 왔

---

* 경희대학교 국어국문학과 대학원 박사과정

1) 김석회, 「문학사의 맥락에서 본 복선화음류 가사의 인물형상」, 『고전문학과 교육』 제9집, 한국고전문학교육학회, 2005.2, 78면 재인용.

음을 알 수 있다. <복선화음가>는 다양한 이본군을 거느리고 있다. 먼저 권영철(1980)[2]에 의해 '계녀가류 가사' 가운데 '변형 계녀가'로, 다시 세분하여 '제2변형 계녀가'로 분류된 바 있다. 권영철의 자료를 바탕으로 수행된 이선애(1982)[3]의 연구에는 <복선화음가>류 가사의 필사본 이본이 43종이 있는 것으로 보고되어 있다. 특히 성무경(2003)[4]은 일반적으로 두루마리본으로 회자되는 여타의 규방가사와는 달리 <복선화음가>류 가사는 두루마리본은 물론 사대부 가사집, 시조가집, 전문 가사집 등에 다양하게 수록되어 있어 일반적인 독서 교양물로서 향유되었으며, 아직 학계에 소개되지 않은 이본을 제외하더라도 <복선화음가>류 가사의 이본은 80여 종이 훨씬 넘는 것으로 보았다. 이러한 이본 현황은 같은 시기에 대중적 유행성을 가졌던 가창가사 <처사가>가 35종 정도의 이본을 가진 것으로 조사되는 것과 비교해 볼 때, 가사소통의 측면에서 대단한 유통성을 보인 작품이라 할 수 있다.

<복선화음가>류의 유형은 일찍이 서영숙 교수에 의해 '전기형'과 '계녀형'으로 나뉘어졌다. 예전부터 논의되어 오던 계녀 부분이 간략히 다루어지고 주인물의 일생에 초점을 두고 있는 작품군을 '전기형'이라 하고, 계녀부분이 큰 비중을 차지하는 작품군을 '계녀형'으로 불러 구분하였다.[5] '전기형'은 '계녀형'이 갖는 교술성이나 교훈적 목적을 서사 자체에 대한 흥미와 관심으로 대체하고 있다고 할 수 있다.

작품의 주제나 이데올로기적 성격을 둘러싸고는 크게 두 가지 견해로 나뉘었다. 하나는 이 작품이 여성들의 도덕성에 낭만적인 보상을 안기는 형태일 뿐 가부장제적인 유가이념의 강고한 틀을 그대로 강제하고 있다는 면에서 여전히 여성 억압적으로 작용한 것임을 강조하는 견해이다.[6] 그리고 다른 하나는 가사의 장르운동에 비추어 이 작품의 진보적 의의를 인정하거

2) 권영철, 『규방가사연구』, 삼우출판사, 1980.
3) 이선애, 「복선화음가연구」, 『여성문제연구』 11집, 한국여성문제연구소, 1982.
4) 성무경, 「『복선화음가』류 가사의 이본현황과 텍스트 소통」, 『민족문학사연구』 22, 민족문학사학회, 2003.
5) 서영숙, 「복선화음가류 가사의 서술구조와 의미-<김씨계녀사>를 중심으로」, 『한국고전문학연구』 9, 한국고전문학연구회, 1994, 214면 재인용.
6) 장정수, 「복선화음가 연구-여성형상과 치산의 의미를 중심으로」, 『19세기 시가문학의 탐구』, 고려대학교 고전문학 한문학연구회, 집문당, 1995.

나,[7] 계녀가의 전통윤리를 외피화해 두고 텍스트의 이면에 여성들 자신의 욕망이나 꿈을 다양하게 내장하고 있다는 점에서 그 진보적인 의의를 찾는 견해이다.[8] 그리고 최근에는 이 작품이 대중적인 소통에 따른 교양물로써 양산되었음에 주목하여 "<계녀가>류 가사는 이념적 세뇌 기능을 수행했다는 점에서 혐의를 받기 쉽지만 작품 소통의 실질은 이와 달리 고난을 헤쳐 나온 여성의 자긍이나 올바른 행실에 관한 품위있는 교양의식이 잔잔하게 깔려있다"고 다소 중립적인 견해를 제출하는 연구자도 있는가 하면,[9] 이 가사가 안동지역 사족층 남성의 여성 수탈을 위한 음험한 기도라고 혹평하는 연구자도 있다.[10] 또는 소극적인 치산을 다루는 전형계녀가류를 넘어 적극적인 치산을 그림으로써 "조선 후기 향촌사족층 가문 여성이 성리학적 이념에 강박되어 있는 사대부 남성에 앞서, 성장하는 평민층의 가치관을 수용하여 '제3의 길'을 찾아낸" 노래로 평가하기도 한다.[11]

따라서 본고에서는 <복선화음가>에 대한 연구의 시작에서부터 최근에 이루어진 연구를 내용별로 나누어 살펴보려고 한다. 이러한 <복선화음가>의 연구사 검토를 통해, 그동안 <복선화음가>에 대한 연구가 어떤 방향으로 이루어져왔는지를 살펴볼 수 있고 더 나아가 이제까지의 <복선화음가>의 연구가 가지고 있는 문제점을 살펴보면서 앞으로의 연구가 어떠한 방향으로 이루어져야 하는지 논의할 수 있을 것으로 기대된다.

2. 내용별 선행 연구 검토

1) 이본현황에 대한 연구

앞서 서론에서 살펴본 것처럼 <복선화음가>는 다양한 이본군을 거느리고

7) 서영숙, 앞의 논문.
8) 이동연, 「조선후기 여성치산과 <복선화음가>」, 『한국고전여성문학연구』 제4집, 2002.6.
9) 성무경, 앞의 논문.
10) 이형래, 「<복선화음가>의 존재의미와 쟁점적 문제」, 『문창어문논집』 41, 문창어문학회, 2004.
11) 김석회, 「조선후기 향촌사족층 여성의 삶과 시집살이 서사」, 『조선후기 시가 연구』, 월인, 2003.

있다. 권영철의 『규방가사연구』(1980)에서 「계녀가」의 제2변형으로 다뤄진 이래, <복선화음가>류 가사는 이선애의 「복선화음가연구」(1982)에서 처음 본격적인 논의의 대상이 되었다. 이선애는 권영철의 수집자료를 대상으로 작품의 명칭과 이본의 수를 밝히고, 이 작품의 사상적 배경이나 문학적 가치 등에 관하여 전반적으로 개관하였다. <복선화음가>류 가사는 이미 권영철에 의해 '계녀가류 가사' 가운데 '변형 계녀가'로, 다시 세분하여 '제2변형 계녀가'로 분류된 바 있다.[12] 권영철의 자료를 바탕으로 수행된 이선애의 연구에는 <복선화음가>류 가사의 필사본 이본이 43종이 있는 것으로 보고되어 왔다.[13]

<복선화음가>류의 유형은 일찍이 서영숙 교수에 의해 서술구조가 계녀 부분이 큰 비중을 차지하는 '계녀형(김씨계녀사)'과 주인물의 일생에 중점을 두고 있는 '전기형(복선화음가)'으로 구분하였다.[14] 이에 관하여는 다소의 이견들이 없지 않지만,[15] 규방가사의 장르운동이나 <복선화음가>류의 진화 방향을 파악하는 데는 여전히 유용한 도구이다.

복선화음가류 가사는 '계녀가사'의 변형적 작품군으로써, 시집가는 딸에게 자신과 괴똥어미의 일생을 비교해 이야기하면서 자기를 본받고 괴똥어미를 경계할 것을 훈계한 가사들을 말한다. 복선화음가류 가사는 또 다시 두 개의 유형으로 나누어져 있는데, 일찍이 서영숙[16]에 의해 논의된 바가 있다. 하나의 유형은 주인공의 일생에 초점이 맞춰진 전기형이고, 다른 하나의 유형은 주인공의 일생과 함께 계녀가 중요하게 다뤄지고 있는 계녀형이다.

---

12) 권영철, 『규방가사연구』, 이우출판사, 1980.

13) 이선애, 「복선화음가연구」, 『여성문제연구』 11집, 한국여성문제연구소, 1982.

14) 서영숙, 「복선화음가류 가사의 서술구조와 의미」, 『조선후기 가사의 동향과 모색』, 역락, 2003, 253쪽.

15) 장정수는 그의 논문(「복선화음가 연구-여성형상과 치산의 의미를 중심으로」, 『19세기 시가문학의 탐구』, 고려대학교 고전문학 한문학연구회, 집문당)에서 "계녀형"-"전기형" 대신에 A형과 B형을 설정하였고, 성무경(「『복선화음가』류 가사의 이본현황과 텍스트 소통」, 『민족문학사연구』 22, 민족문학사학회, 2003)은 이본 형태가 너무 다양하기 때문에 두 개의 유형으로 이본군의 총체를 단순 분류할 수 없다는 회의론을 펼치고 있다.

16) 서영숙, 「복선화음가류 가사의 서술구조와 의미」, 『조선후기 가사의 동향과 모색』, 역락, 2003, 253면.

계녀형	복선형	<부인셩 녹>
	복선화음형	<김씨계녀ᄉ>
	복선화음확대형	<여자행실록>
전기형	괴똥어미 유지형	<복선화음가>
	괴똥어미 탈락형	<복션화음녹이라>
	괴똥어미 확대형	우산본 <복선화음가>

위의 표는 복선화음가 이본의 계열상을 정리해 본 것으로 잠정적인 분류17)지만 전반적인 이해에 도움이 될 수 있을 것이라는 생각이 든다.

성무경은 <복선화음가>류 가사는 주로 두루마리 형태로 수록된 규방가사에 집중되어 있어 일단 규방가사로 분류하였으며 80여종이 훨씬 넘는 것으로 파악했다. 그 동안의 <복선화음가> 연구를 정리하고 있는바, 이본 현황과 이를 둘러싼 규방가사의 소통문제를 다룬 것이다.

2) 가부장제 속의 여성에 대한 연구

<복선화음가>류의 가사는 많은 이본군을 거느리고 있기 때문에 그에 관한 연구들이 활발히 이루어졌다. 학자들 마다 이본의 현황을 파악하고 있는 바도 차이가 있을 뿐만 아니라 이본을 구분하는 방식도 다름을 앞에서 살펴보았다.

수집자료나 명칭에 대한 연구가 이루어진 이후에는 작품의 사상적 배경이나 문학적 가치 등에 대한 전반적인 연구가 진행되었다. 이 방면의 논고들은 이명선이 『조선문학사』(1922)에서 「괴똥어미전」을 '가사와 소설과의 습합'이 나타난 작품이라고 지적한 이래, 김기동의 「가사의 소설화 시론」(1968), 어영하의 「규방가사의 서사문학적 연구」(1973), 서영숙의 「서사적 여성가사의 전개방식 연구」(1992) 등이 이루어졌다.

성무경18)은 <복선화음가>류 가사는 두 유형으로 나뉘는 것이 아니며, 이

---

17) 김석회, 「복선화음가 이본의 계열상과 그 여성사적 의미」, 『조선후기 시가와 여성』, 월인, 2005.
18) 성무경, 「『복선화음가』류 가사의 이본현황과 텍스트 소통」, 『민족문학사연구』 22, 민족문학사학회, 2003.

본 하나하나는 그 자체로 가사의 텍스트 소통에 독자가 능동적인 작자로 개입하여 산출해낸 결과물이었다는 점을 알 수 있다. 이것은 '계녀가'적 성격을 띠고 있지만 실질적 계녀가로 구실을 한 것이 아니라 규방의 교양적 독서물로 소통되었음을 알려주는 것이다.

김석회[19]는 <복선화음가>는 여성의 생활사나 여성의 어문생활사와 관련해서 볼 때 진보적인 의의를 지닌 작품이라고 하였다. 향촌사족층 부녀의 삶의 조건을 냉철하게 인식하고 체면과 인습을 벗어 던지고 솔선하여 곤경의 타개에 나서는 과감한 여성의 형상을 부조해 내고 있다는 점을 특기하여 평가할 만하다고 하였다.

강명관[20]은 <복선화음가>에 대한 재래의 해석은 치산의 주체가 되는 여성의 활동에 주목하는 것이었다고 하였다. 경제활동의 주체인 여성의 출현에서 전근대를 벗어나려는 어떤 의미 있는 움직임을 발견할 수 있었다. 경제 주체로서의 여성은, 남성으로부터 해방되는 여성의 이미지를 갖는 것이다. 이런 여성의 출현에서 가부장제의 해체란 해석을 유도할 수도 있을 것이며 '가부장제 해체'란 해석이 이 작품을 근대와 연관시키는 논리의 출발점이다.

<복선화음가>가 보여주는 것은 넉넉한 토지와 노비를 바탕으로 과거에 합격하고 가문이 번성하는 양반가의 재생산이다. 이상의 현실화를 위해 양반가가 봉착한 경제적 위기를 돌파해야 했던 바, 그것을 여성의 책임으로 떠넘겼던 것이다. 이 작품은 경제적 궁핍이 초래한 가부장제의 위기를 돌파하기 위해 여성에게 가부장제를 보다 강화하려는 목적으로 창작된 것이며 이 작품의 주제는 강회된 가부장제의 재생산이고, 이 작품의 여성은 강화된 가부장제의 희생물이라고 보았다.

19) 김석회, 「복선화음가 이본의 계열상과 그 여성사적 의미」, 『한국시가연구』 18, 한국시가학회, 2005.

20) 강명관, 「가부장제의 완성과 「복선화음가」」, 『코기토』 60, 부산대학교 인문학연구소, 2006.

3. 〈복선화음가〉의 의미

<복선화음가>는 계녀가사의 변형 가운데서도 그 변형의 정도가 가장 먼 지점까지 나아갔다. 일반적으로 계녀가사는 ① 서사(序詞), ② 사구고(事舅姑), ③ 사군자(事君子), ④ 목친척(睦親戚), ⑤ 봉제사(奉祭祀), ⑥ 접빈객(接賓客), ⑦ 태교(胎敎), ⑧ 육아(育兒), ⑨ 어노비(御奴婢), ⑩ 치산(治産), ⑪ 출입(出入), ⑫ 항심(恒心), ⑬ 결사(結詞)와 같은 13개의 항목으로 이루어져 있다. <복선화음가>의 경우는 이 중에서 제9항목인 치산 부분을 도드라지게 확대하고 여기에 초점을 두어 딸을 훈계하는 구조를 지닌다. 대개가 경화벌열(京華閥閱)로 추정되는 리한림(또는 김익주)의 손녀로 설정된 여인이 강호한사(江湖寒士)의 집에 출가하여 겪는 시집살이의 어려움을 서술한 뒤에 발분하여 치산에 힘써 성공한 행적을 서술하고 이후에 시집갈 딸을 붙들고 시집살이 고생을 잘 감내하라 당부하는 내용이다.

<복선화음가>류 이본의 일반적인 구조는 '복선형 인물(화자)'과 '화복형 인물(괴똥어미)'을 설정하고 이러한 인물형상을 대비하여 계녀훈을 펼치는 것이다. 이본에 따라 계녀사설의 위치와 분량이 화자의 자기서사 양상과 맞물려 다소간의 편차를 드러내고 있다. 특히 본고에서 다루게 될 <복선화음가>는 이씨부인 이야기가 406구, 괴똥어미 이야기가 81구, 계녀사가 12구로 다른 이본에 비해 이씨부인 이야기가 크게 확장되어 있고, 계녀사는 극도로 축소된 형태라 할 수 있다. 이 본은 이씨부인의 자기서사를 초점화한 자기서사중심의 텍스트인 셈이다.[21] 본래 가사의 화자는 '인격적 서술자'로서 '허구적 서술자'와는 달리 주체적인 '나'로 발화한다. 하지만 <복선화음가>류 가사의 화자는 일반적인 가사의 '인격적 서술자'와는 층위가 다소 다른 점이 있다. 그것은 이 작품이 규방에 광범위하게 유통되는 과정에서 '자기화'를 통해 재생산된 결과로서, <복선화음가>류 가사의 '인격적 서술자'는

---

21) 이러한 자기서사의 확장에 대해 김석회는 '① 영웅소설적 요소 ② 구체적 상세화 ③ 새로운 장면의 창출과 전략적 배치'를 통해 자기서사 일생담을 극대화하였으며 구조적으로도 완장된 형태를 갖추고 있다고 하였다.
김석회, 앞의 논문, 93~98면 참조.

곧바로 작자로 치환되지 않고 '대리적 서술자'로서의 성격을 보여주는 면이 있다. 이는 <복선화음가>류 가사가 시집가는 딸에게 주는 계녀가사이면서도 ("딸아딸아 아기딸아 시집살이 조심하라"), 화자는 작품의 첫 구절에서 "어화세상 사람들아 이내말씀 들어보소"라고 하여 독자일반을 청자로 상정하고 있다는 점에서도 발견된다. 이러한 화자와 청자의 관계 위배는 이 작품이 순연한 '계녀가"의 기능을 넘어 규방을 중심으로 한 일반 교양독서물의 성격을 확보하고 있었음을 알려주는 뚜렷한 징표이기도 하다.[22)]

4. 〈복선화음가〉 연구의 과제와 전망

이 논문의 기존의 <복선화음가>의 연구사 검토를 통해서 그동안 어떤 방향으로 연구되어 있는지를 살펴보았다. <복선화음가>류의 가사는 많은 이본을 거느리고 있으며, 크게 전기형과 계녀형의 두 갈래로 나누어 작품을 살펴볼 수 있다.

이본현황에 관한 연구들로는 권영철의 『규방가사연구』(1980)에서 「계녀가」의 제2변형으로 다뤄진 이래, <복선화음가>류 가사는 이선애의 「복선화음가 연구」(1982)에서 처음 본격적인 논의의 대상이 되었다. 이선애는 권영철의 수집자료를 대상으로 작품의 명칭과 이본의 수를 밝히고, 이 작품의 사상적 배경이나 문학적 가치 등에 관하여 전반적으로 개관하였다. 서영숙은 <복선화음가>류의 유형을 계녀 부분이 큰 비중을 차지하는 '계녀형(김씨계녀스)'과 주인물의 일생에 중점을 두고 있는 '전기형(복선화음가)'으로 구분하였음을 확인하였다.

복선화음가의 내용을 통해서 가부장제 속에서의 여성의 의미를 파악할 수 있었다. <복선화음가>에 대한 재래의 해석은 치산의 주체가 되는 여성의 활동에 주목하는 것이었다고 하였다. 경제활동의 주체인 여성의 출현에서 전근대를 벗어나려는 어떤 의미 있는 움직임을 발견할 수 있었다. 경제 주

22) 성무경, 앞의 논문, 95면.

체로서의 여성은, 남성으로부터 해방되는 여성의 이미지를 갖는 것이다. 이런 여성의 출현에서 가부장제의 해체란 해석을 유도할 수도 있을 것이며 '가부장제 해체'란 해석이 이 작품을 근대와 연관시키는 논리의 출발점이다.

<복선화음가>가 보여주는 것은 넉넉한 토지와 노비를 바탕으로 과거에 합격하고 가문이 번성하는 양반가의 재생산이다. 이상의 현실화를 위해 양반가가 봉착한 경제적 위기를 돌파해야 했던 바, 그것을 여성의 책임으로 떠넘겼던 것이다. 이 작품은 경제적 궁핍이 초래한 가부장제의 위기를 돌파하기 위해 여성에게 가부장제를 보다 강화하려는 목적으로 창작된 것이며 이 작품의 주제는 강화된 가부장제의 재생산이고, 이 작품의 여성은 강화된 가부장제의 희생물이라고 보았다.

그동안의 연구들은 대부분 <복선화음가>의 이본들에 관한 연구나 여성사적 관점에서 바라본 연구들이 대부분이었다. 조선 후기의 사회구조나 생산과정은 변동되는 시기로서 앞 시대와는 다른 변모를 보여준다. 앞으로의 연구에서 조선시대 후기에 널리 성행하였던 치산담이나 발복담과의 비교연구를 통해서 <복선화음가>만이 가진 문학사적 의의를 발견하는 일이 필요할 것으로 생각된다. 후기 가사, 사설시조, 판소리 등의 문학갈래는 해학성, 열거나 나열, ㄱ리고 경제력을 축적한 인물들이 담당했다는 공통분모를 가지고 있으므로 이들 문학갈래 사이의 비교연구도 필요할 것으로 생각되어진다.

그러한 논의가 깊이 있게 이루어진다면 어우야담에 대한 좌표를 문학사에 자리매김할 수 있을 것이다. 추후의 논의에서 다른 문학작품들과의 비교연구를 통해서 더 깊은 연구를 하도록 하겠다.

참고문헌

강명관, 「가부장제의 완성과 「복선화음가」」, 『코기토』 60, 부산대학교 인문학연구소, 2006.

김석회, 「조선후기 향촌사족층 여성의 삶과 시집살이 서사-<망실안인윤씨행>, <삼한습유>, <복선화음가>의 경우」, 『한국고전여성문학연구』 6, 한국고전여성문학회, 2003.
______, 「문학사의 맥락에서 본 복선화음류 가사의 인물형상」, 『고전문학과 교육』 제9집, 한국고전문학교육학회, 2005.2.
______, 「복선화음가 이본의 계열상과 그 여성사적 의미」, 『한국시가연구』 18, 한국시가학회, 2005.
______, 「조선후기 향촌사족층 여성의 삶과 시집살이 서사」, 『조선후기 시가 연구』, 월인, 2003.
권영철, 『규방가사연구』, 삼우출판사, 1980.
성무경, 「『복선화음가』류 가사의 이본현황과 텍스트 소통」, 『민족문학사연구』 22, 민족문학사학회, 2003.
서영숙, 「복선화음가류 가사의 서술구조와 의미-<김씨계녀ᄉ>를 중심으로」, 『한국고전문학연구』 9, 한국고전문학연구회, 1994.
이동연, 「조선후기 여성치산(女性治産)과 <복선화음가(福善禍淫歌)>」, 『한국고전여성문학연구』 4, 한국고전여성문학회, 2002.
이선애, 「복선화음가연구(福善禍淫歌硏究)」, 『여성문제연구』 11, 대구가톨릭대학교 사회과학연구소, 1982.
이형래, 「<복선화음가>의 존재의미와 쟁점적 문제」, 『문창어문논집』 41, 문창어문학회, 2004.
임기중, 『한국 가사 문학 주해 연구』, 아세아 문화사, 2005.
장정수, 「복선화음가 연구-여성형상과 치산의 의미를 중심으로」, 『19세기 시가문학의 탐구』, 고려대학교 고전문학 한문학연구회, 집문당.

경희대학교 인문학연구원 여성문화총서
여성문화의 새로운 시각 8

2011년 12월 15일 인쇄
2011년 12월 20일 발행

발행인 이 정 재
발행처 경희대학교 인문학연구원
서울시 동대문구 회기동 1번지
전화 (02) 961-0212
인쇄처 도서출판 월인
서울시 강북구 수유2동 252-9
등록 제6-0364호 / 등록일 1998년 5월 4일
전화 (02) 912-5000 · 팩스 (02) 900-5036

ISBN 978-89-8477-501-5 93810

값 14,000원